高职高专“十二五”规划教材

化工安全管理与应用

王升文　沈发治　主编

秦建华　主审

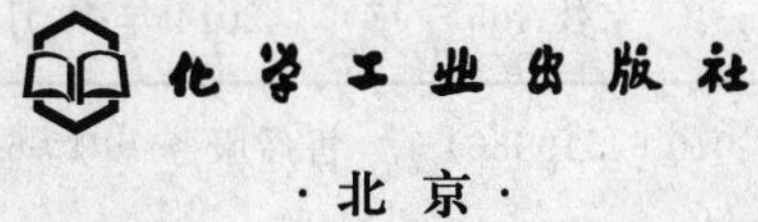

·北京·

内 容 提 要

全书共编排了三篇即化工物料安全、化工设备安全和人身安全，每篇包括了数个具有典型代表性的学习情境，分别是对二甲苯（PX）的安全识用与中毒处理、氨的安全识用与管理、可燃气体或液体引发初起火灾的扑救、釜式反应器的安全操作与管理、锅炉的安全操作与管理、贮罐的安全操作与管理、电气安全应用与管理、静电安全防护与管理、噪声安全防护与管理、化工装置的安全检修与管理、职业病防治与管理，基本上囊括了化工生产过程中各种安全要素。本教材以工作过程系统化为导向的人才培养模式为理念，采用任务驱动的方式，以案例教学法组织各学习情境的编写，通过教学引导案例、教学讨论案例的分析、讨论与点评引出各相关情境的学习，增强了学习的目的性、针对性和趣味性。此外，附录部分收录了国家安全生产法、金陵石化公司安全生产禁令和实验室常见安全事故的处理方法等内容。

本教材适合高职高专化工技术类各个专业的学生作为教材使用。

图书在版编目（CIP）数据

化工安全管理与应用/王升文，沈发治主编. —北京：化学工业出版社，2014.8

高职高专“十二五”规划教材

ISBN 978-7-122-21332-7

Ⅰ.①化… Ⅱ.①王… ②沈… Ⅲ.①化工企业-安全管理-高等职业教育-教材 Ⅳ.①F407.7

中国版本图书馆 CIP 数据核字（2014）第 161175 号

责任编辑：窦 臻 提 岩　　　装帧设计：王晓宇

责任校对：宋 玮

出版发行：化学工业出版社（北京市东城区青年湖南街 13 号 邮政编码 100011）

印　　装：北京云浩印刷有限责任公司

787mm×1092mm 1/16 印张 15¼ 字数 405 千字 2014 年 10 月北京第 1 版第 1 次印刷

购书咨询：010-64518888（传真：010-64519686） 售后服务：010-64518899

网　　址：http://www.cip.com.cn

凡购买本书，如有缺损质量问题，本社销售中心负责调换。

定　　价：38.00 元

FOREWORD

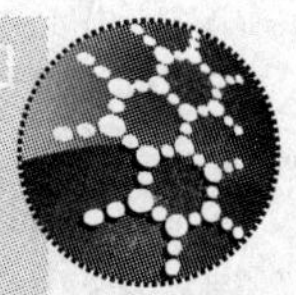

前言

“化工安全管理与应用”是所有化学化工类专业必修的一门专业课。本课程的学习和有关安全技术基本技能的训练，能够使学生掌握化工生产过程中基本的安全知识，提高学生的安全素质，让学生自觉树立安全意识，训练规范性操作，养成良好的职业安全习惯，培养分析、解决实际问题的能力，为学生进入工厂从事化工生产打下良好基础。与以往同类教材相比，本教材以工作过程系统化为导向的人才培养模式为理念，采用任务驱动的方式，以案例教学法组织各学习情境（章节）的编写，使学生能将安全知识、技术应用与生产实际过程紧密结合，增强了学习的目的性、针对性和趣味性。教材中各学习情境均以典型案例为载体。通过教学引导案例、教学讨论案例的分析、讨论与点评引出各相关情境的学习，学生可以理解各个情境中的安全知识，学会相关的安全技能，最后通过检测对教与学的过程进行评价，巩固所学知识，深化学习的有效性。

本书共安排了12个学习情境和多个实用的附录。12个情境隶属于于三个主情境，即化工物料安全，化工设备安全和人身安全。其中化工物料安全包括情境一对二甲苯（PX）的安全识用与中毒处理，情境二氨的安全识用与管理，情境三可燃气体或液体引发初起火灾的扑救。情境一来自于中石化金陵石化分公司的PX产品；情境二来自于合成氨公司的主产品，代表了一类有毒产品的管理和防毒、防腐技术的应用；情境三主要针对所有化工类企业可燃气体或液体引发初起火灾的扑救，属于消防安全的范畴。此外，情境四、情境五、情境六介绍的是企业常见又典型的釜式反应器、锅炉和贮罐的安全操作与管理，它们均属于化工设备安全领域。情境七电气安全，情境八静电安全，情境九噪声安全，情境十一职业病防治均属于人身安全领域；情境十化工装置的安全检修与管理，情境十二事故应急救援预案的编制与演练为两个综合性的情境，其目的是提高学生的安全意识和综合运用安全知识、技能解决实际问题的能力。此外，附录部分收录了国家安全生产法，金陵石化公司安全生产禁令和实验室常见安全事故的处理方法等内容。

本书由扬州工业职业技术学院化工学院的多位教师共同编写而成：情境一和情境四由孙岳玲编写，情境二由陈华进编写，情境三、情境十和附录由王升文编写，情境五由钟爱民编写，情境六由高庆编写，情境七、情境八由陈秀清编写，情境九由姜晔编写，情境十一由康小孟编写，情境十二由郭双华编写。王升文负责全书编写要求的制定、统稿和修改，沈发治负责全书编写内容的总体策划和修改。秦建华负责全书内容的审阅并提出了许多宝贵的修改意见，在此表示诚挚的谢意。

由于采用项目导向、任务驱动方式进行本教材的编写是我们在学习了以工作过程系统化为导向的人才培养模式理念后所做的一次新尝试，没有现成模式可循，因此编写中一定存在不足之处。恳请读者批评指正。我们将在教材试用过程中逐步改正不足、完善教材，为高职化工专业人才的培养做出应有的贡献。

编者

2014年4月

CONTENTS

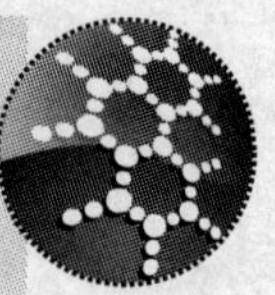

目录

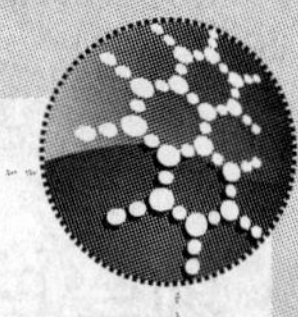

第一篇 化工物料安全

情境一
对二甲苯（PX）的安全识用与中毒处理

教学目的与要求

知识目标 掌握对二甲苯的基础特性，生产过程，安全性；危险化学品的概念、分类、贮存、包装、运输安全要求等；

能力目标 认识各种危险化学品警示标识；能识别化工生产中常见安全生产标识并能理解其含义。能了解日常生活中二甲苯的健康危害并掌握其中毒防护措施和中毒急救方法。能正确使用氧气呼吸器；

情感目标 学生现场处理能力、应变能力和团结协作精神的培养。

【教学引导案例】

二甲苯慢性中毒事故案例

2000年7月7日，萧山市卫生局公共卫生监督所接到“要求进行职业病诊断和处理”的举报，起因是萧山市戴村供销社塑料厂（乡镇企业）职工任某被医院诊断为二甲苯中毒，当时任某正在住院治疗。该所接到举报后进行了调查。

任某于1997年进厂，1999年1月从事钙塑箱的印刷工作，1999年10月至2000年6月17日从事擦字工作。2000年4月底他出现身体乏力、恶心、头晕及牙龈出血等症状。该厂在旧钙塑箱上擦字和在新钙塑箱上印字两道工序中，均使用了二甲苯有机溶剂。8月7日任某被杭州市疾病预防控制中心确诊为慢性重度苯中毒（再生障碍性贫血）。萧山市卫生局公共卫生监督所于7月17日调查该厂二甲苯的进货渠道，发现有苯的进货发票，并对印刷、擦字作业场所的6个测定点采样检测，检测结果苯浓度全部超过国家卫生标准（国家卫生标准40mg/m^3），其中最高浓度达995.3mg/m^3。同时发现，该厂未申请职业危害因素登记和办理职业卫生审查手续；未对从事有害作业的职工进行职业性健康检查；未对印刷、擦字作业场所设立安全卫生警示标志和采取有效防护措施。根据调查，卫生监督所向该厂发出了《卫生监督意见书》，要求其在7月20日前完成职业性体检和设立安全卫生警示标志，并规定其在安装防护设施后方可恢复印刷、擦字工作。9月15日，杭州市疾病控制中心对该厂另外14名印刷、擦字工人进行职业病诊断，诊断结果为：观察对象4人，慢性轻度苯中毒

6人，慢性重度苯中毒1人。

一、分析点评

1. 事故分析

这起事故的发生，过程简单，事实清楚，造成事故的主要原因，是企业在生产过程中没有做好安全防护工作。

2. 事故教训与防范措施

安全防护工作包括这样三个方面：一是对生产环境的安全控制，尤其是有毒有害环境安全控制；二是生产过程的安全防护；三是对作业人员的安全防护。

该厂所使用的对二甲苯溶剂，是最常用的稀释剂和溶剂。对二甲苯也是制备其他化学品的原料，如染料的生产等。生产制造企业在使用有毒有害化学品时，必须有相应的安全防护措施，这不仅是法律法规的规定，企业必须遵守，而且不采取安全防护措施，必然会造成严重的后果，对此企业要承担全部责任，包括治疗的责任、赔偿的责任等等。

一些大量使用有毒有害化学品的中小企业、乡镇企业、私营企业，对此往往由于缺乏有关知识和不愿意投入资金，忽视了安全防护工作，由此而引发许多职业伤害事故。有关部门应加强管理，严格检查，指导和督促企业做好有毒有害化学品的安全防护工作，防止和消除化学品中毒事故的发生。

事故发生后，浙江省萧山市卫生局公共卫生监督所向全市有关工业企业发出了《关于萧山市戴村供销社塑料厂发生慢性苯中毒事故的情况通报》，要求有关单位做好职业中毒和职业病的防治工作，并根据《杭州市职业病卫生防治办法》的有关条款对该厂作出了行政处罚。

二、课堂思考

1. 对二甲苯有哪些理化性质？工业上对二甲苯主要应用在哪些领域？
2. 作为有毒有害化学物料在使用、贮存、运输过程中有何安全技术要求？

【教学讨论案例】

二甲苯急性中毒事故案例

1984年7月11日，某市印花品厂印花车间操作工华某和陆某，在生产时一不小心，将装有近40kg的对二甲苯桶倾翻在两条30m长的橡胶台板上，由于当时车间气温较高，加之对二甲苯污染面积较大，对二甲苯气体向空间大量蒸发，此时他们为了防止发生火灾，关闭了车间内送风设施，在事故整个处理过程中，他们未佩带任何个人防护用品，很快两名工人感到恶心、头晕、胸闷，并出现了酒醉样精神症状，被送到医院急诊，诊断为对二甲苯中毒。

一、分析点评

1. 事故分析

这次事故是由于操作工偶然失误，打翻了对二甲苯桶，但职工在对此次事故的处理时没有任何卫生防护概念，不了解对二甲苯对人体的毒性和预防对二甲苯中毒的最基本的防护知识。因此加强对职工的职业卫生教育，提高职工的自我保护和处理生产过程中突发事故的能力是企业领导和有关部门的一项重要任务。

2. 事故教训与防范措施

① 加强作业人员安全教育，提高安全操作规程的意识，督促作业人员在处理危险物品时轻拿轻放，小心作业。

② 加强车间内通风设施，在原有自然通风的基础上，加装机械排风设施。

③ 在车间内配备过滤式防毒面具若干，供紧急情况下作业人员逃生时佩带使用。

④ 定期进行毒害品泄漏处置的事故演练，在车间内便于取用的场所设置吸收棉、吸油毡等泄漏吸收设施。

⑤ 加强车间内的人员疏散通道的指引，一旦发生此类事故要求作业人员以个人安全为首要前提尽快进行疏散。

二、课堂讨论

1. 本次事故发生的直接原因是什么？间接原因是什么？

2. 在化工生产中如何防止、控制有毒有害物料的泄漏和蔓延？

【相关知识介绍】

一、认识对二甲苯

1. 对二甲苯简介

对二甲苯（p-xylene）又名1,4-二甲苯，简写为PX，无色液体，在低温下结晶，相对密度（d_{25}^{4}）0.8610。其分子式为C_8H_{10}，结构式如图1-1所示，相对分子质量106.17，熔点13.263℃，沸点138.37℃，折射率（n_D^{21}）1.5004，（n_D^{25}）1.4858，闪点25℃，爆炸极限1%～7%（体积分数）。对二甲苯可与乙醇、乙醚、苯、丙酮混溶，不溶于水。

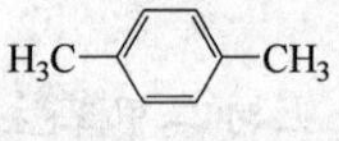

$$H_3C-C_6H_4-CH_3$$

图1-1 对二甲苯分子结构式

对二甲苯是石化工业的基本有机原料之一，在化纤、合成树脂、农药、塑料、医药等众多化工生产领域有着广泛的应用。用它可生产精对苯二甲酸（PTA）或对苯二甲酸二甲酯（DMT），PTA或DMT再和乙二醇反应生成聚对苯二甲酸乙二醇酯（PET），即聚酯，进一步加工纺丝生产涤纶纤维、聚酯树脂以及轮胎工业用聚酯帘布。PET树脂还可制成聚酯瓶、聚酯膜、塑料合金及其他工业元件等。除此之外，对二甲苯在医药上也有用途。

2. 制备或来源

对二甲苯一般由分馏煤焦油的轻油部分或催化重整轻油经分馏，或由甲苯经歧化而成。下面以中国石化集团公司金陵石化有限责任公司炼油厂建设的一套85万t/a对二甲苯及系列产品的生产过程为例对其制备过程进行说明。

(1) 对二甲苯（二甲苯）主要来源　对二甲苯（二甲苯）主要有四种来源。

① 催化重整。主要用来生产芳烃，催化重整产物中，二甲苯含量的质量分数为22%。

② 裂解汽油。它是液态原料，即石脑油、轻油和重柴油经蒸汽裂解制乙烯时的联产物，其中二甲苯含量的质量分数为6.7%。

③ 煤焦油。主要是煤炭工业和冶金工业的副产物。煤在炼焦炉中高温热解生成的气态和液态产物以气态形式从炭化室逸出。这种气体称为“荒煤气”，经冷凝、气液分离就得煤焦油。每100t煤炼焦可得到煤焦油4t。其中二甲苯含量质量分数为5%。

④ 甲苯歧化。甲苯歧化也能得到二甲苯。

（2）对二甲苯生产工艺选择　对二甲苯是由混合二甲苯通过分离而制得的。二甲苯来源较广，由炼厂得到的混合二甲苯来自重整装置。由芳烃联合装置得到的为邻二甲苯，同时可联产对二甲苯。我国生产对二甲苯的芳烃联合装置分别是扬子石化公司、上海石化总厂、天津石化公司、辽阳石油化纤公司、齐鲁石化公司、燕山石化公司和金陵石化公司。下面以金陵石化公司对二甲苯生产工艺流程为例，简要介绍对二甲苯的生产工艺。

金陵石化公司对二甲苯生产工艺是通过对现有二甲苯的生产工艺的优缺点进行分析，根据国内邻二甲苯和对二甲苯市场现有情况及原材料的供应情况确定的。金陵石化公司采用裂解汽油和重整油为原料，经过对原料加氢、抽提、异构化、歧化、分离、精制等一系列过程，得到邻二甲苯和对二甲苯。其简单工艺流程见图 1-2。

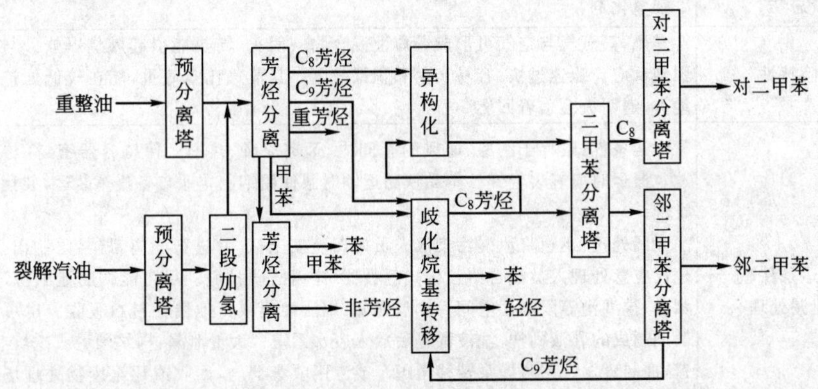

图 1-2　金陵石化公司对二甲苯生产工艺流程

① 加氢单元。裂解汽油首先进行预分馏，先进入脱 C_5 塔将其中的 C_5 及 C_5 以下馏分从塔顶分出，然后进入脱 C_9 塔将 C_9 及 C_9 以上馏分从塔釜除去。分离所得的 C_6～C_8 中心馏分送入加氢反应器，同时通入加压氢气进行液相加氢反应。

② 芳烃抽提单元。加氢裂解汽油和重整油，经分离塔分离，C_8 芳烃可送至二甲苯分馏单元，C_9 芳烃送至歧化单元，塔顶为 C_6 及 C_7 馏分，送入芳烃抽提单元。在此，物料可分出苯、甲苯和抽余油（非芳烃）。苯作为产品出售，甲苯则送至歧化单元作为增产二甲苯的原料，少量甲苯可作为产品出售。抽余油也可作为产品出售。

③ 二甲苯分馏单元。精馏塔及异构化单元分离塔的釜液（C_8^+ 馏分）送入二甲苯分馏单元，在此有脱 C_8^+ 塔分出 C_8^+ 馏分，由 C_9 塔分出 C_9 和 C_{10}^+ 芳烃，由邻二甲苯塔分离出邻二甲苯。分离出的 C_8^+ 馏分送至吸附分离单元，以分离出对二甲苯产品。所得 C_9 芳烃可作为歧化单元原料，所得 C_{10}^+ 芳烃可用于调和燃料油。

④ 邻二甲苯分馏单元。二甲苯分离塔塔底的馏分进入邻二甲苯分离塔中，在此邻二甲苯作为产品分出来。

⑤ 歧化单元。该工艺采用 UOP 的 Tatoray 工艺或 MobilIFP（MTDP-3）工艺。甲苯和 C_9 芳烃送入歧化单元，通过甲苯歧化和烷基转移而增产二甲苯。由歧化单元生产的二甲苯送入吸附分离单元，而副产的苯经苯塔分离作为产品送出。

⑥ 分离吸附单元。该工艺采用 UOP 公司的 Parex 工艺。由二甲苯分馏和歧化单元所得 C_8^+ 芳烃送入吸附分离单元，在此分离出对二甲苯产品。而分离所得间二甲苯、邻二甲苯和乙苯混合物则送至异构化单元。

⑦ 异构化单元。该工艺采用 UOP 的 Isomar 工艺。经吸附分离单元分离对二甲苯后所得到的间、邻二甲苯和乙苯混合物送至异构化单元，在此通过异构化反应使间、邻二甲苯及乙苯形成新的间、邻、对二甲苯的平衡组分。实际上即是将间、邻二甲苯和乙苯转化为对二

甲苯。

(3) 对二甲苯的安全性

① 燃烧爆炸危险性。对二甲苯燃烧爆炸危险性及贮运条件与泄漏处理如表 1-1 所示。

表 1-1 对二甲苯燃烧爆炸危险性及贮运条件与泄漏处理

<table>
<tr><td rowspan="9">燃烧爆炸危险性</td><td>燃烧性</td><td>易燃</td><td colspan="2">燃烧分解物</td><td colspan="2">一氧化碳、二氧化碳</td></tr>
<tr><td>闪点/℃</td><td>25</td><td colspan="2">爆炸上限/%(体积分数)</td><td colspan="2">7.0</td></tr>
<tr><td>引燃温度/℃</td><td>525</td><td colspan="2">爆炸下限/%(体积分数)</td><td colspan="2">1.0</td></tr>
<tr><td>建规火险分级</td><td>甲</td><td>稳定性</td><td>稳定</td><td>聚合危害</td><td>聚合</td></tr>
<tr><td>禁忌物</td><td colspan="5">强氧化剂</td></tr>
<tr><td>危险特性</td><td colspan="5">易燃,其蒸气与空气可形成爆炸性混合物。明火、高热能引起燃烧爆炸。与氧化剂能发生强烈反应。流速过快,容易产生和积聚静电。其蒸气比空气重,能在较低处扩散至相当远的地方,遇明火会引着回燃</td></tr>
<tr><td>贮运条件
与泄漏处理</td><td colspan="5">贮运条件:贮存于阴凉、通风的仓间内,远离火种、热源。保持容器密封;与氧化剂分开存放。搬运时应轻装轻卸。本品铁路运输时限使用钢制企业自备罐车装运,装运前需有关部门批准
泄漏处理:迅速将泄漏污染区人员撤离至安全区,并进行隔离,严格限制出入。切断火源。建议应急处理人员戴自给正压式呼吸器,穿消防防护服。尽可能切断泄漏源,防止其进入下水道、排洪沟等限制性空间。少量泄漏:用活性炭或其他惰性材料吸收。也可以用不燃性分散剂制成的乳液刷洗,洗液稀释后放入废水系统。大量泄漏:构筑围堤或挖坑收容;用泡沫覆盖,抑制蒸发。用防爆泵转移至罐车或专用收集器内,回收或运至废物处理场所处置。迅速将被二甲苯污染的土壤收集起来,转移到安全地带。对污染地带沿地面加强通风,蒸发残液,排除蒸气。迅速筑坝,切断受污染水体的流动,并用围栏等限制水面二甲苯的扩散</td></tr>
<tr><td>灭火方法</td><td colspan="5">喷水冷却容器,可能的话将容器从火场移至空旷处。灭火剂:泡沫、二氧化碳、干粉、砂土</td></tr>
</table>

② 毒性、健康危害及急救方法。对二甲苯毒性、健康危害及急救方法如表 1-2 所示。

表 1-2 对二甲苯毒性、健康危害及急救方法

<table>
<tr><td rowspan="4">毒性及健康危害</td><td>侵入途径</td><td>吸入、食入、经皮吸收</td></tr>
<tr><td>毒性</td><td>LD_{50}:5000mg/kg(大鼠经口)
LC_{50}:19747mg/m^3,4h(大鼠吸入)</td></tr>
<tr><td>健康危害</td><td>二甲苯对眼及上呼吸道有刺激作用,高浓度时对中枢神经系统有麻醉作用。急性中毒:短期内吸入较高浓度二甲苯可出现眼及上呼吸道明显的刺激症状、眼结膜及咽充血、头晕、恶心、呕吐、胸闷、四肢无力、意识模糊、步态蹒跚的症状。重者可有躁动、抽搐或昏迷的症状,有的有癔病样发作。慢性影响:长期接触有神经衰弱综合征,女工有月经异常的症状,工人常发生皮肤干燥、皲裂、皮炎</td></tr>
<tr><td>急救方法</td><td>皮肤接触:脱去被污染的衣着,用肥皂水和清水彻底冲洗皮肤。就医。眼睛接触:提起眼睑,用流动清水或生理盐水冲洗。就医。吸入:迅速脱离现场至空气新鲜处。保持呼吸道通畅。如呼吸困难,给输氧。如呼吸停止,立即进行人工呼吸。就医。食入:饮足量水,催吐。就医</td></tr>
</table>

二、危险化学品

通过以上内容的学习，我们发现对二甲苯若存贮、使用不当会发生爆炸燃烧，也具有一定的毒性，危害人类的健康，它是一种危险化学品。

危险化学品是指具有易燃、易爆、毒害、腐蚀、放射性等危险特性，在生产、贮存、运输、使用和废弃物处置等过程中容易造成人身伤亡、财产损失、污染环境的化学品。

化学品的种类近千万，危险化学品只是化学品中的一部分，如何判断某一化学品是否是危险化学品呢？

方法一：查询国家标准。目前主要的标准有以下几个可以查询。《危险货物分类和品名编号》（GB 6944）；《危险货物品名表》（GB 12268）；《常用危险化学品的分类及标志》（GB 13690—92）；2002 年国家经济贸易委员会、公安部等十部委联合下发了《危险化学品名录》（2002 年版）和《剧毒化学品名录》（2002 年版）。

方法二：根据理化特性判断。未列入《危险货物品名表》的其他危险化学品，就需要对其做“化学品危险性鉴别”，通过测定化学品相关的理化数据，来判断它是否是危险化学品。

（一）危险化学品分类

危险化学品往往具有多种危险性，但是在多种危险性中，必有一种主要的即对人类危害最大的危险性。在对危险化学品分类时，遵循“择重归类”的原则，即根据该化学品的主要危险性来进行分类。

依据《常用危险化学品的分类及标志》（GB 13690—92）和《危险货物分类和品名编号》（GB 6944—2005）标准规定，危险化学品分为九类。

1. 爆炸品

本类化学品系指在外界作用下（如受热、受压、撞击等），能发生剧烈的化学反应，瞬时产生大量的气体和热量，使周围压力急骤上升，发生爆炸，对周围环境造成破坏的物品，也包括无整体爆炸危险，但具有燃烧、抛射及较小爆炸危险，或仅产生热、光、音响或烟雾等一种或几种作用的烟火物品。

爆炸品具有以下特性。

① 爆炸性强。爆炸品都具有化学不稳定性，在一定外因的作用下，能以极快的速度发生猛烈的化学反应，产生大量气体和热量，使周围的温度迅速升高并产生巨大的压力而引起爆炸。

② 敏感度高。爆炸的难易程度取决物质本身的敏感度，敏感度是确定爆炸品爆炸危险性的一个非常重要的标志。一般来讲，敏感度越高的物质越易爆炸。在外界条件作用下，爆炸品受热、撞击、摩擦、遇明火或酸碱等因素的影响都易发生爆炸。

③ 有的爆炸品还有一定的毒性。例如梯恩梯、硝化甘油、雷汞等都具有一定的毒性。

④ 与酸、碱、盐、金属发生反应。有些爆炸品与某些化学品如酸、碱、盐发生化学反应，反应的生成物是更容易爆炸的化学品。如：苦味酸遇某些碳酸盐能反应生成更易爆炸的苦味酸盐；苦味酸受铜、铁等金属撞击，立即发生爆炸。

2. 气体

本类化学品系指压缩、液化或加压溶解的气体，并应符合下述两种情况之一：①临界温度等于或低于 50℃时，其蒸气压力大于 294kPa 的压缩或液化气体。②温度在 21.1℃时，气体的绝对压力大于 275kPa；或在 54.4℃时，气体的绝对压力大于 715kPa 的压缩气体；或在 37.8℃时，雷德蒸气压大于 275kPa 的液化气体或加压溶解气体。

（1）按性质分类

① 易燃气体。此类气体极易燃烧，与空气混合能形成爆炸性混合物。在常温常压下遇明火、高温即会发生燃烧或爆炸。

② 不燃气体（包括助燃气体）。不燃气体系指无毒、不燃气体，但包括助燃气体。高浓度时有窒息作用。助燃气体有强烈的氧化作用，遇油脂能发生燃烧或爆炸。

③ 有毒气体。该类气体有毒，毒性指标与第 6 类毒性指标相同。对人畜有强烈的毒害、窒息、灼伤、刺激作用。其中有些还具有易燃、氧化、腐蚀等性质。

（2）压缩气体和液化气体特性

① 可压缩性。一定量的气体在温度不变时，所加的压力越大其体积就会变得越小，若继续加压会压缩成液态。

② 膨胀性。气体在光照或受热后，温度升高，分子间的热运动加剧，体积增大，若在一定密闭容器内，气体受热的温度越高，其膨胀后形成的压力越大。一般压缩气体和液化气体都盛装在密闭的容器内，如果受高温、曝晒，气体极易膨胀产生很大的压力。当压力超过容器的耐压强度时，就会造成爆炸事故。

③ 易燃可燃气体与空气能形成爆炸性混合物，遇明火极易发生燃烧爆炸。

④ 除具有易燃性、毒性外，还有刺激性、致敏性、腐蚀性、窒息性等。

3. 易燃液体

易燃液体指易燃的液体、液体混合物或含有固体物质的液体，但不包括由于其危险性已列入其他类别的液体。其闭杯闪点等于或低于 61℃。

易燃液体按闪点高低分为以下三类：①低闪点液体，指闭杯闪点低于－18℃的液体；②中闪点液体，指闭杯闪点在－18℃至 23℃的液体；③高闪点液体，指闭杯闪点在 23℃至 61℃的液体。

易燃液体的特性主要有以下几点：

① 易挥发性。易燃液体大部分属于沸点低、闪点低、挥发性强的物质。随着温度的升高，蒸发速度加快。当蒸气与空气达到一定浓度时遇火源极易发生燃烧爆炸。

② 易流动扩散性。易燃液体具有流动和扩散性，大部分黏度较小，易流动，有蔓延和扩大火灾的危险。

③ 受热膨胀性。易燃液体受热后，体积膨胀，液体表面蒸气压随之增加，部分液体挥发成蒸气。在密闭容器中贮存时，常常会出现鼓桶或挥发现象，如果气体体积急剧膨胀就会引起爆炸。

④ 带电性。大部分易燃液体为非极性物质，在管道、贮罐、罐车、油船的输送，灌装，摇晃，搅拌和高速流动过程中，由于摩擦易产生静电。当所带的静电荷聚积到一定程度时，就会产生静电火花，有引起燃烧和爆炸的危险。

⑤ 毒害性。大多数易燃液体都有一定的毒性，对人体的内脏器官和系统有毒性作用。

4. 易燃固体、易于自燃的物质、遇水放出易燃气体的物质

（1）易燃固体　燃点低，对热、撞击、摩擦敏感，易被外部火源点燃，燃烧迅速，并可能散发出有毒烟雾或有毒气体的固体，但不包括已列入爆炸品的物质。

① 易燃固体的主要特性是容易被氧化，受热易分解或升华，遇明火常会引起强烈、连续的燃烧。

② 与氧化剂、酸类等接触，反应剧烈而发生燃烧爆炸。

③ 对摩擦、撞击、震动也很敏感。

④ 许多易燃固体有毒，或燃烧产物有毒或腐蚀性。

对于易燃固体应特别注意粉尘爆炸！

（2）自燃物品　自燃点低，在空气中易于发生氧化反应而自行燃烧的物品。燃烧性是自燃物品的主要特性。自燃物品在化学结构上无规律性，因此自燃物质就有各自不同的自燃特性。

① 黄磷性质活泼，极易氧化，燃点又特别低，一经暴露在空气中很快引起自燃。但黄磷不和水发生化学反应，所以通常放置在水中保存。另外黄磷本身极毒，其燃烧的产物五氧化二磷也为有毒物质，遇水还能生成剧毒的偏磷酸。所以遇到有磷燃烧时，在扑救的过程中应注意防止中毒。

② 二乙基锌、三乙基铝等有机金属化合物，不但在空气中能自燃，遇水还会强烈分解，

产生易燃的氢气，引起燃烧爆炸。因此，贮存和运输过程中必须用充有惰性气体或特定的容器包装，失火时亦不可用水扑救。

据自燃物品的不同特性采取相应的措施！

(3) 遇湿易燃物品　遇水或受潮时，发生剧烈化学反应，放出大量的易燃气体和热量的物品有些不需明火，即能燃烧或爆炸。

遇湿易燃物质除遇水反应外，遇到酸或氧化剂也能发生反应，而且比遇到水发生的反应更为强烈，危险性也更大。因此，贮存、运输和使用时，注意防水、防潮，严禁火种接近，与其他性质相抵触的物质隔离存放。

遇湿易燃物质起火时，严禁用水、酸碱泡沫、化学泡沫扑救！

5. 氧化性物质和有机过氧化物

本类物品具有强氧化性，易引起燃烧、爆炸，按其组成分为以下两项。

(1) 氧化剂　系指处于高氧化态，具有强氧化性，易分解并放出氧和热量的物质。其本身不一定可燃，但能导致可燃物的燃烧；与松软的粉末状可燃物能组成爆炸性混合物；对热、震动或摩擦较为敏感。

氧化剂具有较强的获得电子能力，有较强的氧化性，遇酸碱、高温、震动、摩擦、撞击、受潮或与易燃物品、还原剂等接触能迅速分解，有引起燃烧、爆炸的危险。

(2) 有机过氧化剂　系指分子组成中含有过氧基的有机物，其本身易燃易爆、极易分解，对热、震动和摩擦极为敏感。

6. 毒性物质和感染性物质

该类分为毒害品、感染性物品两项。其中毒害品按其毒性大小分为一级毒害品和二级毒害品。

(1) 毒害品　本项化学品系指进入肌体后，累积达一定的量，能与体液和组织发生生物化学作用或生物物理学变化，扰乱或破坏肌体的正常生理功能，引起暂时性或持久性的病理改变，甚至危及生命的物品。

具体指标如下：

经口：$LD_{50}\leqslant 500mg/kg$（固体）

$LD_{50}\leqslant 2000mg/kg$（液体）

经皮：$LD_{50}\leqslant 1000mg/kg$（24h 接触）

吸入：$LC_{50}\leqslant 10mg/L$（粉尘、烟雾、蒸气）

根据毒性的强弱不同，分为剧毒品、有毒品、有害品。

(2) 感染性物品　本项化学品系指含有致病的微生物，能引起患病，甚至死亡的物质。

7. 放射性物质

本类化学品系指放射性比活度大于 7.4×10Bq/kg 的物品，具有放射性。放射性物质放出的射线可分为四种：α 射线，也叫甲种射线；β 射线，也叫乙种射线；γ 射线，也叫丙种射线；还有中子流。各种射线对人体的危害都大。

许多放射性物品毒性很大。不能用化学方法中和使其不放出射线，只能设法把放射性物质清除或者用适当的材料予以吸收屏蔽。

8. 腐蚀性物质

本类化学品系指能灼伤人体组织并对金属等物品造成损坏的固体或液体。具体指与皮肤接触在 4h 内出现可见坏死现象，或温度在 55℃时，对 20 号钢的表面均匀年腐蚀率超过 6.25mm/a 的固体或液体。

该类化学品按化学性质分为三类：酸性腐蚀品；碱性腐蚀品；其他腐蚀品。

腐蚀品的特性主要表现在以下几个方面。

① 强烈的腐蚀性。它与人体、设备、建筑物、构筑物、车辆、船舶的金属结构都易发生化学反应，而使之腐蚀并遭受破坏。

② 氧化性。腐蚀性物质如浓硫酸、硝酸、氯磺酸、漂白粉等都是氧化性很强的物质，与还原剂接触易发生强烈的氧化还原反应，放出大量的热，容易引起燃烧。

③ 稀释放热性。多种腐蚀品遇水会放出大量的热，液体四处飞溅造成人体灼伤。

9. 杂项危险物质和物品

具有其他类别未包括的危险物质和物品，如危害环境物质，高温物质，经过基因修改的微生物或组织等。

（二）危险化学品贮存、包装、运输安全要求

1. 危险化学品贮存的安全要求

（1）危险化学品贮存的基本条件

根据 GB 15603—1995《常用化学危险品贮存通则》的规定，贮存危险化学品基本安全要求如下。

① 贮存危险化学品必须遵照国家法律、法规和其他有关的规定。

② 危险化学品必须贮存在经公安部门批准设置的专门的危险化学品仓库中，经销部门自管仓库贮存危险化学品及贮存数量必须经公安部门批准。未经批准不得随意设置危险化学品贮存仓库。

③ 危险化学品露天堆放，应符合防火、防爆的安全要求，爆炸物品、一级易燃物品、遇湿燃烧物品、剧毒物品不得露天堆放。

④ 贮存危险化学品的仓库必须配备有专业知识的技术人员，其库房及其他贮存场所应设专人管理，管理人员必须配备可靠的个人安全防护用品。

⑤ 贮存的危险化学品应有明显的标志，标志应符合 GB 190—90 的规定。同一区域贮存两种或两种以上不同级别的危险化学品时，应按最高等级危险化学品的性能标志。

⑥ 危险化学品贮存方式分为三种：隔离贮存、隔开贮存、分离贮存。

⑦ 根据危险化学品性能分区、分类、分库贮存。各类危险品不得与禁忌物料混合贮存。危险化学品分类贮存原则，见表 1-3。

⑧ 贮存危险化学品的建筑物、区域内严禁吸烟和使用明火。

（2）危险化学品贮存场所的安全要求

① 贮存危险品的建筑物不得有地下室或其他地下建筑，其耐火等级、层数、占地面积、安全疏散和防火间距，均应符合国家有关规定。

② 设置贮存地点及设计建筑结构，除了应符合国家有关规定外，还应考虑到对周围环境和居民的影响。

③ 贮存场地的电气安装要求。危险品贮存建筑物、场所内消防用电设施，应充分满足消防用电的需要，并符合《建筑设计防火规范》（GB 50016—2006）中的有关规定；危险品贮存区域或建筑物内电气系统（包括设备、设施、开关、仪表、线路等），均应符合国家有关电气安全的规定。特别是易燃易爆危险品贮存场所的电气系统，应符合爆炸场所电气安全规定；贮存易燃易爆危险品的建筑，必须安装避雷设施。

④ 贮存场所通风及温度调节（根据常用危险化学品贮存通则 GB 15603—1995）。贮存化学危险品的建筑必须安装通风设备，并注意设备的防护措施；贮存化学危险品的建筑通排风系统应设有导除静电的接地装置；通风管应采用非燃烧材料制作；通风管道不宜穿过防火墙等防火分隔物，如必须穿过时应用非燃烧材料分隔；贮存化学危险品建筑采暖的热媒温度不应过高，热水采暖不应超过 80℃，不得使用蒸汽采暖和机械采暖；采暖管道和设备的保

表 1-3　危险化学品分类贮存原则

组别	物质名称	贮存原则	附注
爆炸性物质	叠氮铅、雷汞、三硝基甲苯、火棉、硝铵炸药等	不准和任何其他种类的物质共同贮存,必须单独隔离贮存	起爆药与炸药必须隔离贮存
易燃及可燃液体	汽油、苯、丙酮、乙醇、乙醚、乙醛、松节油等	不准和任何其他种类物品共同贮存	如数量很少,允许与固体易燃物品隔开后贮存
压缩气体和液化气体	易燃气体:氢气、甲烷、乙烯、丙烯、乙炔、一氧化碳、硫化氢等	除惰性不燃气体外,不准和其他种类的物品共同贮存	
	惰性不燃气体:氮气、二氧化碳、二氧化硫、氟利昂等	除可燃气体、助燃气体、氧化剂和有毒物质外,不准和其他种类的物品共同贮存	
	助燃气体:氧气、压缩空气、氯气等	除惰性不燃气体和有毒物品外,不准和其他种类的物品共同贮存	氯气兼有毒害性
遇水或空气能自燃的物质	钾、钠、电石、黄磷、锌粉、铝粉等	不准和其他种类的物品共同贮存	钾、钠需浸入煤油或石蜡中贮存,黄磷浸入水中贮存
易燃固体	赤磷、萘、硫磺、樟脑等	不准和其他种类的物品共同贮存	
氧化剂	能形成爆炸混合物的氧化剂:氯酸钾、硝酸钾、次氯酸钙、过氧化钠等	除压缩气体和液化气体中的惰性气体外,不准和其他种类的物品共同贮存	过氧化物遇水有发热爆炸危险,应单独贮存。过氧化氢应贮存在阴凉处所
	能引起燃烧的氧化剂:溴、硝酸、硫酸、高锰酸钾等	不准和其他种类的物品共同贮存	与氧化剂中能形成爆炸混合物的物品亦应隔离
毒害物质	光气、五氧化二砷、氰化钾、氰化钠等	除压缩气体和液化气体中的惰性不燃气体和助燃气体外,不准和其他种类的物品共同贮存	

温材料，必须采用非燃烧材料。

2. 危险化学品包装的安全要求

危险化学品的包装必须符合国家有关规定要求，例如《危险货物包装标志》（GB 190—90）、《危险货物的运输包装通用技术条件》（GB 12463—90）、《危险货物运输包装类别划分原则》（GB 15098—94）和《包装容器危险品包装用塑料桶》（GB 18191—2000）等。

（1）危险化学品包装的分级　按照包装的结构强度、防护性能及内装物的危险程度，包装分为三个等级。

① Ⅰ级包装，适用于内装危险性极大的化学品。

② Ⅱ级包装，适用于内装危险性中等的化学品。

③ Ⅲ级包装，适用于内装危险性较小的化学品。

（2）危险化学品包装的基本要求

① 危险化学品的包装应结构合理，具有一定强度，防护性能好。包装的材质、型式、规格、方法和单件质量（重量），应与所装危险化学品的性质和用途相适应，并便于装卸、运输和贮存。

② 包装质量良好，其构造和封闭形式应能承受正常贮存、运输条件下的各种作业风险，不应因温度、湿度或压力的变化而发生任何渗（撒）漏；包装表面清洁，不允许粘附有害的危险物质。

③ 包装与内装物直接接触部分，必要时应有内涂层或进行防护处理，包装材质不得与内装物发生化学反应而形成危险产物或削弱包装强度。

④ 内容器应予固定。内装物如属易碎性，应使用与内装物性质相适应的衬垫材料或吸附材料衬垫妥实。

⑤ 盛装液体的容器，应能经受在正常贮存、运输条件下产生的内部压力。灌装时必须留有足够的膨胀余量（预留容积），一般应保证其在55℃时内装液体不致完全充满容器。

⑥ 包装封口应根据内装物性质采用严密封口、液密封口或气密封口。

⑦ 盛装需浸湿或加有稳定剂的物质时，其容器封闭形式应能有效地保证内装液体（水、溶剂和稳定剂）的百分比在贮运期间也将其保持在规定的范围以内。

⑧ 有降压装置的包装，其排气孔设计和安装应能防止内装物泄漏和外界杂质进入，排出的气体量不得造成危险和污染环境。

⑨ 所有包装（包括新型包装、重复使用的包装和修理过的包装）均应符合有关危险化学品包装性能试验的要求。

⑩ 包装所采用的防护材料及防护方式，应与内装物性能相容且符合运输包装件总体性能的需要，能经受运输途中的冲击与震动，保护内装物与外包装。当内容器破坏、内装物流出时也能保证外包装安全无损。

(3) 危险化学品包装容器及其安全要求　不同的包装容器，除应满足包装的通用技术要求外，还要根据其自身的特点，满足各自的安全要求。常用的包装容器材料有钢、铝、木材、各种纤维板、塑料、编织材料、多层纸、金属（钢、铝除外）、玻璃、陶瓷以及柳条、竹篾等。其中作为危险化学品包装容器的材质，钢、铝、塑料、玻璃、陶瓷等用得较多。容器的形状也多为桶、箱、罐、瓶、坛等形状。在选取危险化学品容器的材质和形状时，应充分考虑所包装的危险化学品的特性，例如腐蚀性、反应活性、毒性、氧化性和包装物要求的包装条件，例如压力、温湿度、光线等。同时要求选取的包装材质和所形成的容器要有足够的强度，在搬运、堆叠、震动、碰撞中不能出现破坏而造成包装物的外泄。

3. 危险化学品运输的安全要求

化学品在运输中发生事故比较常见。全面了解化学品的安全运输，掌握有关化学品的安全运输规定，对降低运输事故具有重要意义。

① 国家对危险化学品的运输实行资质认定制度，未经资质认定的单位和个人，不得运输危险化学品。

② 托运危险物品必须出示有关证明，在指定的铁路、交通、航运等部门办理手续。托运物品必须与托运单上所列的品名相符，托运未列入国家品名表内的危险物品，应附交上级主管部门审查同意的技术鉴定书。

③ 危险物品的装卸人员，应按装运危险物品的性质，佩戴相应的防护用品，装卸时必须轻装、轻卸，严禁摔拖、重压和摩擦，不得损毁包装容器，并注意标志，堆放稳妥。

④ 危险物品装卸前，应对车（船）搬运工具进行必要的通风和清扫，不得留有残渣，对装有剧毒物品的车（船），卸车后必须洗刷干净。

⑤ 装运爆炸、剧毒、放射性、易燃液体、可燃气体等物品，必须使用符合安全要求的运输工具，禁止用电瓶车、翻斗车、铲车、自行车等运输爆炸物品。运输强氧化剂、爆炸品及用铁桶包装的一级易燃液体时，没有采取可靠的安全措施，不得用铁底板车及汽车挂车；禁止用叉车、铲车、翻斗车搬运易燃、易爆液化气体等危险物品；温度较高地区装运液化气体和易燃液体等危险物品，要有防晒设施；放射性物品应用专用运输搬运车和抬架搬运，装卸机械应按规定负荷降低25%；遇水燃烧物品及有毒物品，禁止用小型机帆船、小木船和水泥船承运。

⑥ 运输爆炸、剧毒和放射性物品，应指派专人押运，押运人员不得少于2人。

⑦ 运输危险物品的车辆，必须保持安全车速，保持车距，严禁超车、超速和强行会车。

运输危险物品的行车路线，必须事先经当地公安交通管理部门批准，按指定的路线和时间运输，不可在繁华街道行驶和停留。

⑧ 运输易燃、易爆物品的机动车，其排气管应装阻火器，并悬挂“危险品”标志。

⑨ 运输散装固体危险物品，应根据性质，采取防火、防爆、防水、防粉尘飞扬和遮阳等措施。

⑩ 禁止利用内河以及其他封闭水域运输剧毒化学品。通过公路运输剧毒化学品的，托运人应当向目的地的县级人民政府公安部门申请办理剧毒化学品公路运输通行证。办理剧毒化学品公路运输通行证时，托运人应当向公安部门提交有关危险化学品的品名、数量、运输始发地和目的地、运输路线、运输单位、驾驶人员、押运人员、经营单位和购买单位资质情况的材料。

⑪ 运输危险化学品需要添加抑制剂或者稳定剂的，托运人交付托运时应当添加抑制剂或者稳定剂，并告知承运人。

⑫ 危险化学品运输企业，应当对其驾驶员、船员、装卸管理人员、押运人员进行有关安全知识培训。驾驶员、装卸管理人员、押运人员必须掌握危险化学品运输的安全知识，并经所在地设区的市级人民政府交通部门考核合格，船员经海事管理机构考核合格，取得上岗资格证，方可上岗作业。

【相关技术应用】

一、认识各种危险化学品警示标识

1. 常见各种危险化学品警示标识

各种危险化学品警示标识见表 1-4。

表 1-4　各种危险化学品警示标识

警示标识	底　色	图　形	文字颜色	文字含义
爆炸品 1	橙红色	正在爆炸的炸弹（黑色）	黑色	该危险化学品属于 1 类，爆炸品
易燃气体 2	正红色	火焰（黑色或白色）	黑色或白色	该危险化学品属于 2 类，易燃气体
不燃气体 2	绿色	气瓶（黑色或白色）	黑色或白色	该危险化学品属于 2 类，不燃气体
有毒气体 2	白色	骷髅头和交叉骨形（黑色）	黑色	该危险化学品属于 2 类，有毒气体
易燃液体 3	正红色	火焰（黑色或白色）	黑色或白色	该危险化学品属于 3 类，易燃液体

续表

警示标识	底色	图形	文字颜色	文字含义
易燃固体 4	红白相间的垂直宽条(红 7、白 6)	火焰(黑色或白色)	黑色	该危险化学品属于 4 类,易燃固体
自燃物品 4	上半部白色,下半部红色	火焰(黑色或白色)	黑色或白色	该危险化学品属于 4 类,自燃物品
遇湿易燃物品 4	蓝色	火焰(黑色)	黑色	该危险化学品属于 4 类,遇湿易燃物品
氧化剂 5.1	黄色	火焰(黑色)	黑色	该危险化学品属于 5 类,第一项,氧化剂
自燃物品 4	黄色	火焰(黑色)	黑色	该危险化学品属于 5 类,第二项,有机氧化剂
有毒品 6　剧毒品 6	白色	骷髅头和交叉骨形(黑色)	黑色	该危险化学品属于 6 类,有毒品、剧毒品
有害品(远离食品) 6	白色	谷物和粗型叉(黑色)	黑色	该危险化学品属于 6 类,有害品(远离食品)
感染性物品 6	白色	四个圆形套环(黑色)	黑色	该危险化学品属于 6 类,感染性物品
一级放射性物品 I 7　二级放射性物品 II 7　三级放射性物品 III 7	上半部黄色,下半部白色	三叶风扇(黑色)	黑色(分项为红色)	该危险化学品属于 7 类,分别为一级、二级、三级放射性物品
腐蚀品 8	上半部白色,下半部黑色	手、金属板、试管(黑色)	白色	该危险化学品属于 8 类,腐蚀品

2. 其他警示标识

主要介绍在工作场所设置的可以使劳动者对职业病危害产生警觉，并采取相应防护措施的图形标识、警示语句和文字。表 1-5 列举了部分常见警示标识。

表 1-5　部分常见警示标识

禁止类标志	警告类标志	指令类标志	提示类标志
禁止吸烟	当心腐蚀	必须戴防护眼镜	应急避难场所
禁止攀登	当心爆炸	必须戴防毒面具	可动火区
禁止放易燃物	必须戴防毒面具	必须戴护耳器	急救点
禁止用水灭火	当心火灾	必须穿防护服	应急电话
禁止穿带钉鞋	当心触电	必须戴防护手套	击碎板面

(1) 安全色

① 红色：一般用来标志禁止和停止，如信号灯、紧急按钮均用红色，分别表示“禁止通行”、“禁止触动”等禁止的信息。

② 黄色：一般用来标志注意、警告、危险，如“当心触电”、“注意安全”等。

③ 蓝色：一般用来标志强制执行和命令，如“必须戴安全帽”、“必须验电”等。

④ 绿色：一般用来标志安全无事，如“在此工作”、“由此攀登”等。

⑤ 黑色：一般用来标注文字、符号和警告标志的图形等。

⑥ 白色：一般用于安全标志红、蓝、绿色的背景色，也可用于安全标志的文字和图形符号。

⑦ 黄色与黑色间隔条纹：一般用来标志警告危险，如防护栏杆。

⑧ 红色与白色间隔条纹：一般用来标志禁止通过、禁止穿越等。

在使用安全色时，为了提高安全色的辨认率，使其更明显醒目，常采用其他颜色作为背景，即对比色。红、蓝、绿的对比色为白色，黄的对比色为黑色，黑色与白色互为对比色。

(2) 图形标识

① 禁止类标志。一般为圆形，背景为白色，红色圆边，中间为一红色斜杠，图像用黑

色。一般常用的有“禁止烟火”，“禁止靠近”等。

② 警告类标志。一般为等边三角形，背景为黄色，边和图形都用黑色。一般常用的有“当心触电”，“注意安全”等。

③ 指令类标志。一般为圆形，背景为蓝色，图像及文字用白色。一般常用的有“必须戴安全帽”，“必须戴护目镜”等。

④ 提示类标志。一般为矩形，背景为绿色，图像和文字用白色。

(3) 警示线　安全警示线用于界定和划分危险区域，向人们传递某种注意或警告的信息，以避免人身伤害。警示线主要有红、黄、绿三色，其设置范围和地点如表 1-6 所示。

表 1-6　警戒线图形和设置范围

名称及图形符号	设置范围和地点
红色警戒线	高毒物作业场所、放射作业场所、紧邻事故危害源周边
黄色警戒线	一般有毒物品作业场所、紧邻事故危害区域的周边
绿色警戒线	事故现场救援区域的周边

(4) 警示语句　警示语句是一组表示禁止、警告、指令或描述工作场所职业病危害的词语。警示语句可单独使用，也可与图形标识组合使用。如禁止入内、注意高温、有毒气体、当心腐蚀、戴防毒面具、注意通风等。

(5) 有毒物品作业岗位职业病危害告知卡　《告知卡》是设置在使用高毒物品作业岗位醒目位置上的一种警示，它以简洁的图形和文字，将作业岗位上接触到的有毒物品的危害性告知劳动者，并提醒劳动者采取相应的预防和处理措施。

《告知卡》包括有毒物品的通用提示栏、有毒物品名称、健康危害、警告标识、指令标识、应急处理和理化特性等内容。图 1-3 就是一个生产单位的关于苯的《告知卡》。

二、日常生活中二甲苯的健康危害、中毒防护措施和中毒急救方法

1. 日常生活中二甲苯的来源

二甲苯为无色透明液体，是苯环上两个氢被甲基取代的产物，存在邻、间、对三种异构体，在工业上，二甲苯即指上述异构体的混合物。二甲苯的污染主要来自于合成纤维、塑料、燃料、橡胶，各种涂料的添加剂以及各种胶黏剂、防水材料，还可来自燃料和烟叶的燃烧气。

家庭和写字楼里的苯类物质主要来自建筑装饰中使用大量的化工原材料，如涂料，填料及各种有机溶剂等都含有大量的有机化合物，经装修后挥发到室内。其含量主要在以下几种装饰材料中。油漆：苯化合物主要从油漆中挥发出来；天那水、稀释剂：油漆涂料的添加剂中大量存在；各种胶粘剂：一些家庭购买的沙发释放出大量的苯，主要原因是生产中使用了含苯高的胶粘剂；防水材料：原粉加稀料配制成防水涂料，操作 15h 后检测，室内空气中苯

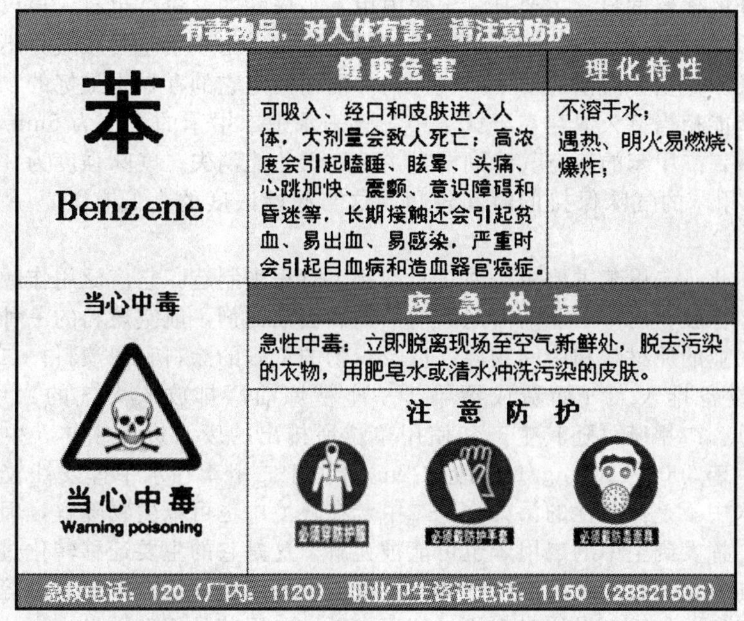

图 1-3　某生产单位的关于苯的《告知卡》

含量超过国家允许最高浓度的 14.7 倍；一些低档和假冒的涂料。

2. 健康危害

（1）毒性　二甲苯具有中等毒性。经皮肤吸收后，对健康的影响远比苯小。若不慎口服了二甲苯或含有二甲苯溶剂时，二甲苯强烈刺激食道和胃，并引起呕吐，还可能引起血性肺炎，应立即饮入液体石蜡，延医诊治。二甲苯蒸气对小鼠的 LC 为 6000×10^{-6}，大鼠经口最低致死量 4000mg/kg。

二甲苯对眼及上呼吸道有刺激作用，高浓度时，对中枢系统有麻醉作用。

急性中毒：短期内吸入较高浓度二甲苯可出现眼及上呼吸道明显刺激症状、眼结膜及咽充血、头晕、头痛、恶心、胸闷、四肢无力、意识模糊、步态蹒跚。重者可有躁动、抽搐或昏迷的症状。有的有癔病样发作。

慢性影响：长期接触有神经衰弱综合症，女人有可能月经异常。皮肤接触常发生皮肤干燥、皲裂、皮炎。

（2）代谢和降解　在人和动物体内，吸入的二甲苯除 3%～6%被直接呼出外，二甲苯的三种异构体都被代谢为相应的苯甲酸（60%的邻二甲苯、80%～90%的间、对二甲苯），然后这些酸与葡萄糖醛酸和甘氨酸起反应。在这个过程中，大量邻苯甲酸与葡萄糖醛酸结合，而对苯甲酸几乎完全与甘氨酸结合生成相应的甲基马尿酸而排出体外。与此同时，可能少量形成相应的二甲苯酚（酚类）与氢化 2-甲基-3-羟基苯甲酸（2%以下）。

（3）残留与蓄积　在职业性接触中，二甲苯主要经呼吸道进入身体。对全部二甲苯的异构体而言，由肺吸收其蒸气的情况相同，总量达 60%～70%。在整个的接触时期中，这个吸收量比较恒定。二甲苯溶液可经完整皮肤以平均吸收率为 $2.25g/(cm^3 \cdot min)$［范围 $0.7\sim4.3g/(cm^3 \cdot min)$］的速度被吸收。二甲苯蒸气的经皮吸收与直接接触液体吸收相比是微不足道的。二甲苯的残留和蓄积并不严重，进入人体的二甲苯可以在人体的 NADP（转酶Ⅱ）和 NAD（转酶Ⅰ）存在下生成甲基苯甲酸，然后与甘氨酸结合形成甲基马尿酸在 18h 内几乎全部排出体外。即使是吸入后残留在肺部的 3%～6%的二甲苯，也在接触后的 3h 内（半衰期为 0.5～1h）全部被呼出体外。

接触二甲苯的残留试验，主要是测定尿内甲基马尿酸的含量，也有人建议测定呼出气体中或血液中二甲苯的含量，但后两者的结果往往不准确。由于甲基马尿酸并不天然存在于尿中，又由于它几乎是全部滞留的二甲苯代谢物，因而测定它的存在是最好的二甲苯接触试验的确证。二甲苯能相当持久地存在于饮水中。自来水中二甲苯的浓度为 5mg/L 时，其气味强度相当于 5 级，二甲苯的特有气味则要过 7 至 8 天才能消失；气味强度为 3 级时则需 4 至 5 天。河水中二甲苯的气味保持的时间较短，这与起始浓度的高低有关，一般可保留 3 至 5 天。

(4) 迁移转化　二甲苯主要由原油在石油化工过程中制造，它广泛用作颜料、油漆等的稀释剂，印刷、橡胶、皮革工业的溶剂，清洁剂和去油污剂，航空燃料的一种成分，化学工厂和合成纤维工业的原材料和中间物质，以及织物的纸张的涂料和浸渍料。二甲苯可通过机械排风和通风设备排入大气而造成污染。一座精炼油厂排放入大气的二甲苯速率高达 13.18～1145g/h。二甲苯可随其生产和使用单位所排出的废水进入水体。生产 1t 二甲苯，一般排出含二甲苯 300～1000mg/L 的废水 $2m^3$。由于二甲苯在水中挥发性较强，因此可以认为其在地表水中不是持久性的污染物。二甲苯在环境中也可以生物降解，但这一过程比挥发过程慢得多。挥发到空中的二甲苯也可能被光解。这是它的主要迁移转化过程。

二甲苯可与氧化剂反应，高浓度气体与空气混合发生爆炸。二甲苯有中等程度的燃烧危险。由于其蒸气比空气重，燃烧时火焰沿地面扩散。二甲苯易挥发，发生事故现场会弥漫着二甲苯的特殊芳香味，倾泻入水中的二甲苯可漂浮在水面上，或呈油状物分布在水面，可造成水生生物的死亡。

3. 泄漏应急处理

相关部门应迅速撤离泄漏污染区人员至安全区，并进行隔离，严格限制出入。切断火源。建议应急处理人员戴自给正压式呼吸器，穿消防防护服。尽可能切断泄漏源，防止其进入下水道、排洪沟等限制性空间。

少量泄漏：用活性炭或其他惰性材料吸收。也可以用不燃性分散剂制成的乳液刷洗，洗液稀释后排入废水系统。

大量泄漏：构筑围堤或挖坑收容；用泡沫覆盖，抑制蒸发。用防爆泵转移至罐车或专用收集器内，回收或运至废物处理场所处置。迅速将被二甲苯污染的土壤收集起来，转移到安全地带。对污染地带沿地面加强通风，蒸发残液，排除蒸气。迅速筑坝，切断受污染水体的流动，并用围栏等限制水面二甲苯的扩散。

4. 二甲苯中毒防护措施

当出现二甲苯的泄漏事故时候，所需要用到的呼吸防护系统的安全措施有哪些呢？根据相关的经验，面对不同的毒气泄漏情况，应急人员所采用的防护措施也是有区别的。

(1) 呼吸系统防护　空气中浓度较高时，佩戴过滤式防毒面具（半面罩）。紧急事态抢救或撤离时，建议佩戴氧气呼吸器。

当二甲苯毒气达到一定的浓度，也就是整个的被污染区的毒气浓度比较大时，首先要将工作人员全部安全转移到安全的地方，然后应急人员需要佩戴防毒面具，最好是选择过滤式的半面罩工具，而如果是在紧急状态的撤离情况下，需要采用的就是空气呼吸器，只有在这样的情况下，才可以达到真正的过滤作用。

(2) 眼睛防护　戴化学安全防护眼镜。防化学溶液的防护眼镜，主要用于防御有刺激或腐蚀性的溶液对眼睛的化学损伤。可选用普通平光镜片，镜框应有遮盖，以防溶液溅入。一般医用眼镜即可通用。

(3) 身体防护　为了避免皮肤受到损伤，可以采用戴面罩式胶布防毒衣、连衣式胶布防毒衣、橡胶工作服、防毒物渗透工作服、透气型防毒服等。

（4）手防护　为了保护手不受损害，可以采用橡胶手套、乳胶手套、耐酸碱手套、防化学品手套等。

（5）其他　工作现场禁止吸烟、进食和饮水。工作毕，淋浴更衣。注意个人清洁卫生。

5. 二甲苯中毒急救措施

（1）皮肤接触　脱去被污染的衣着，用肥皂水和清水彻底冲洗皮肤和头发。就医。

（2）眼睛接触　提起眼睑，用流动清水或生理盐水冲洗。就医。

（3）吸入　应迅速脱离现场将患者移至空气新鲜处，脱去被污染衣服，松开所有的衣服及颈、胸部纽扣，腰带，使其静卧，口鼻如有污垢物，要立即清除，以保证肺通气正常，呼吸通畅。并且要注意身体的保暖。如呼吸困难，给输氧。如呼吸停止，立即进行人工呼吸。就医。

（4）食入　应用0.005的活性炭悬液或0.02碳酸氢钠溶液洗胃催吐，然后服导泻和利尿药物，以加快体内毒物的排泄，减少毒物吸收。就医。

6. 误服二甲苯中毒者在医院进行急救举例

（1）催吐　对轻度中毒者，立即给予自饮大量清水或生理盐水后催吐，反复进行直至洗出液清澈无味为止。

（2）洗胃　及时彻底的洗胃是抢救急性二甲苯中毒的重要环节。洗胃溶液首先采用1∶5000高锰酸钾溶液6000mL。因为高锰酸钾溶液能氧化二甲苯的代谢产物，减轻毒物在体内吸收，然后采用生理盐水或冷开水2000mL洗胃。

（3）禁食　由于患者反复洗胃、呕吐，胃黏膜有不同程度的损伤，需要禁食24～72h。

（4）快速输液　在洗胃的同时，尽早建立静脉通道。按照医嘱大量补充液体以稀释体内毒物的浓度。补液以10％葡萄糖为主，加维生素C、肝太乐等药物，促进肝脏解毒，促进二甲苯代谢产物与葡萄糖酸结合，加速毒物的排泄，连续使用地塞米松3天，每天10～20mg加入50％葡萄糖液中静脉推注，以稳定细胞膜及溶酶体膜，防止肝细胞、肾细胞大量变性。同时遵医嘱使用保护心、脑等重要脏器的药物，并少量多次输一些白蛋白以增强机体抵抗力。

三、氧气呼吸器的使用

在化工生产现场，佩戴必要的防护用具是必不可少的。其中氧气呼吸器是有毒有害产品生产现场常见的防护器材之一。

氧气呼吸器又称隔绝式压缩氧呼吸器。呼吸系统与外界隔绝，仪器与人体呼吸系统形成内部循环，由高压气瓶提供氧气，有气囊存贮呼、吸时的气体。20世纪50年代从前苏联引进，是生产了数十年，量大面广的呼吸防护产品。其性能稳定可靠，广泛适用于石油、化工、冶金、煤炭、矿山、实验室等行业（部门），供经过专门训练的人在有毒、有害气体环境中（普通大气压）进行抢险、事故处理、救护或作业时佩戴使用。

1. 氧气呼吸器的分类及国内常见型号

氧气呼吸器分为自给式氧气呼吸器和贮气式氧气呼吸器。自给式氧气呼吸器按氧气供给的方式不同分为生氧式和贮气式。贮气式氧气呼吸器分为正压式氧气呼吸器和负压式氧气呼吸器。具体分类和型号如表1-7所示。

2. 氧气呼吸器的结构

图1-4是氧气呼吸器的结构示意图。氧气呼吸器主要由供氧系统、循环系统和辅助部分三大部分组成。

供氧系统由高压氧气瓶、减压阀（主减压器）、定量供氧阀（含二级稳压器）、手动补给阀、自动补给阀等部件通过高、中压管路连接组成。

表 1-7 氧气呼吸器的分类及国内常见型号

型 式	国内分类	国内常见型号
自给式氧气呼吸器	生氧式	WF013.02
	贮气式(氧气瓶)	
贮气式氧气呼吸器	正压式氧气呼吸器	HYZ4
		HYZ4(B)
		HYZ4(C)
		HYZ2
		BG4(德国 Draeger)
		Biopak240(美国)
	负压式氧气呼吸器	AHG-4
		AHG-2
		AHY6

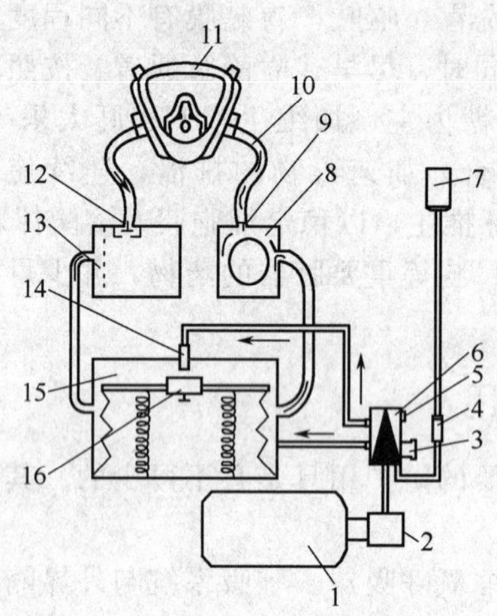

图 1-4 氧气呼吸器的结构示意图

1—氧气瓶；2—气瓶开关；3—手动补给阀；4—压力表关闭阀；5—安全阀；6—减压器；7—压力表；8—冷却器；9—吸气阀；10—呼吸软管；11—全面罩；12—呼气阀；13—清净罐；14—自动补给阀；15—气囊；16—排气阀

循环系统由面罩、呼气阀、呼气软管、清净罐、呼吸舱（或气囊）、稳压膜片、正压弹簧、排气阀、连接软管、冷却罐（内含蓄冷器）、吸气阀、吸气软管等组成。

辅助部分主要由安全及报警系统和壳体背带系统组成。其中安全及报警系统由氧气瓶压力表、气瓶阀（内含安全膜片）、安全阀、胸前压力表、高压单向限流阀、报警器（开、关提示报警及余压报警）等组成。壳体背带系统由上、下壳体背带及锁定销等组成。

3. 氧气呼吸器的工作原理

氧气呼吸器向气囊中供氧的三种方式。

① 定量供氧。通过减压器定量孔供氧，采用一种连续供氧方式，供氧压力 0.4MPa。供

氧流量 1.4～1.7L/min。

② 自动补给供氧。是一种定压自动补氧方式，气囊内压力降至 150～250Pa 时，自动补给阀门开启，氧气便以不低于 80L/min 的流量，快速充入气囊。

③ 手动补给供氧。若呼吸器气囊内氮气聚集过多需要清除或者减压器工作失灵，可用手按压手动补给按钮，便能开启减压器的自动补给阀门，起到快速补氧或冲淡气囊中多余氮气的作用，放开按钮时，氧气就停止进入气囊，供氧流量不小于 50L/min。

氧气呼吸器的工作过程为：打开气瓶阀，氧气经减压阀减压后通过供氧系统供给呼吸舱。当使用者吸气时，气体从呼吸舱（或气囊）流入冷却罐，被冷却后的气体通过吸气软管打开吸气阀进入面罩供人使用。当使用者呼气时，气体由面罩打开呼气阀进入呼气软管，再通过清净罐与氢氧化钙反应吸收呼气中的二氧化碳［化学反应式：$Ca(OH)_2+CO_2 \longrightarrow CaCO_3+H_2O+Q$］，同时通过定量供氧阀补给新鲜氧气，混合成含有富氧的气体进入呼吸舱（或气囊），供吸气使用，完成一次循环。此过程中，由于呼气阀和吸气阀都是单向阀，保证了呼吸气流始终单向循环流动。

4. 氧气呼吸器的使用

（1）使用前检查

① 确认氧气瓶阀上系有日常维护记录卡，证明检修日期在 3 个月之内。

② 将冷冻好的蓄冷器放入呼吸舱中。

③ 呼吸器常规检查。

④ 确认呼吸器氧气瓶压力表读数为 18～20MPa。

⑤ 面罩视窗上贴上保明片或涂上防雾剂或用防雾布擦面罩视窗内侧，轻擦透镜，直到清晰可见。

⑥ 呼吸器已处于备用状态。

（2）佩戴呼吸器

佩戴呼吸器的步骤和注意事项如下。动作见图 1-5。

图 1-5　呼吸器的佩戴图示

① 把呼吸器背部朝上，顶部朝向自己，将肩带调整为 50～70mm。

② 握住呼吸器外壳两侧，使肩带位于手臂外侧，背部朝向使用者，同时顶部朝下，把呼吸器举过头顶，绕到后背并使肩带划到肩膀上。

③ 上身稍向前倾，背好呼吸器，两手向下拉住肩带调整端，身体直立，把肩带拉紧。

④ 调整肩带，使呼吸器的重量落在臀部而不是肩部。根据个人情况调整腰带并扣紧。

⑤ 连接胸带，但不要拉得过紧，以免限制呼吸。

⑥ 佩戴面罩。检查面罩与面罩连接件气密性。连接面罩。

⑦ 面罩连接好后，逆时针方向完全打开氧气瓶阀门，并回旋1/4圈，报警器会发出瞬间鸣叫声，以示瓶阀开启。如果报警器不工作，应更换一台呼吸器。

⑧ 核实胸前压力表的压力为18～20MPa。

⑨ 扯下日常维护记录卡，便可投入使用。

（3）呼吸器的应急操作

① 自补阀和定量供氧装置出现故障时，表现为供气不足，吸气阻力增大，此时可按手动补给阀按钮，每次按1～2s，所补给的氧气直接进入呼吸舱。

② 呼吸器发生供气故障时，使用手补阀供氧，撤离灾区，更换呼吸器。

③ 呼吸舱内自补阀“动作过频”时，有两种可能。面罩没有佩戴好，处理方法：调整面罩；呼吸系统漏气，处理方法：退出灾区，更换呼吸器。

④ 出现下述任何一种症状，必须立即撤出灾区。感到恶心、头晕或有不舒服的感觉；肩挂压力表上压力表示数迅速下降；吸气或呼气感到困难；面罩内有烟雾或有污染物。

（4）呼吸器的摘脱

① 关闭氧气瓶瓶阀。

② 把面罩两条底带松开，再把面罩向上推举过头顶摘下。

③ 放开胸带和腰带，腰部稍向前挺。

④ 松开一个肩带，使另一个肩带从肩膀上滑下，把呼吸器转到身前。

⑤ 取下呼吸器。

5. 氧气呼吸器常见故障及排除方法

（1）氧气下降过快

① 各高压部分漏气。各高压导管的连接口漏气时，首先应查找漏气的部位，再关闭氧气瓶，把呼吸器系统内的高压气体放空，用合适的扳手上紧漏气处的连接口。

② 流量过大。将右膛室调节螺帽缓松几扣，根据气囊的贮存盘进行调节。如果无效，可间断地开闭氧气瓶。

③ 自动补给阀开启过早。可用十字扳手往上调节三棱片上的锁母螺丝。

④ 减压器漏气。首先应查明漏气的地方，如果发现氧气瓶接口处漏气，应关闭氧气瓶，拧紧即可。如果高压导管破裂，应更换。

（2）呼吸困难

① 减压器流量小。可适当旋紧右膛室调节螺帽。

② 呼吸阀弹簧阻力大。往下调节排气阀锁母，增大气囊中的压力。使用呼吸器以后，要更换弹簧。

③ 自动补给阀开启过晚。适当往下调节自动补给阀的锁母螺丝，促使开启早，气囊内压力增大，吸气容易。

④ 自动排气阀排气过晚。往上调节自动排气阀的锁母，使之排气适当，减少气囊内的压力。

（3）减压器流量变动大

① 膛室不清洁，应用酒精清洗。

② 弹簧生锈，主件失灵。对生锈部件先用汽油后用酒精洗净，更换失灵部件。

③ 过滤网杂质过多。取出过滤网，清除杂质。

④ 补给钮橡胶芯与隔板不严实。拧紧锁母螺丝，或者更换隔板。

⑤ 定量孔不气密。上紧定量孔，或者更换纸板垫。

⑥ 右膛室阀门控制失灵。更换硬橡胶芯阀门，然后加工磨平。

（4）出气压力不足或无气压　氧气瓶出口阻塞，可连续数次速开速关；如果无效，应尽快退出现场检查。

【检查与评价】

1. 案例总结。
2. 学生对对二甲苯的理解，包括制备、安全性的熟悉。
3. 学生对危险化学品的理解，对分类、贮存、运输的安全性的掌握。
4. 学生对化工常见安全生产标识的判断和对其含义的理解。
5. 学生能掌握二甲苯中毒防护措施和中毒急救方法。
6. 学生能正确使用氧气呼吸器。
7. 学生的现场处置能力和应变能力的提高。

【课外作业】

1. 网络作业（见扬州工业职业技术学院精品课程网 http://skyclass.ypi.edu.cn/ec-webpage-show/checkCourseNumber.do?courseNumber=010814）。
2. 什么是危险化学品？如何判断某一化学品是否是危险化学品？
3. 危险化学品的分类？对二甲苯属于哪一类危险化学品？分析对二甲苯的安全性。
4. 危险化学品贮存场所的安全要求。
5. 危险化学品包装的基本要求是什么？
6. 危险化学品运输的安全要求是什么？
7. 如果发生对二甲苯泄漏，我们应该做怎么样的应急处理？应急人员所采用的防护措施有哪些？
8. 怎样正确使用氧气呼吸器？
9. 氧气呼吸器常见故障有哪些，怎样排除？
10. 请解释下面有毒物品作业岗位职业病危害告知卡的含义。

有毒物品，对人体有害，请注意防护

硝酸（硝强水）Nitric acid	健康危害	理化特性
	吸入硝酸烟雾可引起急性中毒。 口服硝酸可引起腐蚀性口腔炎和胃肠炎，可出现休克或肾功能衰竭等。 皮肤或眼接触硝酸液可引起灼伤。皮肤接触硝酸的部位呈褐黄色。	强氧化剂。能与多种物质如金属粉末、电石、硫化氢、松节油等猛烈反应，甚至发生爆炸。与还原剂、可燃物如糖、纤维素、木屑、棉花、稻草或废纱头等接触，引起燃烧并散发出剧毒的棕色烟雾。具有强腐蚀性。

当心腐蚀

应急处理

皮肤接触：立即脱去污染的衣着，用大量流动清水冲洗至少15分钟。就医。眼睛接触：立即提起眼睑，用大量流动清水或生理盐水彻底冲洗至少15分钟。就医。吸入：迅速脱离现场至空气新鲜处。保持呼吸道通畅。如呼吸困难，给输氧。如呼吸停止，立即进行人工呼吸。就医。食入：用水漱口，饮牛奶或蛋清。就医。

当心中毒

注意防护：戴防毒面具　戴防护镜　戴防护手套　注意通风　穿防护服

应急电话号码：120　　职业卫生咨询电话：26324488

情境二

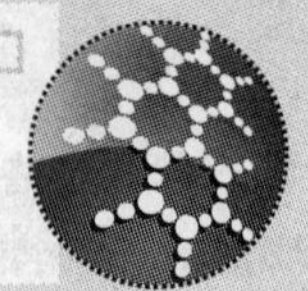

氨的安全识用与管理

教学目的与要求

知识目标 掌握氨的特性；化工生产的特点；安全与安全生产的重要性；重大危险源；

能力目标 学会氨的中毒的处置；氨的泄漏的处置；氨的燃烧爆炸的处置；重大危险源的辨识；

情感目标 学生现场处置能力、应变能力和团结协作精神的培养。

【教学引导案例】

安徽某化肥厂槽车液氨贮罐爆炸

1987年6月22日14时05分，安徽省阜阳地区亳州市化肥厂派往太和化肥厂装运液氨21台贮罐车在返厂途中，行驶到仉邱区港集乡时，液氨贮罐尾部向外冒白色氨雾，接着“轰”的一声巨响，液氨贮罐发生爆炸。爆炸后重77.4kg的贮罐后封头飞出64.4m远，直径0.8m、长3m、重达770kg的罐体挣断四根由8号钢丝制成的固定绳，向前冲去，先摧毁驾驶室，挤死一名驾驶员，冲出95.7m远时又撞死3人。从罐内泄出的液氨和氨气使87名赶集的农民灼伤、中毒，先后66人住院治疗。液氨和氨气扩散后覆盖的约200棵树和约7000m^2的农田作物均被毁。这起爆炸事故共造成10人死亡，49人重伤。

一、分析点评

1. 事故分析

① 液氨贮罐制造质量低劣。该贮罐的纵、环焊缝均未开坡口，所有的焊缝均未焊透，10mm厚的钢板，熔合深度平均为4mm，X光拍片检查，全部不合格，该罐原是一台固定式容器，由亳州市化肥厂自行改制为汽车贮罐。但因无整体底座，无法与汽车车厢连接。而且只装了压力表和安全阀，其他附件均未安装。

② 压力容器使用管理混乱。该罐投入使用后从未进行过检查，厂方对罐体质量情况一无所知。爆炸前，罐体上已出现多处裂纹，有的裂纹距外表面仅1mm。

③ 充装违反规定。充装前未进行检查，充装时也没有进行称重，充装没有记录，计量仅凭估计，不能保证充装量小于规定值。

④ 违反危险品运输规定。未到当地公安部门办理危险品运输许可证，也未遵守严禁危险品运输通过人口稠密地区的规定。

2. 事故教训与防范措施

① 对压力容器开展深入的安全大检查。对制造质量低劣的存有安全隐患的压力容器，要采取严格措施进行处理，缺陷严重的要坚决停用。对超期未检验的压力容器要进行检验，对自行改造的压力容器不符合要求的要进行更新。新压力容器必须有出厂合格证，必须由具有压力容器制造许可证的单位制造，以杜绝质量低劣的压力容器投入使用。

② 严格管理危险品的运输。运输危险品必须到当地公安部门办理手续，并应按指定的时间和行驶路线运输，以避免发生事故和扩大事故的危害程度。

③ 严格液化气体的充装管理。充装前必须对贮存容器进行检查，不合格的不能充装。充装时要认真计量，防止过量充装。

二、课堂思考

1. 液氨有哪些理化性质？工业上液氨主要应用在哪些领域？

2. 本次事故的主要原因有哪些？作为液氨在使用、贮存、运输过程中有何安全技术要求？

【教学讨论案例】

莘县化肥有限责任公司液氨灌装事故

莘县化肥有限责任公司主要设备为合成氨生产线，年生产规模为4万吨，主要商品为液氨和碳酸氢铵。企业现有干部职工540人。

2002年7月8日凌晨0点20分，一辆个体液氨罐车，在莘县化肥有限责任公司液氨库区灌装场地进行液氨灌装，到凌晨2点左右灌装基本结束时，液氨连接导管突然破裂，大量液氨泄漏。驾驶员吩咐押运员立即关闭灌装区西侧约64m处的紧急切断阀，自己迅速赶到罐车尾部，对罐车的紧急切断装置采取关闭措施，一边与厂值班人员联系并电话报警。

2时09分，接到报警后，公安、消防等部门及县委、县政府主要领导先后赶到现场，组织事故抢险和群众疏散。同时，企业值班领导组织职工对生产系统紧急停车。

4时40分，消防官兵将液氨罐车2个制动阀门和1个灌装截止阀关闭。抢险搜救工作一直持续到6点30分。参与抢险搜救的干部、群众和公安、消防干警500多名，车辆32部，共解救、疏散群众2000余人。

一、分析点评

1. 事故分析

经省政府调查组调查初步分析，发生事故的原因有以下四个方面。

① 液氨连接导管破裂是造成事故的直接原因。初步查明，液氨连接导管供货单位是河北省无生产许可证的一家镇办企业。经公安部门侦查鉴定，液氨连接导管破裂排除了人为破坏因素。从发生事故前的记录看，液氨连接导管的工作压力、温度及使用期限均未超出规定范围，是在正常使用条件下发生的破裂。

② 液氨罐车上的紧急切断装置失灵是液氨泄漏扩大的主要原因。事故发生后，氨库西侧约64m处的紧急切断阀很快被关闭，防止了液氨贮槽中液氨的继续泄漏。虽然驾驶员对

罐车上的紧急切断阀采取了紧急切断措施，但由于该装置失灵，致使罐车上液氨倒流泄漏，导致事故的进一步扩大。

③ 液氨罐区与周围居民区防护间距不符合规范要求，是导致事故伤亡扩大的重要原因。根据《小型氨肥厂卫生防护距离标准》（GB 11666—89）和当地气象条件，卫生防护距离要求为1000m，而实际最近距离不足25m，远远低于规范要求。因此，液氨罐区与周围居民区防护间距不符合规范要求，是导致事故伤亡扩大的重要原因。

④ 安全管理制度和责任制不落实是发生事故的重要原因。企业在采购液氨连接导管过程中，没有严格执行规章制度，把关不严，致使所购产品为无证厂家生产的产品，给安全生产造成严重隐患。

企业制定的《液氨充装安全管理规定》要求，“液氨车辆来厂后，由当班调度负责检查《液化气体罐车使用证》、《危险品运输许可证》、《驾驶证》、《押运证》等有关证件是否齐全、合格，不合格者拒绝充装。”而该液氨罐车仅有《驾驶证》、《押运证》、《操作证》、《液化气体罐车使用证》，未办理《危险品运输许可证》，手续不全。规定还要求，“来厂车辆必须保证安全阀、液位计、压力表、紧急切断阀、进出口阀、手动放空阀、排污阀的完备、好用，由调度带领氨库操作工进行检查，符合规定由调度填写充装安全许可证并签字，否则不许充装。”而企业提供不出该车的充装安全许可证。以上看出，企业虽然有《规定》，但未严格执行，安全制度不落实，这是发生事故的重要原因。

有关部门在项目审批和城建规划上把关不严、监督不力，在危险化学品安全管理方面存在漏洞，措施不到位，未能及时督促企业解决安全生产中存在的突出问题，致使辖区行业内同类事故重复发生。

2. 事故教训与防范措施

莘县液氨泄漏特大事故发生后，省委、省政府高度重视，省府办公厅7月9日发出《关于聊城市莘县化肥有限公司“7·8”特大液氨泄漏事故的通报》，对事故进行剖析后认为应从以下几个方面认真汲取事故的教训。

（1）高度重视气体充装单位的安全生产管理工作　无论是压缩气体还是液化气体，都是危险化学品，气体充装单位都是危险化学品生产单位。前几年，该省也发生过液氨钢瓶、液氯钢瓶爆炸事故，发生过溶解乙炔泄漏爆炸事故，发生过液氯严重泄漏的社会性灾害事故。近两年，液氨泄漏事故连续发生，应当引起高度重视。各气体充装企业要严格执行《危险化学品安全管理条例》和有关法规、标准，认真落实省化工办鲁化管［2002］19号文“关于进一步加强化工行业安全生产工作的通知”中的有关工作要求。

（2）气体充装必须严格执行有关法规、标准、制度

① 所有气瓶充装单位必须持有《气瓶充装注册登记证》，无证不得进行气瓶充装作业。

② 液氨罐车充装必须做到以下几点。

a. 制定科学、合理的《液氨充装安全管理规定》，并严格执行。

b. 符合运输危险化学品的有关规定，证件齐全，安全设施完好。

c. 输氨橡胶软管必须使用具有生产许可证的企业的合格产品，质量符合国家标准（GB/T 16591—2013），充装前检查软管是否完好。

d. 充装人员、押运员经过专业培训并持证上岗，充装时必须坚守岗位。

e. 充装岗位配备防毒面具及防毒呼吸器。

f. 充装量不得超过设计允许的最大充装量。

g. 充装过程中确保罐车稳定。

h. 制定《重大液氨泄漏事故应急救援预案》并定期演练。

（3）严格遵守关于气体充装防护距离的规定　目前，有相当一部分生产、贮存危险化学

品的企业的周边防护距离不符合国家标准或者达不到国家有关规定，原因很复杂，但隐患明显，危害性极大。《危险化学品安全管理条例》第八条、第十条对危险化学品生产、贮存企业的建设条件及与周边场所的防护距离，都做出了明确规定。提出了已建危险化学品的生产装置和贮存数量构成重大危险源的贮存设施不符合前款规定的，由所在地设区的市级人民政府负责危险化学品安全监督管理综合工作的部门监督其在规定期限内进行整顿；需要转产、停产、搬迁、关闭的，报市级人民政府批准后实施。

(4) 提高认识，强化措施，加强事故隐患整治　7·8 莘县液氨泄漏事故，说明了企业隐患查找不彻底，措施不完善，而且落实不好。化工企业具有易燃、易爆、易中毒、高温、高压等特点，任何小隐患不及时整治，都可能酿成大事故，这已经有许多血的教训，因此，化工安全事故隐患的整改问题必须引起各级政府和企业的高度重视。

二、课堂讨论

1. 本次事故发生的直接原因是什么？间接原因是什么？
2. 安全生产的重要性。

【相关知识介绍】

一、认识氨

1. 氨的理化性质

液氨为液化状态的氨气，是在适当压力下由氨气液化成液氨，一般贮存于钢瓶或贮罐中。氨气是一种有刺激臭味的无色有毒气体，极易溶于水，20℃时在水中的溶解度为 34%，水溶液呈碱性，易液化。一般液氨可作致冷剂，接触液氨可引起严重冻伤。氨作为一种重要的化工原料，应用广泛。为运输及贮存便利，通常将气态的氨气通过加压或冷却得到液态氨。液氨在工业上应用广泛，具有腐蚀性，且容易挥发。液氨的火灾危险性分类应定性为乙类第 2 项，其化学事故发生率相当高。由于液氨（无水氨）是液体，1m^3 液氨汽化后可形成 849.8m^3 的气体（液氨密度 0.603g/mL，25℃），因此要保证贮罐的气密性和耐高压性，贮存容器受热时也极有可能发生爆炸。由于氨气具有还原性，因此严禁与卤素、酰基氯、酸类、氯仿、强氧化剂接触，以免发生剧烈的化学反应。氨气与空气混合可形成爆炸性的混合气体，遇明火、高温易燃烧爆炸。氨气能侵袭湿皮肤、黏膜和眼睛，可引起严重咳嗽、支气管痉挛、急性肺水肿，甚至会造成失明和窒息死亡。在贮存、运输、使用等环节，应当采取必要的防火措施，防止发生泄漏爆炸事故。氨的主要理化性质如下。

分子式：NH_3　　气氨相对密度（空气＝1）：0.59
相对分子质量：17.04　　液氨相对密度（水＝1）：0.7067（25℃）
CAS 编号：7664-41-7　　自燃点：51.11℃
熔点：－77.7℃　　爆炸极限：16%～25%
沸点：－33.4℃　　1% 水溶液 pH 值：11.7
蒸气压：882kPa（20℃）

2. 氨的特性

氨（含氨量≥50%）主要有如下特性。

① 受热后瓶内压力增大，有爆炸危险。
② 受热后容器内压力增大，泄漏物质可导致中毒。
③ 对眼、黏膜或皮肤有刺激性，有烧伤危险。
④ 有毒，不燃烧。

⑤ 有特殊的刺激性气味。

这里的不燃烧是指其在液化状态下（即－33.4℃以下）的不燃烧，－33.4℃是其蒸发温度，一旦泄漏在室外条件下可马上形成气态氨气，所以仍有燃烧爆炸危险。

二、氨站的管理

1. 日常监督管理

氨站须对氨区做相应的隔离防护网，禁止车辆和无关人员靠近。在氨站周围10m内严禁堆放易燃易爆物品。人员进出氨站应关闭手机等通讯设备。

贮量超过10t的液氨罐进出口管线，设置具有远程控制能力的紧急切断阀。

液氨罐的贮氨量应严格控制在贮罐最大容积的85%以内，避免因环境以及温度等的变化而引起爆罐。

配备至少1名液氨专职安全员，负责氨站的安全管理。运行期间氨站设置取得资格证的专职值班员，负责整个氨站的日常管理和运行。

检修等其他人员在氨站作业时，禁止使用铁质或铝制等工具，应使用铜质工具，防止火花的产生。

液氨接卸应采用金属万向管道冲装系统，禁止使用软管接卸。且金属万向管道应设置在贮罐围栏内部，禁止单独置于围栏外、通道旁。

所有液氨输送的管道法兰垫片应参照《石油化工常用法兰垫片选用导则》（SHB-SO1）选用耐用、安全性能高的垫片，禁止使用石棉橡胶垫片。

液氨贮罐区主要的参数，包括罐内介质的液位、温度、压力等，应具备实时远方监视和高限、低限报警功能。

液氨贮罐区和液氨蒸发区域，设置固定式的氨气浓度报警仪和视屏监控系统，信号传输至相应的值班室。

显眼的高处设置风向标，便于周围300m范围内的人员能够明显地看到。设置相应的事故报警装置。氨区的围栏设置应满足在紧急事故下人员的快速、安全撤离，并设置不少于3个逃生出口。

液氨贮区和蒸发区设置洗眼器、淋浴器等安全卫生防护设施。洗眼器和淋浴器的水源应为饮用水水质，并定期放水冲洗管道。

在氨站相应的管道和设备上悬挂明显的警示标志。在氨区醒目处设置明显的警示标志，注明液氨的特性、危害、现场泄漏后的应急措施、报警电话等，同时设置管理制度牌，对氨站的出入、液氨的接卸、维护作业等进行规定。接卸制度应单独设置在接卸区，制度中明确企业和运输单位的双方负责的事项和操作步骤流程，内容简介明确。

涉及液氨的使用工艺等操作过程以及液氨自动化仪器的安装、运行等作业人员应严格按照特种作业人员工作要求，取得特种工作操作证后，方可上岗。在氨站现场施工或者动火应严格执行动火工作制度，办理动火工作票，且要有运行人员进行现场监督。

氨站所有设备、管道要标出明显的颜色，对管道内的介质流向做出明显的指示，便于操作和事故处理。

氨站相应的负责人员，要对氨站进行定时巡检，检查液氨罐的液位，液氨输送管道是否通畅，阀门开度，液氨蒸发罐的温度和压力，缓冲罐的液位以及相应的压力，并及时记录汇报相关负责人。巡检的时间间隔最好为2h一次，相关人员出入也要建立相应的出入登记表，及时记录在册。

氨站投运后，做好日常的监督检查，做到每月一次安全检查，每年一次年度检查，压力容器使用满3年做安全质量检验。液氨压力管道要进行定期的维护保养，每年至少进行一次在线检验。

液氨输送管道安装或者维修后的焊接缝应进行100%无损检测，并进行泄漏实验。泄漏实验时，应重点检查阀门、法兰或者螺纹连接处、放空阀、排气阀、排污阀等。验收移交时，还应对安装焊缝进行不少于20%的无损检测复查。

压力表和压力变送器、安全阀、液位计、液位变送器、温度计、紧急切断装置等安全附件，应按规定进行定期的维护和定期的校检。安全阀入口处应安装切断阀。正常运行时，该阀必须保证全开并加铅封；切断阀的直径不小于安全阀的入口直径；压力表的刻盘上应当划出指示最高工作压力的压力红线；液位计上的最高和最低安全液位，应当做出明显标志。

氨区设备、液氨输送管道在检修处理后或重新投运前，要对管道或者罐体进行氮气置换，每次充氮至系统压力达 0.4MPa 左右时排空，重复数次，且每次检测时间间隔为15min，直到系统中空气的含氧量低于1%为止。

2. 接卸管理

选择性能优良，设备安全可靠，具有相应资质的厂家作为液氨的供货商和承运商。供货厂家对液氨的运输应做到专人专车押送。

当液氨罐车进入厂区时，应该有专人引导，按照规定的路线行车，并在指定的地点停车和等待。等待过程中要避免阳光的照射，并且远离热源和火源，与其他的车辆也要保持一定的安全距离。液氨卸车入罐也要有专人专项负责，避免其他人员的违规操作，并且要有安保人员的全程监督和维护，避免其他无关人员的靠近。卸车前操作人员要持有相应的液氨接卸安全交底单，严格按规程进行接卸，并对运输单位以及驾驶员和押运员的资质、车辆状况进行检查和确认，检查贮氨罐车是否超压，氨同液化石油气一样属于低压液化气体，具有较高的气体膨胀系数，在拆装状态下温度每升高 1℃，升压速度为正常状态的数十倍或上百倍，很容易超过罐体的承受压力而爆炸。

液氨车有以下情况之一时，不得卸车。

① 提供的文件和资料与事实不符。

② 罐车未按规定进行定期检验。

③ 安全附件包括紧急切断装置不全、损坏或者有异常。

④ 罐体外观有严重的变形、腐蚀和凹凸不平的现象。

⑤ 其他有安全隐患的情况。

在卸车过程中，操作人员要穿戴防护用品，严格执行接卸安全操作规程。开关阀门的过程中速度要缓，罐车停放位置要固定，发动机处于灭火状态，且要对车辆采取防滑措施，规范接好接地引线。卸车时，要对金属管道充装系统、密封件快速切断阀门等进行检查，有问题及时处理，避免重大隐患。卸车过程中随时观察罐体有无变形，泄漏，压力、温度急剧变化及其他的异常情况。卸车过程中驾驶员、押运员要和卸车操作人以及安全监督维护人员同时在场，且驾驶员要离开驾驶室。卸车过程中当罐车压力和液氨贮罐的压力一致时，液氨停止自流，此时需要启动卸氨压缩机直到罐车压力小于 0.3MPa 为止。卸车完毕后，应静置10min 以后再拆卸除静电的地线。液氨的接卸应避免在夜间进行。

3. 设备管理

液氨贮罐、管道的使用、检验检测及其监督检查等必须符合《特种设备安全监察条例》、《压力容器安全技术监察规程》等相关规定。压力表、安全阀、截止阀等与氨接触的部件应当与氨介质相适应，宜选用氨专用压力表和氨专用阀门。不应采用灰口铸铁材料的阀门和使用含铜材质和镀锌镀锡零部件。

液氨贮罐使用前或检修后应做气密性能试验，做气密性能试验时应满足液氨管理标准。

液氨贮罐、液氨槽罐车的液面计、压力计、温度计、安全阀等安全附件应完整、灵敏可靠。

氨气体浓度报警仪应具有生产厂家的测试报告；报警仪复检周期不应超过一年，检测报告存档备查。

贮量1t以上的贮罐基础，每年应测定基础下沉状况。

生产操作要求贮罐内需要保持一定的压力时，应设置稳压设施。

严格执行安全操作规程、安全检修规程，保证安全运行，保证作业环境和排放的有害物质浓度符合国家标准和国家有关规定。

液氨贮存、装卸区域所需的消防水泵用电设备的电源，应满足现行国家标准《工业与民用供电系统设计规范》所规定的二级负荷供电要求。用电设备的配电线路应满足火灾时连续供电的需要。

液氨贮存、液氨蒸发区域的照明灯具和控制开关应采用防爆、密闭型的。

液氨贮罐和蒸发区域顶部应安装喷淋系统，并与压力、温度、氨气泄漏检测装置联锁。当罐内压力超过1.8MPa或者温度超过42℃时，喷淋自动投运，冷却罐体、降低压力或者在罐体发生泄漏时吸收氨气。

4. 消防、防雷与防静电

液氨贮存和装卸场所应设消火栓，消防用水与厂用工业水连接。液氨贮存和装卸场所应根据有关标准、规范设置防雷装置和设施，安装避雷针或者包裹避雷网。液氨贮存、装卸场所的所有金属装置、设备、管道、贮罐等都必须进行静电连接并接地。液氨汽车罐车、贮氨罐和装卸栈台，应设静电专用接地线。为消除人体静电，在扶梯进口处，应设置接地金属棒，或在已接地的金属栏杆上留出一米长的裸露金属面。

三、补充材料

（一）现代化工生产特点

化工生产具有易燃、易爆、易中毒、高温、高压、有腐蚀性等特点，因而较其他许多工业部门有更大的危险性。在整个行业中，其危险程度紧随矿山、建筑，居第三位。化工生产的特点如下。

（1）生产物料多数具有潜在的危险性　化工生产中，生产一种主要产品可以联产或副产几种其他产品，同时又需要多种原料和中间体来配套。同一种产品往往可以使用不同的原料和采用不同方法制得。如苯的主要来源有四个：炼厂副产、石油脑铂重整、裂解制乙烯时的副产以及甲苯经脱烷基制取。而用同一种原料采用不同生产方法。也可得到不同的产品，如从化工基本原料乙烯开始，可以生产出多种化工产品。

化工生产使用的原料、半成品、成品种类繁多，绝大部分是易燃、易爆、有毒性、有腐蚀性的化学危险品。我国已列出的常用易燃、易爆物品计1243种，世界常见毒物达63000多种。随着化学工业的发展，涉及的化学物质种类越来越多，如操作不当或设备发生故障外泄时，或者空气（或氧气）混入系统时，容易发生燃烧爆炸事故，造成操作人员的人身伤亡，这就决定了化学工业生产事故具有多发性和严重性，因而对生产中所涉及的原材料、燃料、中间产品和成品的贮存和运输提出了许多特殊的要求。根据中国化工部门统计，因一氧化碳、硫化氢、氮气、氮氧化物、氨、苯、二氧化碳、二氧化硫、光气、氯化钡、氯气、甲烷、氯乙烯、磷、苯酚、砷化物这16种化学物质造成中毒、窒息的死亡人数占中毒和窒息死亡总人数的87.6%，而这些物质在一般化工厂中都是常见的。

（2）生产工艺苛刻　化工生产过程复杂，对整个工艺条件要求苛刻。很多反应是在高温、高压下进行的，而有些反应则是在低温、高真空条件下进行的。如由轻柴油裂解制乙烯，进而生产聚乙烯的生产过程中，轻柴油在裂解炉中的裂解温度为800℃，裂解气要在深冷（−96℃）条件下进行分离，纯度为99.99%的乙烯气体在294MPa压力下聚合，制取高压聚乙烯材质，稍有不慎就会因未能满足条件而发生事故。如果反应器、压力容器发生爆炸或者燃烧产生的传播速度超过声速的爆轰，就会产生破坏力极强的冲击波，导致周围厂房、建筑物倒塌，生产装置、贮运设备破坏以及人员伤亡。如果是室内爆炸，极易引发二次或多次爆炸，爆炸压力叠加，可能造成更为严重的后果。

(3) 生产规模的大型化、生产连续性强　自20世纪50年代以来，化工生产装置向规模大型化迅速发展。以化肥为例，50年代合成氨的最大规模为6×10^4t/a，60年代初为1.2×10^5t/a，60年代末发展为3×10^5t/a，70年代发展为5.4×10^5t/a，2011年，我国最大规模达到1.2×10^6t/a。我国乙烯装置的生产能力50年代为1×10^5t/a，70年代为6×10^6t/a，2011年达到1.5×10^7t/a，增长速度惊人。生产装置的大型化造成贮存危险物料的量增多，并且物料处于工艺过程中，增加了外泄的危险性，因此发生事故造成的后果往往会更严重。

化工生产从原料输入到产品输出具有高度的连续性，前后单元息息相关，相互制约，某一环节发生故障就会影响到整个生产的正常进行。由于装置规模大且工艺流程长，因此使用设备的种类和数量都非常多。例如年产3×10^5t/a乙烯装置含有裂解炉、加热炉、反应器、换热器、塔、槽、泵、压缩机等设备500多台（件），管道上千根，还有各种控制和检测仪表，这些设备如维修保养不良，很容易引起事故的发生。

(4) 生产过程的自动化程度高　由于装置大型化、连续化、工艺过程复杂化和工艺参数要求苛刻，因此现代化工生产过程许多工艺控制不能单纯依靠手动控制操作，必须采用自动化程度较高的控制系统。近年来随着计算机技术的发展，化工生产中普遍采用了DCS（distributed control system）集散型控制系统，对生产过程的各种参数及开停车实行监视、控制、管理，从而有效地提高了控制的可靠性。与此同时，如果对控制系统和仪器仪表维护不好，致使其性能下降，就有可能因检测或控制失效而发生事故。

自动化程度的提高大大降低了操作者的劳动强度，但对操作人员的知识技术水平提出了更高的要求。另一方面，自动化程度的提高，容易能使人对自动控制系统产生依赖，麻痹大意。生产中按要求严格巡查各设备和工艺参数是非常必要的，不然自动控制的设备一旦失效，产生的经济损失或事故，后果会很严重。

（二）安全与安全生产

安全是指在生产活动过程中，能将人员伤亡或财产损失控制在可接受水平之下的状态。不可能有绝对安全。“安全是相对的，风险是绝对的”。事实上，“绝对安全”不过是一种理想状态。因为经济、技术的先进性只能是逐步发展的，不能跨越历史条件，但完全有可能无限趋近“绝对安全”、“本质安全”。

安全也可以理解为通过把风险降低到可容许的程度来达到安全。“可容许风险”也是一个相对概念，它既要相对法律、法规、社会价值取向的规定，又要相对“对象”的要求的满足，是一种变化中的、动态的平衡。因为法律、社会在变，人的认识水平、要求也在变。这种平衡的最佳平衡点，就是人们寻求的、当下的安全最佳状态、合“理”状态。其特点是需要人们不断地、反复地进行平衡，才能满足人、机、物、环等诸要素各自的“安全可靠”与相互的和谐统一。不同的时代，不同的生产领域，可接受的损失水平是不同的，因而衡量是否安全的标准也不同。

安全生产是指在生产过程中保障人身安全和设备安全。消除危害人身安全健康的一切不良因素，保障职工的安全和健康，令其可以舒适地工作，称之为人身安全。消除损坏设备、产品和其他财产的一切危险因素，保证生产正常进行，称之为设备安全。总之，要使生产过程在符合安全要求的物质条件和工作秩序下进行，以防止人身伤亡和设备事故及各种危险的发生，从而保障劳动者的安全健康，避免设备故障，以促进生产率的提高。国家、企业与车间在生产建设中围绕保护职工人身安全和设备安全，为搞好安全生产而开展的一系列活动，叫安全生产工作。

安全生产工作和劳动保护工作是两个含义不同的概念，两者既有联系又有区别。劳动保护是保护劳动者在生产过程中的安全和健康。我国的劳动保护法规属于劳动法的系列，是指国家为改善劳动条件、保护劳动者在生产过程中的安全和健康而制定的规章制度。它包括安全技术规程和劳动卫生规程、作息时间、休假制度，以及对女工和未成年工的特殊保护等各种规章制度。劳动保护工作是企业安全生产整体管理工作中的一个部分。企业的安全生产管理，除了保护劳动者的安全与健康外，还包括对设备、财产、环境的安全性进行管理，包括企业一旦发生事故，尽快采取安全措施，并组织抢修，恢复生产，保障企业生产持续、稳定、协调发展等。安全生产管理，是社会主义企业管理的一个重要组成部分，是一项政策性强、需要运用多种学科知识进行综合管理的工作。

事故是指造成人员伤亡、伤害、职业病、财产损失或其他损失的意外事件。事故的发生是多种因素相互作用的结果，有技术上的原因、设备上的原因以及管理上的原因；又有人员素质方面的原因，如精神状态不好、缺乏知识、安全意识观念不强、麻痹大意、劳动纪律松弛、规章制度执行不严等等。这些都会直接影响到企业整体的安全性，有可能导致事故发生，影响企业的经营决策、方针目标及其各项经济技术指标的实现。

1. 安全生产的重要性

化工安全生产是确保企业提高经济效益和促进生产迅速发展的唯一保证。如果一个化工企业经常发生事故，特别是发生灾害性事故，就无法提高经济效益，更谈不上生产的发展。

化工生产的特点决定了化工生产过程中不安全因素多。化工生产中各个环节不安全因素较多，且相互影响，一旦发生事故，危险性和危害性大，后果严重。所以，化工生产的管理人员、技术人员及操作人员均必须熟悉和掌握相关的安全知识和事故防范技术，并具备一定的安全事故处理技能。

生产目的是为了满足人们物质和文化生活的需求，而安全生产是为了保护劳动者的生命和健康，保证生产资料免遭损失，保证和促进生产正常进行，以及创造更丰富更好的产品。安全生产也是国家的一项重要政策。必须认识到，没有一个可靠的安全生产基础，实现正常的化工生产是不可能的。生产必须安全，安全促进生产。

每个员工从进入公司第一天起到退休，一生中大部分时间是在生产过程中度过的。每个人都希望在安全、卫生的条件下顺利地进行工作。每个家庭都希望自己的亲人能高高兴兴上班，平平安安回家。但是，如果忽视了安全工作，以致有的人麻痹大意，不遵守劳动纪律，或者不懂得安全知识，盲目蛮干，违章作业，那么就容易发生事故。

2. 安全生产方针

安全生产方针是对安全生产工作的总要求，它是安全生产工作的方向。我国安全生产方针是“安全第一，预防为主，综合治理”。

我国安全生产方针经历了一个从“安全生产”到“安全第一、预防为主、综合治理”的产生和发展过程，且强调在生产中要做好预防工作，尽可能将事故消灭在萌芽状态之中。因此，对于我国安全生产方针的含义，应从这一方针的产生和发展去理解，归纳起来主要有以下几方面的内容。

(1) 安全第一的含义　生产过程中的安全是生产发展的客观需要，特别是现代化生产，更不允许马虎大意，必须强化安全生产，在生产活动中把安全工作放在第一位，尤其当生产与安全发生矛盾时，生产服从安全，这是安全第一的含义。

(2) 安全与生产的辩证关系 在生产建设中，必须用辩证统一的观点去处理好安全与生产的关系。这就是说，项目领导者必须安排好安全工作与生产工作。特别是在生产任务繁忙的情况下，安全工作与生产工作发生矛盾时，更应处理好两者的关系，不要把安全工作挤掉。越是生产任务忙，越要重视安全，把安全工作搞好，否则，就会招致工伤事故，既妨碍生产，又影响企业信誉，这是多年来生产实践证明了的一条重要经验。

长期以来，在生产管理中往往出现生产任务重，事故就多；反之均衡生产，安全情况就好的现象。这被人们称之为安全生产规律。前一种情况其实质是反映了项目领导在经营管理上的思想片面性。只看到生产数量的一面，看不见质量和安全的重要性；只看到一段时间内生产数量增加的一面，没有认识到如果不消除事故隐患，这种数量的增加只是一种暂时的现象，一旦条件具备了就会发生事故。这是多年来安全生产工作中的一条深刻的教训。总之，安全与生产是互相联系，互相依存，互为条件的。要正确贯彻安全生产方针，就必须按照辩证法办事，克服思想的片面性。

(3) 安全生产工作必须强调预防为主 安全生产工作的预防为主是现代生产发展的需要。现代科学技术日新月异，而且往往又是多学科综合运用，安全问题十分复杂，稍有疏忽就会酿成事故。预防为主，就是要在事前做好安全工作，防患于未然。依靠科技进步，加强安全科学管理，搞好科学预测与分析工作，把工伤事故和职业的危害消灭在萌芽状态中。"安全第一，预防为主"，两者是相辅相成、互相促进的。"预防为主"，是实现"安全第一"的基础。要做到"安全第一"，首先要搞好预防措施。预防工作做好了，就可以保证安全生产，实现"安全第一"，否则"安全第一"就是一句空话，这也是在实践中所证明了的一条重要经验。

3. 化工生产中的重大危险源

重大事故的不断发生使人们痛苦地认识到，现代工业生产，特别是现代化的大工业生产潜在着巨大的危险。一旦发生事故，不仅工厂内部，而且相邻地区人们的生命、财产和环境都会遭到巨大的危害。因此，20 世纪 70 年代以来，预防重大工业事故已成为世界各国社会、经济和技术发展的重点研究对象之一，引起了国际社会的广泛关注、高度重视。随之产生了"重大危险"、"重大事故"、"重大危险控制"等概念。控制重大危险源是企业安全管理的重点。控制重大危险源的目的，不仅仅是预防重大事故的发生，而且是要做到一旦发生事故，能够将事故限制到最低程度，或者说能够控制到人们可接受的程度。要想有效地预防和控制重大工业事故的发生，首先是辨识确认高危险性的工业设施（危险源）。一般由政府主管部门和权威机构在物质毒性、燃烧、爆炸特性的基础上，制定出危险物质及其临界量标准，确定哪些是可能发生事故的潜在危险源。

(1) 重大危险源的定义 根据《危险化学品安全管理条例》，重大危险源是指生产、运输、使用、贮存危险化学品或者处理废弃危险化学品，且危险化学品的数量等于或超过临界量的单元（包括场所和设施）。危险化学品是指一种或多种化学品的混合物，由于其化学、物理或毒性特性，具有易导致火灾、爆炸或中毒的危险。单元指一个（套）生产装置、设施或场所，或同属一个工厂的边缘距离小于 500m 的几个（套）生产装置、设施或场所。临界量是指对于某种或某类危险物质规定的数量，若单元中物质数量等于或超过该数量，则该单元是重大危险源。

(2) 重大危险源的范围 确定重大危险源的原则：凡能引发重大工业事故并导致严重后果的一切危险设备、设施或工作场所都应列入重大危险源的管理范围。共有以下七大类。①贮罐区（贮罐），包括可燃液体、气体和毒性物质三种贮罐区或贮罐。②库区（库），可分为火炸药、弹药库区（库）、毒性物质库区（库），易燃、易爆物品库区（库）。③生产场所，包括具有中毒危险的生产场所和具有爆炸、火灾危险的生产场所。④企业危险建（构）筑物，限用于企业生产经营活动的建（构）筑物，已确定为危险建筑物，且建筑面积≥1000m²，或经常有100人以上出入的建（构）筑物。⑤压力管道，包括三类：a. 输送毒性等级为剧毒、高毒或火灾危险性为甲、乙类介质，公称直径为100mm，工作压力为10MPa的工业管道；b. 公用管道中的中压或高压燃气管道，且公称直径≥200mm；c. 公称压力≥0.4MPa，且公称直径≥400mm的长输管道。⑥锅炉，额定蒸汽压力≥2.45MPa、额定出口水温≥120℃，且额定功率≥14MW的热水锅炉。⑦压力容器，贮存毒性等级为剧毒、高毒及中等毒性物质的三类压力容器。最高工作压力≥0.1MPa，几何容积≥1000m³，贮存介质为可燃气体的压力容器。液化气体陆路罐车和铁路罐车。

(3) 重大危险源的类型　根据事故类型可将重大危险源分为两大类，生产场所的危险源和贮存区的危险源。生产场所指危险物质的生产、加工及使用等的场所，包括生产、加工、使用等过程中的中间贮罐存放区及半成品、成品的周转库房。贮存区是专门用于贮存危险物质的贮罐或仓库组成的相对独立的区域。根据物质不同的特性，生产场所重大危险源是按爆炸性物质、易燃物质、活性物质和有毒物质四大类的品名（品名引用GB 12268—2012《危险货物品名表》）及其临界量加以确定。贮存区的重大危险源的确定方法与生产场所的重大危险源基本相同，由于工艺条件较为稳定，所以临界量数值较大。

(4) 重大危险源的辨识指标　我国重大危险源辨识是根据国家标准《危险化学品重大危险源辨识》GB 18218—2009，辨识依据是物质的危险特性及其数量。单元内存在危险化学品的数量等于或超过相关的临界量，即被定为重大危险源。单元内存在的危险化学品的数量根据处理危险化学品种类的多少区分为以下两种情况。

第一种是单元内存在的危险化学品为单一品种，则该危险化学品的数量即为单元内危险化学品的总量，若等于或超过相应的临界量，则定为重大危险源。

第二种是单元内存在的危险化学品为多品种时，则按式（2-1）计算。若满足式（2-1），则定为重大危险源。

$$q_1/Q_1+q_2/Q_2+\cdots+q_n/Q_n\geqslant 1 \tag{2-1}$$

式中　q_1，q_2，…，q_n——每种危险化学品实际存在量，t；

Q_1，Q_2，…，Q_n——与各危险化学品相对应的临界量，t；

n——单元中危险物质的种类。

为掌握重大危险源的状况及其分布，为重大危险源评价、分级、监控和管理提供基础数据，生产单位需要按规定填写重大危险源申报表。重大危险源申报表分为三类，第一类为生产经营单位基本情况表，第二类为各类重大危险源基本特征表，第三类为重大危险源周边环境基本情况表。

【相关技术应用】

一、氨中毒及处置

1. 毒性及中毒机理

氨的人类经口TDLo（人吸入的最低中毒浓度）为0.15mL/kg。

氨的人类吸入LCLo（人吸入的最低致死浓度）为5000×10^{-6}/5M。

氨进入人体后会阻碍三羧酸循环，降低细胞色素氧化酶的作用。致使脑氨增加，可产生神经毒作用。高浓度氨可引起组织溶解坏死作用。氨对人体的影响见表2-1。

2. 接触途径及中毒症状

(1) 吸入　吸入是接触的主要途径。氨的刺激性是可靠的有害浓度报警信号。但由于嗅觉疲劳，长期接触后对低浓度的氨会难以察觉。

表 2-1　氨对人体的影响

空气中含量/10^{-6}	对人体影响
53	可以感觉氨臭的最低浓度
100	长期停留也无害的最大值
100～300	短时间对人体无害
408	强烈刺激鼻子和咽喉
698	刺激人体眼睛
1720	引起强烈咳嗽
2500～5000	短时间也有危险(30min)
5000～10000	立即引起致死危险

轻度吸入氨中毒表现有鼻炎、咽炎、气管炎、支气管炎。患者有咽灼痛、咳嗽、咳痰或咯血、胸闷和胸骨后疼痛等。急性吸入氨中毒的发生多由意外事故如管道破裂、阀门爆裂等造成。急性氨中毒主要表现为呼吸道黏膜刺激和灼伤。其症状根据氨的浓度、吸入时间以及个人感受性等情况的区别而轻重不同。严重吸入中毒可出现喉头水肿、声门狭窄以及呼吸道黏膜脱落，可造成气管阻塞，引起窒息。吸入高浓度氨可直接影响肺毛细血管通透性而引起肺水肿。

(2) 皮肤和眼睛接触　低浓度的氨对眼和潮湿的皮肤能迅速产生刺激作用。潮湿的皮肤或眼睛接触高浓度的氨气能引起严重的化学烧伤。皮肤接触可引起严重疼痛和烧伤，并能发生咖啡样着色。被腐蚀部位呈胶状并发软，可发生深度组织破坏。高浓度蒸气对眼睛有强刺激性，可引起疼痛和烧伤，导致明显的炎症并可能发生水肿、上皮组织破坏、角膜混浊和虹膜发炎。轻度病例一般会缓解，严重病例可能会长期持续，并发生持续性水肿、疤痕、永久性混浊、眼睛膨出、白内障、眼睑和眼球粘连及失明等并发症。多次或持续接触氨会导致结膜炎。

3. 急救措施

氨对人体造成的伤害，大致可分为三类：氨液溅到皮肤上会引起冷灼伤（低温氨液引起冻伤、高温氨液引起烧伤）；氨液或氨气对眼睛有刺激或灼伤性伤害；氨气被人体吸入轻则刺激呼吸器官，重则导致昏迷直至死亡。根据氨对人体的伤害程度可采取不同的措施，见表2-2。

表 2-2　氨对人体的伤害及采取的措施

中毒程度	急救措施
氨液溅到衣服和皮肤上	①立即把氨液溅湿的衣服脱去；②用水或2%的硼酸水冲洗皮肤，注意水温不得超过46℃，切忌加热；③当解冻后，再涂上消毒后的凡士林、植物油或万花油
呼吸道受氨气刺激引起严重咳嗽时	①用湿毛巾或水湿衣服，捂住鼻子和口，显著减轻氨的刺激作用；②用食醋把毛巾弄湿，捂住口、鼻子，使醋蒸气和氨发生中和作用，减轻氨对呼吸道的刺激和中毒程度
呼吸受氨刺激较大和中毒比较严重时	用硼酸水滴鼻漱口，并让中毒者饮入0.5%的柠檬水或柠檬汁，切勿饮用白开水，以助长氨的扩散
氨中毒十分严重，致使呼吸微弱，甚至休克、呼吸停止的人员	①立即进行人工呼吸，并给中毒者饮用较浓的食醋；②施以纯氧呼吸，并立即送往医院抢救

注：不论中毒或窒息程度轻重与否，均应将患者转移到新鲜空气处进行救护，使其不再继续吸入含氨的空气。

(1) 清除污染　如果患者只是单纯接触氨气，并且没有皮肤和眼的刺激症状，则不需要清除污染。假如接触的是液氨，并且衣服已被污染，应将衣服脱下并放入双层塑料袋内。如果眼睛接触或眼睛有刺激感，应用大量清水或生理盐水冲洗 20min 以上。如在冲洗时发生眼睑痉挛，应慢慢滴入 1～2 滴 0.4%奥布卡因，继续充分冲洗。如患者戴有隐形眼镜，又容易取下并且不会损伤眼睛的话，应取下隐形眼镜。应对接触的皮肤和头发用大量清水冲洗 15min 以上。冲洗皮肤和头发时要注意保护眼睛。

(2) 病人复苏　应立即将患者转移出污染区，对病人进行复苏三步法（气道、呼吸、循环）。

气道：保证气道不被舌头或异物阻塞。

呼吸：检查病人是否呼吸，如无呼吸可用袖珍面罩等提供通气。

循环：检查脉搏，如没有脉搏应施行心肺复苏。

(3) 初步治疗　氨中毒无特效解毒药，应采用支持治疗。

如果接触浓度$\geqslant 500 \times 10^{-6}$，并出现眼刺激、肺水肿的症状，则推荐采取以下措施：先喷 5 次地塞米松（用定量吸入器），然后每 5min 喷两次，直至到达医院急症室为止。如果接触浓度$\geqslant 1500 \times 10^{-6}$，应建立静脉通路，并静脉注射 1.0g 甲基泼尼松龙（methylprednisolone）或等量类固醇（注意：在临床对照研究中，皮质类固醇的作用尚未证实）。

对氨吸入者，应给湿化空气或氧气。如有缺氧症状，应给湿化氧气。如果呼吸窘迫，应考虑进行气管插管。当病人的情况不能进行气管插管时，如条件许可，应施行环甲状软骨切开术。对有支气管痉挛的病人，可给支气管扩张剂喷雾，如叔丁喘宁。

如皮肤接触氨，会引起化学烧伤，可按热烧伤处理：适当补液，给止痛剂，维持体温，用消毒垫或清洁床单覆盖伤面。如果皮肤接触高压液氨，要注意冻伤。

二、泄漏处置

1. 少量泄漏

撤退区域内所有人员。防止吸入蒸气，防止接触液体或气体。处置人员应使用呼吸器。禁止进入氨气可能汇集的局限空间，并加强通风。只能在保证安全的情况下堵漏。泄漏的容器应转移到安全地带，并且仅在确保安全的情况下才能打开阀门泄压。可用砂土、蛭石等惰性吸收材料收集和吸附泄漏物。收集的泄漏物应放在贴有相应标签的密闭容器中，以便废弃处理。

2. 大量泄漏

疏散场所内所有未防护人员，并向上风向转移。泄漏处置人员应穿全身防护服，戴呼吸设备。消除附近火源。

向当地政府和“119”及当地环保部门、公安交警部门报警。报警内容应包括：事故单位；事故发生的时间、地点、化学品名称和泄漏量、危险程度；有无人员伤亡以及报警人姓名、电话。

禁止接触或跨越泄漏的液氨，防止泄漏物进入阴沟和排水道，增强通风。场所内禁止吸烟和明火。在保证安全的情况下，要堵漏或翻转泄漏的容器以避免液氨漏出。要喷雾状水，以抑制蒸气或改变蒸气云的流向，但禁止用水直接冲击泄漏的液氨或泄漏源。防止泄漏物进入水体、下水道、地下室或密闭性空间。

禁止进入氨气可能汇集的受限空间。清洗以后，在贮存和再使用前要将所有的保护性服装和设备洗消。

三、燃烧爆炸处置

1. 燃烧爆炸特性

常温下氨是一种可燃气体，但较难点燃。可燃气体（或蒸气）与空气（或氧气）组成的混合物在点火后可以使火焰蔓延的最低浓度（体积分数表示），称为该气体（或蒸气）的爆炸下限（也称燃烧下限，Lower Explosion-Level，简称 LEL）；同理，能使火焰蔓延的最高浓度叫爆炸上限（也称燃烧上限，Upper Explosion-Level，简称 UEL）。在下限以下及上限以上的浓度时，都不会着火。这是因为浓度在下限以下时体系内含有过量的空气，由于空气的冷却作用，阻止了火焰的蔓延；同理，浓度在上限以上时，含有过量的可燃性物质，空气（氧）不足，火焰也不能蔓延。氨的爆炸极限为16%～25%，最易引燃浓度为17%，产生最大爆炸压力时的浓度为22.5%。

2. 火灾处理措施

在贮存及运输使用过程中，如发生火灾应采取以下措施。

① 报警：迅速向当地 119 消防、政府报警。报警内容应包括：事故单位；事故发生的时间、地点、化学品名称、危险程度；有无人员伤亡以及报警人姓名、电话。

② 隔离、疏散、转移遇险人员到安全区域，建立 500m 左右警戒区，并在通往事故现场的主要干道上实行交通管制，除消防及应急处理人员外，其他人员禁止进入警戒区，并迅速撤离无关人员。

③ 消防人员进入火场前，应穿着防化服，佩戴正压式呼吸器。氨气易穿透衣物，且易溶于水，消防人员要注意对人体排汗量大的部位，如生殖器官、腋下、肛门等部位的防护。

④ 小火灾时用干粉或 CO_2 灭火器，大火灾时用水幕、雾状水或常规泡沫。

⑤ 贮罐火灾时，尽可能远距离灭火或使用遥控水枪或水炮扑救。

⑥ 切勿直接对泄漏口或安全阀门喷水，防止产生冻结。

⑦ 安全阀发出声响或变色时应尽快撤离，切勿在贮罐两端停留。

3. 应急防护

针对液氨贮存、接卸环节可能发生的泄漏、火灾、爆炸等事故，成立专业应急救援小组，设组长 1 名、小组成员 2 名以及安全监督人员 1 名，设置专项应急电话。

现场和值班室配置相应的应急防护器材，具体如下。

① 过滤式防毒面具（配备氨气专用过滤罐）、正压式空气呼吸器、隔离防护服、橡胶防冻手套、胶靴、化学安全防护眼镜、便携式氨浓度检测仪、应急通讯器材、救援绳索、堵漏器材、工具等。

② 防护器材应放在安全、便于取用的地方，并由专人负责保管，建立台账，定期校验和维护，并注明领取日期、生产日期及更换日期。

③ 呼吸系统防护：空气中氨浓度超过 50×10^{-6}时，佩戴过滤式防毒面具。紧急事态抢救或撤离时必须佩戴空气呼吸器。

④ 眼镜防护：佩戴化学防护眼镜。

⑤ 手防护：戴橡胶手套。

⑥ 其他：工作现场禁止吸烟、进食和饮用水。工作完毕，淋浴更衣，保持良好的生活习惯。

每年进行一次液氨事故专项应急演练，并对结果进行评审，及时完善相关应急措施，补充应急救援物资。

四、液氨贮罐的腐蚀与防护

液氨贮罐很少发生强度破坏，大多数是由腐蚀裂纹引起的腐蚀破坏。一般贮罐内表面焊缝区的裂纹比较严重，且多数出现在环焊缝上，裂纹没有塑性变形，呈现出典型的脆性裂纹的特征。裂纹多数为浅而长的表面裂纹，且有明显的分支，主干裂纹与焊缝方向垂直，尤其在手工电弧焊的引弧处和收弧处，T型接头处及封头环缝与筒体纵焊缝交叉部位，裂纹更为严重。焊缝裂纹呈树枝状，主干裂纹多呈线型、分支较短，端部较尖锐、根部稍宽。

1. 液氨贮罐腐蚀的原因

贮罐焊缝处存在由于操作压力引起的拉应力和焊接残余应力。在拉应力状态下，碳钢在被空气污染的液氨环境中很容易发生应力腐蚀破坏。空气中的 O_2、CO_2、N_2 等都会促进液氨对罐壁材料的腐蚀。不论是在气相或液相中，氨、氧和氮与碳钢或低合金钢都构成应力腐蚀环境。其腐蚀的机理为：在含氧的液氨中，钢表面吸附氧形成氧膜，这使腐蚀电位保持在正值，当材料受拉力产生应变后，膜被破坏，暴露出来的新鲜表面与有氧膜的金属表面组成微电池，产生快速溶解。在没有其他杂质存在时，O_2 能在裸露金属表面上再成膜，抑制应力腐蚀的产生；而当液氨中同时溶有 CO_2 时，就会增加钢的应力腐蚀断裂敏感性。另外，贮存的温度也会对应力腐蚀产生影响。液氨贮罐从设计、制造到使用的各个环节，都会对应力腐蚀埋下隐患。盛装液氨介质的液化气体运输罐车的定期检验中，时常发现罐体底部外表面存在局部腐蚀现象。例如，一台 2003 年 12 月投用的 $48m^3$ 液氨罐车，其设计压力为 2.16MPa，设计温度为 50℃，主体材质为 16MnR，筒体公称壁厚 18mm，腐蚀裕度 2.0mm。2009 年定期检验时发现其罐体底部外表面存在局部腐蚀。腐蚀范围宽为罐体支座之间，长为沿罐体轴向前封头至后封头呈不连续状。罐体内部表面光滑，无腐蚀。经测厚检测，罐体底部实测最小壁厚 15.8mm。经强度校核不能满足设计要求。此现象在其他的液氨罐车也有不同程度的存在。经分析是由以下因素造成的：罐车制造过程中，此部位因车辆底盘架和罐体支座的阻碍，除锈喷漆的效果不好，漆层敷着不良，易开裂脱落，失去了防护作用；罐车在装卸介质时，罐体产生冷凝水（尤其是卸车时），冷凝水沿罐体流到罐体底部产生聚集并在氨环境中形成氨水混合物。一般情况下，无水液氨只对钢产生很轻微的均匀腐蚀，但受空气的污染，空气中的 O_2 和 CO_2 则促进氨对钢的腐蚀，其反应如下：

$$2NH_3+CO_2 \longrightarrow NH_4CO_2NH_2\text{（氨基甲酸氨）}$$

$$NH_4CO_2NH_2 \longrightarrow NH_4^+ + CO_2NH_2^-$$

$$O_2+2NH_4^+ +2Fe \longrightarrow 2Fe^{2+} +2OH^- +2NH_3$$

反应中的氨基甲酸氨对碳钢有强烈的腐蚀作用，使钢材表面的钝化膜产生破裂，并在此产生阳极型腐蚀。另外大气中的氧在氨的作用下对金属的腐蚀更容易进行。

2. 液氨贮罐的防护对策

（1）选用强度较低的钢材　实践证明，材料强度越高，发生应力腐蚀的可能性越大。但不发生应力腐蚀的最低强度限与杂质含量及特性、应力大小、操作速度等因素有关。为了防止应力腐蚀，在综合考虑操作压力、残余应力以及安全性和经济性的情况下，应尽可能选用强度较低的钢材。

（2）采用合理的结构和焊接工艺　结构上应避免焊缝过多、过于集中、焊缝不对称、焊缝交叉和焊接顺序不合理等造成的应力集中。制造时应避免强力组焊，防止咬边、错边等缺陷，并保证（焊缝）与介质接触的表面尽量光滑。制造完成后，应进行退火热处理以去除焊后残余热应力。正确的焊后热处理可以大大降低制造过程中的残余应力，并可以降低焊接热影响区的峰值硬度。

（3）对投入使用的新贮罐，应彻底清除里面的空气　在充装、排料及检修等过程中，采取一定的措施避免带进任何空气。大型贮罐应连续冷凝氨蒸气，而不凝气体大部分是空气，应将其排出。对较小的设备用抽气或蒸腾除去贮罐里面的空气。总之，消除贮罐里面的空气污染可以有效地防止应力腐蚀。

（4）新投用的贮罐，应按规定进行内部检验并进行周期性的定期检验　对液、气相界面、引收弧处及T型接头等易腐蚀部位应重点检验；对液面以下所有焊缝应进行100％磁粉或超声波探伤，若条件允许，应对所有焊缝进行100％磁粉探伤。应对检验出的裂纹进行评估，对于超过1/4壁厚和深度小于4mm的浅裂纹，可以采用打磨的方法进行机械消除，但要严格控制打磨工艺；对于较深的裂纹，先进行打磨处理后再进行补焊。补焊前应先预热加温以防止焊接硬化，焊接时宜采用低氢焊条，焊后进行探伤复查，并进行去应力处理。

（5）定期检测液氨浓度和含水率　发现水分低于临界浓度应及时补充水分，使含水率始终保持在0.2％～1％的范围。另外，还可加入其他抑制剂，如加入100μg/g的冷冻机油或5μg/g的菜籽油或10～50μg/g的硅油作为应力腐蚀抑制剂，可有效地抑制液氨引起的应力腐蚀。

（6）保证漆层的防蚀作用　罐体生产制造时，对罐体底部的除锈喷漆过程应认真进行，保证漆层有良好的附着力，确实起到防蚀作用。在使用过程中若发现罐体底部漆层脱落和腐蚀，应及时进行补漆处理并在其部位涂抹黄油进行保护。

【检查与评价】

1. 学生对氨的理化性质的理解，包括安全性的熟悉。
2. 学生对氨中毒及处置方法的掌握。
3. 学生对氨泄漏处置方法的掌握。

【课外作业】

1. 网络作业（见扬州工业职业技术学院精品课程网 http://skyclass. ypi. edu. cn/ec-webpage-show/checkCourseNumber. do? courseNumber＝010814）。
2. 氨的理化性质有哪些？什么叫重大危险源？
3. 氨中毒后如何急救？
4. 氨气一旦发生燃爆事故，如何采取应急防护措施？
5. 氨泄漏后应如何处置？

情境三

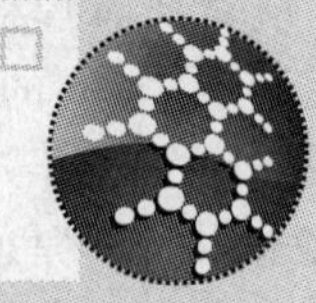

可燃气体或液体引发初起火灾的扑救

教学目的与要求

知识目标 掌握燃爆的基础知识；燃爆扩散及蔓延的控制；灭火原理及灭火设施；

能力目标 学会灭火器的正确使用、常见火灾的扑救；学会如何报火警、火灾中如何逃生与自救；学会心肺复苏法的应用；

情感目标 学生现场处置能力、应变能力和团结协作精神的培养。

【教学引导案例】

氢气燃爆事故案例

2001年2月27日16时45分，江苏省盐城市某化肥厂合成车间管道突然破裂，随即氢气大量泄漏。厂领导立即命令操作工关闭主阀、附阀，全厂紧急停车。大约5min后，正当大家在紧张讨论如何处理事故时，突然发生爆炸，在面积约千余平方米的爆炸中心区，合成车间近10m高的厂房被炸成一片废墟，附近厂房数百扇窗户的玻璃全部震碎。爆炸致使合成车间内当场死亡3人，另有2人因伤势过重抢救无效死亡，26人受伤。

一、分析点评

1. 事故分析

根据爆炸理论，可燃气体在空气中燃爆必须具备以下条件：一是可燃气体与空气形成的混合物浓度达到爆炸极限，形成爆炸性混合气；二是有能够点燃爆炸性混合气的点火源。据调查，事发之时合成车间没有现场动火等明火火源，那么，点火源从何而来，专家对氢爆炸事故的原因进行了如下剖析。

（1）爆炸混合气体的形成 管道破裂后，氢气大量泄漏，立即形成易燃易爆混合气体，并迅速扩散。氢气在空气中爆炸极限是4%～74.1%，当氢气浓度达到爆炸极限遇点火源会发生爆炸。

（2）点火源的产生 事故发生后，事故现场一片废墟，点火源难以十分准确定位。根据事发之前现场和事故本身情况分析，点火源的产生有以下几种可能：氢气泄漏过程中产生的静电火花；高温物体表面；电气火花；人身静电火花。

① 静电火花。氢气大量泄漏产生静电火花。当两种不同性质的物体相互摩擦或接触时，由于它们对电子的吸引力大小不同，在物体间发生电子转移，使其中一物体失去电子而带正电荷，另一物体获得电子带负电荷。如果产生的静电荷不能及时导入大地或静电荷泄漏的速度远小于静电荷产生的速度，就会产生静电的积聚。氢气不易导电，能保持相当大的电量。

② 人身静电。据实测，人在脱毛衣时可产生 2800V 的静电压，脱混纺衣服时可产生 5000V 静电压；当一个人穿着绝缘胶鞋在环境湿度低于 70％的情况下，走在橡胶地毯、塑料地板、树脂砖或大理石等高电阻的地板上时，人体静电压高达 5～15kV。尼龙衣服从毛衣外面脱下时，人体可带 10kV 以上的静电，穿尼龙羊毛混纺服再坐到人造革面的椅子上，当站起时人体就会产生近万伏的电压。穿脱化纤服装时所产生的静电放电能量也很可观，足以点燃空气中的氢气。当人体对地静电压为 2kV 时，设人体对地电容为 200pF，则人体静电放电时所产生的能量为：$E=(1/2)CU^2=0.4\text{mJ}$，这比氢气的最小点火能量 0.019mJ 高出很多倍，这个能量足以引爆氢气（人能感觉到的最小火花能量约为 1mJ）。

③ 火灾的形成。氢气点火能量仅需 0.019mJ。氢气和空气形成的可燃混合气遇静电火花、电气火花或 500℃以上的热物体等点火源，就会发生燃烧爆炸。如果可燃混合气的浓度达到 18.3％～59％，就会发生爆轰现象。发生爆轰时，产生高速燃烧反应的冲击波，在极短时间内其引起的压力极高。这个压力几乎等于正常爆炸产生最大压力的 20 倍，对建筑物能在同一初始条件下造成瞬间毁灭性摧毁，具有特别大的破坏力。

2. 事故教训与防范措施

① 加强相关安全技术知识的培训，提高职工对临氢设备危险性的认识。建立健全各项规章制度，认真贯彻执行《氢气使用安全技术规程》GB 4962—85 及《氢气站设计规范》GB 50177—2005 和相关石化设计标准。

② 切实加强临氢系统的设备管理，对临氢部位的氢腐蚀、氢脆等情况定期进行技术分析和系统检漏，并利用设备周期大检修之际彻底检修。

③ 临氢设备防爆区之内严禁明火。进入该区域的人员应穿防静电服或纯棉工作服；在该区域内严禁使用手机等通信设备；防爆区内电气设施包括照明灯具、开关应为防爆型，电线绝缘良好、接头牢靠；防爆区内严禁存在暴露的热物体。

④ 临氢设备管道应装设专用静电接地线，氢管道泄漏时，严禁使用易产生静电的物品如胶皮包裹堵漏。

二、课堂思考

1. 氢气有哪些理化性质？工业上氢气主要应用在哪些领域？

2. 本次事故的主要原因有哪些？易燃易爆化学物料在使用、贮存、运输过程中有何安全技术要求？

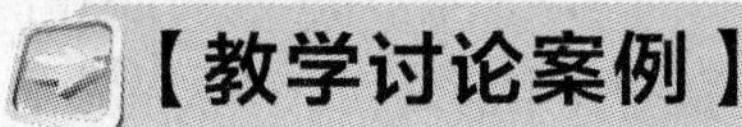

金陵石化公司某炼油厂油罐燃烧事故

1993 年 10 月 21 日 18 时 15 分，金陵石化公司某炼油厂油品分厂半成品车间无铅汽油罐区发生空间爆炸，引起罐区地面及 310 号油罐起火。经过 156 辆消防车、1323 名消防人员 17h 扑救，大火于 22 日 11 时扑灭。事故造成操作工、拖拉机驾驶员 2 人死亡，直接经济损失 38.96 万元。

一、分析点评

(1) 误操作导致油品泄漏　操作工在对310号油罐进行加剂循环调和作业时，本应打开310罐的副出线主控制阀，却错开了311号罐的副出线主控制阀，导致311罐装满的汽油泵入310罐并外溢，在罐区内外大面积扩散，形成爆炸气体。

(2) 没注意安全系统报警　310罐油品外溢后，曾发生声光、计算机报警，都被操作工忽视了。

(3) 交接班没到现场　操作工在15时15分发生操作错误，16时并没有按规定到现场进行交接班，错过了发现泄漏的时机。

(4) 拖拉机进厂没被制止　拖拉机进入一级防火防爆区，严重违反安全规定；拖拉机防火安全帽形如虚设，不能起到阻火作用。

(5) 公司管理混乱　消防设计、审计、施工、验收管理混乱，有些隐患长期得不到整改，半固定的泡沫灭火线底阀未装，延误了救火时机。

二、课堂讨论

1. 本次事故发生的直接原因是什么？间接原因是什么？
2. 在化工生产中如何防止、控制燃爆事故的发生和蔓延？
3. 火灾中如何逃生与自救？

【相关知识介绍】

一、燃烧的基础知识

(一) 燃烧概述

根据《消防基本术语　第一部分》(GB 5907—86) 定义，燃烧是可燃物与氧化剂发生的放热反应，通常伴有火焰、发光和(或)发烟的现象。

1. 燃烧特征

并不是说所有的氧化还原反应都会燃烧，燃烧必须具备三个特征，即放热、发光、生成物质。首先，从化学原理的角度看，燃烧是一个氧化还原反应。灯泡中的钨丝通电后虽然可以发光、放热，但是这并不是一种燃烧现象，因为它没有发生化学反应，没有产生新质，而只是一种由电能变成光能的物理现象。

2. 燃烧条件

燃烧必须具备三个条件（也有称之为三要素）。

① 可燃物存在。它们可以是固态的，例如木材、棉纤维、煤等；可以是液态的，例如酒精、汽油、苯等；也可以是气态的，例如氢气、乙炔、一氧化碳等。这些都是可被氧化的物质。

② 有助燃物存在。即有氧化剂存在，常见的氧化剂主要是空气中的氧气、纯氧气或者其他具有氧化性的物质。

③ 有能导致着火的点火源。即能够提供一定的温度和热量，如高温灼热体、撞击或者摩擦所产生的热量或者火花、电气火花、静电火花、明火、化学反应热、绝热压缩产生的热能等。

但有时虽然已经具备了这三个必要条件，燃烧也不一定发生。这是因为燃烧还必须有充分条件，即三个条件都必须达到足够的量才能发生。可燃物和助燃物要达到一定的比例，才能引起燃烧，如氢气在空气中含量低于4%时便不能点燃。氧气在大气中约占21%，在一定的环境中燃烧时，氧气含量会逐渐减少，当氧气含量低于14%时，燃着的木块也会熄灭。假如要使燃烧继续进行，燃烧区域必须有新鲜空气源源不断补充才行。另一方面，点火源要有一定的强度（温度和热量），如电焊渣火花，温度可达1200℃以上，足以引起易燃液体的蒸气和空气混合气的燃烧或爆炸。但若该火花溅落在木块上，就不一定会引起燃烧。这是因为火花温度虽高，但能量不足，无法使木块加热到燃烧温度。当大量电焊渣火花落在木块上时，才有可能引起燃烧。

从另一个角度看，缺少三个必要条件中的任何一个，燃烧都不会发生。同样道理，对于正在进行的燃烧，只要充分控制住三个条件中的任何一个，燃烧便会终止。所以，防火防爆安全技术可以简单归纳为这三个条件的控制问题。例如，在无惰性气体覆盖的条件下，加工处理一种如丙酮之类的易燃物质，一开始便具备了燃烧的三个条件中的两个，即可燃物质和氧化条件。而丙酮的闪点是－10℃，这意味着在高于－10℃的任何温度，丙酮都可以释放出足够量的蒸气，与空气形成易燃混合物，一旦遭遇火花、火焰或者其他火源就可能引发燃烧。为了达到防火的目的，对于上例至少要实现下列四个条件中的一个。

① 环境温度保持在－10℃以下。

② 切断大气中氧气的供应。

③ 在区域内清除任何形式的火源。

④ 在区域内安装良好的通风设施，丙酮蒸气一旦释放出来，排气装置就迅速将其排离区域，使丙酮蒸气和空气的混合物不至于达到危险的浓度。

在工业生产中，①和②很难实现，③和④则有可能做到。当然，从理论上说，只要完全清除燃烧三个条件中的任何一个，都可以杜绝燃烧的发生。然而，对工业操作施加如此严格的限制，从经济上考虑不大可能实现。工业物料安全加工研究的一个重要目的是，确定在兼顾杜绝燃烧和操作经济上的可行性方面还留有多大余地。为此，人们知道如何防火，这仅仅是开始，降低防火的成本在工业防火中有着同样重要的作用。

近代燃烧理论用连锁反应来解释可燃物质燃烧的本质；认为多数可燃物质的氧化反应不是直接进行的，而是通过游离基团和原子这些中间产物经连锁反应进行。有些学者在燃烧的三角形理论的基础上，提出了燃烧的四面体学说。这个学说认为，燃烧除具备可燃物质、助燃物质和火源三角形的三个边以外，还应该保证可燃物质和助燃物质之间的反应不受干扰，即进行“不受抑制的连锁反应”。

（二）燃烧的类型

1. 闪燃和闪点

各种液体的表面都有一定的蒸气存在，当可燃液体表面蒸气达到一定浓度，且与空气混合成可燃性气体混合物后，若有明火与该液体表面接近，液体表面的可燃性气体混合物即自行着火，产生瞬时燃烧，这种现象称为闪燃。发生闪燃现象的最低温度称为该液体的闪点。闪燃这个概念主要适用于可燃性液体。液体根据闪点的分类分级见表3-1。

2. 自燃和自燃点

自燃即为可燃物在与空气或氧化剂混合后，在不接触火源的情况下而自行燃烧的现象。可燃物质与空气混合后，首先开始进行缓慢的氧化反应，同时放出一定热量，该热量又加热了可燃物质，但与此同时，也有一部分热量传给了周围环境。当可燃物受热温度较低时，氧化速率较慢，所产生的热量小于损失热量，如果离开火源，该物质温度下降，温度低于燃点后即熄灭。当可燃物受热温度升高后，氧化速率加快，同时反应放出的热量加大，这样自行加热，反应升级，最终达到物质自燃。可燃物质不需要火源即自行着火，并能继续燃烧的最

表 3-1　液体根据闪点分类分级表

种类	级别	闪点/℃	举例
易燃液体	Ⅰ	$t\leqslant28$	汽油、酒精、甲醇、乙醇、乙醚、苯、甲苯
	Ⅱ	$28\leqslant t\leqslant45$	煤油、丁醇
可燃液体	Ⅲ	$45<t\leqslant120$	苯酚、戊醇、柴油、重油
	Ⅳ	$t>120$	润滑油、桐油、植物油、矿物油、甘油

低温度称为它的自燃点或自行着火点。显然，自燃点即为反应物在其所产生的热量开始大于所损失的热量时的温度。常见物质的自燃点见表 3-2。物质自燃有受热自燃和自热燃烧两种类型。

表 3-2　一些油品的闪点和自燃点

油品名称	闪点/℃	自燃点/℃	油品名称	闪点/℃	自燃点/℃
汽油	<28	510～530	重柴油	>120	300～330
煤油	28～45	380～425	蜡油	>120	300～380
轻柴油	45～120	350～380	渣油	>120	230～240

(1) 受热自燃　可燃物质在外部热源作用下温度升高，达到其自燃点而自行燃烧的现象称为受热自燃。可燃物质与空气一起被加热时，首先缓慢氧化，氧化反应热使物质温度升高，同时由于散热也有部分热损失。若反应热大于损失热，氧化反应加快，温度继续升高，达到物质的自燃点而自燃。在化工生产中，可燃物质接触高温热表面、加热或烘烤、撞击或摩擦等，均可能导致自燃。

(2) 自热燃烧　可燃物质在无外部热源的影响下，其内部发生物理、化学或生化变化而产生热量，并不断积累使物质温度升高，达到其自燃点而燃烧的现象称为自热燃烧。引起物质自热的原因有：氧化热（如不饱和油脂）、分解热（如赛璐珞）、聚合热（如液相氰化氢）、吸附热（如活性炭）、发酵热（如植物）等。

3. 点燃和着火点

点燃也称为强制点火。即可燃物质与明火直接接触引起燃烧，在火源移去后仍能保持继续燃烧的现象。物质被点燃后，先是局部（与明火接触处）被强烈加热，首先达到引燃温度，产生火焰，该局部燃烧产生的热量，足以把邻近部分加热到引燃温度，燃烧就可以蔓延开来。

点燃与自燃的区别在于：自燃时可燃物由于受到外界热源间接加热或自身加热，受热比较均匀，发生燃烧时可燃物整体温度较高，燃烧几乎是在整个可燃物或相当大的范围内同时发生的。而在点燃时，可燃物整体温度一般并不高，只有与明火直接接触的局部温度很快升得很高而引起燃烧，开始时只在热边界发生，然后依据火焰传播特性向可燃物的其他部分传播。物质能被点燃的最低温度叫燃点。可燃液体的闪点与燃点的区别在于：在燃点时燃烧的不仅是蒸气，还有液体。另外，在闪点时移去火源后闪燃即行熄灭，而在燃点时则能继续燃烧。一些常见可燃物质的燃点见表 3-3。

二、爆炸的基础知识

（一）爆炸概述

物质由一种状态迅速地转变为另一种状态，并瞬时以机械功的形式放出大量能量的现象称为爆炸。爆炸是物质的一种剧烈的物理、化学变化，是大量能量在短时间内迅速释放或转

表 3-3　一些常见可燃物质的燃点

物质名称	燃点/℃	物质名称	燃点/℃	物质名称	燃点/℃
赤磷	160	聚丙烯	400	吡啶	482
石蜡	158～195	醋酸纤维	482	有机玻璃	260
硝酸纤维	180	聚乙烯	400	松香	216
硫黄	255	聚氯乙烯	400	樟脑	70

化成机械功的现象。它通常是借助于气体的膨胀来实现的。从物质运动的表现形式来看，爆炸就是物质急剧运动的一种表现。一般来说，爆炸现象具有以下特征。

① 爆炸过程进行得很快。

② 爆炸点附近压力急剧升高，产生冲击波。

③ 发出或大或小的响声。

④ 使周围建筑物或者装置发生震动或遭受破坏。

（二）爆炸的类型

按照爆炸性质或者说根据爆炸发生的不同原因，可以分为物理性爆炸、化学性爆炸和核炸三大类。其中核爆炸有一定的专指性，化工企业主要涉及前两种爆炸类型。

1. 物理性爆炸

物理性爆炸就是物质状态参数（温度、压力、体积）迅速发生变化，在瞬间放出大量能量并对外做功的现象。

物理性爆炸特点是：在爆炸现象发生过程中，造成爆炸发生的介质的化学性质没有发生变化，发生变化的仅是介质的状态参数。受压设备如蒸汽锅炉、压缩气缸、高压容器等由于设备内部压力超过了设备所能承受的最大强度而引起的爆炸，以及高温液态金属遇水爆炸等，期间没有发生化学变化，都属于物理性爆炸。

2. 化学性爆炸

化学性爆炸是一种或几种物质在瞬时经过化学反应转变成另外一种或几种物质，在极短的时间内产生大量的热和气体产物的现象。爆炸伴随着破坏性极大的冲击波，冲击波是由于受高热和气体膨胀作用而形成的。化学性爆炸必须有一定的条件，首先是具有易燃易爆性的物质，如氢气、一氧化碳、氨气、甲烷、乙炔、汽油蒸气以及悬浮在空间的煤粉和各种金属粉末；其次是爆炸性物质与空气或氧气混合程度达到了一定的爆炸范围；再次，达到爆炸范围的爆炸性混合物在明火或着火点温度作用下。

从工厂爆炸事故分析来看，有以下几种化学性爆炸类型：蒸气云团的可燃性混合气体遇火源突然燃烧，是在无限空间的气体爆炸；受限空间内可燃性混合气体的爆炸；化学反应失控或工艺异常所造成的压力容器爆炸；不稳定的固体或液体爆炸。

总之，发生化学性爆炸时会释放出大量的化学能，爆炸影响范围较大；而物理性爆炸仅释放出机械能，其影响范围较小。另一方面，化学性爆炸与燃烧现象在本质上都属于氧化反应，也同样有温度和压力的升高情况。但两者反应速率、放热速率不同，化学性爆炸的火焰传播速度比燃烧快得多。

（三）爆炸极限

1. 爆炸极限的定义

可燃性气体（或蒸气）预先按照一定比例与空气均匀混合后点燃，比较缓慢的扩散过程已经在燃烧以前完成，燃烧速度仅取决于化学反应速率。在这样的条件下，气体的燃烧就有可能达到爆炸的程度。这种可燃气体（或蒸气）与空气的混合物，称为爆炸性混合气。这种混合气并不是在任何混合比例下都是可燃烧或者爆炸的，而且混合的比例不同，燃烧的速度即火焰蔓延的速度也不同。由实验可知，燃烧最快或最剧烈的时候，是混合物中所含可燃物质的量稍多于化学计量的时候，若含量减少或增加，火焰蔓延的速度总要减低。浓度低于某一最低极限或高于某一最高极限，火焰便不能蔓延。所以可燃气体（或蒸气）与空气（或氧气）组成的混合物在点火后可以使火焰蔓延的最低浓度（体积分数表示），称为该气体（或蒸气）的爆炸下限（也称燃烧下限，Lower Explosion-Level，简称 LEL）；同理，能使火焰蔓延的最高浓度叫爆炸上限（也称燃烧上限，Upper Explosion-Level，简称 UEL）。在下限以下及上限以上的浓度时，都不会爆炸。这是因为浓度在下限以下时，体系内含有过量的空气，由于空气的冷却作用，阻止了火焰的蔓延；同理，浓度在上限以上时，含有过量的可燃性物质，空气（氧）不足，火焰也不能蔓延。但是需要注意的是，此时若补充空气，就有可能发生火灾或爆炸。因此，上限以上的可燃气（蒸气）-空气混合气不能认为是安全的。一些气体或液体蒸气的爆炸极限见表 3-4。

表 3-4 一些气体或液体蒸气的爆炸极限

物质名称	爆炸极限(体积分数)/%		物质名称	爆炸极限(体积分数)/%	
	下限	上限		下限	上限
天然气	4.5	13.5	丙醇	1.7	48.0
城市煤气	5.3	32	丁醇	1.4	10.0
氢	4.0	75.6	甲烷	5.0	15.0
氨	15.0	28.0	乙烷	3.0	15.5
一氧化碳	12.5	74.0	丙烷	2.1	9.5
二硫化碳	1.0	60.0	丁烷	1.5	8.5
乙炔	1.5	82.0	甲醛	7.0	73.0
氰化氢	5.6	41.0	乙醚	1.7	48.0
乙烯	2.7	34.0	丙酮	2.5	13.0
苯	1.2	8.0	汽油	1.4	7.6
甲苯	1.2	7.0	煤油	0.7	5.0
邻二甲苯	1.0	7.6	乙酸	4.0	17.0
氯苯	1.3	11.0	乙酸乙酯	2.1	11.5
甲醇	5.5	36.0	乙酸丁酯	1.2	7.6
乙醇	3.5	19.0	硫化氢	4.3	45.0

2. 爆炸极限在安全管理中的作用

爆炸极限在安全管理中的作用可以概括为以下几个方面。

① 可以用来评定可燃气体或者可燃液体燃爆危险程度的大小，作为可燃气分级和确定其火灾危险性类别的标准。一般把爆炸下限小于 10% 的可燃气体划为一级可燃气体，其火灾危险性列为甲类。以爆炸极限的上限与下限之差，再除以下限值，其结果即为危险度。

② 可以作为设计依据，例如确定建筑物的耐火等级，设计厂房通风系统等级、防爆电

气选型等都需要知道该场所可燃气体（蒸气）的爆炸极限。

③ 可以作为制订安全生产操作规程的依据。在生产和使用可燃气体和液体的场所，应该根据其燃爆危险性及其他理化性质，采取相应的防爆措施，如通风、惰性气体稀释、置换、检测报警等，以保证生产场所可燃气（蒸气）浓度严格控制在爆炸下限以下。

3. 影响爆炸极限的主要因素

爆炸极限不是一个固定值，它随各种外界因素的影响而变化。当外界条件发生变化时，爆炸极限也会发生变化。影响爆炸极限的外界条件如下。

① 初始温度。可燃性混合气的初始温度升高，混合物分子内能增大，燃烧反应更容易进行，使爆炸极限范围增大，危险性增加。

② 初始压力。一般情况下压力增大，爆炸极限范围增大，特别是爆炸上限增大明显。因此减压操作有利于减小爆炸的危险性。在密闭容器内进行负压操作，对安全生产是有利的。

③ 惰性介质及杂质。若混合物中加入惰性介质，则爆炸极限范围缩小，惰性气体增加到某一数值时，混合物不再发生爆炸。杂质的存在对爆炸极限的影响比较复杂。例如少量硫化氢的存在会降低水煤气在空气混合物中的燃点，使其更容易发生爆炸。

④ 容器的材质和尺寸。若容器材质的传热性能好，尺寸又小到一定程度，则由于器壁的热损失较大，要达到能使可燃气燃烧的最低温度，就需要增加反应的发热量，从而导致爆炸范围缩小。

有的容器材质本身对爆炸极限也有影响。某些材料对可燃气爆炸有催化作用，某些材料对其有钝化作用。例如，氢和氟在玻璃容器中混合极易爆炸，甚至在液态空气的低温下于黑暗中也能爆炸；而在银制的容器中，常温下才能反应。

⑤ 氧含量。当可燃混合物中氧含量增加时，爆炸极限范围变宽。若处于爆炸的下限，由于其组分中氧含量已经很高，因此增加氧的体积分数对爆炸下限影响不大。增大氧含量会使爆炸上限显著增加，这是因为由于氧取代了空气中的氮，使反应更容易进行。

⑥ 点火源。点火源的能量、热表面的面积、点火源与混合物的作用时间等对爆炸极限均有影响。

三、防火防爆的基本技术措施

在工业生产中发生火灾和爆炸的原因很复杂，各种事故有些是工艺过程和设备在设计上的问题，有些是工人违反操作规程的问题，还有些可能是存在出乎预料的外界环境因素问题等，但一般可以归纳为以下几种情况。

1. 外界因素

如明火、电火花、静电放电、雷击等。

2. 物质本身的化学性质因素

生产过程中所处理的是易燃易爆化学物品，一旦遇酸、受热、撞击、摩擦以及遇有机物或硫酸等易燃的无机物，都有可能引起燃烧或爆炸。

3. 生产过程和设备设计不合理因素

错误的工艺设计，不合格防护装置，密闭不良致使物料大量泄漏；操作时违反操作规程；生产设备以及通风、照明设备久用失修或使用不当等。

如果采取措施避免或者消除燃爆的条件，就可以防止燃爆事故的发生，这就是防火防爆的基本原理。在研究防火防爆措施时，可以从下面 4 个方面来考虑。

① 预防性措施。这是最理想、最重要的措施。其基本点是使可燃物（还原剂）、氧化剂与点火（引爆）能源没有结合的机会，从根本上杜绝着火（引爆）的可能性。

② 限制性措施。这是指在一旦发生火灾爆炸事故时，能够起到限制其蔓延、扩大作用的措施。如在设备上或者在生产系统中安装阻火、泄压装置，在建筑物中设置防火墙等。采取限制性措施能够有效地减少事故损失。

③ 消防措施。按照法规或规范的要求，采取消防措施。一旦火灾发生，就能够将其扑灭，避免其发展成为大的火灾。从广义上讲，也是防火措施的一部分。

④ 疏散性措施。预先设置安全出口及通道，使得一旦发生火灾爆炸事故，能够迅速将人员或者重要物资撤离危险区域，以减少损失。如在建筑物中或者飞机、车辆上设置安全门或疏散通道等。因此为了便于管理、加强防盗，将一些安全门封死，在窗外加装铁栏杆等作法，是违反防火要求的。

（一）化工生产中火灾与爆炸的危险性分析

失去控制的燃烧和爆炸引起的火灾与爆炸事故，威胁人身安全，造成巨大的经济损失。因此，要贯彻“预防为主、消防结合”的方针，积极预防火灾与爆炸事故的发生。

对于气体来说，评价其爆炸危险的主要指标是爆炸极限和自燃点。如果某一气体的爆炸极限范围大，且爆炸下限很低，其火灾危险性就比较大。另一方面，气体一般活泼性比较强，容易扩散、压缩和膨胀，就更增加了气体燃爆的危险性。

液体的闪点和爆炸极限温度是评定其燃爆危险性的主要指标，闪点越低，越容易起火燃烧；爆炸极限范围越大，危险性就越大；爆炸温度极限越低，危险性就越大。另外，饱和蒸气压、膨胀性、流动扩散性、相对密度、沸点、相对分子质量及化学结构等特性也都会影响其危险性。

固体物质的火灾危险性主要取决于熔点、燃点、自燃点、比表面积及热分解性等。其中最主要的评价指标是固体的燃点和自燃点。

（二）点火源控制

化工生产中，常见引起火灾爆炸的点火源有明火、高热物及高温表面、电气火花、静电火花、冲击与摩擦、反应热、光线及射线等。在有燃爆危险的作业中，对于各种点火源进行分析研究，严格控制并采取相应的措施，是安全生产的一个重要内容。

1. 明火

化工生产中的明火主要是指在生产过程中加热用火、维修用火及其他火源。

① 加热明火的控制。加热易燃液体时，应尽量避免采用明火，而要采用蒸汽、过热水、中间载热体或电热等。如果必须采用明火，则设备应严格密闭，并定期检查，防止泄漏。工艺装置中明火设备的布置，应远离可能泄漏可燃气体或蒸气（汽）的工艺设备及贮罐区，并应设置在散发易燃物料的设备的侧风向。在积存有可燃气体、蒸气的地沟、深坑、下水道内及其附近，没有消除危险之前，不能进行明火作业。

② 检修用火的控制。检修用火主要指的是焊割、喷灯和熬炼用火等。对其应严加管理，使用前必须办理动火审批手续。

③ 流动火花或飞火的控制。禁止机动车辆在易燃易爆危险场所内行驶，必要时必须安装火星熄灭器。在禁火区域内严禁吸烟。烟囱和排废气火炬要有足够的高度，必要时应安装火星熄灭器，且周围一定范围内，不得搭建易燃建筑，不得堆放易燃易爆物品。在禁火生产车间，禁止穿着不符合静电安全要求的化纤工作服。

2. 高热物料及高温表面

化工生产中，加热装置、高温物料输送管线及机泵等，表面温度都比较高。为防止易燃物料与高温表面接触，并溅落在高温表面上，可燃物排放口应远离高热物体或高温表面。若高温管线及设备与可燃物装置距离较近，二者间应该有相应的隔热措施。为防止自燃物品引起火灾，应将油抹布、油棉纱头等放入专用的有盖桶内，放置在安全地点，并及时处理。

3. 摩擦与撞击

摩擦与撞击是化工生产中导致火灾爆炸的原因之一，例如机器的轴承等转动部件如果润滑不够，摩擦发热可以导致起火；金属之间的撞击可以产生火花引起燃爆等。所以，必须采取必要的预防措施。

① 设备应时刻保持良好的润滑状态，及时检查并添加润滑油。

② 凡是由于撞击或摩擦易产生火花的部件，应采用不同的金属材质。为避免撞击打火，尽可能采用青铜、镀铜的金属制品或木制品。

③ 为防止金属零件落入设备内发生撞击产生火花，应在设备上安装磁力离析器，以便吸离混入物料中的铁物。

④ 在搬运盛装有易燃物质的金属容器时，要轻拿轻放，严禁抛掷、拖拉、震动，防止互相撞击产生火花。

⑤ 严禁穿带铁钉的鞋进入易燃易爆区。

4. 电气火花及静电

电气火花是引起燃爆的重要火源。因此，对有火灾爆炸危险场所的电气设备必须采取防火防爆等安全措施。静电能够引起燃爆的原因，是由于静电放电产生的火花具有点火能量。静电防护主要是设法消除或控制静电的产生和积累。

（三）消除导致燃爆的物质条件

1. 尽量不用或少用可燃物

通过改进生产工艺或技术，用不燃物或者难燃物代替可燃物或者易燃物，用燃爆危险性小的物质代替危险性大的物质，这是防火防爆的一条根本性的措施，应该首先加以考虑。例如，以阻燃织物代替可燃织物；在煤矿井下用水泥或金属支护代替木支护等。化工生产中，较为常见的情况是以不燃或者难燃溶剂代替可燃或者易燃溶剂。一般说来，沸点较高（110℃）的液体，常温下（20℃左右）不会达到爆炸极限浓度，使用起来比较安全。

2. 生产设备及系统密闭化

已经密闭的正压设备或系统要防止泄漏，负压设备及系统要防止空气的渗入。常见引起泄漏的原因主要有以下几个方面。

① 因材料强度不够引起破坏而发生泄漏。如材料老化；材料腐蚀或者磨损；介质或者环境温度过高或过低；静载荷或者反复应力使材料发生疲劳破坏或变形；由于各种原因使用了伪劣材料等。

② 因外界负荷造成破坏引起泄漏。如地震或者泥石流导致输气管道断裂；因施工不慎或者车辆碾压、碰撞造成的油、气罐或者管道破裂等。

③ 因内压升高引起破坏导致泄漏。如容器内介质受热发生热膨胀；由于系统内发生机械压缩、绝热压缩或发生“水锤”现象；或者容器内化学反应失控而导致内压升高，以上原因可以使容器破裂而泄漏。

④ 焊缝开裂或者密封部位不严引起的泄漏。这种泄漏在化工厂比较多见。如果泄漏的可燃气量较大，积聚到危险浓度，又遇到火源，就会造成爆燃灾害。

⑤ 操作人员误操作造成泄漏。如开错阀门，按错开关等。

3. 采取通风除尘措施

由于某些生产系统或者设备无法密闭或者无法完全密闭，可能存在可燃气、蒸气、粉尘的生产现场。这种生产现场要设置通风除尘装置以降低空气中可燃物浓度，要确保可燃物浓度控制在爆炸极限以下。

4. 安装报警装置

在可能发生燃爆危险的场所设置可燃气（蒸气、粉尘）浓度检测报警仪器。通常将报警浓度设定在气体爆炸下限的25%，一旦浓度超标，即可报警，以便采取紧急防范措施。

5. 惰性气体保护

通常采用的惰性气体是氮气和水蒸气，有时还可以用烟道气。这些气体一般被认为是不燃气体。在存在可燃物料的系统中加入惰性气体，可以降低或者消除燃爆危险性。使用惰性气体时，必须注意使人窒息的危险。

6. 对燃爆危险品的防护

对燃爆危险品在使用、贮存、运输等各个环节，都要根据其特性采取有针对性的防护措施。

(四) 工艺参数的安全控制

化工生产过程中的工艺参数主要指的是温度、压力、流量及物料配比等。按照工艺要求，把工艺参数严格控制在安全限度以内，这是实现化工安全生产的基本保证。实现这些参数的自动调节和控制是保证化工安全生产的重要措施。

1. 温度控制

温度是化工生产中主要的控制参数之一，不同的化学反应都有各自最适宜的反应温度。对于某一个特定反应来说，如果超温，可能造成的后果是反应物分解，压力升高，导致爆炸；可能产生副反应生成新的危险产物；升温过快、过高或冷却设备发生故障，可能引起剧烈反应，发生冲料和爆炸。液化气体或低沸点介质，可以因为温度过高而汽化，发生超压爆炸；干燥过程，可能因温度过高而使物料分解，着火爆炸。如果温度过低，有时会造成反应速率减慢或停滞，而一旦反应速率恢复正常，则往往会因为反应物料过多而发生剧烈反应，发生爆炸。温度过低还会使某些物料冻结，堵塞管道或使之破裂，致使易燃物料泄漏而发生火灾爆炸事故。在工艺设计中应该充分注意以下几个方面的问题。

(1) 除去反应热　化学反应的热效应，可能是放热或者吸热，为保证在一定温度下进行反应，对特定的反应就要移去或给予一部分热量。一般说来，硝化、氧化、氯化、水合或聚合等反应多是放热反应；而裂解、脱氢、脱水等则是吸热反应。

例如苯的硝化，原料为苯、浓硝酸和硫酸，如果反应温度过高，硝酸则分解放出二氧化氮气体而造成冲料，遇到有机物将引起燃烧。对该反应来说，由于温度过高会生成二硝基苯，这是比硝基苯更容易燃烧爆炸的危险物质。因此必须严格控制反应温度，及时导出反应热。至于传热，可以通过夹套、蛇管冷却等多种传热方法实现，关键是必须确保导走反应热。

(2) 防止搅拌中断　搅拌能加速热量传递和物料的扩散混合，有利于温度控制和反应的进行。如中途停止搅拌，物料不能充分混合均匀，反应和传热不良，未反应物料大量积聚，当搅拌恢复时，则大量反应物迅速反应，往往造成冲料以致燃烧爆炸事故。因此，一般情况下在搅拌器因故障停止时，应立即停止加料，视物料性质，必要时要加强冷却；在恢复搅拌后，待反应温度趋于平稳时再继续加料。在必要的工艺中，为防止搅拌中断，在设计时应考虑双路供电，应特别注意搅拌机的机械强度、耐腐蚀性能，防止搅拌机叶片与器壁摩擦造成折断而中断搅拌。

(3) 正确选用传热介质　常用热载体有烟道气、水蒸气、热水、过热水、联苯醚、熔盐和熔融金属等不同的热载体。它们对加热过程的安全性有重要影响，因此要根据物料和热载体的性质正确使用。

避免选用和反应物相抵触的介质作为加热或冷却的介质，如金属钠虽然熔点很低，只有

97.81℃，但遇水会剧烈反应，绝不能用水或水蒸气加热。环氧乙烷遇水也会发生剧烈反应，会自聚发热而发生爆炸，一般使用液态石蜡作为热载体。而对一些水相物料，不能用联苯醚作热载体，因其遇水在高温下会汽化而喷出，遇火发生燃烧。

（4）防止传热面结疤　结疤不仅影响传热效率，更危险的是因为物料分解而爆炸。结疤原因很多，如水质不好而结垢；物料结在传热面上；物料聚合、缩合碳化等。对此应针对不同情况采取措施，为防锅壁由于水质不好结疤，应该控制水质，定期清洗等；对于物料聚合引起的结疤，应在设备设计时就充分考虑传热方式，特别是搅拌器形式的选择。

（5）热不稳定物质的处理　对热不稳定物质的温度控制十分重要，具体要注意降温和隔热，既要在工艺过程中严格控制温度使其不致分解，又要在贮存时注意与高温物体的隔离。如 H 发泡剂在烘房温度超过 90℃时就可能起火。甲脒亚磺酸纯品在 110℃时分解，工艺上规定在 60℃烘干，但当含有少量杂质时在 40～50℃时即能迅速分解。曾经发生过贮存于仓库中的成品油由于含有少量杂质，在炎热夏日曝晒下造成积热升温，导致分解爆炸的事故。

2. 控制投料速度和料比

对于放热反应，投料速度不得过快，以防放热超过设备的传热能力，避免产生“飞温”和冲料危险。对危险较大的生产过程要特别注意反应物料加入的速度和配比，如丙烯直接氧化制取丙烯酸，在氧化反应时，丙烯在丙烯-空气-水蒸气系统中有一爆炸范围，一旦加料或反应失控，丙烯浓度就会发生变化，混合气有可能进入爆炸范围，从而爆炸。

3. 超量杂质和副反应的控制

反应物料中杂质的存在会导致副反应的发生，可能生成危险物质，从而引起燃烧或爆炸。如在乙炔生产中要求磷含量不超过 0.08%，因为磷化钙遇水生成磷化氢，磷化氢遇到空气能自燃，可导致乙炔-空气混合气体爆炸。

为了防止某些有害杂质存在引起事故，可采取加稳定剂的办法，如氰化氢在常温下呈液态，贮存时必须控制其水分含量低于 1%，装入密闭容器中。由于水的存在，氰化氢时间一长会生成氨，氨作为催化剂可引起聚合反应，聚合热使蒸气压上升，从而导致爆炸事故。为提高氰化氢的稳定性，常加入浓度为 0.001%～0.5%的硫酸、磷酸等酸性物作为稳定剂。

4. 自动控制系统和安全保险装置

（1）自动控制系统　自动控制系统按其功能可以分为三类：自动监测系统、自动调节系统、自动操纵系统。自动监测系统是对机械、设备或过程进行连续检测，把检测对象的参数如温度、压力、流量、液位、物料成分等信号，由自动装置转换成数字，并显示或记录的系统。自动调节系统是通过自动装置的作用，使工艺参数保持在设定值的系统。自动操纵系统是对机械、设备或过程的启动、停止及交换、接通等进行操纵的系统。

化工自动化大多数是对连续变化的参数进行自动调节。对于在生产控制中一组机构按照一定的时间间隔做周期性动作的要求，如合成氨生产中原料气的制造，要求一组阀门按一定的要求做周期性切换，就可以采用自动程序控制系统来实现。它主要是由程序控制器按照一定时间间隔发出信号，驱动执行机构动作。

（2）安全保险装置　安全保险装置实际上也是一种自动控制系统。自动信号、联锁和安全保险装置系统是机械、设备或过程出现不正常情况时，会发出警报并自动采取措施，以防事故发生的安全系统。但是有些装置只能提醒出现不正常情况或故障，并不能自动排除故障。

在设备中加装保险装置，能够自动消除危险的不正常状况。如锅炉、压力容器上装设的安全阀和防爆片等就属于保险装置。

利用机械或电气控制依次接通各个仪器及设备，并使之彼此发生联系，达到安全生产的目的，这就是安全联锁装置，有机械联锁和电气联锁两种。这种装置对操作顺序有特定安全要求，防止误操作。例如，需要经常打开的带压反应器，开启前必须将器内压力排除，经常连续操作容易出现疏忽，这时可以将打开孔盖与排除器内压力的阀门进行联锁。化工生产中，常见的安全联锁装置有以下几种。

① 同时或者依次放出两种液体或气体时。

② 反应终止需要惰性气体保护时。

③ 打开设备前需要预先解除压力或需要降温时。

④ 当两个或多个部件、设备、机器由于操作错误容易引起事故时。

⑤ 当工艺控制参数达到某极限值，开启处理装置时。

⑥ 某危险区域或部位禁止人员入内时。

例如，在硫酸与水的混合操作中，必须首先往设备中注入水再注入硫酸，否则将会发生喷溅和灼伤事故。将注水阀门和注硫酸阀门依次联锁起来，就可以达到目的。如果只凭工人记忆操作，很可能因为疏忽使顺序颠倒，发生事故。

四、燃爆扩散及蔓延的控制

化工生产中，火灾爆炸事故一旦发生，就必须考虑如何控制事故的蔓延扩大，把事故控制在最小的范围内，把事故造成的损失降到最低，这点应从建厂初期设计阶段就应该考虑。出于投资和成本的考虑，布局紧凑可以节约建设用地，降低成本。但是这样对于防止火灾爆炸蔓延不利，有可能使事故后果扩大。所以要两者统筹兼顾，一定要留足够的防火间距。

为了限制火灾蔓延及减少包装损失，厂址选择及防爆厂房的布局和结构应该按照国家相关要求建设，例如辅助及公共工程区配置离生产区要保持一定的安全距离，在遇到紧急情况时，不致受到影响而被迫停工；对于锅炉设备、总配变电所等，因有成为引火源的危险，要设置在处理可燃流体设备的上风向；为人员、物料和车辆流动提供充分合理的通道；厂址应靠近水量充足、水质优良的水源地。化工企业应根据《建筑设计防火规范》建造相应等级的厂房；采用防火墙、防火门、防火堤对易燃易爆的危险场所进行防火隔离，并确保防火间距。

（一）隔离、露天布置、远距离操纵

化工生产中，因某些设备与装置危险性较大，应采取分区隔离、露天布置和远距离操纵等措施。

1. 分区隔离

总体设计时，应慎重考虑危险车间位置的布置。按照国家的有关规定，危险车间与其他车间或装置应保持一定的间距，充分估计相邻车间建（构）筑物可能引起的相互影响。对个别危险性大的设备，例如合成氨生产中，合成车间压缩岗位的布置，可采用隔离操作和防护屏的方法使操作人员与生产设备隔离。

在同一车间的各个工段，应视其生产性质和危险程度予以隔离，各种原料、成品、半成品的贮存，亦应按其性质、贮量不同进行隔离。

2. 露天布置

为了便于有害气体的散发，减少因设备泄漏而造成易燃气体在厂房内积聚的危险性，应将这类设备和装置布置在露天或半露天场所。如氮肥厂的煤气发生炉及其附属设备加热炉、炼焦炉、气柜、精馏塔等。石油化工生产中的大多数设备都是露天放置的。在露天场所，应注意气象条件对生产设备、工艺参数和工作人员的影响，如应有合理的夜间照明，夏季防晒防潮气腐蚀，冬季防冻等措施。

3. 远距离操纵

在化工生产中，大多数的连续生产过程，主要是根据反应进行情况和程度来调节各种阀门，但是操作人员难以接近某些阀门，有的开闭又比较费劲，或要求迅速启闭，上述情况都应进行远距离操纵。进行远距离操纵，操纵人员只需要在操纵室进行操作，记录有关数据。对于热辐射高的设备及危险性大的反应装置，也应采用远距离操纵。远距离操纵的方法有机械传动、气压传动、液压传动和电动传动等。

（二）防火与防爆安全装置

1. 安全阻火装置

安全阻火装置的作用是防止外部火焰窜入有火灾爆炸危险的设备、管道、容器，或者阻滞火焰在设备或管道间蔓延。安全阻火装置包括安全液封、阻火器和单向阀等。

（1）安全液封　安全液封一般要装在气体管线与生产设备或气柜之间，常用安全液封有敞开式和封闭式两种（如图 3-1）。安全液封阻火原理是由于液封设置在进出口之间，万一液封一侧起火，火焰到液封处即被液体（一般用水作为阻火介质）熄灭。

水封井是安全液封的一种，设置在可燃气体、易燃液体蒸气或油污的污水管网上，以防止燃烧或爆炸沿管网蔓延，水封井的水封高度一般不小于 0.25m，其结构见图 3-2。

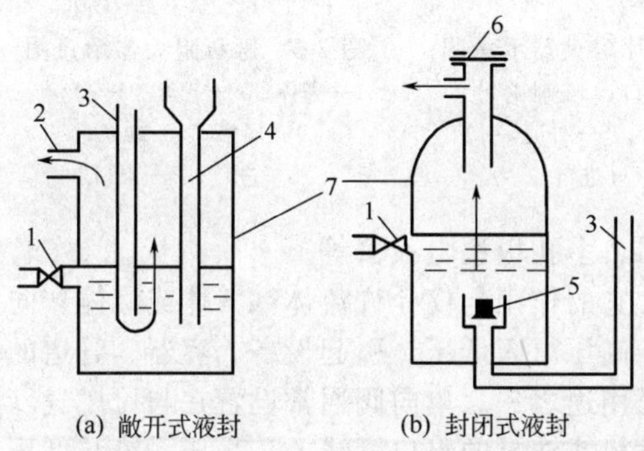

图 3-1　安全液封示意图

1—验水栓；2—气体出口；3—进气管；4—安全管；5—单向阀；6—爆破片；7—外壳

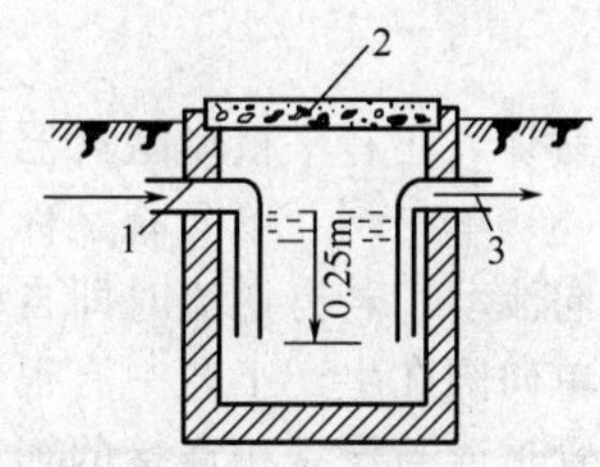

图 3-2　水封井示意图

1—气体入口；2—井盖；3—气体出口

（2）阻火器　阻火器是利用管子直径或流通孔隙减小到某一程度，由于热损失突然增大，火焰就不能继续蔓延的原理制成的。常用于容易引起火灾爆炸的高热设备和输送可燃气体、易燃液体、蒸气的管线之间，以及可燃气体，易燃液体的排气管上。阻火器有金属网阻火器、波纹金属片阻火器和砾石阻火器等类别。金属网阻火器结构如图 3-3 所示，是利用若干层一定孔径的金属网将空间分成许多小孔隙，形成阻火层；波纹金属片阻火器结构如图 3-4 所示，由沿两个方向皱折的波纹薄板或由交叠置放的有波纹的带材绕制而成，形成阻火层；砾石阻火器（又称为填充型阻火器）结构如图 3-5 所示，是采用一定粒度的砾石或玻璃球、陶瓷等充填其空间，形成阻火层。各种阻火器性能比较见表 3-5。

表 3-5　各类阻火器性能比较

阻火器类别	优点	缺点	适用范围
金属网阻火器	结构简单，容易制造，造价低廉	阻燃范围小，易损坏，不耐烧	石油贮罐，输油、输气管道，油轮等
波纹金属片阻火器	适用范围大，液体阻力小，能阻止爆炸火焰，易于置换清洗	结构比较复杂，造价较高	石油贮罐，油气回收系统气体管道等
砾石阻火器	孔隙小，结构简单，易于制造	阻力大，容易堵塞，重量大	煤气，乙炔，化学溶剂火焰等

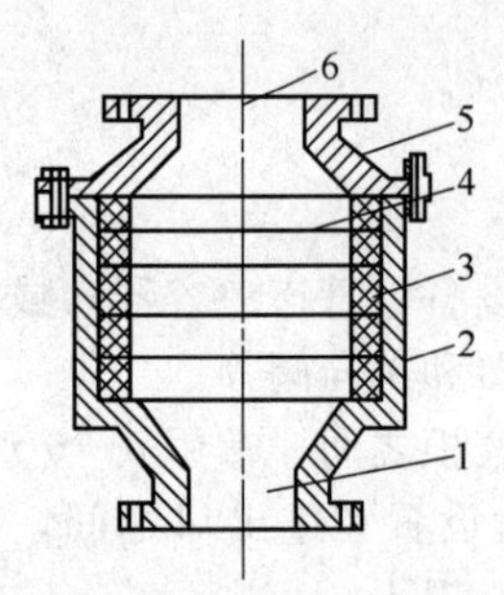

图 3-3 金属网阻火器示意图
1—进口；2—壳体；3—垫圈；
4—金属网；5—上盖；6—出口

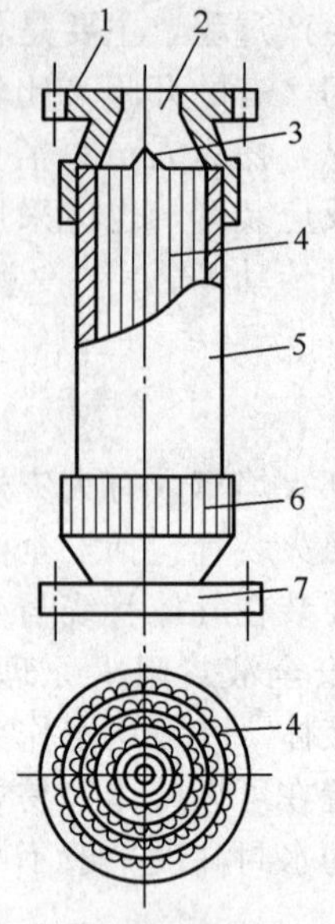

图 3-4 波纹金属片阻火器示意图
1—上盖；2—出口；3—轴芯；
4—波纹金属片；5—外壳；
6—下盖；7—进口

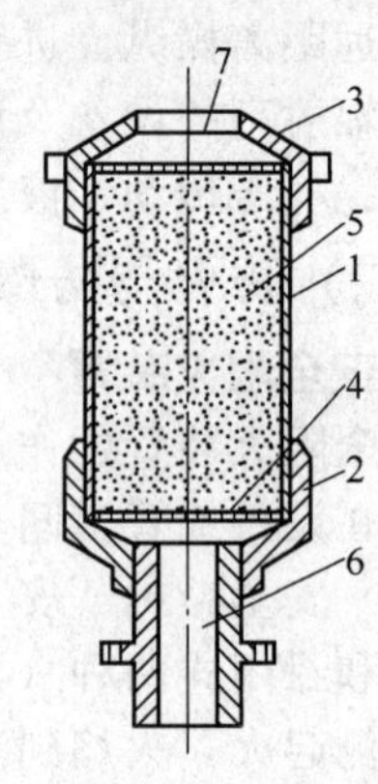

图 3-5 砾石阻火器示意图
1—壳体；2—下盖；3—上盖；
4—网格；5—砂粒；
6—进口；7—出口

另外，还有平板型阻火器、泡沫金属阻火器、多孔板型阻火器等。

(3) 单向阀 单向阀又称止逆阀、止回阀。它的作用是仅允许流体（气体或液体）向一个方向流动，若有逆流时即自动关闭，可以防止高压窜入低压，引起设备、容器、管道的破裂。单向阀在生产工艺中有很多用途。阻火也是用途之一。单向阀通常设置在与可燃气（蒸气）管道或与设备相连接的辅助管线上，如压缩机或油泵的出口管线上，高压系统与低压系统相连接的低压方向上等。液化石油气钢瓶上的调压阀也是一种单向阀。

(4) 阻火闸门 阻火闸门是为防止火焰沿通风管道蔓延而设置的阻火装置。正常情况下，阻火闸门受易熔合金（也有用赛璐珞、尼龙、塑料等有机材料）元件控制处于开启状态，一旦着火，温度升高，会使易熔金属熔化，此时闸门失去控制，受重力作用自动关闭。也有的阻火闸门是手动的，在火警时由人迅速关闭。

2. 防爆泄压装置

防爆泄压装置包括安全阀、防爆片、防爆门和放空管等。生产系统一旦发生爆炸或压力骤增时，可以通过这些设施将超高压力释放出去，以减少巨大压力对设备、系统的破坏或者减少事故损失。

(1) 安全阀 主要用于防治物理性爆炸，其功能主要是泄压，防止设备超压爆炸。另外，安全阀还可以起到报警作用，即当设备超压、安全阀开启排放介质时产生动力声响可起到报警作用。

(2) 爆破片 爆破片又称防爆膜、防爆片。主要用于防止化学性爆炸，通常设置于密闭的压力容器或管道系统上，当设备内物料发生异常、压力超值时，爆破片便会自动破裂，迅速泄压，从而防止设备爆炸。

(3) 防爆门 防爆门一般设置在燃油、燃气或燃烧煤粉的燃烧室外壁上，以防止燃烧爆炸时，设备遭到破坏。防爆门的总面积一般按照燃烧室内部净容积 $1m^3$ 不少于 $250cm^2$

计算。

(4) 放空管　在某些极其危险的设备上，为防止可能出现的超温、超压而引起爆炸等恶性事故的发生，可设置自动或手控紧急放空管紧急排放危险物料。

五、灭火原理及灭火设施

(一) 火灾的分类及发展过程

1. 火灾的分类

火灾是指在时间或空间上失去控制的燃烧所造成的灾害。

(1) 火灾按造成损失分类　按一次火灾所造成的人员伤亡、受灾户数、和财物损失金额，火灾可划分为特别重大火灾、重大火灾、较大火灾和一般火灾四个等级。

特别重大火灾是指造成30人以上死亡，或者100人以上重伤，或者1亿元以上直接财产损失的火灾。

重大火灾是指造成10人以上30人以下死亡，或者50人以上100人以下重伤，或者5000万元以上1亿元以下直接财产损失的火灾。

较大火灾是指造成3人以上10人以下死亡，或者10人以上50人以下重伤，或者1000万元以上5000万元以下直接财产损失的火灾。

一般火灾是指造成3人以下死亡，或者10人以下重伤，或者1000万元以下直接财产损失的火灾。

(2) 火灾按燃烧物质分类　按火灾燃烧物质及特性，火灾又可划分为A、B、C、D、E五个类别。

A类火灾：指含碳固体可燃物，如木材、棉、毛、麻、纸张等物质的火灾。

B类火灾：指甲、乙、丙类液体，如汽油、煤油、柴油、甲醇、乙醚、丙酮等物质的火灾。

C类火灾：指可燃气体，如煤气、天然气、甲烷、丙烷、乙炔、氢气等物质的火灾。

D类火灾：指可燃金属，如钾、钠、镁、钛、锆、锂、铝镁合金等物质的火灾。

E类火灾：指带电物体和精密仪器等物质的火灾。

2. 火灾的发展过程

火灾发展大体经历五个阶段，即初起阶段、发展阶段、猛烈阶段、下降和熄灭阶段。

① 初起阶段。火灾的初起阶段是物质起火后的最初几分钟。此时，燃烧面积不大，烟气流动速度较缓慢，火焰辐射出的能量还不多，周围物品和结构开始受热，温度上升不快，但呈上升趋势。在这个阶段，用较少的人力和应急的灭火器材如灭火毯就能将火控制住或扑灭。

② 发展阶段。随着燃烧强度的增大，火灾到了发展阶段。此时，载热500℃以上的烟气流加上火焰的辐射热作用，使周围可燃物品和结构受热并开始分解，气体对流加强，燃烧面积扩大，燃烧速度加快。在这个阶段需要投入较多的力量和灭火器材才能将火扑灭。

③ 猛烈阶段。火灾猛烈阶段是由于燃烧面积扩大，大量的热释放出来，空间温度急剧上升，使周围可燃物品几乎全部卷入燃烧，火势达到猛烈的程度。该阶段，燃烧强度最大，热辐射最强，温度和烟气对流达到最大限度，不燃材料的结构和机械强度受到破坏，以致发生变形或倒塌，大火突破建筑物的外壳，并向周围扩大蔓延，是火灾最难扑救的阶段，不仅需要较多的力量和器材扑救火灾，而且需要相当的力量和器材保护周围的建筑物，以防火势蔓延。

④ 下降和熄火阶段。下降和熄灭阶段是火场火势被控制以后，由于灭火剂的作用或因

燃烧材料已燃烧殆尽，火势逐渐减弱直到火熄灭这一过程。

综观火势发展的过程，初起阶段易于火灾控制和消灭，所以要千方百计抓住这个有利时机，扑灭初起火灾。如果错过初起阶段再去扑救，就必然会动用更多的人力和物力，付出很大的代价，造成严重的损失和危害。

（二）灭火的基本原理和方法

一切灭火方法都是为了破坏已经产生的燃烧条件，只要失去其中任何一个条件，燃烧就会停止。但是由于在灭火时，燃烧已经开始，控制火源已经没有意义，主要是消除另外两个条件，即可燃物和氧化剂。

根据物质燃烧原理及灭火的实践经验，灭火的基本方法有：减少空气中氧含量的窒息灭火法；降低燃烧物质温度的冷却灭火法；隔离与火源相近可燃物质的隔离灭火法；消除燃烧过程中自由基的化学抑制灭火法。

1. 窒息灭火法

窒息灭火法是阻止空气流入燃烧区，或用惰性气体稀释空气，使燃烧物质因得不到足够的氧气而熄灭。运用窒息灭火法可以采取以下几种措施。

① 用石棉布、浸湿的棉被、帆布、沙土等不燃或难燃材料覆盖燃烧物或封闭孔洞。

② 将水蒸气、惰性气体通入燃烧区域内。

③ 利用建筑物上原有的门、窗以及生产、贮运设备上的盖、阀门等，封闭燃烧区。

④ 在万不得已且条件允许的情况下，采取用水淹没（灌注）的方法灭火。

采用窒息灭火法，需要注意以下几个问题。

① 此法适用于燃烧部位空间较小，容易堵塞封闭的房间、生产及贮运设备内发生的火灾，而且燃烧区域内应该没有氧化剂存在。

② 在采用水淹方法灭火时，必须考虑到水与可燃物质接触后是否会产生不良后果，如有则不能采用。

③ 采用此法时，必须在确认燃烧已经熄灭后，方可打开孔洞进行检查。严防因过早打开封闭的房间或设备，导致“死灰复燃”。

2. 冷却灭火法

冷却灭火法是常用的灭火方法，即将灭火剂直接喷洒在燃烧的物体上，将可燃物质的温度降到燃点以下以便终止燃烧。也可以用灭火剂喷洒在火场附近未燃的可燃物上起冷却作用，防止其受辐射热作用升温而起火。

3. 隔离灭火法

隔离灭火法也是一种常用的灭火方法。即将燃烧物与附近未燃的可燃物质隔离或疏散开，使燃烧因缺少可燃物质而停止。这种灭火方法适用于熄灭各种固体、液体和气体火灾。实施该法的具体措施有以下几种。

① 将可燃、易燃、易爆物质和氧化剂从燃烧区移出至安全地点。

② 关闭阀门，阻止可燃气体、液体流入燃烧区。

③ 用泡沫覆盖已经燃烧的易燃液体表面，把燃烧区与液面隔开，阻止可燃蒸气进入燃烧区。

④ 拆除与燃烧物相连的易燃、可燃建筑物。

⑤ 用水流或用爆炸等方法封闭井口，扑救油气井喷火灾。

4. 化学抑制灭火法

在灭火过程中，使用窒息、冷却、隔离灭火法，灭火剂均不参与燃烧反应，属于物理灭火方法。而化学抑制灭火法则是使灭火剂参与到燃烧反应中去，起到抑制反应的作用。具体说就是使燃烧反应中产生的自由基与灭火剂中的卤素离子相结合，形成稳定分子或低活性的自由基，从而切断了氢自由基与氧自由基的连锁反应链，使燃烧停止。

（三）灭火剂

灭火剂是能够有效地破坏燃烧条件，终止燃烧的物质。选择灭火剂的基本要求是灭火效能高，使用方便，来源丰富，成本低廉，对人和物基本无害。灭火剂的种类很多，常用的有十余种。

1. 水（及水蒸气）

水是应用历史最长、范围最广、价格最廉的灭火剂。它的来源丰富，取用方便，价格低廉，是最常用的天然灭火剂。水既可以单独使用，又可以与不同的化学试剂组成混合液使用。

水灭火剂的适用范围较广，除以下情况外，都可以考虑用水灭火。

① 忌水性物质如轻金属、电石等着火不能用水扑救。因为它们能与水发生反应，生成可燃性气体并放热，扩大火势甚至导致爆炸。

② 不溶于水，而且密度小于水的易燃液体（如汽油、煤油等）着火不能用水扑救。但原油、重油着火可用雾状水扑救。

③ 密集水流不能扑救带电设备火灾，也不能扑救可燃性粉尘聚集处的火灾。

④ 不能用密集水流扑救贮存有大量浓硫酸、浓硝酸场所的火灾，因为水流能引起酸的飞溅、流散，遇可燃物质后，又可能会引起燃烧。

⑤ 高温设备着火，不宜用水扑救，因为这会使金属机械强度受到影响。

⑥ 精密仪器设备、贵重文物档案、图书着火，不宜用水扑救。

以上各条不是绝对的。在一些特定条件下，采取适当措施，采用水的适当形式（如雾状水、水蒸气等）可以扑救一些原来不能用水扑救的火灾。

2. 泡沫灭火剂

凡是能与水混合，并可以通过化学反应或机械方法产生泡沫的灭火药剂，均称为泡沫灭火剂。

按照生成泡沫的机理，泡沫灭火剂可以分为化学泡沫灭火剂和空气泡沫灭火剂两大类。化学泡沫是由酸性或碱性物质及泡沫稳定剂相互作用而生成的膜状气泡群，气泡内主要是二氧化碳气。例如含有18个结晶水的硫酸铝（发泡剂）及碳酸氢钠和少量泡沫稳定剂及其他添加剂组成的化学泡沫灭火剂，在使用时，将两种药剂混合即发生下列反应。

$$Al_2(SO_4)_3+6NaHCO_3 \xlongequal{} 2Al(OH)_3+3Na_2SO_4+6CO_2$$

反应中生成的二氧化碳，一方面在溶液中形成大量微细泡沫，同时使压力很快上升，将泡沫从喷嘴喷出。反应生成的胶状氢氧化铝使泡沫具有一定的黏性，粘附在燃烧物上隔绝空气，使火焰熄灭。

空气泡沫又称为机械泡沫，是由一定比例的泡沫液、水和空气在泡沫生成器中进行机械混合搅拌而生成的膜状气泡群，泡内一般为空气。由于泡内填充大量气体，相对密度小（0.001～0.5），可以漂浮于液体表面或附着于一般可燃固体表面，形成一个泡沫覆盖层，使燃烧物表面与空气隔绝，同时阻断火焰的热辐射，阻止燃烧物本身或附近可燃物质的蒸发，起到隔离和窒息作用；泡沫析出的水和其他液体有冷却作用；泡沫受热蒸发产生的水蒸气可以降低燃烧物附近的氧浓度。以上三个原因就是泡沫灭火的基本原理。

泡沫灭火剂主要用于扑救不溶于水的可燃、易燃液体的火灾，如石油产品的火灾；也可用于扑救木材、纤维、橡胶等固体的火灾；高倍数泡沫可有特殊用途，如消除放射性污染等；由于泡沫灭火剂中含有一定量的水，所以不能用来扑救带电设备及忌水性物质所引起的火灾。

3. 二氧化碳及惰性气体灭火剂

二氧化碳灭火剂在消防工作中有较广泛的应用。二氧化碳（即“干冰”）灭火剂不导电、不含水，价格低廉，可用于扑救电气设备和部分忌水物质的火灾；灭火后不留痕迹，可用于扑救精密仪器、机械设备、图书、档案等火灾。

但是二氧化碳灭火剂冷却作用较差，不能扑救阴燃（没有火焰的缓慢燃烧现象称为阴燃）火灾，且灭火后火焰有复燃可能；二氧化碳与碱金属（钠、钾）和碱土金属（镁）等在高温下会起化学反应，引起爆炸。二氧化碳膨胀时，能产生静电，有可能引燃着火；二氧化碳能使救火人员窒息。除二氧化碳外，其他惰性气体如氮气、水蒸气，也可以用做灭火剂。

4. 卤代烷灭火剂

卤代烷及碳氢化合物中的氢原子完全地或部分地被卤素原子取代而生成的化合物，目前被广泛地用来做灭火剂。碳氢化合物多为甲烷、乙烷，卤族元素多为氟、氯、溴。国内常用的卤代烷灭火剂有1211（二氟一氯一溴甲烷）、1202（二氟二溴甲烷）、1301（三氟一溴甲烷）、2402（四氟二溴乙烷）。卤代烷灭火剂的编号原则是：第一个数字代表分子中的碳原子数目；第二个数字代表氟原子数目；第三个数字代表氯原子数目；第四个数字代表溴原子数目。

卤代烷的灭火原理主要包括化学抑制作用和冷却作用。化学抑制作用是卤代烷灭火剂的主要灭火原理。卤代烷分子参与燃烧反应，即卤素原子能与燃烧反应中的自由基结合生成较为稳定的化合物，从而使燃烧反应因缺少自由基而终止；与此同时，由于卤代烷灭火剂通常经加压液化贮存于钢瓶中，使用时因减压汽化而吸热，所以对燃烧物起到冷却作用。卤代烷灭火剂主要用来扑救各种易燃液体火灾，也可以用来扑救带电电气设备火灾（本身具有良好的绝缘性）；因其灭火后全部汽化而不留痕迹，常用来扑救档案文件、图片资料、珍贵物品等的火灾。但是卤代烷灭火剂毒性较高，短暂接触（1min以内）时，如1211体积含量在4%以上、1301含量在7%以上，人就会出现中毒反应。因此在狭窄的、密闭的、通风条件不好的场所，如地下室，最好使用无毒灭火剂（如泡沫、干粉等）灭火。另外，卤代烷灭火剂不能用来扑救阴燃火灾，因为会形成有毒的热分解产物；卤代烷灭火剂也不能扑救轻金属如镁、钠的火灾，因为它们能与这些轻金属起化学反应且发生爆炸。由于卤代烷灭火剂的毒性较高，会破坏大气层中臭氧层，因此应严格控制使用。

5. 干粉灭火剂

干粉灭火剂是比较新型的灭火剂，其有效成分是一种干燥的、易于流动的微细固体粉末，由能灭火的基料和防潮剂、流动促进剂、结块防止剂等添加剂组成。在救火中，干粉在气体压力的作用下从容器中喷出，以粉雾的形式灭火。干粉灭火剂主要成分为碳酸氢盐（$NaHCO_3$）和磷酸氢盐（$NH_4H_2PO_4$）等组成的干粉剂。如碳酸氢钠干粉灭火剂，为防潮结块，增加流动性，其配方中有2%的硬脂酸镁（防潮剂）和5%的滑石粉（增加流动性）。

干粉灭火原理是：干粉在CO_2或N_2的压力推动下，以粉雾状喷出，受热后发生如下反应：

$$2NaHCO_3 = Na_2CO_3 + H_2O + CO_2 + Q$$

反应吸热，产生水蒸气、二氧化碳，起到一定的冷却和稀释作用；同时干粉颗粒对燃烧时的活性基团起到钝化抑制作用。

$$M(\text{粉粒}) + OH\cdot = MOH$$

$$MOH + H\cdot = M + H_2O$$

M为灭火剂受热裂解生成的金属原子（如Na·、K·等），使OH·和H·等活性基团成为惰性分子，从而中断了燃烧的链式反应，达到灭火目的。另外，喷出的粉末覆盖在燃烧物表面，能构成阻碍燃烧的隔离层。再加上干粉末在高温下，析出结晶水或发生分解，这些都属于吸热反应，而分解生成的不活泼气体又可稀释燃烧区内的氧气浓度，起到冷却与窒息作用。因此，干粉灭火原理主要包括化学抑制作用、隔离作用、冷却与窒息作用。

干粉灭火的优点是综合了泡沫、二氧化碳、卤代烷等灭火剂的特点，灭火效率高；干粉的物理化学性质稳定，无毒性，不腐蚀，不导电，易于长期贮存；干粉适用温度范围广，能在－50～60℃温度条件下贮存与使用；干粉雾能防止热辐射，因而在大型火灾中，即使不穿隔热服也能进行灭火；干粉可用管道进行输送。由于干粉具有上述优点，它除了适用于扑救易燃液体、忌水性物质火灾外，也适用于扑救油类、油漆、电气设备的火灾。

干粉灭火剂的缺点是在密闭房间中，使用干粉会形成强烈的粉雾，且灭火后留有残渣，因而不适于扑救精密仪器设备、旋转电机等的火灾；干粉的冷却作用较弱，不能扑救阴燃火灾，不能迅速降低燃烧物品的表面温度，容易发生复燃。因此，干粉若与泡沫或喷雾水配合使用，效果更佳。

6. 其他

用砂、土等作为覆盖物也可进行灭火。它们覆盖在燃烧物上，主要起到与空气隔离的作用；其次，砂、土等也可从燃烧物吸收热量，起到一定的冷却作用。

（四）灭火器材和消防给水设施

1. 灭火器

灭火器是指在一定压力作用下，将所装填的灭火剂喷出，以扑救初起火灾的小型灭火器具。常用灭火器的规格、性能以及使用保养见表 3-6。

表 3-6　常用灭火器的规格、性能以及使用保养

灭火器类型	泡沫灭火器	酸碱灭火器	二氧化碳灭火器	干粉灭火器	1211 灭火器
规格	10L 65～130L	10L	＜2kg 2～3kg 5～7kg	8kg 50kg	1kg 2kg 3kg
药剂	桶内装有碳酸氢钠、发泡剂和硫酸铝溶液	碳酸氢钠水溶液，一瓶硫酸	瓶内装有压缩成液体的二氧化碳	钢桶内装有钾盐(或钠盐)干粉并备有盛装压缩气体的小钢瓶	钢桶内充装二氟一氯一溴甲烷，并充填压缩氮气
用途	扑救固体物质或其他易燃液体火灾	扑救木材、纸张等一般火灾，不能扑救电气、油类火灾	扑救电气设备、精密仪器、油类及酸类火灾	扑救石油、石油产品、油漆、有机溶剂、天然气设备火灾	扑救油类、电气设备、化学化纤原料等初起火灾
性能	10L 喷射时间 60s，射程 8m，65L 喷射时间 170s，射程 13.5m	喷射 50s，射程 10m	接近着火地点保持 3m 距离	8kg：喷射时间 14～18s，射程 4.5m 50kg：喷射时间 50～55s，射程 6～8m	1kg：喷射时间 6～8s，射程 2～3m
使用方法	倒置，稍加摇动，打开开关，药剂即可喷出	筒身倒过来即可喷出	一手持喇叭筒对准火源，另一手打开开关，即可喷出	提起圈环，干粉即可喷出	拔下铅封或横销，用力压下手把，即可喷出
保养与检查	①防止喷嘴堵塞 ②防冻防晒 ③一年检查一次，泡沫低于 25%应换药	①放在方便处 ②注意使用期限 ③防止喷嘴堵塞 ④定期或不定期的检查测量和分析	每月检查一次，当质量减少至原量的 10%，应充气	①置于干燥通风处，防潮防晒 ②一年检查一次气压，若质量减少至原重的 10%，应充气	①置于干燥处 ②勿碰撞 ③每年检查一次质量

小型灭火器的配置种类及数量，应根据使用场所的火灾危险性、占地面积、有无其他消防设施等情况综合考虑。

设置灭火器总的要求是：根据场所可能发生火灾的性质，选择灭火器的种类，并应保证足够的数量；灭火器应放置在明显、取用方便、又不易被损坏的地方；灭火器应注意使用期限，定期进行检查，保证随时启用。

2. 消防给水设施

消防给水设施是一般工厂必备的。在《建筑设计防火规范》中对消防给水作出了明确的规定，其中的主要内容如下。

① 在进行建筑设计时，必须同时设计消防给水系统。

② 消防给水管道系统宜与生产、生活给水管道系统合并，如合并不经济或技术不可能，可采用独立的消防给水管道系统。

③ 室外消防给水可采用高压或临时高压给水系统或低压给水系统。

④ 建筑的全部消防用水量应为其室内、外消防用水量之和。室外消防用水量应为民用建筑、厂房（仓库）、贮罐（区）、堆场室外设置的消火栓、水喷雾、水幕、泡沫等灭火、冷却系统等需要同时开启的用水量之和。室内消防用水量应为民用建筑、厂房（仓库）室内设置的消火栓、自动喷水、泡沫等灭火系统需要同时开启的用水量之和。

⑤ 室外消防给水管网一般应布置成环状，输水干管不应少于两条。环状管道应用阀门分为若干独立段，每段内消火栓数量不宜超过 5 个。室外消防给水管道最小直径不应小于 100mm。

⑥ 消火栓分室外与室内两类，室外消火栓又分地上式与地下式两种。

⑦ 室外消火栓应沿道路设置，消火栓与道路的距离不应超过 2m，距房屋外墙不应大于 5m。室外消火栓间距不应超过 120m，其保护半径不应超过 150m。室外消火栓的数量应按室外消防用水量计算决定，每个室外消火栓用水量应按 10～15L/s 计算。

⑧ 设有消防给水的建筑物，其各层均应设置（室内）消火栓。室内消火栓栓口处的静水压力不应超过 785Pa。室内消火栓应设在明显易于取用地点，栓口离地面高度为 1.1m，其出水方向宜向下或与设置消火栓的墙面成 90°角。

⑨ 必要时应设消防水池和消防水源泵。

⑩ 某些特定部位应设固定灭火装置。如闭式自动喷水灭火装置、水幕装置、雨淋喷水灭火装置、水喷雾灭火装置、蒸气灭火装置等。

此外，大、中型企业还应根据自身实际需要，在生产装置、仓库、罐区等区域，设置水蒸气、氮气、泡沫、干粉或 1211 等灭火装置。

【相关技术应用】

一、灭火器的正确使用

消防知识的普及是成功扑灭初起火灾的基本条件。我们应该不断加强对消防知识的学习，并通过积极参加各类消防学习、培训活动，增强自防自救能力。每位同学都应具备一定的灭火知识，并能熟练使用灭火器。

(1) 常用手提式灭火器的种类和使用方法　常用手提式灭火器分为干粉灭火器和二氧化碳灭火器。

干粉灭火器是以二氧化碳气体为动力喷射干粉灭火剂的器具，主要用于扑救油类、易燃液体、可燃气体（固体）和电气设备的初起火灾。

二氧化碳灭火器是喷射二氧化碳灭火剂进行灭火的一种灭火器具，利用灭火剂本身作动力喷射。其特点是灭火后不留痕迹，因此适用于扑救贵重设备、档案资料、仪器、仪表、油脂类及600V以下的电气装置的初起火灾。

上述灭火器一般由一人操作，使用时将灭火器迅速提到火场，在距起火点3～5m处，先撕掉安全铅封。拔掉保险销，然后一只手紧握压把，另一只手握住喷射软管前端的喷嘴（没有喷射软管的，可扶住灭火器底圈）对准火焰根部喷射，由近而远，左右扫射，并迅速向前推进，直至火焰全部扑灭。

常用灭火器的使用方法概括起来就是："拔掉插销、保持距离、对准根部、按下压把"。

（2）灭火毯的功能和使用方法　灭火毯主要采用难燃性纤维织物经特殊工艺处理后加工而成，具有紧密的组织结构和耐高温性能，能很好地阻止燃烧或隔离燃烧。灭火毯具有火烧不透气、反射热辐射、隔热耐燃、灭火绝缘的作用，可以有效减少火灾隐患，增加逃生机会，减少人员伤亡，维护人民的生命和财产安全。

灭火毯的灭火原理是覆盖火源、阻隔空气以达到灭火的目的。其使用方法是：在火灾初起阶段，将灭火毯直接覆盖在火源或着火的物体上，可在短时间内迅速扑灭火源。使用者也可利用灭火毯能隔绝火焰、降低火场高温的性能，在火场逃生时将灭火毯披裹在身上并戴上防烟面罩，迅速脱离火场。

1. 干粉灭火器的使用方法

干粉灭火器的使用方法见图3-6。

图3-6　干粉灭火器的使用方法

2. 泡沫灭火器的使用方法

泡沫灭火器的使用方法见图3-7。

3. 推车式干粉灭火器使用方法

推车式干粉灭火器使用方法见图3-8。

表3-7是干粉灭火器的使用情况评价表。

①右手握着压把，左手托着灭火器底部，轻轻地取下灭火器

②右手提着灭火器到现场

③右手捂住喷嘴，左手执筒底边缘

④把灭火器颠倒过来呈垂直状态，用劲上下晃动几下，然后放开喷嘴

⑤右手抓筒耳，左手抓筒底边缘，把喷咀朝向燃烧区，站在离火源8m的地方喷射，并不断前进，兜围着火焰喷射，直至把火扑灭

⑥灭火后，把灭火器卧放在地上，喷咀朝下

图 3-7　泡沫灭火器的使用方法

①把干粉车拉或推到现场

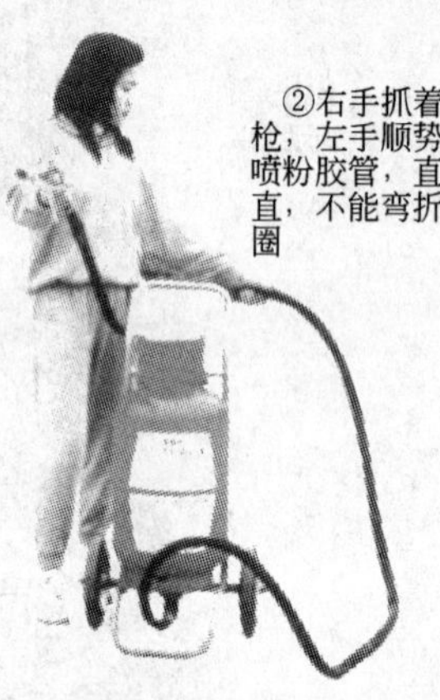

②右手抓着喷粉枪，左手顺势展开喷粉胶管，直至平直，不能弯折或打圈

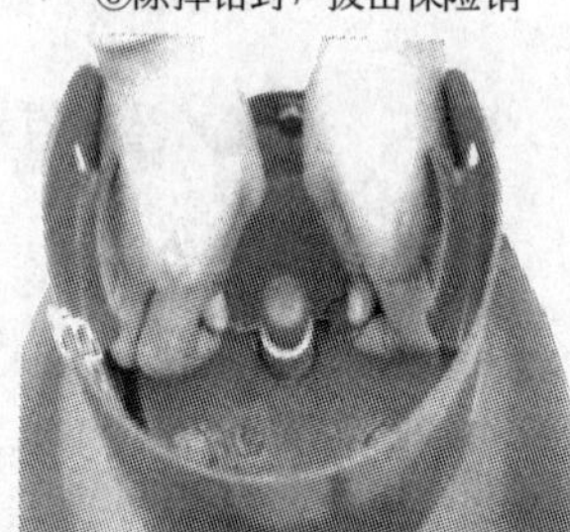

③除掉铅封，拔出保险销

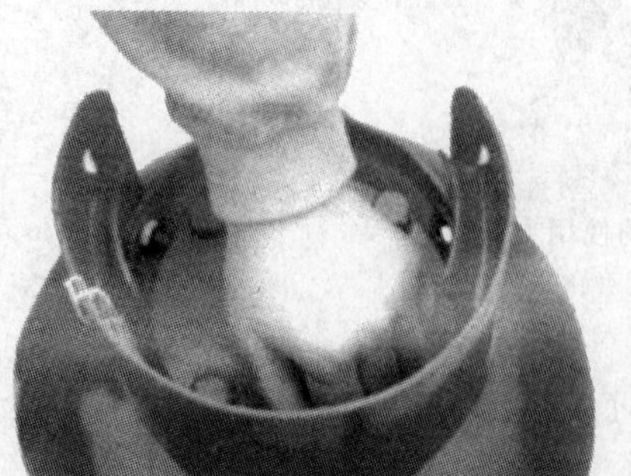

④用手掌使劲按下供气阀门

⑤左手把持喷粉枪管托，右手把持枪把用手指扳动喷粉开关，对准火焰喷射，不断靠前左右摆动喷粉枪，把干粉笼罩住燃烧区，直至把火扑灭为止

图 3-8　推车式干粉灭火器使用方法

表 3-7　干粉灭火器的使用情况评价表

干粉灭火器的学习使用评价表

姓名：________　　　　工作小组成员：________

评价指标	等级				自评	互评
	优(5分)	良(4分)	中(3分)	差(2分)		
获取和自主建构知识的能力	在演练的过程中掌握了干粉灭火器灭火的原理和方法	在演练的过程中基本掌握了干粉灭火器灭火的原理和方法	在演练的过程中掌握了一些干粉灭火器灭火的原理和方法	在演练的过程中没有掌握干粉灭火器灭火的原理和方法		
实践运用能力	会把灭火的知识、方法应用于灭火过程中	基本会把灭火的知识、方法应用于灭火过程中	会把一些灭火的知识、方法应用于灭火过程中	不会把灭火的知识、方法应用于灭火过程中		
任务完成情况	在规定时间内火被扑灭	在规定时间内火基本被扑灭	在规定时间内火基本没被扑灭	在规定时间内火根本没被扑灭		
安全操作规范	操作规范	操作基本规范	操作有一些不规范	操作不规范，发生事故		
技能操作	动作熟练	动作基本熟练，时间较短	动作熟练程度尚可，时间较长	动作不熟练，时间长		
任务分担情况	主动做好分配的工作	能完成分配的工作	基本能完成分配的工作	不能独立完成分配的工作，总依靠别人		
与组员的合作	经常合作	有时合作	几乎不合作	从不合作		

二、常见火灾的扑救

火灾形成的规律是从小到大、从弱到强。在化工生产过程中，及时发现并扑救初起火灾，对于保证生命财产安全和生产安全具有十分重要的意义。因此，训练有素的现场人员一旦发现火情，除了及时报告火警之外，更应该果断地运用配备的灭火器材把火灾消灭在初起阶段，或者使其得到有效的控制，为专业消防队赶到现场后的扑救赢得时间。

(一) 生产装置初起火灾的扑救

当生产装置发生火灾爆炸事故时，在场人员应迅速采取相应的措施。

① 迅速查清着火部位、着火物质的来源，及时准确地关闭阀门，切断物料来源及各种加热源；开启冷却水、消防蒸汽等，进行有效冷却或有效隔离；关闭通风装置，防止风助火势或沿通风管道蔓延，从而有效地控制火势，以利于灭火。

② 带有压力的设备物料泄漏引起着火时，应切断进料并及时开启泄压阀门，进行紧急放空，同时将物料排入火炬系统或其他安全部位，以利于灭火。

③ 现场当班人员应迅速果断地做出是否停车的决定，并及时向厂调度室报告情况和向消防部门报警。

④ 装置发生火灾后，当班的负责人应对装置采取准确的工艺措施，并充分利用现有的消防设施及灭火器材进行灭火。若火势一时难以扑灭，则要采取防止火势蔓延的措施，保护要害部门，转移危险物质。

⑤ 在专业消防人员到达火场时，生产装置的负责人应主动向消防指挥人员介绍情况，说明着火部位、物质情况、设备、工艺状况以及已经采取的措施等。

(二) 易燃、可燃液体初起火灾的扑救

易燃、可燃液体通常是以常压状态贮存在容器内，用管道输送。而反应釜（锅、炉等）及其输送管道内的液体压力较高。液体无论是否着火，如果泄漏或溢出，都将沿着地面（或

水面）流淌飘散；易燃、可燃液体引起火灾时，还必须迅速查清着火液体相对密度和水溶性如何，因为这涉及能否用水或普通泡沫灭火剂扑救的问题。另外，还有是否可能发生危险性很大的沸溢及喷溅问题。一般来说，易燃、可燃液体火灾的扑救要点需要注意的有以下几个方面。

① 首先应该切断火势蔓延途径，控制燃烧范围，并积极抢救受伤及被困人员。一方面，如果着火容器、设备有管道与外界相通的，要截断其与外界的联系；另一方面，如果有液体泄漏，应堵漏或者在外围修建防火堤。

② 及时了解和掌握着火液体的品名、密度、水溶性，以及有无毒害，腐蚀性如何，有无沸溢、喷溅等危险性；还应该正确判断着火面积，以便采取相应的灭火和防护措施。

a. 小面积（在 $50m^2$ 以内）液体火灾，一般可用雾状水扑救，但用泡沫、干粉、二氧化碳、卤代烷灭火更有效。

b. 大面积液体火灾则必须根据其密度、水溶性和燃烧面积大小，选择适当的灭火剂扑救：比水轻而不溶于水的液体（如汽油、苯等），一般可用普通蛋白泡沫或水成膜泡沫（即轻水泡沫）扑救；比水重而不溶于水的液体（如二硫化碳）着火时可用水扑救，用泡沫也有效；具有水溶性的液体，最好用抗溶性泡沫扑救。

扑救以上三类液体火灾时，都需要用水冷却容器、设备外壁。采用干粉或卤代烷灭火剂时，灭火效果要视燃烧面积大小和燃烧条件而定。

③ 扑救具有毒性、腐蚀性或燃烧产物具有毒性的易燃液体火灾时，救火人员必须佩戴防护面具，采取防护措施。

④ 扑救具有沸溢、喷溅危险的液体（原油、重油等）火灾时，如有条件，可采用放水、搅拌等措施，防止发生沸溢和喷溅；现场指挥发现危险征兆，应迅速做出正确判断，及时下达撤退命令，避免人员伤亡与装备损失。

⑤ 扑救人员应始终占据火灾现场的上风或侧风地点。

（三）电气火灾的扑救

（1）电气火灾的特点　电气设备着火时，着火场所的很多电气设备可能是带电的。扑救带电电气设备时，应注意现场周围可能存在着较高的接触电压和跨步电压；同时还有一些设备着火时是绝缘油在燃烧。如电力变压器、充油开关等设备内的绝缘油，受热后可能发生喷油和爆炸事故，使火灾事故进一步扩大。

（2）扑救时的安全措施　扑救电气火灾时，应首先切断电源，切断电源时应严格按照规程要求操作。

① 火灾发生后，电气设备绝缘已经受损，应用绝缘良好的工具操作。

② 选好切断电源的地点。切断电源地点要选择恰当。夜间切断要考虑临时照明问题。

③ 需剪断电线时，应注意非同相电线应在不同部位剪短，以免造成短路。剪断电线部位应有支撑电线的地方，避免电线落地造成短路或触电事故。

④ 切断电源时如需电力部门等的配合，应迅速联系，报告情况，提出断电要求。

（3）带电扑救时的特殊安全措施　为了争取灭火时间，来不及切断电源或因生产需要不允许断电时，要注意以下几点。

① 带电体与人体保持必要的安全距离。一般室内应大于 4m，室外不应小于 8m。

② 选用不导电灭火剂对电气设备灭火。机体喷嘴与带电体的最小距离：10kV 及以下，大于 0.4m；35kV 及以下，大于 0.6m。

用水枪喷射灭火时，水枪喷嘴处应有接地措施。灭火人员应使用绝缘护具，如绝缘手套、绝缘靴等并采用均压措施。其喷嘴与带电体的最小距离：110kV 及以下，大于 3m；

220kV 及以下，大于 5m。

③ 架空线路及空中设备灭火时，人体位置与带电体之间的仰角不超过 45°，以防电线断落伤人。如遇带电导体断落地面时要划清警戒区，防止跨步电压伤人。

(4) 充油设备的灭火　充油设备中，油的闪点多在 130～140℃之间，一旦着火，危险性较大。

① 如果油在设备外部着火，可用二氧化碳、1211、干粉等灭火器带电灭火。如油箱破坏，出现喷油燃烧，且火势很大时，除切断电源外，有事故油坑的，应设法将油导入油坑。油坑中及地面上的油火，可用泡沫灭火。要防止油火进入电缆沟。如油火顺沟蔓延，只能用泡沫灭火。

② 充油设备灭火时，应先喷射中心，以免油火蔓延扩大。

(四) 人身着火的扑救

人身着火多数是由于工作场所发生火灾、爆炸事故或扑救火灾引起的。也有因用汽油、苯、酒精、丙酮等易燃油品和溶剂擦洗机械或衣物，遇到明火或静电火花而引起的。当人身着火时，应采取如下措施。

① 若衣服着火又不能及时扑灭，则应迅速脱掉衣服，防止烧坏皮肤。若来不及或无法脱掉应就地打滚，用身体压灭火种。千万不可跑动，否则风助火势会造成更为严重的后果。就地用水灭火效果也会很好。

② 如果人身溅上油类而着火，其燃烧速度很快。人体的裸露部分，如手、脸和颈部最容易烧伤。此时伤痛难忍，神经紧张，人会本能地跑动逃脱。在场的人应立即制止其跑动，将其按倒，用石棉布、海草、棉衣、棉被等物覆盖，用水浸湿后覆盖效果更好。用灭火器扑救时，注意不要对着脸部。

在现场抢救烧伤患者时，应特别注意保护烧伤部位，不要碰破皮肤，以防感染。大面积烧伤患者往往会因为伤势过重而休克，此时伤者的舌头易收缩而堵塞咽喉，发生窒息而死亡。在场人员应将伤者的嘴撬开，将舌头拉出，保证呼吸顺畅。同时用被褥将伤者轻轻裹起，送往医院救治。

三、如何报火警

“任何人发现火灾时都应当立即报警。任何单位、个人都应当无偿为报警提供便利，不得阻拦报警。严禁谎报火警。”《中华人民共和国消防法》第四十四条对火灾报警做了明确规定，任何人发现火灾都应当立即报警。这是每个公民应尽的义务。消防工作实践证明，报警晚是酿成火灾的重要原因之一，除自然灾害和易燃易爆物品发生的特殊火灾外，几乎所有重大火灾都与报警晚有密切关系。

1. 把握报警时机：第一时间报警

经验告诉我们，“报警早，损失小”。火灾初起时若能将火扑灭，就能最大限度地减少损失。因此，火灾初起是个关键时刻，把握住这个关键时刻主要有两条：一是利用现场灭火器材及时扑救，二是及时报火警，以便聚集足够的力量，尽早地控制和扑灭火灾。不管火势大小，只要发现失火，就应立即报警，不要以为自己有足够的力量扑灭就不报警。因为火势的发展往往是难以预料的。扑救者扑救方法不当、对起火物质的性质不了解、灭火器材的效用限制等原因，均有可能导致火势不受控制而酿成大火。若火势扩大到了火灾发展阶段才报警，即使消防队员立即赶到现场，扑救也必然费力费时，造成更大损失。如果火灾已发展到猛烈阶段，则扑救难度相当大，消防队员到现场时只能控制火势，不使之蔓延扩大，但损失和危害已成定局。报警早，损失小，就是这个道理。及时报警，这是发现火情的首要行动之一。然而现实生活中起火后由于报警不当导致小灾成大灾的案例不胜枚举。第一种是忙中出错，漏报火警。2003 年 12 月 3 日天津蓟县综合商场特大火灾发生时，商场两名值班人员一个在看电视，另一个则打瞌睡，火烧 10min 才被附近人员发现告知，两人一时间只顾自己扑救，谁也没想到去报警。等到商场大厅成了一片火海，所有可燃物均已起火燃烧，火灾已到了猛烈燃烧阶段，他们才从惊慌失措中回过神来，忙着去报警。但因错过了扑救初起火灾的最佳时机，给灭火工作带来了极大的困难，使小火发展成损失严重的特大火灾。第二种是惊慌失措，误报火警。身处火场，浓烟烈火，人声嘈杂，心慌意乱，人们的心理和行为常常发生变形和失态，如有的将“119”拨成“911”；有的不拨号码，抓起电话就喊叫；有的拨通后对着电话机一阵乱喊“着火了，着火了，消防车赶快来”，又急切地赶去救火了。第三种是担心出钱而不报火警。《中华人民共和国消防法》第四十几条规定：“公安消防队、专职消防队扑救火灾、应急救援，不得收取任何费用。”

2. 报火警的方法

首先要稳定情绪，头脑冷静，其次要牢记火警电话“119”，用手机报警不要加上长途区号，直拨“119”即可。在报警时一定要讲清以下内容：发生火灾单位或个人的详细地址，包括街道名称、名牌号码，靠近何处；楼宇发生火灾要讲明第几层楼等；讲清起火物，如房屋、商店、油库、露天堆场等；房屋着火最好讲明是何建筑，如棚屋、砖木结构、新式工房、高层建筑等；尤其要注意讲明的是起火物为何物，如液化石油气、汽油、化学试剂、棉花、麦秸等，以便消防部门根据情况派出相应的灭火车辆。讲清火势情况，如冒烟、有火光、火势猛烈，有多少间房屋着火等，同时要讲清报警人姓名及所用电话的号码，以便消防部门电话联系，了解火场情况。还应派人到路口接应消防车。

3. 不许骚扰、谎报火警

任何单位和个人发现失火时，都有义务打“119”电话迅速准确地向公安消防部门报警。日夜值班的调度中心时刻处理报警电话，用最快的速度派出消防人员与车辆赶赴火场。一年四季，消防部门的执勤灭火任务相当繁重。然而，火警电话常常受到无端骚扰和恶意谎报。这些打电话者有的闲暇无聊，打报警电话逗乐；有的喝酒过量，半夜三更不停地拨打；有的抱试探心理，看打电话后消防车是否会来；有的恶作剧，对某人有意见，用谎报火警的方法报复对方……这些恶劣行为严重干扰、破坏了消防部队的日常工作和执勤备战。骚扰、谎报火警是危害公共安全的行为。骚扰电话多了，报警电话可能打不进来；因谎报的火警派出消防车辆，必然削弱正常的执勤力量，如这时其他地方真正发生火灾，将影响正常的扑救；消防车出警到一个地方造成紧张气氛，将影响交通秩序。

四、心肺复苏法（口对口人工呼吸）的应用

心肺复苏法包括人工呼吸法与胸外按压法两种急救方法。对于抢救患者生命来说，既至关重要又相辅相成。因为心跳和呼吸相互联系，心跳停止了，呼吸很快就会停止；呼吸停止了，心脏跳动也维持不了多久。所以，一般情况下两法要同时施行。

采用心肺复苏法进行抢救，以维持患者生命的三项基本措施是：通畅气道、口对口人工呼吸和胸外心脏按压。

1. 通畅气道

患者呼吸停止时，最主要的是要始终确保其气道通畅；若发现患者口内有异物，则应清理口腔阻塞，即将其身体及头部同时侧转，并迅速用一个或两个手指从口角处插入以取出异物。操作中要防止将异物推向咽喉深处。

采用使患者鼻孔朝天头后仰的“仰头抬颌法”（如图 3-9 所示）通畅气道。具体做法是用一只手放在患者前额，另一只手的手指将患者下颌骨向上抬起，两手协同将头部推向后

仰，此时舌根随之抬起，气道即可通畅（如图3-10所示）。禁止用枕头或其他物品垫在患者头下，因为头部太高更会加重气道阻塞，且使胸外按压时流向脑部的血流减少。

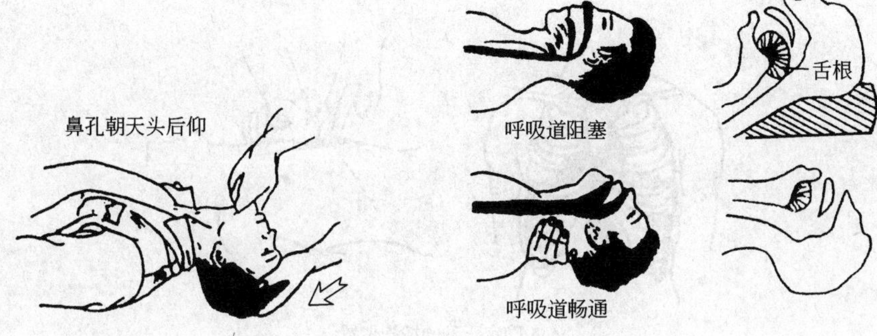

图3-9　仰头抬颌法　　图3-10　气道阻塞与通畅

2. 口对口人工呼吸

正常的呼吸是由呼吸中枢神经支配的，由肺的扩张与缩小吸入氧气排出二氧化碳，维持人体的正常生理功能。一旦呼吸停止，机体不能建立正常的气体交换，最后便导致人的死亡。口对口人工呼吸就是采用人工机械的强制作用维持气体交换，并使其逐步地恢复正常呼吸。具体操作方法如下。

① 在保持气道畅通的同时，救护人员用放在患者额上那只手捏住其鼻翼，深深地吸足气后，与患者口对口接合并贴近吹气，然后放松换气，如此反复进行（如图3-11所示）。开始时（均在不漏气情况下），可先快速连续而大口地吹气4次（每次用1～1.5s）。经4次吹气后观察患者胸部有无起伏状，同时测试其颈动脉，若仍无搏动，便可判断为心跳已停止，此时应立即同时施行胸外按压。

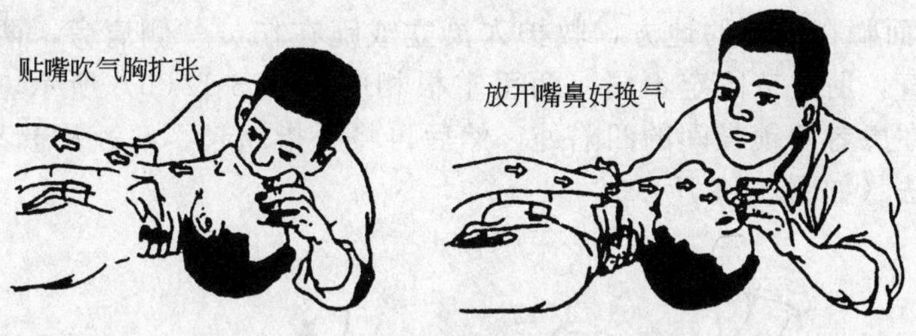

图3-11　口对口人工呼吸法

② 除开始施行时的4次大口吹气外。此后正常的口对口吹气量均不需过大（但应达800～1200mL），以免引起胃膨胀。施行速度约每分钟12～16次；对儿童为每分钟20次。吹气和放松时，应注意患者胸部要有起伏状呼吸动作。吹气中如遇有较大阻力，便可能是头部后仰不够，气道不畅，要及时纠正。

③ 患者如牙关紧闭且无法弄开时，可改为口对鼻人工呼吸。口对鼻人工呼吸时，要将患者嘴唇紧闭以防止漏气。

3. 胸外心脏按压（人工循环）

心脏是血液循环的“发动机”。正常的心脏跳动是一种自主行为，同时受交感神经、副交感神经及体液的调节。心脏的收缩与舒张，把氧气和养料输送给机体，并把机体的二氧化碳和废料带回。一旦心脏停止跳动，机体因血液循环中止，将缺乏供氧和养料而丧失正常功能，最后导致死亡。胸外心脏按压法就是采用人工机械的强制作用维持血液循环，并使其逐步过渡到正常的心脏跳动。

（1）正确的按压位置（称“压区”）是保证胸外按压效果的重要前提　确定正确按压位置的步骤见图 3-12(a)。

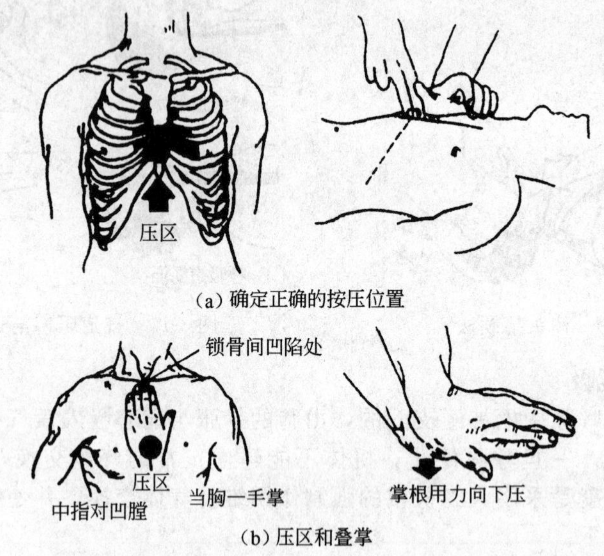

(a) 确定正确的按压位置

(b) 压区和叠掌

图 3-12　胸外按压的准备工作

① 右手食指和中指沿触电者右侧肋弓下缘向上，找到肋骨和胸骨结合处的中点。

② 两手指并齐，中指放在切迹中点（剑突底部），食指平放在胸骨下部。

③ 另一手的掌根紧挨食指上缘，置于胸骨上，此处即为正确的按压位置。

（2）正确的按压姿势是达到胸外按压效果的基本保证　正确的按压姿势如下。

① 使患者仰面躺在平硬的地方，救护人员立或跪在伤员一侧肩旁，两肩位于伤员胸骨正上方，两臂伸直，肘关节固定不屈，两手掌根相叠如图 3-12(b) 所示。此时，贴胸手掌的中指尖刚好抵在患者两锁骨间的凹陷处，然后再将手指翘起，不触及患者胸壁，或者采用两手指交叉抬起法（如图 3-13 所示）。

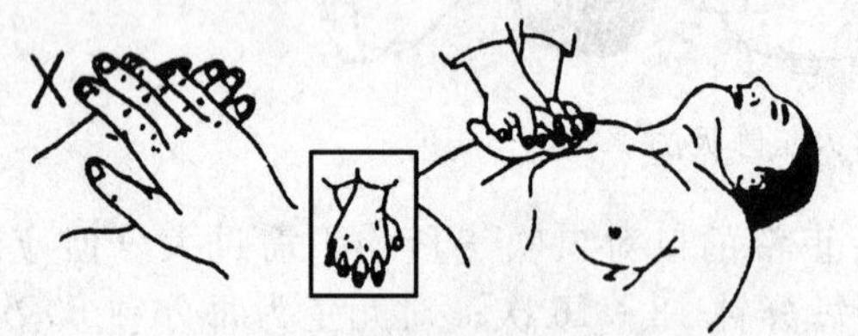

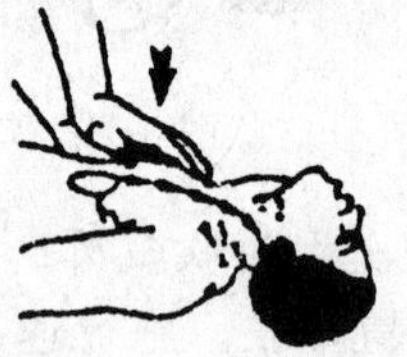

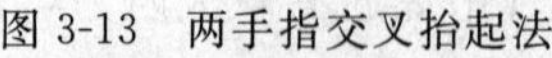

图 3-13　两手指交叉抬起法

图 3-14　胸外心脏按压法

② 以髋关节为支点，利用上身的重力，垂直地将成人的胸骨压陷 4～5cm（儿童和瘦弱者酌减，约 2.5～4cm，对婴儿则为 1.5～2.5cm）。

③ 按压至要求程度后，要立即全部放松，但放松时救护人员的掌根不应离开胸壁，以免改变正确的按压位置（如图 3-14 所示）。

按压时正确地操作是关键。尤应注意，抢救者双臂应绷直，双肩在患者胸骨上方正中，垂直向下用力按压。按压时应利用上半身的体重和肩、臂部肌肉力量（如图 3-15 所示），避免不正确的按压（如图 3-16 所示）。

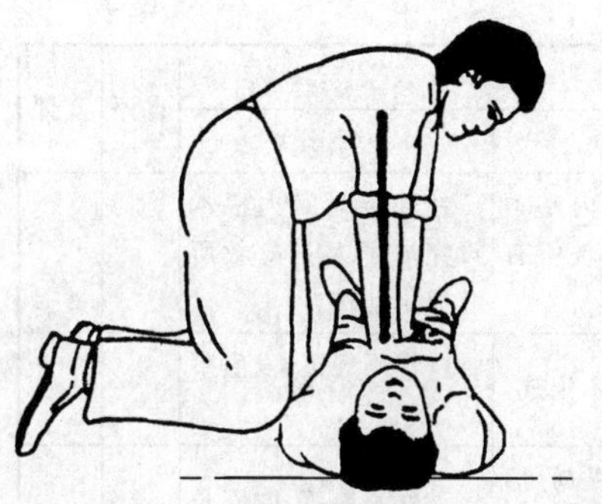
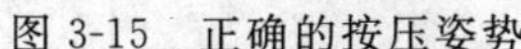

图 3-15　正确的按压姿势

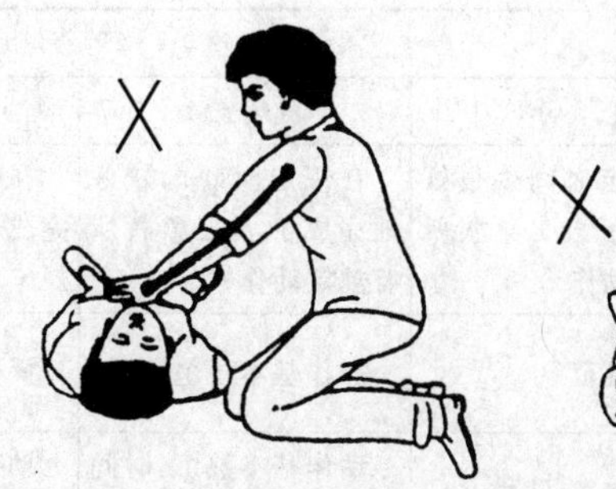
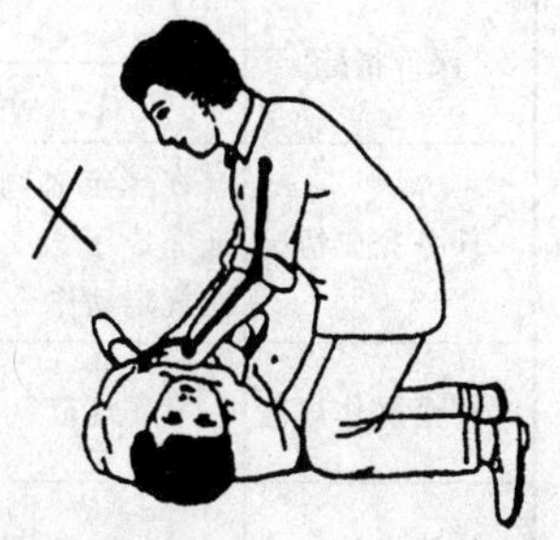

图 3-16　不正确的按压姿势

按压救护是否有效的标志，是在施行按压急救过程中再次测试患者的颈动脉，看其有无搏动。由于颈动脉位置靠近心脏，容易反映心跳的情况。此外，因颈部暴露，便于迅速触摸，且易于学会与记牢。

(3) 胸外按压的方法

① 胸外按压的动作要平稳，不能冲击式地猛压。而应以均匀速度有规律地进行，每分钟 80～100 次，每次按压和放松的时间要相等（各用约 0.4s）。

② 胸外按压与口对口人工呼吸两法同时进行时，其节奏为：单人抢救时，按压 15 次，吹气 2 次，如此反复进行；双人抢救时，每按压 5 次，由另一人吹气 1 次，可轮流反复进行，如图 3-17 所示。

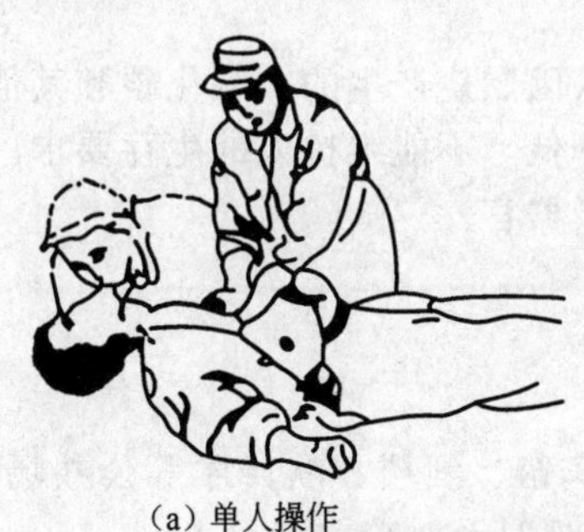

(a) 单人操作

(b) 双人操作

图 3-17　胸外按压与口对口人工呼吸同时进行

人工急救学习情况评价表见表 3-8。

表 3-8　人工急救学习情况评价表

姓名：________　　工作小组成员：________

评价指标	等级				自评	互评
	优(5分)	良(4分)	中(3分)	差(2分)		
获取和自主建构知识的能力	在演练的过程中掌握了心肺复苏法的原理和方法	在演练的过程中基本掌握了心肺复苏法的原理和方法	在演练的过程中掌握了一些心肺复苏法的原理和方法	在演练的过程中没有掌握心肺复苏法的原理和方法		
实践运用能力	会把心肺复苏法的知识、方法应用于急救过程中	基本会把心肺复苏法的知识、方法应用于急救过程中	会把一些心肺复苏法的知识、方法应用于急救过程中	不会把心肺复苏法的知识、方法应用于急救过程中		

续表

评价指标	等级				自评	互评
	优(5分)	良(4分)	中(3分)	差(2分)		
任务完成情况	在规定时间内很好地完成了人工急救所有规定动作	在规定时间内较好地完成了人工急救所有规定动作	在规定时间内基本完成了人工急救所有规定动作	在规定时间内根本没完成了人工急救所有规定动作		
安全操作规范	操作规范	操作基本规范	操作有一些不规范	操作不规范，发生事故		
技能操作	动作熟练	动作基本熟练，时间较短	动作熟练程度尚可，时间较长	动作不熟练，时间长		
任务分担情况	主动做好分配的工作	能完成分配的工作	基本能完成分配的工作	不能独立完成分配的工作，总是依靠别人		
与组员的合作	经常合作	有时合作	几乎不合作	从不合作		

五、逃生与自救

火灾降临，能否从火灾中逃生，不仅与火势大小、起火时间、楼层高度以及建筑物内有无报警、排烟、灭火设施等因素有关，而且也与被困人员的自救和互救能力以及是否掌握逃生办法等有直接关系。

(一) 逃生的基本要求

1. 火灾致人伤亡的五个主要原因

① 有毒气体中毒。有毒气体中毒包括大量吸入因燃烧产生的一氧化碳和其他化学毒气。

② 缺氧。火焰使局部环境空气中含氧量急剧降低，不能维持人的生存要求。

③ 炽热气体灼伤。高温气体会破坏人体的呼吸器官。

④ 被火焰烧死、烧伤。

⑤ 被垮塌的建筑材料击伤、击死。

2. 火场逃生的基本方法

① 了解和熟悉环境。当你走进工厂、商场、宾馆、酒楼、歌舞厅等公共场所时，要留心太平门、安全出口、灭火器的位置，以便发生意外时及时疏散和灭火。

② 迅速撤离。一旦听到火灾警报或意识到自己被火围困时，要立即想办法撤离。

③ 保护呼吸系统。逃生时可用灭火毯披裹在身上或用毛巾、餐巾布、口罩、衣服等将口鼻捂严，否则会有中毒和被炽热空气灼伤呼吸系统软组织引起窒息致死的危险。

④ 从通道疏散。疏散通道有疏散楼梯、消防电梯、室外疏散楼梯等，也可考虑利用窗户、阳台、屋顶、避雷线、落水管等脱险。

⑤ 利用绳索滑行。将结实的绳子或将窗帘、床单、被褥等撕成条、拧成绳、用水沾湿后将其拴在牢固的暖气管道、窗框、床架上，被困人员逐个顺绳索滑到下一楼层或地面。

⑥ 低层跳离。适用于低楼层，跳前先向地面扔一些棉被、枕头、床垫、大衣等柔软的物品，以便“软着陆”，然后用手扒住窗户，身体下垂，自然下滑，以缩短跳落高度。

⑦ 借助器材。通常使用的有缓降器、救生袋、网、气垫、软梯、滑竿、滑台、导向绳、救生舷梯等。

⑧ 暂时避难。在无路逃生的情况下，可利用卫生间等暂时避难。避难时要用水喷淋迎火门窗，把房间内一切可燃物淋湿，延长时间。在暂时避难期间，要主动与外界联系，以便尽早获救。

⑨ 利用标志引导脱险。在公共场所的墙上、顶棚上、门上、转弯处都有“太平门”“紧急出口”“安全通道”“火警电话”和逃生方向箭头等标志，被困人员按标志指示方向顺序逃离，可解“燃眉之急”。

⑩ 提倡利人利己。只有有序地迅速疏散，才能最大限度地减少伤亡，遇到不顾他人死活的行为和前拥后挤现象，要坚决制止。如 1994 年 11 月 27 日辽宁省阜新市发生的特大火灾，在一幢单层的歌舞厅，有 233 人丧生，就是与被困人员拥挤、踩压有关。歌舞厅仅有一个 0.83m 宽的小门，且有 5 个台阶，发现失火时，所有舞池中的人立即拥向小门逃生。一人跌倒还未及爬起，后面接踵而至的人便被绊倒，人叠人地堵住了小门。灾后发现，死者呈扇形拥在门口处，尸体叠了 9 层，约有 1.5m 高，其状惨不忍睹。因此，在逃生过程中如看见前面的人倒下去了，应立即扶起，对拥挤的人应给予疏导或选择其他疏散方法予以分流，减轻单一疏散通道的压力，竭尽全力保持疏散通道畅通，以最大限度减少人员伤亡。

（二）火灾中如何逃生（以学生宿舍失火为例）

突发火灾时，千万不可惊慌失措，保持清醒头脑至关重要。首先要冷静地观察火情和环境，迅速分析判断火势趋向和灾情发展的可能，理智地做出决策。万万不可留恋火场中的财物而长时间逗留，应抓住有利时机，选择合理的逃生路线和方法，争分夺秒地逃离火灾现场。由于火灾现场的复杂性和不确定性，从火灾中逃生还要视具体情况确定逃生方法。

（1）保持清醒头脑，扑灭初起火灾十分重要　学生宿舍一般配备防火门和消火栓、灭火器、灭火毯等，只要平时学会操作，遇上初起火灾时就能将其扑灭。从某种意义上说，灭火也是一种逃生法，而且是一种最积极的救生方法。火灾初起时，一定要冷静，切不可惊慌失措，可用配备的灭火器、灭火毯在第一时间去扑灭，此时还应呼喊周围人员出来参与灭火和报警。如有两人以上在场，一人应尽快去打火警电话报警，另外的人员积极参与灭火。除了使用灭火器外，室内的自来水也是最好的灭火剂，可用盆、桶盛水或橡胶管接水来浇灭火焰。假如火焰有较大一片，可先用棉被覆盖，将火焰暂时压下去。应设法使棉被压实，不让棉被底下留有可燃烧的空间，并立即用水将棉被浇湿。浇湿棉被时，应从棉被四周开始，以免火苗从被子边缘窜出。

（2）针对不同火情，寻求应急逃生的良策　如果发现宿舍楼内失火，第一时间打电话报警，火势一时间无法扑灭，又无法喊到其他人，就应该设法逃生。如果火势较大，难以控制局面，这时除了尽快撤离火场和报警外，别无选择。应该舍弃宿舍中的财物，设法逃出宿舍楼。当起火点在其他房间内，开门前应先用手触摸门锁。如果门锁温度很高，或有烟雾从门缝中往里钻，则说明大火或浓烟已封锁房门出口，此时千万别贸然打开房门。如果门锁温度正常或门缝没有烟雾钻进来，说明大火离自己尚有一段距离，此时可打开一道门缝观察外面通道的情况。开门时要用一只脚抵住门的下框，防止热气浪将门冲开，助长火势蔓延。在确认大火并未对自己构成威胁的情况下，应尽快开门离开房间逃出火场。

当大火和浓烟已封闭通道，此时硬闯也只是死路一条，积极自救的唯一方法是退守房间采取相应的对策：关闭房内的所有门窗，防止空气对流，降低火焰的蔓延速度；用布条堵塞门窗的缝隙，有条件时可用水浇在迎着火的门窗上，降低它的温度；因为火场相当嘈杂，在较高楼层上的呼救声，一般地面上的人是听不到的。这种情况下一方面应利用手机、电话等通信工具向外报警，以求得援助，另一方面也可从阳台或临街的窗户内向外发出呼救信号，向楼下抛扔沙发垫、枕头和衣物等软体信号物，夜间则可用打开手电、应急照明灯等方式发出求救信号，帮助营救人员找到确切目标。在得不到及时救援，又身居楼层较高的情况下切不可盲目跳楼，可将房间内的床单、被里、窗帘等织物撕成能负重的布条连成绳索，系在窗户或阳台的构件上向楼下滑去，也可利用门窗、阳台、落水管等逃生自救。当离开房间发现起火部位就在本楼层时，应尽快就近跑向已知的紧急疏散口，遇有防火门应及时关上。

如果楼道已被烟气封锁或包围，为了避免毒烟的危害，在逃生时应尽量降低身体尤其是头部的高度。因为在较低的位置往往能吸到温度低、毒物较少的空气，而且低位空间烟尘少，能见度高，便于逃生。所以穿过浓烟区时，可匍匐前进逃离火场，也可利用湿毛巾或衣服等捂住口鼻，让有毒烟物被毛巾等阻挡。如果必须经过火焰区，可用灭火毯披在身上逃离现场，也可将衣服用水浇湿、用湿毯子裹住全身或用湿衣服包住头部等裸露部位。这样穿过火焰区时，身上的衣服不易着火，身体裸露部位不致被烧伤。万一衣服着火，一般可就地打滚压灭火苗，不宜带火奔跑，以免加快空气的相对流动，从而增大衣物燃烧的火势。当确信火灾不在自己所处的楼层时，仍应就近向紧急疏散口撤离。

如果自己对疏散口一无所知，则应按以下方法逃生：如果着火点位于自己所处位置的上层，此时应向楼下逃去，直至到达安全地点；如果着火点位于自己所处位置的下层，且火和烟雾已封锁向下逃生的通道，应尽快往楼上逃生，楼顶平台是一个比较安全的场所；如楼顶有水箱，可用水浇湿自己的衣服，以抵御火焰的高温熏烤；如果在向楼顶平台逃生的过程中，发现自己被火、烟追赶上且又封锁了向上的道路，此时应果断地改选横向逃生路线，从另一层楼的走廊通道逃生，或退守到该层有利于逃避的房间内，寻求其他的自救方法。

(3) 不可消极等待，应积极采取措施阻止大火围困　如果身处四周都被大火包围的楼层内，所有安全通道和对外联系均被切断，在没有任何逃生器具或设施的情况下，那么只能等待消防队人员前来营救。这时，被困者不可消极等待，可选择退到相对较安全的卫生间内做短暂避难。被困者进入卫生间后应将门窗关紧，缝隙堵严，拧开所有的水龙头放水。特别是浴缸中应不断放水，始终保持较高的水位，一方面便于取水泼浇门窗降温，另一方面火势发展到卫生间时，人还可以躺在浴缸中暂时躲避，等待救援。

在室内等待救援，往往火势尚未蔓延到室内，浓烟已经滚滚而来。这时应该尽量降低体位，并用毛巾（或衣物）捂住口鼻，以便吸到较好的空气。试验证明，普通毛巾干湿与否与滤毒效果的好坏并无多大关系。湿毛巾的好处只是高温气流通过时可起到一定的降温作用，从而防止口鼻部及上呼吸道黏膜灼伤和毛巾着火。另外，水分还可吸附一些烟尘。可是空气透过湿毛巾的阻力大，会造成呼吸困难，而捂毛巾的手稍微松动，就会让一部分空气从毛巾和脸部之间的缝隙进入呼吸道，从而降低过滤效果。所以毛巾的干湿程度应根据当时的具体情况决定。如果只是滚滚浓烟，火焰尚离得较远，空气的温度不是很高时，一般以选择干毛巾为宜。当然，用毛巾防毒只是不得已而为之，尽快阻断浓烟进入或离开浓烟区才是上策。

千万不可钻到床底下、衣橱内躲避火焰或烟雾。因为这些都是火灾现场中最危险的地方，而且又不易被消防人员发觉，难以获得及时的营救。

值得提醒的是，学生宿舍发生火灾时千万不能利用电梯作为疏散通道，这是因为电梯井的烟囱效应以及火灾很可能导致电线短路而造成电梯停运，逃生者一旦被困在电梯中，反而处于更危险的境地。正确的逃生途径是楼梯，这种安全通道一般都配有应急指示灯做标志，在火灾发生时，学生可以循着指示灯逃生。有些学生宿舍还专门设有避难层，如果无法逃离大楼，可以暂时在避难层等待援助。

（三）逃生误区

火灾逃生中存在以下的五种误区。

(1) 忘记报警　人们对此会觉得不可思议，但事实上，有很多这样的案例存在，结果贻误了救人和扑救火灾的最佳时机。

(2) 大声呼救　由于现代建筑物室内使用了大量的木材、塑料、化学纤维等易燃、可燃材料装修，且装修材料表面常用漆类粉刷，燃烧时会散发出大量的烟雾和有毒气体，容易造成毒气窒息死亡。所以，在逃生时，可用湿毛巾折叠，捂住鼻口，屏住呼吸，以起到过滤烟雾的作用，不到紧急时刻不要大声呼叫或移开毛巾，且须采取匍匐式前进逃离方式。

(3) 原路逃生　这是人们最常见的火灾逃生行为。因为大多数建筑物内部的道路出口一般不为人们所熟悉，发生火灾时，人们总习惯沿着进来的出入口和楼道进行逃生，当发现此路被封死时，已失去最佳逃生时间。因此，当我们走进商场等不熟悉的公众聚集场所，应留心看一看楼梯、安全出口的位置，以便发生意外时就近逃离险区。

(4) 盲目从众　当人的生命突然处于危险状态时，人极易因惊慌失措而失去正常的判断能力，第一反应就是盲目跟着别人逃生。常见的盲目追随行为有跳窗、跳楼，逃（躲）进厕所、浴室、门角等。克服盲目追随的方法是平时要多了解与掌握一定的消防自救与逃生知识，避免事到临头没有主见。

(5) 往上逃生　因为火焰是自下而上燃烧。经过装修的楼层火灾向上的蔓延速度一般比人向上逃生的速度还快，当你跑不到楼顶时，火势已发展到了你的身后，因此产生的火焰会始终围着你，此时应改选横向逃生路线。如不得已逃到了楼顶，要站在楼顶的上风方向。

逃生与自救演练评价表见表 3-9。

表 3-9　逃生与自救演练评价表

姓名：＿＿＿＿＿＿＿＿　　工作小组成员：＿＿＿＿

评价指标	等级				自评	互评
	优(5分)	良(4分)	中(3分)	差(2分)		
获取和自主建构知识的能力	在演练的过程中掌握了逃生与自救演练的步骤和方式	在演练的过程中基本掌握了逃生与自救演练的步骤和方式	在演练的过程中掌握了一些逃生与自救演练的步骤和方式	在演练的过程中没有掌握逃生与自救演练的步骤和方式		
实践运用能力	会把逃生与自救的知识、方法应用于演练过程中	基本会把逃生与自救的知识、方法应用于演练过程中	会把一些逃生与自救的知识、方法应用于演练过程中	不会把逃生与自救的知识、方法应用于演练过程中		
任务完成情况	在规定时间内完成了逃生与自救	在规定时间内基本完成了逃生与自救	在规定时间内基本没完成逃生与自救	在规定时间内根本没完成了逃生与自救		
安全操作规范	操作规范	操作基本规范	操作有一些不规范	操作不规范，发生事故		
技能操作	动作熟练	动作基本熟练，时间较短	动作熟练程度尚可，时间较长	动作不熟练，时间长		
任务分担情况	主动做好分配的工作	能完成分配的工作	基本能完成分配的工作	不能独立完成分配的工作，总是依靠别人		
与组员的合作	经常合作	有时合作	几乎不合作	从不合作		

【检查与评价】

1. 学生对灭火原理与方法的理解。
2. 学生对灭火器的正确使用。
3. 学生对正压式空气呼吸器的正确使用。

【课外作业】

1. 网络作业（见扬州工业职业技术学院精品课程网）http：//skyclass. ypi. edu. cn/ec-webpage-show/checkCourseNumber. do？courseNumber＝010814）。

2. 什么叫爆炸极限？影响爆炸极限的主要因素有哪些？

3. 灭火的原理有哪些？常见的灭火器材有哪些？干粉灭火器如何使用？

4. 人身着火如何扑救？如何采用心肺复苏法进行人工急救？

5. 以学生宿舍失火为例，如何从火灾中逃生？

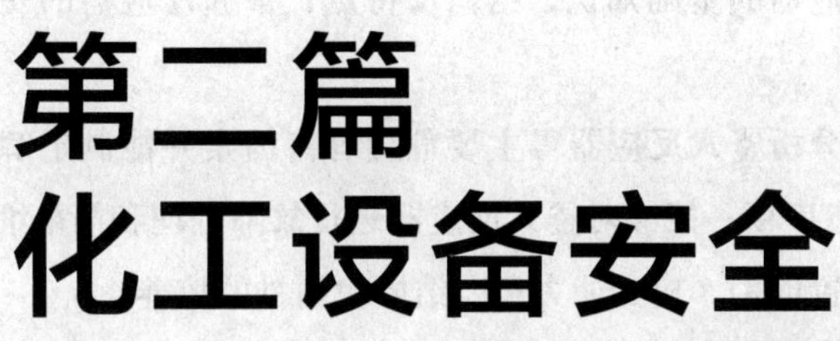

第二篇 化工设备安全

情境四

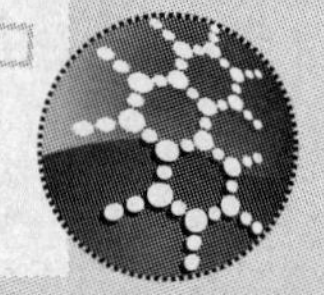

釜式反应器的安全操作与管理

教学目的与要求

知识目标 掌握釜式反应器的基础知识，结构及特点；掌握反应器的安全附件，如安全阀、爆破片等；

能力目标 能够判断和分析釜式反应器得主要危险有害因素并能制定解决方案；掌握釜式反应器的安装及使用注意事项；能够对釜式反应器进行故障处理和简单维护；

情感目标 学生现场处置能力、应变能力和团结协作精神的培养。

【教学引导案例】

化学反应釜爆燃事故案例

2004年11月25日，某化工厂车间的一个化学反应釜在氮气置换过程中发生爆炸，造成8人受伤，其中2人重伤，6人轻伤。

当日该车间安排生产某种日用化学品的中间体，生产过程为将原料（红花油及3-二甲氨基丙胺）投入反应釜，在常温下将反应釜体系抽真空，关闭真空阀后将氮气自釜底通入釜内置换空气，如此反复三次以完成氮气置换，再逐渐升温至180℃进行反应。操作顺序为先用氮气置换，再将导热油炉点火，导热油使反应釜升温。事故发生时，氮气置换操作进行到第二次（第二次氮气置换使用了3个氮气钢瓶），通入氮气数分钟后发生了爆燃事故。爆炸将高温物料带出釜外，致使反应釜附近人员（8人）不同程度地被灼伤。

事故造成直接经济损失约为280万元。由于工厂停工、伤员救治造成的间接经济损失约为3500万元。

一、分析点评

1. 事故分析

（1）事故现场调查

① 检查发现，当时置换用的前两个氮气钢瓶的瓶内压力均呈负压，事故发生时连接在反应釜管线上的满瓶氮气也已泄漏至常压。根据导热油炉岗位的记录，事故发生时导热油炉

的进出口油温分别为170℃和190℃。反应釜夹套的导热油进口阀的开度约为1/2圈，夹套出口阀、反应釜旁路阀均处于开启状态。反应釜真空阀的开度约为1/2圈。

② 反应釜视镜破碎，法兰垫片被冲出，反应釜上盖法兰螺栓（M20，40个）大部分断裂。反应釜设计压力为2MPa，因而初步分析事故发生时反应釜内的压力远远超过2MPa，据此判断可能是釜内的物料发生燃烧或爆炸，使釜内压力急剧升高，法兰螺栓断裂，冲破视镜玻璃，造成冲料和爆鸣。

③ 事故发生时导热油加热炉已升温约半小时，导热油炉的出油温度190℃，回油温度170℃，表明导热油很可能已进入反应釜夹套（事故现场的夹套导热油进口阀开度约为1/2圈），从而使釜内物料升温。

④ 事故现场的反应釜氮气进口阀处于关闭状态，真空阀处于开启状态，表明事故发生时反应釜可能处于氮气置换的第二轮或第三轮抽真空操作状态。

（2）事故原因分析

① 操作

a. 根据操作规程，在进行氮气置换半小时后方可开启导热油进口阀开始升温。操作人员在得知导热油炉开始加热时，应检查反应釜夹套的导热油进出口阀及旁路阀的开启状况，确认进口阀处于关闭状态，出口阀、旁路阀处于开启状态，以保证导热油系统处于循环状态，反应釜处于未加热状态。但从事故现场导热油进口阀、反应釜真空阀的启闭状况看，事故发生时反应釜很可能处于边抽真空边通入导热油的状态。

b. 操作人员在氮气置换的过程中应注意氮气钢瓶压力，当氮气钢瓶压力小于等于0.5MPa时即应更换新瓶。同时，在反应釜的氮气进口阀前应设置现场流量计，以便观察和控制氮气流量。根据对现场人员的调查和现场氮气瓶的状态分析，操作人员已经发现氮气瓶压力不足，并且换了两次氮气瓶，但对使用压力不足的氮气瓶进行置换的实际效果未予以重视，加上没有现场流量计可供观测，致使第一、二遍氮气置换未达到预期效果，釜内存留了大量空气，为发生爆炸提供了条件。

② 设备

a. 反应釜设计压力为2MPa，使用尚不到1年，处于正常完好状态。

b. 调查中未发现设备存在导致反应釜爆炸的因素。

③ 釜内物料的燃烧、爆炸性

a. 事故发生前加入反应釜的物料为红花油和3-二甲氨基丙胺（DMAPA），加入量分别为230kg和110kg。红花油化学性质相对较稳定，在长时间较高温度下方可被空气氧化。DMAPA闪点为35℃，自燃点为215℃，在空气中的爆炸范围为3%～15%，具有发生火灾、爆炸的危险。由于导热油进入反应釜夹套，釜内温度完全可能超过DMAPA的闪点温度。

b. 试验表明，红花油和DMAPA在常温下混合时不发生反应。即使在50～100℃下通入压缩空气3～5min，混合物也仅有颜色略微加深的现象，因而可以排除由于红花油与DMAPA反应引发釜内爆炸的可能性。

④ 釜内存在空气（或氧气）氛围的可能性

a. 反应釜系统氮气置换操作的基本方法是：在投料后先将系统抽真空，再充入氮气至微正压，随后将氮气抽出使系统恢复至真空状态，如此反复三次，以确保随后进行的反应在氮气氛围中进行。如果反应釜系统存在较显著的泄漏，或系统的放空阀处于开启状态，在抽真空的过程中就有可能重新吸入空气，降低氮气置换的效果。

b. 用于置换的氮气钢瓶中如果误装了氧气，则会在反应釜内造成比空气氛围更危险的氧气氛围，使产生爆炸的可能性大大增加。由于现场的几个氮气钢瓶均已没有压力，无法取样分析，且厂内的钢瓶进出也没有生产批号记录，因而无法证实。但事故发生时全厂共有21瓶氮气，均为某氧气厂生产，其中14瓶已用完，均未发现异常现象，据此可基本排除钢瓶氧气通入反应釜的可能性。

c. 事故发生前氮气置换到第二遍，已经用了第三瓶氮气，而按照正常情况，一满瓶氮气就可完成整个置换过程，说明前两瓶氮气是空瓶或不满的氮气瓶。从后来对氮气瓶检测中发现前两个氮气瓶内为负压，因而很有可能前两个氮气瓶基本上是空的，氮气置换根本没起到应有的作用。这样，在反应釜系统抽真空时空气会从各个泄漏点进入釜内。

⑤ 小结

该反应釜爆燃事故发生的原因，是由于反应釜完成物料配制后，在氮气置换失效的状态下，空气进入系统；由于加热载体的运行，反应釜内物料被预热升温；由于空气的存在，反应加剧，压力升高，引起DMAPA自燃，进而导致反应釜爆燃。

2. 事故教训与防范措施

① 反应釜完成物料配制后的系统抽真空与氮气置换操作必须保证可靠，应防止空气进入系统。应加强对氮气瓶的管理。氮气钢瓶在使用前应进行严格检查，防止空瓶或错装氧气的钢瓶接入系统。空瓶和实瓶应有挂牌标识，并应分区放置。

② 加热载体的运行，必须是在系统氮封的条件下进行。操作人员应当加强抽真空、氮气置换与加热载体运行程序间的联系和协调，防止在氮气置换失效的状态下开启加热载体的运行系统。

③ 反应釜在开启加热载体运行系统后，应防止超温和超压现象的出现。

④ 加强生产系统的巡回检查，加大对生产现场、生产装置、安全附件的监控管理。加强对管理人员和操作人员的安全技术培训，增强职工的安全意识，提高职工的安全技术素质和判断、处理事故的技能。

二、课堂思考

1. 该事故中所用的反应釜为一种釜式反应器，什么是釜式反应器？
2. 在日常生活中，你在什么地方见过釜式反应器？
3. 釜式反应器有哪些类型？

【教学讨论案例】

重氮化釜爆炸事故案例

2007年11月27日10点20分，江苏某化工厂厂房的重氮化釜发生爆炸，造成8名抢险人员死亡（其中3名当场死亡）、5人受伤（其中2人重伤），735m^{2}厂房全部倒塌，主要生产设备被炸毁。直接经济损失约400万元。

简要经过：重氮化工工艺过程是在重氮化釜中，先用硫酸和亚硝酸钠反应制得亚硝酰硫酸，再加入6-溴-2,4-二硝基苯胺制得重氮液，供下一工序使用。

11月27日6时30分，联化公司5车间当班4名操作人员接班，在上班制得亚硝酰硫酸的基础上，将重氮化釜温度降至25℃。

6时50分，开始向5000L重氮化釜加入6-溴-2,4-二硝基苯胺，先后分三批共加入反应物1350kg。

9时20分加料结束后，开始打开夹套蒸汽对重氮化釜内物料加热至37℃。

9时30分关闭蒸汽阀门保温。按照工艺要求，保温温度控制在（35±2)℃，保温时间4～6h。

10 时许，当班操作人员发现重氮化釜冒出黄烟（氮氧化物），重氮化釜数字式温度仪显示温度已达 70℃，在向车间报告的同时，将重氮化釜夹套切换为冷冻盐水。

10 时 6 分，重氮化釜温度已达 100℃，车间负责人向联化公司报警并要求所有人员立即撤离。

10 时 9 分，联化公司内部消防车赶到现场，用消防水向重氮化釜喷水降温。

10 时 20 分，重氮化釜发生爆炸。

一、分析点评

1. 事故分析

（1）直接原因　操作人员没有将加热蒸汽阀门关闭到位，造成重氮化反应釜在保温过程中被继续加热，重氮化釜内重氮盐剧烈分解，导致化学爆炸。

（2）重要原因　在重氮化反应保温时，操作人员未能及时发现重氮化釜内温度升高，及时调整控制；装置自动化水平低，重氮化反应系统没有装备自动化控制系统和自动紧急停车系统；重氮化釜岗位操作规程不完善，没有制定针对性应急措施，应急指挥和救援处置不当。

2. 事故教训与防范措施

① 要继续深化事故隐患排查治理专项行动，认真开展“回头看”检查。对已查出的隐患，必须立即整改，一时难以整改的必须做到整改责任、方案、资金、期限和应急预案五落实。

② 采用危险工艺手动控制的化工装置，要加快技术改造，尽快实现工艺过程的自动化（DCS）控制，实现重要工艺参数的自动控制和自动报警。高度危险的化工装置还要在实现 DCS 控制的基础上装备紧急停车系统（ESD），提高化工装置的本质安全水平。

③ 进一步加强从业人员的安全教育和技能培训，提高操作人员的安全意识、操作技能和应急处置能力。

二、课堂讨论

1. 釜式反应器的有哪些安全装置？在操作过程中，有哪些注意事项？
2. 怎样防止釜式反应器发生爆炸？
3. 釜式反应器在安装、使用、维护过程中有哪些安全因素需要考虑？

【相关知识介绍】

一、釜式反应器的基础知识

釜式反应器是一种低高径比的圆筒形反应器，用于实现液相单相反应过程和液-液、气-液、液-固、气-液-固等多相反应过程。器内常设有搅拌（机械搅拌、气流搅拌等）装置。在高径比较大时，可用多层搅拌桨叶。在反应过程中物料需加热或冷却时，可在反应器壁处设置夹套，或在器内设置换热面，也可通过外循环进行换热。

釜式反应器按操作方式可分为以下几种。

① 间歇釜式反应器，或称间歇釜。其特点是操作灵活，易于适应不同操作条件和产品品种，适用于小批量、多品种、反应时间较长的产品生产。间歇釜的缺点是：有装料和卸料等辅助操作，产品质量也不易稳定。但有些反应过程，如一些发酵反应过程和聚合反应过程，实现连续生产尚有困难，至今还采用间歇釜。

② 连续釜式反应器，或称连续釜。可避免间歇釜的缺点，但搅拌作用会造成釜内流体

的返混。在搅拌剧烈、液体黏度较低或平均停留时间较长的场合，釜内物料流型可视作全混流，反应釜相应地称作全混釜。在要求转化率高或有串联副反应的场合，釜式反应器中的返混现象是不利因素。此时可采用多釜串联反应器，以减小返混的不利影响，并可分釜控制反应条件。

③ 半连续釜式反应器。指一种原料一次加入，另一种原料连续加入的反应器，其特性介于间歇釜和连续釜之间。

二、釜式反应器的结构及特点

(1) 间歇釜式反应器　反应器是任何化学品生产过程中的关键设备，决定了化工产品的品质、品种和生产能力。带搅拌釜式反应器是一种最为常见的反应器，广泛地应用于化工生产的各个领域。带搅拌釜式反应器主要分为立式容器中心搅拌反应器、偏心搅拌反应器、倾斜搅拌反应器，卧式容器搅拌反应器等。本书主要以立式容器中心搅拌反应器为例进行介绍。

图 4-1 为带搅拌间歇釜式反应器的结构示意图。釜式反应器通常做成圆筒形，装有球面形的盖和底，封头与筒体的连接处有垫圈，以保证釜具有密闭性，一般设计到能承受 $3\times10^5\sim4\times10^5$ Pa。它主要由搅拌罐、搅拌装置、密封装置组成。搅拌罐由罐体和传热装置组成。罐体的作用是提供足够的容积，确保达到规定转化率所需的时间。传热装置，主要是夹套和蛇管，用来输入或移出热量，以保持适宜的反应温度。搅拌装置由搅拌器、搅拌轴、传动装置组成。传动装置又由电动机、减速器、联轴器及机座等组成，是使搅拌器获得动能以强化液体流动的装置。密封装置主要是为了防止罐内介质泄漏或外界空气进入罐内。

间歇操作的釜式反应器，所有反应物均在操作前一次加入，随着反应的进行，釜内温度、浓度和反应速率都随时间变化，一直进行至达到预定的转化率出料为止。间歇反应器是分批操作，其操作时间由两部分组成，由反应时间和辅助时间（即装料、卸料、检查及清洗设备等所需时间）组成。其结构简单、操作方便、灵活性大、应用广泛，但是设备生产效率低、不易保证每批产物质量稳定、高转化率下体积较大。一般用于液-液相、气-液相系统，其规模小、产量低，适用于精细化工行业，如染料、医药、农药等小批量多品种的行业。

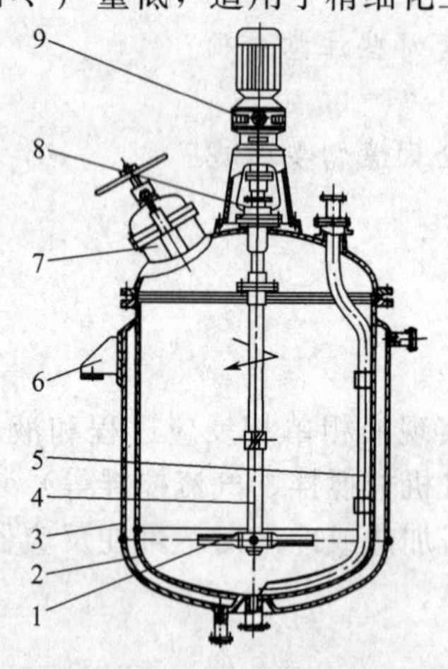

图 4-1　带搅拌间歇釜式反应器结构示意图

1—搅拌器；2—罐体；3—夹套；4—搅拌轴；5—压出管；6—支座；7—人孔；8—轴封；9—传动装置

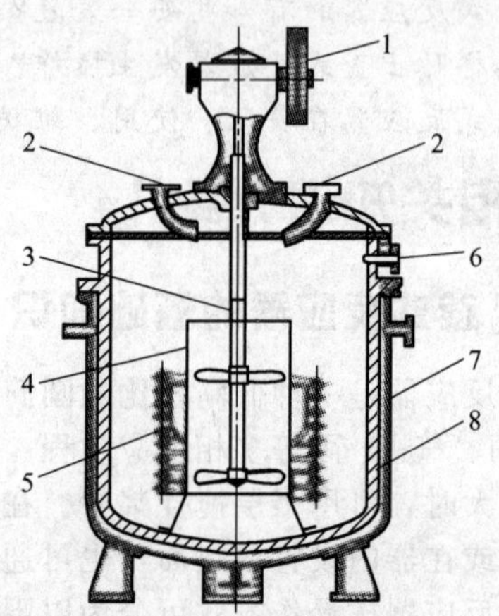

图 4-2　带搅拌连续釜式反应器结构示意图

1—搅拌装置；2—进料品；3—搅拌器；4—导流筒；5—叶片；6—出口；7—夹套；8—釜体

(2) 连续釜式反应器　连续釜式反应器是一种以釜式反应器实现连续生产操作方式的反应设备，是在间歇搅拌釜式反应器基础上建立起来的，是化学工业中最先应用于连续生产的一种反应设备，图 4-2 是带搅拌连续釜式反应器结构示意图。虽然在型式和结构上，与间歇釜式反应器基本上是相同的，但由于操作方式的改变，连续釜式反应器节省了大量的辅助操作时间，使得反应器的生产能力得到充分的提高；同时，也大大地减轻了体力劳动强度，（有助于）全面地实现生产机械化和自动化；在很多场合，也降低了原材料和能量的损耗。因此，在化学工业中，连续搅拌釜式反应器迄今仍然是应用得最广泛的反应器型式之一。

与间歇釜式反应器相比，连续釜式反应器具有生产效率高，劳动强度低，操作费用小，产品质量稳定，易实现自控等优点。物料随进随出，连续流动，原料进入反应釜后，立即被稀释，使反应物浓度降低，所以，连续釜式反应器的反应推动力较小，反应速率较低，可使某些对温度敏感的快速放热反应得以平稳进行。由于釜式反应器的物料容量大，当进料条件发生一定程度的波动时，不会引起釜内反应条件的明显变化，稳定性好，操作安全。稳态操作时，反应器内所有参数不随时间变化，符合理想混合假设，这是连续釜式反应器的基本特征。此外，这种反应器的操作稳定，适用范围较广，容易放大，也是其他类型连续反应器所不及的。连续釜式反应器规模大、产量高，适用于石油化工行业。

(3) 半连续釜式反应器　指一种原料一次加入，另一种原料连续加入的反应器，其特性介于间歇釜式反应器和连续釜式反应器之间。

三、釜式反应器的安全考虑

1. 主要危险因素分析及解决方案

① 投料失误：进料速度过快、进料配比失控或进料顺序错误，均有可能产生快速放热反应，如果冷却不能同步，形成热量积聚，造成物料局部受热分解，形成物料快速反应并产生大量危害气体发生爆炸事故。

解决方法：加热控制措施。对于反应温度在 100℃以下的物料加热系统，可采用蒸汽和热水分段加热，在保证物料不因局部过热出现变质的情况下，先用蒸汽中速加热到 60℃左右，以提高生产效率，再用 100℃沸腾水循环传热，缓慢升温到工艺规定的温度并保温反应。

② 管道泄漏：进料时，对于常压反应，如果放空管未打开，此时用泵向釜内输送液体物料时，釜内易形成正压，易引起物料管连接处崩裂，物料外泄造成人身伤害的灼伤事故。卸料时，如果釜内物料在没有冷却到规定温度（一般要求是 50℃以下）卸料，较高温度的物料容易变质且易引起物料溅落而烫伤操作人员。

解决方法：联锁泄压措施。为了防止釜内在反应开始时未打开放空阀，应安装紧急泄压防崩裂的装置。或者在反应釜的顶部安装压力表，利用电脑对其进行控制，压力过大时能自动提醒控制人员。

③ 升温过快：釜内物料由于加热速度过快，冷却速率低，冷凝效果差，均有可能引起物料沸腾，形成汽液相混合体，产生压力，从放空管、汽相管等薄弱环节和安全阀、爆破片等卸压系统实施卸压冲料。如果冲料不能达到快速卸压的效果，则可能引起釜体爆炸事故的发生。

解决方法：联锁冷却措施。加热速度过快时会打开联锁自动进行降温。可以有效防止压力过快升高造成的爆炸事故。

④ 维修动火：在釜内物料反应过程中如果在没有采取有效防范措施的情况下实施电焊、气割维修作业，或紧固螺栓、铁器撞击敲打产生火花，一旦遇到易燃易爆的泄漏物料就可能

发生火灾爆炸事故。

解决方法：须让工人正确认识动火管理的重要性，增强安全意识，切实实施切断、隔离、置换、清洗、通风等安全技术措施，按程序做好初审、复查、批准、监护、清理、验收等安全管理措施。

2. 釜式反应器的安全附件

（1）安全阀　安全阀是锅炉、釜式反应器和其他受压力设备上重要的安全附件。其动作可靠性和性能好坏直接关系到设备和人身的安全，并与节能和环境保护紧密相关。

当被保护体内的流体压力达到略高于正常工作压力的某一规定值（即阀门开启压力）时，安全阀自动开启，排放部分流体，使压力下降。当压力下降到略低于正常工作压力的某一值（即阀门回座压力）时，安全阀自动关闭，停止排放流体并保持密封。

安全阀的作用是防止管路或装置中的介质压力超过规定数值，从而达到安全保护的目的。

安全阀是一种安全保护用阀，它的启闭件在外力作用下处于常闭状态，当设备或管道内的介质压力升高，超过规定值时自动开启，通过向系统外排放介质来防止管道或设备内介质压力超过规定数值。安全阀属于自动阀类，主要用于锅炉、压力容器和管道上，保证压力不超过规定值，对人身安全和设备运行起重要保护作用。

① 安全阀的分类。安全阀因其用途的不同，结构种类也较多，但大致按以下方法进行分类。

a. 按使用介质分类

蒸汽用安全阀（通常以 A48Y 型为代表）。

空气及其他气体用安全阀（通常以 A42Y 型为代表）。

液体用安全阀（通常以 A41H 型为代表）。

b. 按公称压力分类

低压安全阀：公称压力 $pn \leqslant 1.6$MPa 的安全阀。

中压安全阀：公称压力 $pn = 2.5 \sim 6.4$MPa 的安全阀。

高压安全阀：公称压力 $pn = 10.0 \sim 80.0$MPa 的安全阀。

超高压安全阀：公称压力 $pn > 100$MPa 的安全阀。

c. 按适用温度分类

超低温安全阀：$t \leqslant -100$℃的安全阀。

低温安全阀：$-100℃ < t \leqslant -40℃$的安全阀。

常温安全阀：$-40℃ < t \leqslant 120℃$的安全阀。

中温安全阀：$120℃ < t \leqslant 450℃$的安全阀。

高温安全阀：$t > 450$℃的安全阀。

特别要指出的是，鉴于国内弹簧制造的实际情况，当安全阀用于 350℃以上工况条件时，大都采用加散热器或将阀盖做成花篮式，以便弹簧能更好地散热，确保其刚度不变，使弹簧始终保持能在 350℃以下工作，从而保证安全阀的正确开启和回座及其他性能要求。

d. 按连接方式分类

法兰接连安全阀：安全阀进口和管道连接法兰形式，出口形式灵活。

螺纹接连安全阀：安全阀进口和管道连接螺纹，出口形式灵活。

焊接接连安全阀：安全阀进口和管道连接焊接，出口形式灵活。

e. 按结构形式分类

根据结构特点或阀瓣最大开启高度与阀座直径之比（h/d），安全一般可以划分为以下几种。

杠杆重锤式安全阀。

弹簧式安全阀：利用压缩弹簧的力来平衡阀瓣的压力，并使其密封的安全阀。参见A42Y16C型安全阀。

脉冲式安全阀：脉冲式安全阀又称为先导式安全阀。它把主阀和辅阀设计在一起，通过辅阀的脉冲作用带动主阀动作。这种结构通常用于大口径、大排量及高压系统。脉冲式安全阀如WFXD型安全阀。

微启式安全阀：阀瓣的开启高度为阀座通径的1/40～1/20，如A27W-10T、A47H-16C安全阀。

全启式安全阀：如A47H-16C型安全阀。阀瓣的开启高度为阀座通径的1/4。

全封闭安全阀：如A47H-16C型安全阀。

半闭式安全阀：如A48Y-16C安全阀。

敞开式安全阀：A48Y-16C安全阀亦为敞开式。

先导式安全阀：如WFXD型安全阀。

f. 按密封副的分类

硬质合金对硬质合金密封副。适用于高温高压的场合，尤其是高温高压的过热蒸汽。

2Cr13对2Cr13r密封副，使用于一般场合下的饱和蒸汽和过热蒸汽，或温度低于450℃其他介质的容器或管道上。

阀座密封面为2Cr13，阀瓣密封面为硬质合金。使用于高压蒸汽及流速比较大、易对密封面造成冲刷的其他介质。

阀座密封面为合金钢，阀瓣密封面为聚四氟乙烯。适用于石油或天然气介质，密封要求严格，但工作温度低于150℃的场合。

密封副为奥氏体不锈钢。这种安全阀的阀体，阀盖多为奥氏体不锈钢，应用于介质中含有酸、碱等腐蚀性成分的场合。

g. 按作用原理分类

直接作用式安全阀。直接依靠介质压力产生的作用力来克服作用在阀瓣上的机械载荷使阀门开启的安全阀。

先导式安全阀。由主阀和导阀组成，主要依靠从导阀排出的介质来驱动或控制的安全阀。

带补充载荷式安全阀。在进口压力达到开启压力前始终保持有一增强密封的附加力，该附加力在达到阀门开启压力时释放的安全阀。

h. 按动作特性分类

比例作用式安全阀。开启压力随压力升高而逐渐变化的安全阀。

两段式安全阀（突跳动作式安全阀）。开启过程分为两个阶段，起初阀瓣随压力升高而比例开启，在压力升高一个不大的数值后，阀瓣在压力几乎不再升高的情况下急速开启到规定的高度的安全阀。

i. 按开启高度分类

微启式安全阀。开启高度在1/40～1/20流道直径范围内的安全阀。

全启式安全阀。开启高度不小于1/4流道直径的安全阀。

中启式安全阀。开启高度介于微启式和全启式之间的安全阀。

j. 按有无背压平衡机构分类

背压平衡式安全阀。利用波纹管、活塞或膜片等有平衡背压作用的原件，使阀门开高前背压对阀瓣上下两侧的作用相互平衡的安全阀。

常规式安全阀。不带背压平衡原件的安全阀。

k. 按阀瓣加载方式分类

重锤式或杠杆重锤式安全阀。利用重锤直接加载或利用重锤通过杠杆加载的安全阀。

弹簧式安全阀。利用压缩弹簧加载的安全阀。

气室式安全阀。利用压缩空气加载的安全阀。

② 安全阀的选用原则

a. 蒸汽锅炉安全阀，一般选用敞开全启式弹簧安全阀。

b. 液体介质用安全阀，一般选用微启式弹簧安全阀。

c. 空气或其他气体介质用安全阀，一般选用封闭全启式弹簧安全阀。

d. 液化石油气汽车罐车或液化石油气铁路罐车用安全阀，一般选用全启式内装安全阀。

e. 采油井出口用安全阀，一般选用先导式安全阀。

f. 蒸汽发电设备的高压旁路安全阀，一般选用具有安全和控制双重功能的先导式安全阀。

g. 若要求对安全阀做定期开启试验，应选用带提升扳手的安全阀。当介质压力达到开启压力的75%以上时，可利用提升扳手将阀瓣从阀座上略为提起，以检查安全阀开启的灵活性。

h. 若介质温度较高时，为了降低弹簧腔室的温度，一般当封闭式安全阀使用温度超过300℃及敞开式安全阀使用温度超过350℃时，应选用带散热器的安全阀。

i. 若安全阀出口背压是变动的，其变化量超过开启压力的10%时，应选用波纹管安全阀。

j. 若介质具有腐蚀性，应选用波纹管安全阀，防止重要零件因受介质腐蚀而失效。

③ 安全阀的安装和维护应注意以下事项

a. 各种安全阀都应垂直安装。

b. 安全阀出口处应无阻力，避免产生受压现象。

c. 安全阀在安装前应专门测试，并检查其密封性。

d. 对使用中的安全阀应作定期检查。

(2) 爆破片

① 概述。爆破片与其连用的爆破片装置是一种安全压力泄放装置，具有结构简单、动作快速的特点，在压力升高速度很快的情况下，尤其是当发生爆炸或伴随有爆震的放热反应时，爆破片装置的动作速度比安全阀快得多。可在压力容器或管道等压力突然升高但尚未引起爆炸前先行爆破，将高压介质排除管道或压力容器，从而达到防止管道或压力容器因为压力过大而爆炸的目的。与安全阀相比，爆破片装置类型较多，如果选用不当或不能正确使用，设备的安全和正常操作就难以保证。例如，盛装腐蚀性介质的容器上，如果使用一般的普通型爆破片装置，爆破片强度会因受到介质的腐蚀作用而下降，从而造成在未达到设计爆破压力时就爆破泄压而造成不必要的损失和破坏。

爆破片主要由爆破片、夹持器、真空托架等零件装配而成。

② 爆破片的结构型式及特点。爆破片的结构型式及特点，如表4-1所示。

③ 爆破片的布置与安装。通常爆破片可单独使用，也可与安全阀组合使用。爆破片单独使用时，通常有二种形式：单个、并联或串联使用，此时，爆破片起主要的安全作用。两种布置形式可根据生产需要来正确设置。近年来，爆破片与安全阀组合使用显得更加突出。美国机械工程师学会（ASME）、美国石油学会（API）制定的标准RP520和国际标准ISO 6718均推荐在安全阀的入口或出口安装爆破片装置。

表 4-1　爆破片的结构型式及特点

型式		简图	主要特点
拉伸型	正拱刻槽	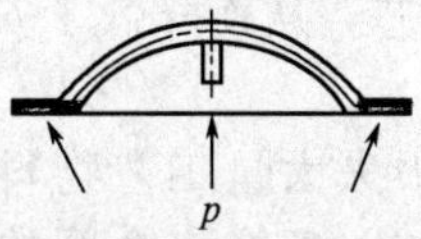	超压时爆破片为拉伸破坏；疲劳寿命可达 10000 次以上；因爆破片爆破时沿槽口撕开，无碎片，特别适合于和安全阀组合使用，以确保安全阀的密封可靠性
	平板刻槽	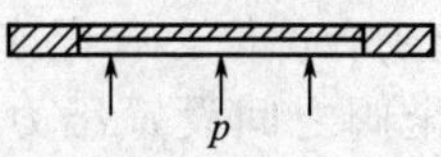	
	正拱开缝	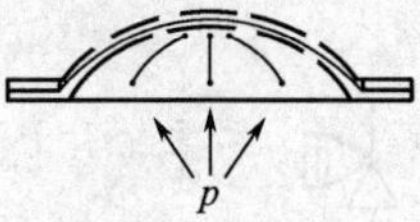	当设备超压时，爆破片两缝之间（通称为桥长）因高度应力集中呈过度塑性变形而断裂；爆破压力可由桥长调节，不受材料厚度的限制，特别适用于低压或超低压的泄放工况，尤其对于粉尘料仓等设备具有泄放压力低、泄放面积大及泄放及时的特点，爆破时无碎片或有极少量碎片
	平板开缝	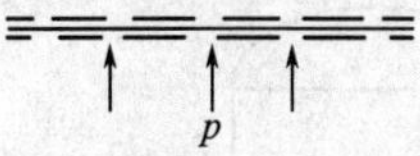	
	普通正拱	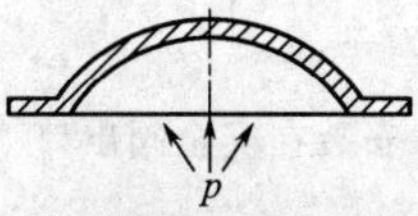	结构最简单，因而成本最低；但因其爆破时有碎片，所以不宜用于与安全阀组合的情况或严防有撞击火花的设备上，其疲劳寿命在 100000 次以上
	带托架带加强环	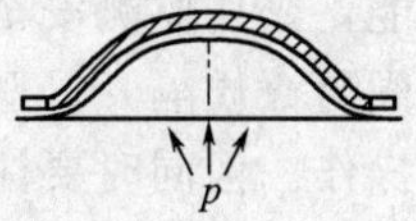	
压缩型	反拱刻槽	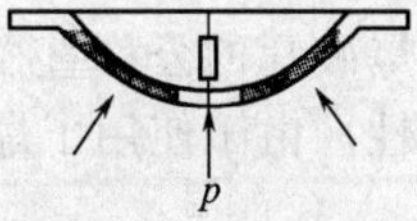	爆破片凸面受压，设备超压时爆破片由于压缩产生失稳破坏，沿预先加工好的槽口开裂，爆破形状规则，无碎片，泄放面积大。由于爆破片失稳压力远小于其拉拱爆破压力，所以在正常操作时爆破片的应力水平较低，工作压力可达失稳压力的 90%，疲劳寿命在 100000 次以上
	反拱带刀	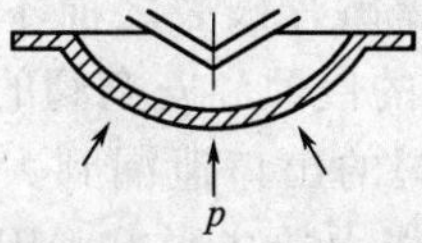	设备超压时爆破片受压缩而失稳，由安装在爆破片背面的刀架或腭齿致破，爆破时无碎片，疲劳寿命在 100000 次以上。但由于需要专用的致破元件，所以爆破片夹持器的结构较复杂，尺寸较大。并且对致破刀架的加工精度要求较高
	反拱腭齿	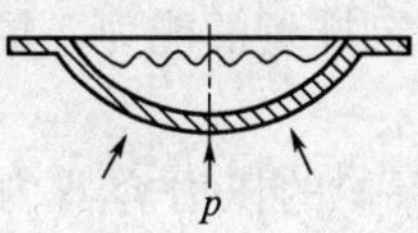	
非金属型	平板石墨	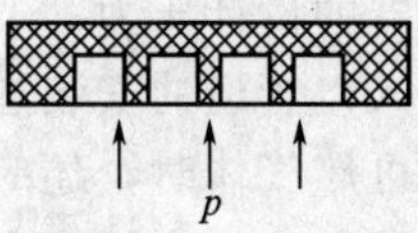	具有较好的耐腐蚀性，尤其在某些不锈钢材料无法胜任的情况下（如 Cl_2 等）可以很好起到安全附件的作用。须注意石墨材料为脆性材料，抗压缩，不抗拉伸
	反拱石墨	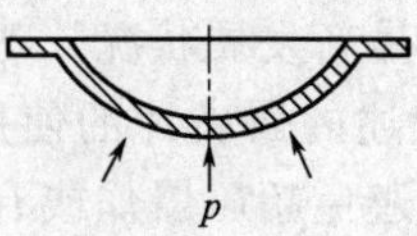	

爆破片装置在与安全阀联合使用时具有如下优点：装置完全无泄漏；爆破片的使用隔离了腐蚀介质，从而使安全阀的寿命及安全阀的检修周期均得以延长，进而减少了工厂的检修费用，提高了设备的利用率；可使用廉价的材料作安全阀的阀芯，从而降低了安全阀的材料费用。

a. 爆破片安装在安全阀入口。为了避免爆破片的破裂而损失大量工艺物料，在安全阀不能直接使用的场合（如物料有强腐蚀性、严禁泄漏等条件），一般在安全阀的入口处安装爆破片。其主要目的是最大限度减少可能由于安全阀的泄漏造成有价值、有毒或有危害的物质流失。当爆破片安装在安全阀入口时，必须在爆破片和安全阀之间设置压力表和放气阀（见图 4-3）。

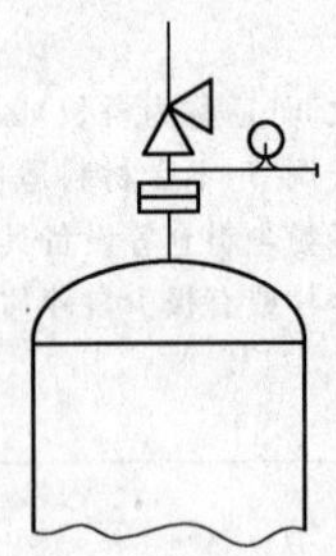

图 4-3 爆破片安装在安全阀入口

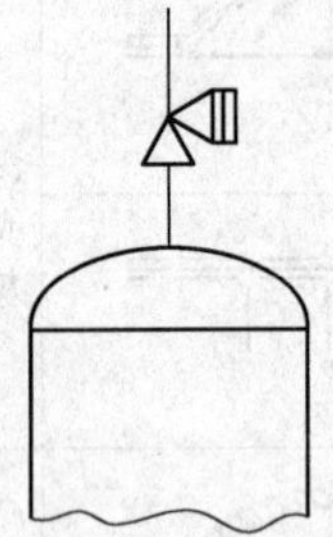

图 4-4 爆破片安装在安全阀出口

这是由于如果爆破片安装不当或别的原因，也有泄漏的可能，密切监测安全阀和爆破片之间的压力是很有必要的。另外，爆破片密封压力系统将安全阀与介质隔开，避免安全阀受介质腐蚀，这样既可防止安全阀泄漏，又可保证安全阀的正常操作。但同时要注意，所选用的爆破片必须是非破碎型的，否则，当爆破片破裂时，会影响安全阀的动作。

此时，爆破片的标定爆破压力与安全阀的设定压力相同。爆破片的公称直径必须等于或大于安全阀的入口管径，以保持足够的流通能力和安全阀的特性。由于使用了爆破片，使得安全阀的泄放能力降低了20％。

b. 爆破片安装在安全阀出口。这样的布置可使安全阀在爆破片破裂之前不受泄放总管内或其他外部背压的影响，防止泄放总管中腐蚀介质对安全阀的侵蚀和安全阀的蠕变，又可延长爆破片的寿命。同时，也可防止有害或可燃物质从安全阀的出口泄漏到大气中（如图 4-4）。爆破片的这种安装形式，有可能对安全阀的安装及泄放能力造成影响，因此，特别要注意所选的爆破片爆破后的净面积必须具有能通过安全阀的额定排量的能力，同时被保护的设备介质还必须是非黏性或不容易结渣的物料。

c. 爆破片与安全阀并联使用。为了防止在异常情况下被保护的压力容器内压的迅速上升，或增加在火灾情况下的泄放面积，安装一个或几个爆破片与安全阀并联使用。此时，爆破片的标定爆破压力略高于安全阀的设定压力，且不得大于容器的设计压力。

除了以上所述外，在安装爆破片时，还必须注意爆破片出入口管道的安装连接。首先要考虑介质能够排放到安全区域或密闭回收系统；其次当系统为可燃气体时，还应采取措施防火。介质在管道中产生燃烧，而使系统压力升高，有发生爆炸的危险。当然，在安装爆破片前，还应检查爆破片是否清洁，有无破损、锈蚀、气泡以及加渣等现象产生。

总之，爆破片的使用者和生产者应随时掌握爆破片技术的最新发展状况，熟知不同种类爆破片的使用场合，合理计算爆破片的起爆压力，综合按照上述的爆破片的使用安装操作，在不同场合能正确合理地选用和安装爆破片，这样定会有效地避免超压爆炸或有害物质泄漏等，预防危险事故的发生。

（3）压力表　压力表的安装、使用要求，参见情境六锅炉的安全操作与管理。

（4）液位计　液位计的安装、使用要求，参见情境六锅炉的安全操作与管理。

【相关技术应用】

一、釜式反应器的安全操作

① 高压釜应放置在室内。在装备多台高压釜时，应分开放置。每间操作室均应有直接通向室外或通道的出口，应保证设备地点通风良好。

② 在装釜盖时，应防止釜体釜盖之间密封面相互磕碰。应将釜盖按固定位置小心地放在釜体上。拧紧主螺母时，必须按对角、对称地分多次逐步拧紧。用力要均匀，不允许釜盖向一边倾斜，以达到良好的密封效果。

③ 正反螺母联接处，只准旋动正反螺母，两圆弧密封面不得相对旋动，所有螺母纹联接件有装配时，应涂润滑油。

④ 针型阀系线密封，仅需轻轻转动阀针，压紧密封面，即可达到良好的密封效果。

⑤ 用手盘动釜上的回转体，检查运转是否灵活。

⑥ 控制器应平放于操作台上，其工作环境温度为10～40℃，相对湿度小于85%，周围介质中不含有导电尘埃及腐蚀性气体。

⑦ 检查面板和后板上的可动部件和固定接点是否正常，抽开上盖，检查接插件接触是否松动，是否有因运输和保管不善而造成的损坏或锈蚀。

⑧ 操作结束后，可自然冷却、通水冷却或置于支架上空冷。待温降后，再放出釜内带压气体。压力降至常压（压力表显示零），将主螺母对称均等旋松，再卸下主螺母，然后小心地取下釜盖，置于支架上。

⑨ 每次操作完毕，应清除釜体、釜盖上残留物。主密封口应经常清洗，并保持干净，不允许用硬物或表面粗糙物进行擦拭。

同学应对釜式反应器的安全操作有足够了解。见图4-5。

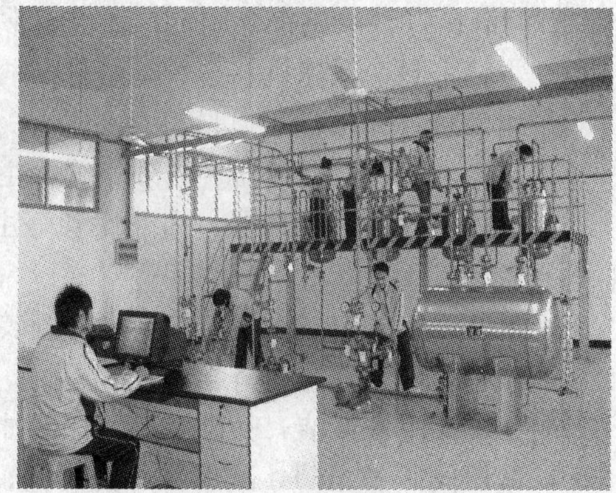

图4-5　学生在进行反应器的安全操作

二、釜式反应器的维护要点

（1）釜式反应器的维护要点

① 反应釜在运行中，严格执行操作规程，禁止超温、超压。

② 按工艺指标控制夹套（或蛇管）及反应器的温度。

③ 避免温差应力与内压应力叠加，使设备产生应变。

④ 要严格控制配料比，防止剧烈反应。

⑤ 要注意反应釜有无异常振动和声响，如发现故障，应检查修理并及时消除。

（2）搪玻璃反应釜使用注意事项

① 加料要严防金属硬物掉入设备内，运转时要防止设备振动，检修时按化工厂搪玻璃反应釜维护检修规程（HGJ 1008—79）执行。

② 尽量避免冷罐加热料和热罐加冷料，严防温度骤冷骤热。搪玻璃耐温剧变小于120℃。

③ 尽量避免酸碱介质交替使用，否则将会使搪玻璃表面失去光泽而腐蚀。

④ 严防夹套内进入酸液（如果清洗夹套一定要用酸液时，不能用 pH＜2 的酸液），酸液进入夹套会产生氢效应，引起搪玻璃表面像鱼鳞一样大面积脱落。一般清洗夹套可用 2% 的次氯酸钠溶液，最后用水清洗夹套。

⑤ 出料釜底堵塞时，可用非金属棒轻轻疏通，禁止用金属工具铲打。对粘在罐内表面上的反应物要及时清洗，不宜用金属工具，以防损坏搪玻璃衬里。

三、釜式反应器的故障处理

（1）反应釜完好标准

① 运行正常，效能良好：

a. 设备生产能力能达到设计规定的 90% 以上；

b. 带压釜需取得压力容器使用许可证；

c. 机械传动无杂音，搅拌器与设备内加热蛇管，压料管内部件应无碰撞并按规定留有间隙；

d. 设备运转正常，无异常振动；

e. 减速机温度正常，轴承温度符合规定；

f. 润滑良好，油质符合规定，油位正常；

g. 主轴密封、减速机、管线、管件、阀门，人（手）孔、法兰等无泄漏。

② 内部机件无损坏，质量符合要求：

a. 釜体、轴封、搅拌器、内外蛇管等主要机件材质选用符合图纸要求；

b. 釜体、轴封、搅拌器、内外蛇管等主要机件安装配合，磨损、腐蚀极限应符合检修规程规定；

c. 釜内衬里不渗漏，不鼓包，内蛇管装置紧固可靠。

③ 主体整洁，零附件齐全好用：

a. 主体及附件整洁，基础坚固，保温油漆完整美观；

b. 减压阀、安全阀，疏水器、控制阀、自控仪表、通风、防爆、安全防护等设施齐全灵敏好用，并应定期检查校验；

c. 管件、管线、阀门、支架等安装合理，横平竖直，涂色明显；

d. 所有螺栓均应满扣、齐整、紧固。

（2）常见故障处理

釜式反应器常见故障现象、原因及处理方法，如表 4-2 所示。

表 4-2　釜式反应器的故障处理

序号	故障现象	故障原因	处理方法
1	壳体损坏（腐蚀、裂纹、透孔）	1. 受介质腐蚀（点蚀、晶间腐蚀） 2. 热应力影响产生裂纹或碱脆 3. 受损变薄或均匀腐蚀	1. 用耐蚀材料衬里的壳体需重新修衬或局部补焊 2. 焊接后要消除应力，产生裂纹要进行修补 3. 超过设计最低的允许厚度需更换本体
2	超温超压	1. 仪表失灵，控制不严格 2. 误操作；原料配比不当；产生剧热反应 3. 因传热或搅拌性能不佳，发生副反应 4. 进气阀失灵，进气压力过大、压力高	1. 检查、修复自控系统，严格执行操作规程 2. 根据操作法，紧急放压，按规定定量。定时投料，严防误操作 3. 增加传热面积或清除结垢，改善传热效果；修复搅拌器，提高搅拌效率 4. 关总气阀，切断气源修理阀门
3	密封泄漏	1. 搅拌轴在填料处磨损或腐蚀，造成间隙过大 2. 油环位置不当或油路堵塞不能形成油封 3. 压盖没压紧，填料质量差，或使用过久 4. 填料箱腐蚀机械密封 5. 动静环端面变形、碰伤 6. 端面比压过大，摩擦副产生热变形 7. 密封圈选材不对，压紧力不够，或 V 形密封圈装反，失去密封性 8. 轴线与静环端面垂直度误差过大 9. 操作压力、温度不稳，硬颗粒进入摩擦副 10. 轴窜量超过指标 11. 镶装或粘接动、静环的镶缝泄漏	1. 更换或修补搅拌轴，并在机床上加工，保证表面粗糙度 2. 调整油环位置，清洗油路 3. 压紧填料，或更换填料 4. 修补或更换 5. 更换摩擦副或重新研磨 6. 调整比压要合适，加强冷却系统，及时带走热量 7. 密封圈选材、安装要合理，要有足够的压紧力 8. 停车，重新找正，保证垂直度误差小于 0.5mm 9. 严格控制工艺指标，颗粒及结晶物不能进入摩擦副 10. 调整、检修使轴的窜量达到标准 11. 改进安装工艺，过盈量要适当，粘接剂要好用，粘接牢固
4	釜内有异常的杂音	1. 搅拌器摩擦釜内附件（蛇管、温度计管等）或刮壁 2. 搅拌器松脱 3. 衬里鼓包，与搅拌器撞击 4. 搅拌器弯曲或轴承损坏	1. 停车检修找正，使搅拌器与附件有一定间距 2. 停车检查，紧固螺栓 3. 修鼓包，或更换衬里 4. 检修或更换轴及轴承
5	搪瓷搅拌器脱落	1. 被介质腐蚀断裂 2. 电动机旋转方向相反	1. 更换搪瓷轴或用玻璃修补 2. 停车改变转向
6	搪瓷釜法兰漏气	1. 法兰瓷面损坏 2. 选择垫圈材质不合理，安装接头不正确，空位，错移 3. 卡子松动或数量不足	1. 修补、涂防腐漆或树脂 2. 根据工艺要求，选择垫圈材料，垫圈接口要搭拢，位置要均匀 3. 按设计要求，有足够数量的卡子，并要紧固
7	瓷面产生鳞爆及微孔	1. 夹套或搅拌轴管内进入酸性杂质，产生氢脆现象 2. 瓷层不致密，有微孔隐患	1. 用碳酸钠中和后，用水冲净或修补，腐蚀严重的需更换 2. 微孔数量少的可修补，严重的更换
8	电动机电流超过额定值	1. 轴承损坏 2. 釜内温度低，物料黏稠 3. 主轴转数较快 4. 搅拌器直径过大	1. 更换轴承 2. 按操作规程调整温度，物料黏度不能过大 3. 控制主轴转数在一定的范围内 4. 适当调整检修

四、爆破片的适用场合

安全阀与爆破片均是压力容器的安全附件，安全阀泄压后可以复位，能多次使用；而爆破片是一次性爆破元件，一旦超压爆破后须更换。但爆破片也有许多安全阀无法比拟的优点。

① 对于压力可能急剧升高的装置，由于安全阀的运动元件质量大，惯性滞后明显，难以及时排除超压；此时以优先选用爆破片为宜，因为爆破片惯性小，急剧超压时反应迅速。

② 与安全阀相比，爆破片的密封性好，经过严格的检查后可做到完全无泄漏。因此当设备内为有毒、易燃或贵重介质时，爆破片可为其提供一个可靠的密封装置。

③ 对于工作介质为不洁净或易于结晶、聚合的压力容器，由于安全阀的结构复杂，易堵塞通道而无法正常泄压。此时，结构简单的爆破片应为首选。

④ 对于腐蚀性大的工作介质，须采用耐腐蚀的不锈钢材，则安全阀的制造成本较高，而爆破片的相对成本较低。

⑤ 对于低压或高压的设备，安全阀的制造很困难，而爆破片的适用范围很宽，可从几十毫米水柱到几百兆帕。

⑥ 对于需较小或较大口径泄放的生产情况，选用安全阀几乎是不可能的，而爆破片的泄放口径范围很宽，可从几毫米到1m以上。

五、爆破片的选用

选用爆破片时，需根据设备的操作条件压力、温度、介质、工况，拟定对爆破片的基本要求，填写爆破片制造任务书。

(1) 选择爆破片型式　选择爆破片型式时，应考虑以下几个方面的问题。

① 压力的高低。压力较高时，爆破片宜选择正拱型或平板型，而压力较低时，爆破片宜选用开缝型或反拱型。

② 有无碎片。当容器内为易燃易爆介质，或爆破片与安全阀组合时，需选择无碎片的爆破片型式，如正、反拱刻槽型，也可选用开缝型或反拱带刀腭齿型爆破片。

③ 工作介质。当容器内介质为液体时，不宜选用反拱型爆破片，因超压液体的能量不足以使反拱爆破片失稳翻转，从而爆破片不能正常泄压。

④ 温度高低。当设备温度较高时，不宜选用氟塑料为密封膜的开缝型爆破片，氟塑料膜的最高使用温度为260℃。

⑤ 如系统有真空工况或承受背压时，爆破片需配置背压托架。

(2) 确定爆破压力　爆破片的爆破压力分设计爆破压力和标定爆破压力。

所谓爆破片的设计爆破压力是爆破片需方提出的对应于爆破温度下的爆破压力。而标定爆破压力是爆破片经过爆破试验标定符合设计要求的爆破压力。同一批次爆破片的标定爆破压力必须在商定的制造范围以内；当商定制造范围为零时，标定爆破压力应是设计爆破压力。

(3) 选择爆破片的制造范围　所谓爆破片的制造范围是指爆破片在制造时，为了方便制造，爆破压力允许变动的压力范围。这是一种带有商业性的技术条件，由爆破片专业制造厂自己确定或参照GB 567—89《拱形金属爆破片技术条件》确定，供用户选择。如对设计爆破压力的要求不是很严即爆破压力在原设计压力的略高或略低压力下波动，不影响设备的正常操作，可选较宽的制造范围，则爆破片的制造费用也相对降低。相反，制造范围越窄，爆破片的制造费用也越高。

(4) 选定爆破片的爆破压力允差　所谓爆破压力允差即爆破片实际的试验爆破压力相对于标定爆破压力的最大允许偏差。其值根据GB 567—89《拱形金属爆破片技术条件》和GB 150—89《钢制压力容器》确定或与厂家协商确定。

(5) 确定爆破温度　爆破温度是指爆破元件爆破时的壁温。由于材料的强度极限随温度的升高而降低，所以爆破片的爆破压力随温度的升高而下降。所以，用户订货时，须给出爆破片安装处的准确温度值，即使无法准确给出，也应与爆破片制造厂协商，根据经验或计算确定爆破片的爆破温度。

(6) 确定爆破片的泄放面积或泄放口径　根据系统或设备所必须的安全排放量，确定爆破片的泄放面积或泄放口径。

① 在物理超压工况下，爆破片的泄放面积或泄放口径可参照《锅炉压力容器安全技术监察规程》附件五中推荐的方法进行计算。

② 在化学超压过程（如气相或粉尘发生燃爆）或相变超压（如液体突然气化）时，爆破片的泄放面积无推荐的计算方法，须进行具体的实验研究或理论计算而最终确定。

(7) 爆破片材料的选用　制造爆破片常用材料为不锈钢、碳钢、铝、铜、镍、银、蒙乃尔、因康镍、石墨、氟塑料等。订货厂家在选用爆破片材料时应考虑以下几个方面的问题。

① 目前国内制造爆破片的材料，绝大多数采用进口奥氏体不锈钢薄带或薄板（如 316、321、304 等）。因其化学成分均匀，机械性能稳定，厚度偏差小，使用温度范围最宽（－196～700℃），所以是制造爆破片首选材料。

② 在某些情况下，如温度波动范围较小，对压力的要求不十分严格，为节省费用，也可选用碳钢板材。

③ 爆破片工作在较低压力及较低温度时，可选用铝材制造。因其耐低温性能较好，且材质的强度极限较低。

④ 如对耐腐蚀性有特殊要求，也可选用镍、银、蒙乃尔合金或石墨。

⑤ 选用爆破片材料时，定货厂家需与制造厂家充分协商，即要考虑对爆破片材质的各项要求，又要顾及材料的供货状况、时间及价格等因素，以选择适宜的爆破片材料。

【检查与评价】

1. 案例总结。
2. 学生对釜式反应器的分类、结构及特点的理解。
3. 学生对釜式反应器的安全附件的认识。
4. 学生对釜式反应器的安装、操作安全、故障排除、维护的了解。
5. 学生对爆破片的理解。

【课外作业】

1. 网络作业（见扬州工业职业技术学院精品课程网 http://skyclass.ypi.edu.cn/ec-webpage-show/checkCourseNumber.do?courseNumber=010814）。
2. 什么是釜式反应器？釜式反应器有哪些类型？
3. 釜式反应器的有哪些安全装置？怎样防止釜式反应器发生爆炸？
4. 安全阀的作用是什么？怎样选用安全阀？
5. 安全阀的安装和维护注意事项有哪些？
6. 什么是爆破片？爆破片的结构型式有哪些，各有什么特点？
7. 釜式反应器在安装、使用、维护过程中有哪些安全因素需要考虑？
8. 爆破片在与安全阀联合使用时的优点是什么？联合使用的形式有哪些？
9. 怎样合理选用爆破片？

情境五

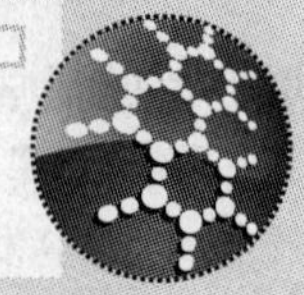

锅炉的安全操作与管理

教学目的与要求

知识目标 掌握锅炉的基本构造和名称；掌握锅炉的安全附件及原理；

能力目标 学会锅炉及压力容器的正确操作与维护、安全附件的正确使用；

情感目标 学生现场处置能力、应变能力和安全意识的培养。

【教学引导案例】

锅炉爆炸致死致伤事故

2000 年 11 月 28 日 4 时 30 分，山西省文水县嘉宝酒业有限公司一台锅炉造成 2 人死亡，2 人重伤，2 人轻伤。直接经济损失 30 万元，间接损失 20 万元。

2000 年 11 月 21 日，文水县嘉宝酒业有限公司从交城县安定村鑫宇焊接厂拉回一台锅炉。锅炉的钢板、封头、冲天管、火管是由嘉宝酒业有限公司自备，由交城县安定村鑫宇焊接厂制造成没有任何附件的立式火管蒸汽锅炉，经嘉宝酒业有限公司维修人员开孔安装了安全阀、压力表、水位计、上水、主汽管、排污附件后，就位安装。

锅炉爆炸时，炉体骤然释放出强大气流，锅炉失稳倒落在距锅炉原地 6m 外的空地上，烟囱落在距锅炉本体约 10m 处的空地上断为数节，锅炉底部在灰坑炸成一个 $1.5\times4m^2$ 的大坑，原炉的燃煤灰四周飞落，在场的 4 人 2 人死亡，2 人重伤，距锅炉较远的 2 人也不同程度地受了轻伤。

事故发生后，通过现场勘察，向当事人和群众调查，相关部门了解到该锅炉是嘉宝酒业有限公司从太原买回两个废旧碟形封头（$\Phi2200\times10$）和（$\Phi108\times6$）的钢管，在榆次制作两个封头（$\Phi2500\times14$、$\Phi2200\times14$），从交城购买 10mm 钢板，由交城县安定村鑫宇焊接厂制作的一台（$\Phi6200\times2500$）立式火管锅炉。该锅炉装有安全阀一个，压力表一个，水位计两个，排污阀一组。从锅炉的设计、制造、安装直到投入使用，无任何资料、图纸、材质证明，嘉宝酒业有限公司也未向有关部门办理过任何手续，属非法制造锅炉。

锅炉的爆炸点是在上烟室上封头，该处与冲天管的角焊缝根部初裂，而后沿碟形封头两端撕开长 1700mm 的大口，未撕开的部分有明显不规则向下鼓包的变形，烟囱的第一道法兰螺栓断开折成数段，炉坑下部炸出一个 $1.5\times4m^2$ 的大坑。由于没有锅炉房，没有造成建筑物的损失。

一、分析点评

1. 事故分析

通过对事故的调查了解，该锅炉是私自设计、土法制造、自行安装投入使用的非法私造锅炉，各个环节均没有任何资料与合法手续，整个制造、安装、使用过程中的人员都没有经过专业方面的培训学习，锅炉知识比较匮乏。这是造成这次事故的主要原因。从锅炉的状况看，该锅炉属粗制滥造，所有材料均非锅炉专用，特别是上烟箱的两个封头，是从原废旧化工设备上割下来的，外表面有黄色漆防腐涂层内表面腐蚀比较严重，某些部位的腐蚀凹坑接近板厚的一半。从断口看，钢板已成层状断面，有塑性变形，氢脆明显，且与冲天管直角焊口连接，焊口结构极不合理，焊缝超宽，且有长而深的咬边。碟形封头水平直面较大，板材较薄，在变形外向受力的情况下，封头鼓包变形直到从焊口根部开裂，继而向两端撕开，导致大量汽流从烟管、烟囱涌出，这是锅炉爆炸事故的直接原因。

锅炉在制造完工后，在无任何科学依据的情况下，进行了两次 0.7～0.9MPa 的冷态水压试验，操作方法是用锅炉多级给水泵加压，也未保压，难以发现缺陷。锅炉安全阀定压与工作压力是没有任何理论依据的情况下，随意确定的，这是造成这次事故的间接原因。

2. 事故教训与防范措施

嘉宝酒业有限公司应停业整顿，对不合格锅炉立即报废处理，重新购买安装符合国家要求的合格锅炉，建立健全各项管理制度，对公司各有关人员进行安全培训，使其真正树立“安全第一、预防为主”的方针，严格执行锅炉压力容器各项安全技术法规。待有关部门验收合格后方恢复生产。

二、课堂思考

1. 锅炉主要应用在哪些领域？

2. 本次事故的主要原因有哪些？作为承压特种设备在安装和使用过程中有何安全技术要求？

【教学讨论案例】

吉林省通化振国药业有限公司常压锅炉炉膛爆炸事故

2004 年 12 月 29 日 17 时 30 分，吉林通化振国药业有限公司发生一起常压锅炉炉膛爆炸事故，造成 1 人死亡，1 人重伤，直接经济损失 20 万元。

该锅炉型号为 CLSG 0.12-95/70；额定热功率 0.12MW；额定供水量 450kg/h；额定出口/进口水温 95℃/70℃；排烟温度 200℃；适用燃料 AⅡ；外形尺寸 960mm × 1165 mm×1660mm。

该锅炉是石家庄市石域锅炉制造有限公司生产的常压热水环保锅炉，2004 年 9 月出厂，2004 年 10 月末由通化振国药业有限公司安装使用，使用中锅炉运行正常，截至锅炉出现事故时，该炉共运行 15 天左右。

由于锅炉系统管道出现质量问题，负责安装该系统的北京市某公司私自雇用通化某公司的 4 名维修人员对管道进行更换。更换管道前维修工将锅炉压火。在锅炉房施工时，锅炉炉膛发生爆炸，锅炉左侧外包皮飞向锅炉房东北角，打在维修人员上半身，致使该人死亡。另 1 个维修人员在锅炉房门口，被断裂的锅炉管道内喷出的热水烫伤。锅炉本体倒向锅炉房休息室，锅炉左侧外包皮飞向锅炉房东北角，烟箱板左右上三边角焊缝撕裂，烟箱板卷起，拉筋撕裂。锅炉房门窗全部被冲击波损坏，一扇门飞出近20m。

一、分析点评

1. 事故分析

现场工人在更换系统管道之前，将锅炉给水阀门关闭并将炉膛用新煤压火，关闭烟道挡板和炉门，此时，由于火没有压住，致使煤中大量可燃性挥发组分析出并聚集在炉膛中。由于炉温逐渐升高，导致挥发分着火并放出大量热能，产生炉膛爆炸，从而撕裂烟箱角焊缝，锅炉外包皮飞出，砸向现场施工人员，造成该人死亡。由于炉膛爆炸产生冲击波，使锅炉倾倒，导致锅炉连接水管断开，管中热水喷出，致使在锅炉房门口的锅炉维修工被烫伤。因此，事故是由于维修工操作不当造成的。

2. 事故教训与防范措施

① 检修管道时，应当采取旁路等措施，使锅炉水正常循环，有效冷却锅炉受热部件；必要时，应当停炉后再进行管道检修。

② 建议采用适合本地气候条件的常规炉型和煤种。

③ 小型锅炉宜设置适当的防爆装置。

二、课堂讨论

1. 本次事故发生的主要原因是什么？间接原因是什么？

2. 在化工生产中如何防止、控制锅炉事故的发生？

【相关知识介绍】

一、压力容器概述

1. 压力容器定义

压力容器，是指盛装气体或者液体，承载一定压力的密封设备。

1999年6月25日国家质量技术总局，根据容器的压力、容积、介质三个因素，从安全范围考虑，颁发了《压力容器安全技术监察规程》。凡符合下列条件的容器均属于《压力容器安全技术监察规程》安全管理范围。

① 最高工作压力（p_w）大于等于0.1MPa（不含液体静压力）。

② 内直径（非圆形截面指其最大尺寸）大于等于0.15m，且容积（V）大于等于0.025m^3。

③ 盛装介质为气体、液化气体或最高工作温度高于等于标准沸点的液体。

图5-1即是典型的压力容器结构组成。

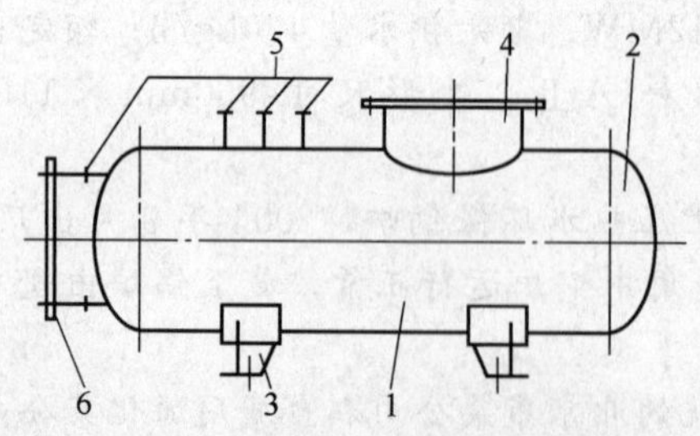

图5-1 压力容器的结构组成

1—筒身；2—封头；3—支座；4—人孔；5—接管；6—液位计

2. 压力容器的工艺参数

（1）压力 指压力容器工作时所承受的主要载荷。

① 工作压力（操作压力）：指容器顶部在正常工艺操作时的压力（不包括液体静压力）。

② 最高工作压力：指容器顶部在工艺操作过程中可能产生的最大表压力（不包括液体静压力）。

③ 设计压力：指在相应设计温度下以确定容器计算壁厚及其元件尺寸得到的压力。《固定式压力

容器安全技术监察规程》(下文简称《容规》)规定容器的设计压力，应略高于容器在使用过程中的最高工作压力。

(2) 温度

① 介质温度：指容器内工作介质的温度。

② 设计温度：压力容器设计温度不同于其内部介质可能达到的温度，而是各容器在正常工作过程中，在相应设计压力下，表壁或元件金属可能达到的最高或最低温度。

3. 压力容器的分类

(1) 按压力分类　按所承受压力(p)的高低，压力容器可分为：

① 低压容器：0.1MPa$\leqslant p<$1.6MPa；

② 中压容器：1.6MPa$\leqslant p<$10MPa；

③ 高压容器：10MPa$\leqslant p<$100MPa；

④ 超高压容器：$p\geqslant$100MPa。

(2) 按壳体承压方式分类

① 内压容器(壳体内部承受介质压力)；

② 外压容器(壳体外部承受介质压力)。

(3) 从安全技术管理分类

① 固定式容器：指安装和使用地点固定的压力容器。

② 移动式容器：指无固定使用地点、使用环境经常变迁的压力容器。

(4) 按在生产工艺过程中的作用原理分类

① 反应容器：指用来完成介质的物理、化学反应的压力容器。如反应器、硫化罐、反应釜、发生器、分解锅、分解塔、聚合釜、高压釜、合成塔、变换炉、蒸煮锅、蒸球、蒸压釜。

② 换热容器：指用来完成介质的热量交换的压力容器。如管壳式余热锅炉、热交换器、冷却器、冷凝器、蒸发器、加热器、硫化锅、消毒锅、蒸压釜、蒸煮器、染色器、煤气发生炉水夹层。

③ 分离容器：指用来完成介质的流体压力平衡和气体净化分离的压力容器。如分离器、过滤器、集油器、缓冲器、贮能器、洗涤器、吸收塔、铜洗塔、干燥塔、分汽缸、除氧器。

④ 贮运容器：指用来盛装生产和生活用的原料气体、液体、液化气体等压力容器。如各种型式的贮槽、罐车(铁路罐车、公路罐车)。

二、压力容器安全装置

《容规》和有关规范对压力容器的安全附件，包括安全阀、压力表、爆破片装置、液压计和测温仪表、快开门式压力容器的安全联锁装置做出规定。

1. 压力容器的安全装置按其功能分为三类

① 显示装置。各种形式的压力计、压力表、温度计、液位计等。

② 控制式显示控制装置。这类装置能依照设定的工艺参数自行调节，保证该工艺参数稳定在一定的范围内。如减压阀、调节阀、电接点压力表、电接点温度计、自动液压计、紧急切断阀、过流阀、安全联锁装置。

③ 安全泄压装置。遇容器或系统内介质的压力超过额定压力时，该装置能自动泄放部分或全部气体。以防止压力持续升高而威胁到容器的正常使用，造成破坏。安全泄压装置分为以下几种。

a. 阀型安全泄压装置(各种型式的安全阀)。

b. 断裂型安全泄压装置(爆破片、爆破帽等)。

c. 熔化型安全泄压装置（易熔塞、易熔片，用于钢瓶、罐车上）。

d. 组合型安全泄压装置（由二种安全泄压装置组合而成，如安全阀与爆破片，爆破片串联一起）。

2. 对压力容器安全附件的主要要求

① 压力容器安全附件、保护装置的制造单位应经国务院特种设备监督管理部门许可，方可从事相应的活动。安全附件的设计、制造应符合《容规》和相应国家标准、行业标准的规定。

② 各压力容器上各种阀门的制造厂应持有相应类别的制造许可证，并出具合格证和技术文件。

③ 安全附件上应有标牌注明主要技术参数。

④ 快开门式压力容器安全联锁装置，必须满足以下功能要求，应经试用和技术鉴定方可推广使用。

快开门式压力容器的快开门（盖）应设计安全联锁装置并应具有以下功能。

a. 当快开门达到预定关闭部位方能升压运行的联锁控制功能。

b. 当压力容器的内部压力完全释放，安全联锁装置脱开后，方能打开快开门的联锁联动功能。

c. 具有与上述同步的报警功能。

3. 安全装置检验周期

安全附件的检验，分为两种。

① 运行检查。运行检查指在运行状态下对安全附件的检查。一般情况下可由生产第一线的人员进行。主要检查安全附件的外观和工作状况。可发现的故障有压力表失灵、未校验；压力容器与安全阀之间的截止阀处于关闭状态；安全阀锈蚀、堵塞，特别是黏性高的介质会使安全阀滞塞；爆破片长期使用后会产生时间效应，爆破压力不准确；液面计液面指示不准确，等等。

② 停机检查。停机检查指在停止运行状态下由专业人员对安全附件的检查。运行检查可与容器外部检查同时进行，停机检查可与容器全面检验同步进行，也可单独进行。

（1）安全阀

① 新安全阀在安装之前，应根据使用情况进行调试检验。

② 安全阀一般每年至少校验一次，拆卸进行校验有困难时应采用现场校验（在线校验）。

（2）爆破片　爆破片装置应进行定期更换，对于超过最大设计爆破压力而未爆破的爆破片应立即更换；在苛刻条件下使用的爆破片装置应每年更换；一般爆破片装置应在2～3年内更换（制造单位明确可延长使用寿命的除外）。

（3）压力表　压力表和测温仪表应按使用单位规定的期限进行校验。压力表的校验和维护应符合国家计量部门的有关规定。压力表安装前应进行校验，在刻度盘上应划出指示最高工作压力的红线，注明下次校验日期。压力表校验后应加铅封。

（4）紧急切断装置　紧急切断装置应当从压力容器上拆下进行解体、检验、维修和调整，做耐压、密封、紧急切断等性能试验，检验合格并且重新铅封方准使用。

（5）液面计

① 安装使用前，低、中压容器用液面计应进行1.5倍液面计公称压力的液压试验，高压容器的液面计进行1.25倍液面计公称压力的液压试验。

② 液面计规定检修周期不应超过压力容器全面检验周期。

③ 液面计一个季度要定期冲洗一次。

（6）测温仪表　测温仪表应按使用单位规定的期限进行校验。新安装测温仪表应经国家质量部门鉴定合格。

4. 安全附件选用

① 安全阀、爆破片的排放能力必须大于压力容器的安全泄放量。

② 盛装易燃、易爆或剧毒有害介质的压力容器，应采用扳式玻璃液位计或自动液位指示器。

③ 压力容器的压力表、液面计等应根据压力容器的介质、最高工作压力和温度正确选用。

④ 安全附件符合下列情况之一不得使用。

a. 无产品合格证和铭牌的。

b. 性能不符合要求的。

c. 逾期不检查，不校验的。

d. 爆破片已超过使用期限的。

三、压力容器安全管理

1. 对设计单位的管理

为了确保压力容器安全运行，保障人民生命与财产的安全，根据我国管理工作特点，原劳动局颁发了《压力容器设计单位资格管理与监察规则》，1999 年 6 月国家质量技术监督局颁发了《压力容器安全技术监察规程》，2003 年 6 月国务院颁发了《特种设备安全监察条例》，明确规定了压力容器的设计单位应当经国务院特种设备安全管理部门许可，方可从事压力容器的设计活动，并应对设计质量负责。设计单位应当具备下列条件。

① 有与压力容器设计相适应的设计人员，设计审核人员。

② 有与压力容器设计相适应的健全的管理制度和责任制度。

③ 设计资格印章失效的图样和已加盖竣工图章不得再用于制造压力容器。

2. 对压力容器的制造与安装单位管理

《压力容器安全监察规程》与《特种设备安全监察条例》对压力容器制造单位提出明确的要求。

① 从事压力容器的制造、安装、改造单位，经国务院特种设备安全监察管理部门许可方可从事相应的活动，并应当具备下列条件（压力容器维修单位经省、自治区、直辖市特种设备安全监察管理部门许可）。

a. 有与压力容器制造安装，改装相适应专业技术人员和技术工人。

b. 有与压力容器制造安装改造相适应的生产条件和检测手段。

c. 有健全的质量管理制度和责任制度。

② 压力容器制造单位对其生产的压力容器的安全性能负责。

③ 压力容器安装、改造、维修的施工单位应当在施工前书面告知特种设备安全监督管理部门后方可施工。

④ 制造安装、改造、重大维修过程必须经国务院特种设备安全监察部门核准的检验检测机构，按照安全技术规范的要求进行监察检验，未经监督检验合格的不准出厂或者交付使用。

3. 压力容器使用单位管理要求

压力容器使用管理也是压力容器管理的重要组成部分，按《压力容器安全技术监察规程》与《特种设备安全监察条例》及《压力容器定期检验规则》的要求，使用单位应做到如下几点。

① 必须建立压力容器技术档案。

② 新压力容器投入使用前，在 30 天之内应向地市级的特种设备安全监察管理部门登记。

③ 使用单位应将工艺操作参数与岗位操作规程，安全注意事项或标志置于显著位置。

④ 压力容器的操作人员及相关管理人员，按照国家有关规定经特种设备安全监察管理部门考核合格。取得特种设备作业人员证书，方可从事相应作业与管理工作。

⑤ 压力容器使用单位应当对压力容器作业人员进行安全教育和培训，保证压力容器作业人员具备必要的压力容器安全作业知识，严格执行压力容器操作规程与有关安全规章制度。

⑥ 使用单位对使用中的压力容器除了按技术规范的规定进行年度检查、全面检验、耐压试验外，每月至少要进行一次自行检查，检查的装置包括安全附件，安全保护装置，测量调控装置及有关附属仪器仪表，并做记录入档。

⑦ 使用中的压力容器按照技术规范的全面检验要求，在安全检验合格有效期届满前一个月向特检机构提出全面检验的要求。

⑧ 压力容器使用应制定压力容器事故应急措施和救援预案。

⑨ 压力容器存在严重事故隐患，无改造维修价值，或者超过安全技术规范规定的使用年限，使用单位应当及时将原登记的使用证向特种设备安全监察管理部门办理注销。

⑩ 压力容器出现故障或者发生异常情况，使用单位应对其检查，消除事故隐患后方可重新投入使用。

⑪ 对违反《压力容器安全技术监察规程》与《特种设备安全监察条例》规定的行为，任何单位和个人有权向特种设备安全监督管理部门和行政监察有关部门举报。

4. 加强设备维护保养

加强压力容器日常维护保养工作是安全管理一个主要环节，使用单位应做好以下事项。

① 设备保持完好。

a. 容器运行正常，效能良好。

b. 各种装备及安全附件完整。

② 消除产生腐蚀因素。

③ 消灭容器“跑冒滴漏”。

④ 减少与消除压力容器的震动。

⑤ 加强对停用期间压力容器的维护保养。

a. 内部介质排净，特别是腐蚀性介质，要做到排放置换，清洗干燥等技术处理，保持内部干燥和清洁。

b. 压力容器外壁涂刷油漆，防止大气腐蚀。

c. 有搅拌装置容器还需做好搅拌装置的清理、保养工作，拆卸动力源。

d. 各种阀门及附件应进行保养防止腐蚀卡死等。

四、锅炉的基础知识

1. 锅炉的工作过程

锅炉是一种利用燃料燃烧后释放的热能或工业生产中的余热传递给容器内的水，使水达到所需要的温度（热水）或一定压力蒸汽的热力设备。它是由“锅”（即锅炉本体水压部分）、“炉”（即燃烧设备部分）、附件仪表及附属设备构成的一个完整体。锅炉的“锅”与“炉”两部分同时进行工作，水进入锅炉以后，在汽水系统中锅炉受热面将吸收的热量传递给水，使水加热成一定温度和压力的热水或生成蒸汽，被引出应用。在燃烧设备部分，燃料燃烧不断放出热量，燃烧产生的高温烟气通过热的传播，将热量传递给锅炉受热面，而本身温度逐渐降低，最后由烟囱排出。“锅”与“炉”一个吸热，一个放热，是密切联系的一个整体设备。

锅炉在运行中由于水的循环流动，不断地将受热面吸收的热量全部带走，不仅使水升温或汽化成蒸汽，而且使受热面得到良好的冷却，从而保证了锅炉受热面在高温条件下安全的工作。

2. 锅炉参数

锅炉参数对蒸汽锅炉而言是指锅炉所产生的蒸汽数量、工作压力及蒸汽温度。对热水锅炉而言是指锅炉的热功率、出水压力及供回水温度。

(1) 蒸发量（D）　蒸汽锅炉长期安全运行时，每小时所产生的蒸汽数量，即该台锅炉的蒸发量，用“D”表示，单位为 t/h。

(2) 热功率（供热量 Q）　热水锅炉长期安全运行时，每小时出水有效带热量。即该台锅炉的热功率，用“Q”表示，单位为 MW，工程单位为 104kcal/h。

(3) 工作压力　工作压力是指锅炉最高允许使用的压力。工作压力是根据设计压力来确定的，通常用 MPa 来表示。

(4) 温度　温度是标志物体冷热程度的一个物理量，同时也是反映物质热力状态的一个基本参数。通常用摄氏度即“℃”。

锅炉铭牌上标明的温度是锅炉出口处介质的温度，又称额定温度。对于无过热器的蒸汽锅炉，其额定温度是指锅炉额定压力下的饱和蒸汽温度；对于有过热汽的蒸汽锅炉，其额定温度是指过热汽出口处的蒸汽温度；对于热水锅炉，其额定温度是指锅炉出口的热水温度。

3. 锅炉的分类

由于工业锅炉结构形式很多，且参数各不相同，用途不一，故到目前为止，我国还没有一个统一的分类规则。其分类方法是根据所需要求不同，分类情况就不同，常见的有以下几种。

① 按锅炉的工作压力分类：

低压锅炉 $p \leqslant 2.5$MPa；

中压锅炉 $p=2.6 \sim 5.9$MPa；

高压锅炉 $p=6.0 \sim 13.9$MPa；

超高压锅炉 $p \geqslant 14$MPa。

② 按锅炉的蒸发量分类：

小型锅炉 $D<20$t/h；

中型锅炉 $D=20 \sim 75$t/h；

大型锅炉 $D>75$t/h。

③ 按锅炉用途分类。电站锅炉、工业锅炉和生活锅炉。

④ 按锅炉出口介质分类。蒸汽锅炉，热水锅炉，汽、水两用锅炉。

⑤ 按采用的燃料分类。燃煤锅炉、燃油锅炉和燃气锅炉。

4. 锅炉附件和仪表

锅炉的附件及仪表是锅炉安全经济运行不可缺少的一个组成部分。如果锅炉的附件不全，作用不可靠，全部或部分失灵，都会直接影响锅炉的正常运行。所以，必须保证锅炉的附件及仪表准确，灵敏，可靠。

(1) 安全阀　安全阀是锅炉设备中重要的安全附件之一。它的作用是当锅炉压力超过预定的数值时，安全阀自动开启，排汽泻压，将压力控制在允许范围内，同时发出警报；当压力降到允许值时，安全阀又能自行关闭，使锅炉在允许的压力范围内继续运行。

① 安全阀类型。工业锅炉上装有的安全阀有弹簧式安全阀、杠杆式安全阀和静重式安全阀，其原理与结构的对比如表 5-1 所示。

表 5-1 安全阀的类型、作用原理与结构特点

类型	作用原理	结构特点
弹簧式	利用压缩弹簧的弹力施加于阀瓣,以平衡介质作用在阀瓣上的正常工作压力	1. 通过调整螺母,调整螺旋圈形弹簧压缩量,从而按需要来校正安全阀的开启压力; 2. 结构紧凑,灵敏度高。安装位置不受严格限制。应用广泛,对振动的敏感性差,且可用于移动式的压力容器上; 3. 弹簧力随阀的开启高度变化,不利于阀的迅速开启; 4. 长期高温会影响弹簧弹力,因此用于温度较高的容器上,需考虑弹簧的隔热或散热,从而使结构复杂
杠杆式	利用重锤和杠杆对阀瓣施加预压力,以平衡介质作用在阀瓣上的正常工作压力	1. 通过加载机构(杠杆和重锤等),重锤的重量或位置的变换可以获得较大的作用力或开启压力,且调整容易而较正确; 2. 所加载荷不因阀瓣的升高而增加; 3. 结构简单,但笨重,限用于中低压场所; 4. 加载机构对振动敏感,常因振动而产生泄漏; 5. 适用于温度较高的场合,但回座压力一般较低,有的要降到工作压力的 70%以下才能保持密封,故不适用于持续运行的系统
静重式	利用重片的重力加载于阀瓣来控制阀门启闭	1. 结构简单,但体积大而笨重,调整较困难; 2. 一般用于压力很低的锅炉,现代锅炉已基本不使用

弹簧式和杠杆式安全阀装置结构示意图如图 5-2 和图 5-3 所示。

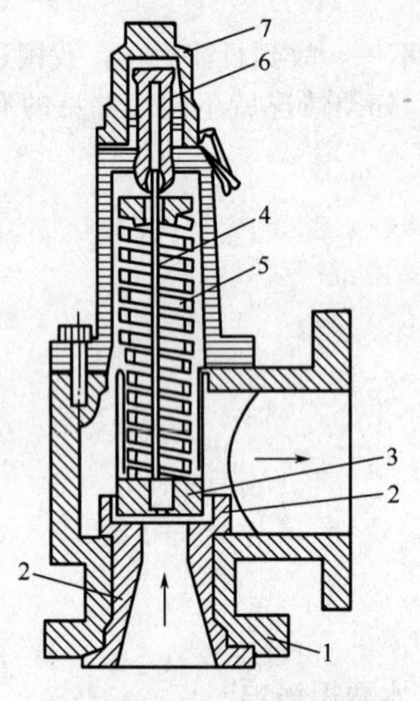

图 5-2 弹簧式安全阀装置结构示意图

1—阀体；2—阀座；3—阀芯；4—阀杆；5—弹簧；6—螺帽；7—阀盖

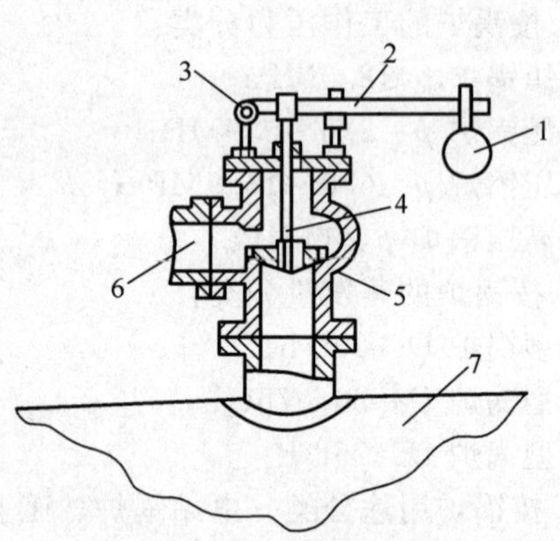

图 5-3 杠杆式安全阀装置结构示意图

1—重锤；2—杠杆；3—杠杆支点；4—阀芯；5—阀座；6—排出管；7—容器或设备

② 安全阀的选用。购买有生产许可证的企业生产的产品，出厂产品要有合格证，根据容器特性选用安全阀。

③ 安全阀的安装。

安全阀的安全位置：安全阀应该垂直安装，并应安装在锅筒、集箱的最高位置，且便于平时维护。

安全阀的连接方式：法兰连接；螺纹连接；焊接连接。

安全阀的排放要求：安全阀的排汽管直通安全地点。

④ 安全阀的安全操作：

锅炉安装或移装后，投入运行前，应对安全阀进行调查；

对于安全阀的泄漏，首先要分析其泄漏原因，然后再采取措施；

安全阀经过调查校验后，应加锁或铅封；

要防止与安全阀无关的异物将安全阀压住、卡住，以保证安全阀动作的可靠性；

安全阀使用一段时间后，为防止阀芯与阀座粘住，可定期进行手动或自动排汽（排水）试验，以检查安全阀动作的可靠性。

⑤ 安全阀的维护保养：

经常保持清洁，防止锈蚀或堵塞；

经常检查铅封是否完好；

发现渗漏应及时更换或检修；

定期对安全阀做手动排放试验。

(2) 压力表　压力表是显示锅炉汽水系统压力大小的仪表。严密监视锅炉受压元件的承压情况，把压力控制在允许的压力范围内，是锅炉实现安全运行的最基本要求。司炉人员可通过压力表的指示值，控制锅炉的气压升高或降低，对热水锅炉可了解循环水压力的波动，以保证锅炉在允许工作压力下安全运行。

① 需装设压力表的位置，如图 5-4 所示：

热水锅炉的进水阀出口和出水阀进口；

热水锅炉循环水泵的进水管和出水管上；

蒸气锅炉给水调节阀前；

可分式省煤器出口；

蒸汽锅炉过热器出口和主汽阀之间；

燃油锅炉油泵进，出口；

燃气锅炉气源入口。

② 压力表的选用：

压力表的精度主要取决于锅炉的工作能力；

压力表的量程应与锅炉的工作压力相适应；

压力表的表盘直径应保证司炉人员能清楚地看到压力指示值。

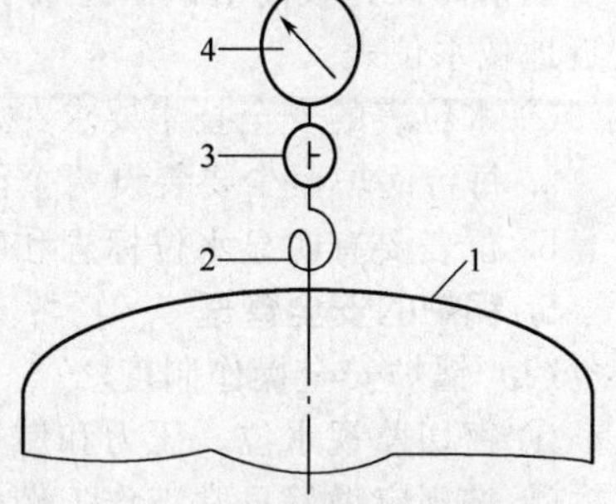

图 5-4　压力表安装示意图

1—承压设备；2—存水弯管；3—三通旋塞；4—压力表

③ 压力表的装设：

便于观察；

安装在最醒目的地方；

充足的照明；

避免受热辐射、低温及震动的影响。

④ 压力表的使用：

根据最高工作压力、在它的刻度盘上划明警戒红线；

表面保持清洁，玻璃要透明，使表内指针压力值清楚易见；

按国家有关规定维护和校验。

(3) 水位表　水位表是用来显示锅筒内水位高低的仪表。水位表显示水位的高低，以指示锅炉内水面的位置，司炉人员依此进行正确操作，保证锅炉安全运转。

① 水位表的型号及适用范围　水位表的结构形式有很多种，蒸汽锅炉上通常装设较多的是玻璃管式和玻璃板式两种。常见水位表装置如图 5-5。

图 5-5　常见水位表装置

玻璃管式水位表由汽旋塞、接气连管的法兰、玻璃管、接水连管法兰、水旋塞、放水旋塞和放水管构成，玻璃管是用耐热玻璃制作，公称直径通常有 15mm 和 20mm 两种，一般使用于工作压力小于 1.25MPa 的小型锅炉上。

玻璃板式水位表，它与玻璃管水位表的不同点在于由玻璃板代替了玻璃管，并具有安装玻璃板的金属框盒和压盖，平板玻璃嵌在金属框盒中，玻璃板与框盒之间垫有石棉橡胶板，同时用螺钉将压盖紧压在框盒中，使框盒、玻璃板、压盖三者严密配合不漏气。平板玻璃表面开有垂直的三棱形沟槽，由于光线在沟槽内的折射作用，水位表的蒸汽部分便显示为银白色，而有水的部分则颜色阴暗，使汽水分界线非常明显。此种水位表应用广泛。

上锅筒位置较高的锅炉还应加装远程水位显示装置，目前使用较多的远程水位显示装置是近地位水位表。

② 水位表的安全技术要求

a. 每台锅炉至少要装设两个彼此独立的水位表。

b. 位表要有明显水位标志和防护装置。

5. 锅炉的安全管理

(1) 锅炉安全操作制度

① 密切监视水位、压力和燃烧情况，正确调节各种参数。

② 按规定做好日常工作，例如冲洗水位表、压力表、排污、试验安全阀等。

③ 随时检查锅炉人孔、手孔、受压部件以及省煤器、过热器等是否存在泄漏、变形等异常现象。

④ 检查汽水管道、烟道、风道、给水泵、送风机和引风机等。

(2) 锅炉安全操作要点

① 锅炉启动时的安全要点。锅炉启动指锅炉由非使用状态进入使用状态，一般包括冷态启动及热态启动两种。冷态启动指新装、改装、修理、停炉等锅炉的生火启动；热态启动指压火备用锅炉的启动。这里介绍的是冷态启动。

由于锅炉是一个复杂的装置，包含着一系列部件、辅机，锅炉的正常运行包含着燃烧、传热、工质流动等过程，因而启动一台锅炉要进行多项操作，要用较长的时间，各个环节协同动作，逐步达到正常工作状态。

锅炉启动过程中，其部件、附件等由冷态（常温）变为受热状态，由不承压转变为承压，其物理形态、受力情况等产生很大变化，最易产生各种事故。据统计，锅炉事故约有半数是在启动过程中发生的。因而对锅炉启动必须进行认真的准备。

a. 全面检查。对新装、迁新和检修后的锅炉，启动之前一定要进行全面检查，符合启动要求后才能进行下一步的操作。为防止遗漏，启动前的检查应按照锅炉运行规程的规定，逐项进行。主要内容有：

检查汽水系统受热、受压元件的内外部，看其是否处于可投入运行的良好状态；

检查燃烧系统的各个环节是否处于完好状态；

检查汽水系统和燃烧系统的各类门孔（包括人孔、手孔、看火门、防爆门及各类阀门）、接板是否正常，并使之处于启动所要求的位置；

检查安全附件是否齐全、完好并使之处于启动所要求的位置；

检查锅炉构架、楼梯、平台等钢结构部分是否完好；

检查各种辅机特别是转动机械是否完好，转动机械应分别进行试运转；

检查各种测量仪表是否完好等。

b. 上水。为防止产生过大热应力，上水水温不应超过 90～100℃；上水速度要缓慢，全部上水时间在夏季不小于 1h，在冬季不小 2h。冷炉上水至最低安全水位时应停止上水，以防受热膨胀后水位过高。

c. 烘炉。新装、大修或长期停用的锅炉，其炉膛和烟道的墙壁非常潮湿，一旦骤然接触高温烟气，就会产生裂纹、变形甚至发生倒塌事故。为了防止这种情况，锅炉在上水后启动前要进行烘炉。

烘炉就是在炉膛中用文火缓慢加热锅炉，使炉墙中的水分逐渐蒸发掉。烘炉应根据事先制定的烘炉升温曲线进行，整个烘炉时间根据锅炉大小、型号决定，一般为 3～14d。烘炉后期可以同时进行煮炉。

d. 煮炉。新装、大修或长期停用的锅炉，在正式启动前必须进行煮炉。煮炉可以单独进行，也可以在烘炉后期和烘炉一道进行。

煮炉的目的是清除锅炉蒸发受热面中的铁锈、油污和其他污物，减少受热面腐蚀，提高锅水和蒸汽的品质。

e. 点火与升压。一般锅炉上水后即可点火升压：进行烘炉煮炉的锅炉，待煮炉完毕，排水清洗后，再重新上水，然后点火升压。

点火后，随着燃烧过程的进行，烟气与受热面之间的传热过程也开始进行，加入锅炉的水不断被加热，至饱和温度后即开始产生蒸汽。

锅炉产生蒸汽后，即开始升压。同时，炉水的饱和温度也不断升高。由于锅水温度的升高，汽包和蒸发受热面的金属壁温也随之升高，需要注意热膨胀和热应力问题。由于汽包的壁厚较厚，在升温中的主要问题是热应力，同时也应考虑其整体热膨胀。对于受热面管子，由于长度很长而壁厚较薄，在升温中的主要问题是整体热膨胀，同时也应注意其热应力。当管子沿轴向的膨胀受到限制时，热应力会增大到很大的数值。在升温升压过程中，汽包存在着沿壁厚的温差及上下壁面间的温差（卧置锅筒），即内壁温度高于外壁，上部壁面温度高于下部情况。

为了防止产生过大的热应力，锅炉的升压过程一定要缓慢进行。

点火升压过程中，锅炉的蒸汽参数、水位及各部件的工作状况在不断变化。为了防止异常情况及事故出现，要严密监视各种仪表指示的变化，将压力、温度、水位等工艺参数控制在允许范围之内，同时也要考核各种仪表、阀门等控制设施的可靠性、准确性。另外，也要注意观察各受热面，使各部位冷热交换温度变化均匀，防止局部过热，烧坏设备。

f. 暖管与并汽。所谓暖管，即用蒸汽缓慢加热管道、阀门、法兰等元件，使其温度缓慢上升，避免向冷态或较低温度的管道突然供入蒸汽，防止热应力过大而损坏管道、阀门等元件。同时将管道中的冷凝水驱出，防止在供汽时发生水击。

冷态蒸汽管道的暖管时间一般不少于 2h；热态蒸汽管道的暖管时间一般为 0.5～1h。暖管时，应检查蒸汽管道的膨胀是否良好，支吊架是否正常。如有不正常现象，应停止暖管，查明原因消除故障。

并汽也叫并炉、并列，即投入运行的锅炉向共用的蒸汽总管供汽。并汽前应减弱燃烧，打开蒸汽管道上所有疏水阀，充分疏水以防止冲击；冲洗水位表，并使水位维持在正常水位线以下；使启动锅炉蒸汽压力稍低于蒸汽总管内汽压（低压锅炉低 0.02～0.05MPa；中压锅炉低 0.1～0.2MPa)；之后缓慢打开主汽阀及隔绝阀，使所启动锅炉与蒸汽总管联通。

单台运行的锅炉，在暖管之后即可向用汽设备供汽，其操作注意事项与并汽相似。

② 锅炉运行中的安全要点

a. 锅炉运行中，保护装置与联锁不得停用。需要检验或维修时，得经有关主管领导批准。

b. 锅炉运行中，安全阀每天人为排汽试验一次。电磁安全阀电气回路试验每月应进行一次。安全阀排汽试验后，其起座压力、回座压力、阀瓣开启高度应符合规定，并做记录。

c. 锅炉运行中，应定期进行排污试验。

③ 锅炉停炉时的安全要点

锅炉停炉分正常停炉和紧急停炉（事故停炉）两种。

a. 正常停炉是计划内的停炉。停炉中应注意的主要问题是，防止降压降温过快，以避免锅炉元件因降温收缩不均匀而产生过大的热应力。

停炉操作应按规定的次序进行。锅炉正常停炉时先停燃料供应，随之停止送风，降低引风。与此同时，逐渐降低锅炉负荷，相应地减少锅炉上水，但应维持锅炉水位稍高于正常水位。对燃油锅炉、燃气锅炉和煤粉锅炉，炉膛停火后，引风机至少要继续引风 5min 以上。锅炉停止供汽后，应隔绝与锅炉蒸汽总管的连接，排气降压。为保持过热器正常工作，可打开过热器出口联箱疏水阀，适当放汽。降压过程中司炉人员应继续监视锅炉。待锅内无汽压时，开启空气阀，以免锅内因降温形成真空。

为防止锅炉降温过快，在正常停炉的 4～6h 内，应紧闭炉门和烟道接板。之后打开烟道接板，缓慢加强通风，适当放水。停炉 18～24h，在锅水温度降至 70℃以下时，方可全部放水。

b. 锅炉遇有下列情况之一者，应紧急停炉：

锅炉水位低于水位表的下部可见边缘；

不断加大向锅炉给水及采取其他措施，但水位仍继续下降；

锅炉水位超过最高可见水位（满水），经放水仍不能见到水位；

给水泵全部失效或给水系统故障，不能向锅炉进水；

水位表或安全阀全部失效；

锅炉元件损坏，危及运行人员安全；

燃烧设备损坏，炉墙倒塌或锅炉构架被烧红等，严重威胁锅炉安全运行；

其他异常情况危及锅炉安全运行。

紧急停炉的操作次序是，立即停止添加燃料和送风，减弱引风。与此同时，设法熄灭炉膛内的燃料。对于一般层燃炉可以用砂土或湿灰灭火，链条炉可以开快挡使炉排快速运转，把红火送入灰坑。灭火后即把炉门、灰门烟道接板打开，以加强通风冷却。锅内可以较快降压并更换锅水，锅水冷却至 70℃左右允许排水。但因缺水紧急停炉时，严禁给炉上水，并不得开启空气阀及安全阀快速降压。

紧急停炉是为了防止事故扩大及产生更为严重的后果。但紧急停炉操作本身势必导致锅炉元件快速降温降压，产生较大的热应力，以致损害锅炉元件。因此，紧急停炉是不得已而采用的非正常停炉方式，有缺陷的锅炉应尽量避免紧急停炉。

6. 锅炉常见事故及处理措施

由于锅炉在设计、制造、安装和使用中，存在许多不确定因素，因此，在运行中可能会发生各项事故，一般可以分为三大类：爆炸事故、重大事故和一般事故。

(1) 爆炸事故　爆炸事故是指锅炉内中的主要受压部件如锅筒、联箱、炉胆、管板等发生破裂爆炸的事故。这些受压部件内部容纳的汽水介质较多，一旦发生破裂，汽水瞬时膨胀，释放出大量的能量，具有极大的破坏力，可能导致厂房设备损坏并造成人员伤亡。

锅炉爆炸事故通常由锅炉超压、存在缺陷或超温造成。由于安全阀、压力表不齐全或损坏，操作人员对指示仪表监视不严或操作失误，致使受压元件超压引起爆炸。锅炉主要受压元件存在缺陷，如裂纹、腐蚀、严重变形、组织变化等，承压能力大大下降，使锅炉在正常工作压力下突然发生破裂。再有就是由于锅炉严重缺水，未按规定立即停炉，再匆忙上水，致使金属性能与组织变化丧失承载能力而破裂。

(2) 重大事故　发生重大事故后，锅炉无法维持正常运行而被迫停炉。此类事故虽不及锅炉爆炸那么严重，但也往往照成设备损坏和人员伤亡，并可能导致用户局部或全部停工停产。造成严重的经济损失。此类事故主要包括以下几类。

① 缺水事故。缺水事故是最常见的锅炉事故。锅炉水位低于最低许可水位称为缺水。锅筒和锅管在缺水被烧红的情况下，若大量上水，水接触到烧红的锅筒和锅管会产生大量蒸汽，汽压剧增就会导致锅炉烧坏甚至爆炸。

造成缺水的主要原因是违规脱岗、工作疏忽、判断错误或误操作；水位测量或报警系统失灵；自动给水控制设备故障；排污不当或排污设施故障；加热面损坏；负荷骤变；炉水含盐量过大。通常判断缺水程度的方法称为“叫水”。通过“叫水”，如果水位表中有水位出现，即为轻微缺水，此时可以立即上水，使水位恢复正常。如果水位表中仍无水位出现，则为严重缺水，必须紧急停炉。在未判定缺水程度或严重缺水时，严禁给锅炉上水，以免锅炉发生爆炸。

缺水的主要预防措施是严密监测水位，定期校对水位表和水位报警器，发现缺陷及时消除；注意观察是否有缺水现象，缺水时水位表玻璃管（板）呈白色；注意监视和调整给水压力和给水流量，使其与蒸汽压力相适应；排污应按规程要求，每开一次排污阀，时间不超过30s，排污后关紧阀门，并检查排污阀门是否泄漏；监视汽水品质，控制炉水含量。

② 满水事故。满水事故是锅炉水位超过了最高安全水位刻度线，也是常见事故之一。满水事故会引起蒸汽管道发生水击，易把锅炉本体、蒸汽管道和阀门震坏；此外，满水时蒸汽携带大量炉水，使蒸汽品质恶化。

造成满水的原因是操作人员疏忽大意，违章操作或误操作；水位表或水旋塞缺陷及水连接管堵塞；自动给水控制设备故障或自动给水调节器失灵；锅炉负荷降低，未能及时减少给水量。

处理措施是如果为轻微满水，应关小鼓风机和引风机的调节门，使燃烧减弱；停止给水，开启排污阀门放水，直到水位正常后，再关闭所有放水阀门，恢复正常运行。如果为严重满水，首先按紧急停炉程序停炉；停止给水，开启排污阀门放水；开启蒸汽母管及过热器疏水阀门，迅速疏水；水位正常后，关闭排污阀门和疏水阀门，再生火运行。

③ 汽水共沸。汽水共沸是锅炉内水位波动幅度超过正常情况，水面翻沸程度异常剧烈的一种现象。其后果是蒸汽大量带水，使蒸汽品质下降；易发生水冲击，使过热器管壁上积附盐垢，影响传热而使过热器超温，严重时会烧坏过热器而引发爆管事故。

造成汽水共沸的原因是锅炉水质没有达到标准；没有及时排污或排污不够，造成锅水中盐碱含量过高；锅水中油污或悬浮物过多；负荷突然增加。

处理措施主要有降低负荷，减少蒸发量；开启表面连续排污阀门，降低锅内含盐量；适当增加下部排污量，增加给水，使锅水不断调节新水。

④ 锅管爆炸。锅炉运行中，水冷壁面和对流管爆破是较常见的事故，性质严重，需要停炉检修，甚至造成伤亡。爆破时有显著声响，爆破后有显著喷汽声；水位迅速下降，汽压、给水压力、排烟温度均下降；火焰发暗，燃烧不稳定或被熄灭。发生此项事故时，如能维持正常水位，可紧急通知有关部门后再停炉，如水位、汽压均不能保持正常，必须按照程序紧急停炉。

发生这类事故的原因是水质不符合要求，管壁结垢或管壁受腐蚀；或受飞灰磨损变薄；生火过猛，停炉过快，使锅管受热不均匀，造成焊口破裂；下集箱积泥垢未及时排除，阻塞锅管水循环，锅管得不到冷却而过热爆破。

应该采取的预防措施是加强水质检查；定期检查锅炉；按照规定生火、停炉及防止超负荷运行。

⑤ 水击事故。发生水击时，管道承受的压力骤然升高，发生猛烈震动并发出猛烈声响，常常造成管道、法兰、阀门等的损坏。锅炉中易发生水击的部件有给水管道、省煤器、过热器、锅管等。

给水管道发生水击时，可适当关小给水控制阀门；蒸汽管道发生水击时，应减少供汽，开启水击段疏水阀门；省煤器发生水击时，应开启旁路门，关闭烟道门。

⑥ 炉腔爆炸。在燃气、燃油锅炉或粉煤炉中，当炉膛中的可燃物质与空气混合物的浓度达到爆炸极限时，混合物遇明火就会爆炸，甚至引起炉膛爆炸。炉膛爆炸虽较锅炉爆炸（个体爆炸）的破坏力小，但也会造成严重后果，损坏受热面、炉墙及架构，造成锅炉停炉，有时还会造成人员伤亡。因此，发生炉膛爆炸事故后，应立即停炉，避免二次爆燃和联锁反应。

⑦ 尾部烟道二次燃烧。尾部烟道二次燃烧主要发生在燃油锅炉上。当锅炉运行中燃烧不完全时，部分可燃物随着烟气进入尾部烟道，积存于烟道内或黏附于尾部受热面上，在一定条件下这些可燃物自行着火燃烧，尾部烟道二次燃烧常对空气预热器、省煤器造成破坏。

为防止尾部二次燃烧，要提高燃烧效率，尽可能减少不完全燃烧损失，减少锅炉的启停次数；加强尾部受热面的吹灰；保证烟道各种门孔及烟风挡板的密封良好；在燃油锅炉的尾部烟道上应安装灭火装置。

此外，锅炉的重大事故还有省煤器的损坏、过热器损坏、锅炉结渣等，均可危及锅炉的正常运行。

（3）一般事故　在运行中可以排除或经过短暂停炉可以排除的事故，属于一般事故，其损失比较小。

【相关技术应用】

一、压力容器的定期检查

根据《压力容器定期检验规则》，压力容器定期检验分年度检查、全面检验和耐压检验。

1. 年度检查（外部检验）

（1）检验周期　为了确保压力容器在检验周期内的安全而实施的运行过程中的在线检查，每年至少一次。年度检查可以由使用单位的持证的压力容器检验人员进行，也可由检验单位承担。

（2）年度检验内容　压力容器年度检查包括使用单位压力容器安全管理情况检查、压力容器本体及运行状况状况检查和压力容器安全附件检查等。

在线的压力容器本体及运行状况的检查主要内容：

① 压力容器的铭牌、漆色、标志及喷涂的使用证号码是否符合有关规定；

② 压力容器的本体、接口（阀门、管路）部位、焊接接头等是否有裂纹、过热、变形、泄漏、损伤等；

③ 外表面有无腐蚀，有无异常结霜、结露等；

④ 保温层有无破损、脱落、潮湿、跑冷；

⑤ 检漏孔、信号孔有无漏液、漏气，检漏孔是否畅通；

⑥ 压力容器与相邻管道或者构件有无异常震动、响声或者相互摩擦；

⑦ 支承或者支座有无损坏，基础有无下沉、倾斜、开裂，紧固螺栓是否齐全、完好；

⑧ 排放（疏水、排污）装置是否完好；

⑨ 运行期间是否有超压、超温、超量等现象；

⑩ 罐体有接地装置的，检查接地装置是否符合要求；

⑪ 安全状况等级为 4 级的压力容器的监控措施执行情况和有无异常情况；

⑫ 快开门式压力容器安全联锁装置是否符合要求；

⑬ 安全附件的检验包括对压力表、液位计、测温仪表、爆破片装置、安全阀的检查和校验。

（3）注意事项　进行压力容器本体及运行状况检查时，一般可以不拆保温层。

2. 全面检验（内、外部检验）

（1）检验周期

① 安全状况等级为 1～2 级，一般为每 6 年一次。

② 安全状况等级为 3 级，一般为 3～6 年一次。

③ 安全状况登记为 4 级，其检验周期由检验机构确定。安全状况等级为 4 级的压力容器，其累积监控使用的时间不得超过 3 年。在监控使用期间，应当对缺陷进行处理提高其安全状况等级，否则不得继续使用。

④ 新压力容器一般投入使用满 3 年时进行首次全面检验，下次的全面检验周期由检验机构根据本次全面检验结果再确定。

⑤ 介质为液化石油气且有应力腐蚀现象的，每年或根据需要进行全面检验。

⑥ 采用“亚铵法”造纸工艺，且无防腐措施的蒸球根据需要每年至少进行一次全面检验。

⑦ 球形贮罐使用标准抗拉强度下限大于等于 540MPa 材料制造的，使用一年后应当开罐检验。

（2）相关规定　全面检验项目、内容，按《压力容器定期检验规则》进行。

（3）评定制度　检验单位根据压力容器具体状况，制定检验方案后实施检验，并按检验结果综合评定安全状况等级（如需要维修改造的压力容器、按维修后的复检结果进行安全状况登记评定）。检验检测机构对其检验检测结果、鉴定结论承担法律责任。

（4）准备工作　全面检验前，使用单位应做好如下有关准备工作。

① 使用单位应提交受检压力容器的所有技术资料、历年检验报告等与运行记录、维修、改造文件、监检记录等。

② 影响全面检验的附属部件或者其他物体，应当按检验要求进行清理或者拆除。

③ 为检验而搭设的脚手架、轻便梯等设施必须安全牢固（对离地面 3m 以上的脚手架设置安全护栏）。

④ 需要进行检验的表面，特别是腐蚀部位和可能产生裂纹性缺陷的部位，必须彻底清

理干净，母材表面应当露出金属本体，进行磁粉、渗透检测的表面应当露出金属光泽。

⑤ 被检容器内部介质必须排放、清理干净，用盲板从被检容器的第一道法兰处隔断所有液体、气体或者蒸汽的来源，同时设置明显的隔离标志。禁止用关闭阀门代替盲板隔断。

⑥ 盛装易燃、助燃、毒性或者窒息性介质的，使用单位必须进行置换、中和、消毒、清洗，取样分析，分析结果必须达到有关规范、标准的规定。

⑦ 人孔和检查孔打开后，必须清除所有可能滞留的易燃、有毒、有害气体。压力容器内部空间的气体含氧量应当在18%～23%（体积比）之间。必要时，还应当配备通风、安全救护等设施。

⑧ 高温或者低温条件下运行的压力容器，按照操作规程的要求缓慢地降温或者升温，使之达到可以进行检验工作的程度，防止造成伤害。

⑨ 能够转动的或者其中有可动部件的压力容器，应当锁住开关，固定牢靠。移动式压力容器检验时，应当采取措施防止移动。

⑩ 切断与压力容器有关的电源，设置明显的安全标志。检验照明用电不超过24V，引入容器内的电缆应当绝缘良好，接地可靠。

⑪ 如果需现场射线检测时，应当隔离出透照区，设置警示标志。

⑫ 全面检验时，应当有专人监护，并且有可靠的联络措施。

⑬ 检验时，使用单位压力容器管理人员和相关人员到场配合，协助检验工作，负责安全监护。

⑭ 在线全面检验时，检验人员认真执行使用单位有关动火、用电、高空作业、罐内作业、安全防护、安全监护等规定，确保检验工作安全。

(5) 有以下情况之一的压力容器，全面检验检验周期应适当缩短。

① 介质对压力容器材料的腐蚀情况不明或者介质对材料的腐蚀速率每年大于0.25mm，以及设计者所确定的腐蚀数据与实际不符的。

② 材料表面质量差或者使用中发现应力腐蚀现象的。

③ 使用条件恶劣或者使用中发现应力腐蚀现象的。

④ 使用超过20年，经过技术鉴定或者由检验人员确认按正常检验周期不能保证安全使用的。

⑤ 停止使用时间超过2年的。

⑥ 改变使用介质并且可能造成腐蚀现象恶化的。

⑦ 设计图样注明无法进行耐压试验的。

⑧ 检验中对其他影响安全的因素有怀疑的。

⑨ 搪玻璃设备。

3. 耐压试验

指压力容器全面检验合格后，所进行的超过最高工作压力的液压试验，或者气压试验，每两次全面检验期间内，原则上应进行一次耐压试验。

对设计图样注明无法进行全面检验或耐压试验的压力容器，由使用单位提出申请，地市级安全监察机构审查，同意报省级监察机构备案。

(1) 耐压试验的基本要求

① 全面检验合格后方可允许进行耐压试验。耐压试验前，压力容器各连接部位的紧固螺栓，必须装配齐全，紧固稳当。耐压试验场地应当有可靠的安全防护设施，并且经过使用单位技术负责人和安全部门检验认可。耐压试验过程中，检验人员与使用单位压力容器管理人员到现场进行检验。检验时不得进行与试验无关的工作，无关人员不得在试验现场停留。

② 耐压试验的压力应当符合设计图样要求，并且不小于下式计算值：

$$pT=\eta P[\sigma]/[\sigma]t$$

其中，η 的数值可从表 5-2 读取。

表 5-2　耐压试验的压力系数 η

压力容器型式	压力容器的材料	压力等级	耐压试验压力系数	
			液（水）压	气压
固定式	钢和有色金属	低压	1.25	1.15
		中压	1.25	1.15
		高压	1.25	1.15
	铸铁		2.00	
	搪玻璃		1.25	
移动式		中、低压	1.50	1.15

（2）应力校核　耐压试验前，应当对压力容器进行应力校核，其环向薄膜应力值应当符合如下要求。

① 液压试验时，不得超过试验温度下材料屈服点的 90％与焊接接头系数的乘积。

② 气压试验时，不得超过试验温度下材料屈服点的 80％与焊接接头系数的乘积。

（3）液压试验　耐压试验优先选择液压试验，其试验介质应当符合如下要求。

① 凡在试验时，不会导致发生危险的液体，在低于其沸点的温度下，都可以用作液压试验介质。一般采用水，当采用可燃性液体进行液压试验时，试验温度必须低于可燃性液体的闪点，试验场地附近不得有火源，并且配备适用的消防器材。

② 以水为介质进行液压试验，所用的水必须是洁净的。奥式体不锈钢制压力容器用水进行液压试验时，控制水的氯离子含量不超过 25mg/L。

③ 水压试验程序。

水压试验程序指试压准备、注水排气、升压、保压、检查、卸压和排水。

a. 试压准备工作：确定试验压力，在容器顶部和试压泵（机）出口各装一块符合标准要求且检验合格的压力表、准备试压泵（机）等。

b. 向容器注水和排空气。

c. 当容器与水温一致后，启动试压泵（机）缓慢地分级升压，在升压至设计压力或最高工作压力时，进行检查待确定情况正常后继续升压至试验压力。

d. 保压 30min，仔细观察压力表有无压力降。

e. 保压后缓慢降压至设计压力或最高工作压力规定试验压力的 87％，进行检查，重点检查受压元件有无变形或异常，焊缝及法兰等连接部位有无渗漏等现象。

f. 检查完后即缓慢降压并将水排尽，进行通风干燥处理。

④ 液压试验，符合以下条件为合格。

a. 无渗漏。

b. 无可见的变形。

c. 试验过程中无异常的响声。

4. 压力容器气压试验的要求

（1）基本要求

① 由于结构或者支承原因，压力容器内不能充灌液体以及运行条件不允许残留试验液体的压力容器，可以按设计图样规定采用气压试验。

② 盛装易燃介质的压力容器，在气压试验前，必须采用蒸汽或者其他有效的手段进行彻底的清洗、置换并且取样分析合格，否则严禁用空气作为试验介质。

③ 试验所用气体为干燥洁净的空气、氮气或者其他惰性气体。

④ 碳素钢和低合金钢制压力容器的试验用气体温度不得低于15℃。其他材料制压力容器，其试验用气体温度应当符合设计图样规定。

⑤ 气压试验时，试验单位的安全部门进行现场监督。

(2) 气压试验的操作过程

① 缓慢升压至规定试验压力的10%，保压5～10min，对所有焊缝和连接部位进行初次检查。如果无泄漏可以继续升压到规定试验压力的50%。

② 如果无异常现象，其后按规定试验压力的10%逐级升压，直到试验压力，保压30min。然后降到规定试验压力的87%，保压足够时间进行检查，检查期间压力应当保持不变，不得采用连续加压来维持试验压力不变。气压试验过程中严禁带压紧固螺栓或者向受压元件施加外力。

(3) 气压试验合格条件

气压试验过程中，符合以下条件为合格。

① 压力容器无异常响声。

② 经过肥皂液或者其他检漏液检查无漏气。

③ 无可见的变形。

对盛装易燃介质的压力容器，如果以氮气或者其他惰性气体进行气压试验，试验后应当保留0.05～0.1MPa的余压，保持密封。

(4) 有色金属制压力容器的耐压试验要求　应当符合其标准规定或者设计图样的要求。

5. 气密性试验

介质毒性程度为极高、高度危害或设计上不允许有微量泄漏的压力容器，必须进行气密性试验。

(1) 气密性试验的要求

① 气密性试验的试验压力应当等于检验核定的最高工作压力，安全阀的开启压力不高于容器的设计压力。

② 气密性试验所有气体应当符合《压力容器定期检验规则》(简称《容检规》) 的规定。

(2) 气密性试验操作规定

① 试验时应将安全附件配齐全。

② 压力缓慢上升，直到试验压力10%时暂定升压，对气密部位及焊缝等进行检查。

③ 升压应分梯次逐步进行提高，每级按试验压力10%～20%，每级之间应保压。

④ 达到试验压力后，经过检查无泄漏异常，保压时间不少于30min，压力未下降，即合格。

⑤ 有压力时严禁紧固螺栓。

二、常用压力容器的安全操作要点

由于容器的工艺用途不同，其操作内容方法及注意事项也不尽相同。(下面以温州为例) 根据当地压力容器布局、类型、下面就常用容器的安全操作要点作简单介绍。

1. 换热容器的操作要点

(1) 熟悉热 (冷) 载体性质正确选用热 (冷) 载体　这对加热过程安全十分重要，除考虑工艺设备的需要外，应尽量避免使用与被加热介质性质相抵触的物质作热载体。如水是冷载体，地区不同水质差别很大，水的硬度大小直接影响换热器内壁结垢。

（2）防止结疤、结炭　一些热载体在较高温度下易结疤、结炭影响换热效果，甚至引起爆炸。

（3）按工艺规定，保证阀门开启度　阀门开启度直接影响热交换器内流体流速，可以提高传热系数同时又可减少结垢及防止局部过热。

（4）定期排放冷凝水、不凝性气体　冷凝水、不凝性气体存于容器内影响传热，油污易结垢物体还会堵塞。

（5）控制升降温速度　升降温速度快会造成较大温差应力，设备不能自由伸缩，严重时导致连结失效而泄漏。

2. 反应容器操作要点

（1）熟悉并掌握容器内反应物特性　反应过程的基本原理及工艺特点，确定反应容器安全操作。

（2）正确控制反应温度　温度是反应物在容器中主要控制参数之一，不同的化学反应都有各自最适宜的反应温度。正确控制温度不仅提高产品质量、成品率，同时直接关系到容器的安全运行。温度高、压力增高会使反应物着火、容器壁温度上升、机械性能下降，造成变形甚至破坏。温度过低造成反应速率减慢或停滞。如处理不当会使反应物发生剧烈反应，乃至发生爆炸，要控制反应温度，需做以下几点。

① 控制反应热。

② 防止反应过程中搅拌中断，换热中断。

③ 正确选择传热介质。

④ 加强保温措施。

⑤ 防止杂质进入反应器内。

⑥ 投料的控制。

⑦ 确保安全、保障反应正常。

3. 贮存容器操作要点

（1）严格控制温度、压力　贮存容器的压力高低往往与温度有直接关系。特别是盛装液化气体介质的压力容器，一旦温度上升，其压力也会随之增大，尤其是高温季节，必要时应采取冷却、降温措施。

（2）严格控制液位　液位不得超规定充装超贮，应确保液位计的显示正确。

（3）严格执行贮存周期　对于易聚合易分解的介质，必须按规定周期贮存。

（4）控制明火、电火花　危及安全的明火通常存在于干燥装置、烟道、烟囱、火炉、火种等，这些必须严格控制与贮存容器的安全距离。

（5）防止静电　注意静电接地的检查及维护工作，严禁堆放杂物，因杂物、灰尘等都易造成静电积聚。

（6）杜绝容器及管道泄漏　容器或管道密封不严会造成容器内介质在空气中浓度增高，介质如果易燃，则有可能达到爆炸极限，稍有疏忽会导致事故。

4. 分离容器操作要求

① 装设联锁装置或操作挂牌。分离容器基本上属于器外产生压力的容器，而压力来自器外的容器超压又大多是因操作失误引起的。为防止操作失误，必须安装联锁装置，也可以实行安全操作挂牌，标明阀门开闭方向、状态、注意事项等。

② 定期排放积存的油、水避免因排污堵塞影响分离效果或影响后置工序。

③ 定期清理，更换过滤物质、滤网等提高分离效果。

三、锅炉水质处理

1. 锅炉水处理的重要性

锅炉水质不良会使受热面结垢，大大降低锅炉传热效率，堵塞管子，甚至受热面金属过热损坏，如鼓包、爆管等。另外还会产生金属腐蚀，减少锅炉寿命。因此，做好锅炉水处理工作对锅炉安全运行有着极其重要的意义。

(1) 结垢　水在锅内受热沸腾蒸发后，为水中的杂质提供了发生化学反应和不断浓缩的条件。当这些杂质在锅水中达到饱和时，就有固体物质产生。产生的固体物质，如果悬浮在锅水中就称为水渣；如果附着在受热面上，则称为水垢。

锅炉又是一种热交换设备，水垢的生成会极大地影响锅炉传热。水垢的导热能力是钢铁的十几分之一到几百分之一。因此锅炉结垢会产生如下几种危害。

① 浪费燃料。锅炉结垢使受热面的传热性能变差，燃料燃烧所释放的热量不能及时传递到锅水中，大量的热量被烟气带走，造成排烟温度过高，排烟热损失增加，锅炉热效率降低。为保持锅炉额定参数，就必须多投加燃料，因此浪费燃料。大约 1mm 的水垢多浪费一成燃料。

② 受热面损坏。结了水垢的锅炉，由于传热性能变差，燃料燃烧的热量不能迅速地传递给锅水，致使炉膛和烟气的温度升高。因此，受热面两侧的温差增大，金属壁温升高，强度降低，在锅内压力作用下，发生鼓包，甚至爆破。

③ 降低锅炉出力。锅炉结垢后，由于传热性能变差，要达到额定蒸发量，就需要消耗更多的燃料，但随着结垢厚度增加，炉膛容积是一定的，燃料消耗受到限制。因此，锅炉出力就会降低。

(2) 腐蚀

① 金属破坏。水中含有氧气、酸性和碱性物质都会对锅炉金属面产生腐蚀，使锅炉壁减薄、凹陷，甚至穿孔，降低了锅炉强度，严重影响锅炉安全运行。尤其是热水锅炉，循环水量大，腐蚀更为严重。

② 产生垢下腐蚀。含有高价铁的水垢，容易引起与水垢接触的金属腐蚀。而铁的腐蚀产物又容易重新结成水垢。这是一种恶性循环，它会迅速导致锅炉部件损坏。燃油锅炉金属腐蚀产物的危害更大。

③ 汽水共腾。产生汽水共腾的原因除了运行操作不当外，当炉水中含有较多的氯化钠、磷酸钠、油脂和硅化物或锅水中的有机物和碱作用发生皂化时，在锅水沸腾蒸发过程中，液面就产生泡沫，形成汽水共腾。

2. 水质及水质标准

(1) 水质指标及其含义

① 成分指标

a. 溶解氧——水中氧气的含量。

b. 含油量——水中油脂的含量。

c. 钙含量（Ca^{2+}）。

d. 镁含量（Mg^{2+}）。

e. 铁含量（Fe^{2+}，Fe^{3+}）。

f. 碳酸钙含量（CO_3^{2-}）。

g. 重碳酸根含量（HCO_3^{2-}）。

h. 氯离子含量（Cl^-）。

i. 氢离子浓度（H^+），即 pH 值，表示水的酸碱性。

pH<5.5 酸性水

pH=5.5～6.5 弱酸性水

pH=6.6～7.5 中性水

pH=7.6～10 弱碱性水

pH>10 碱性水

② 技术指标

a. 悬浮物：表示水中颗粒较大的悬状物（泥沙，工业废物等）。

b. 硬度（H）：表示水中某些高价金属离子（如 Ca^{2+}，Mg^{2+}，Mn^{2+}，Fe^{3+} 等）的含量。单位是 mmol/L。

c. 碱度（A）：表示水中能与盐酸发生中和作用的所用碱性物质的含量。单位为 mmol/L。

d. 含盐量（S）：表示水中溶解性盐类的总量。单位是 mg/L。

e. 相对碱度：表示锅水中游离氢氧化钠含量与锅水中溶解固形物含量的比值。

（2）水质标准　为了保证锅炉安全经济运行，对锅炉给水和锅水的水质必须进行严格的控制。国家以国标的形式对锅炉水质进行了严格的规定，锅炉使用单位必须遵守。锅炉用水的水质标准可参考 GB 1576—1996《低压锅炉水质标准》。

【检查与评价】

1. 学生对压力容器相关知识的理解。

2. 学生对锅炉的正确使用。

【课外作业】

1. 网络作业（见扬州工业职业技术学院精品课程网 http：//skyclass. ypi. edu. cn/ec-webpage-show/checkCourseNumber. do？ courseNumber=010814）。

2. 什么叫压力容器？压力容器分为哪几类？换热容器的操作要点有哪些？

3. 锅炉的安全附件有哪些？锅炉常见事故及处理措施分别有哪些？

情境六

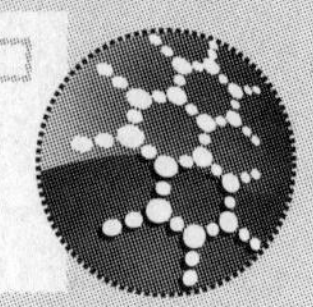

贮罐的安全操作与管理

教学目的与要求

知识目标 了解贮罐的基本构造；掌握贮罐的安全附件及其原理；

能力目标 学会贮罐的安全操作；安全附件的正确使用及其简单的维护保养；学会贮罐在使用、贮存、运输过程中的安全技术要求；

情感目标 学生现场处置能力、应变能力和安全意识的培养。

【教学引导案例】

违章安装贮罐作业引起的爆炸事故

贵州兴化化工有限责任公司因进行甲醇贮罐惰性气体保护设施建设，委托湖北省宜都市晶业锅炉设备安装有限公司进行贮罐的二氧化碳管道安装工作（据调查该施工单位施工资质已过期）。

2008年7月30日，该安装公司在处于生产状况下的甲醇罐区违规将精甲醇C贮罐顶部备用短接打开，与二氧化碳管道进行连接配管，管道另一端则延伸至罐外下部，造成罐体内部通过管道与大气直接连通，致使空气进入罐内，与甲醇蒸汽形成爆炸性混合气体。8月2日上午，因气温较高，罐内爆炸性混合气体通过配管外泄，使罐内、管道及管口区域充斥爆炸性混合气体，由于精甲醇C罐旁边又在违规进行电焊等动火作业（据调查，动火作业未办理动火证），引起管口区域爆炸性混合气体燃烧，并通过连通管道引发罐内爆炸性混合气体爆炸，罐底部被冲开，大量甲醇外泄、燃烧，使附近地势较低处贮罐先后被烈火加热，罐内甲醇剧烈汽化，又使5个贮罐（4个精甲醇贮罐，1个杂醇油贮罐）相继发生爆炸燃烧。

一、分析点评

（1）施工单位缺乏化工安全的基本知识，施工中发生严重违规违章作业　施工人员在未对贮罐进行必要的安全处置的情况下，违规将精甲醇C罐顶部备用短接打开与二氧化碳管道进行连接配管，造成罐体内部通过管道与大气直接连通。同时又严重违规违章在罐旁进行电焊等动火作业，没有严格履行安全操作规程和动火作业审批程序，最终引发事故。

（2）企业安全生产主体责任不落实　对施工作业管理不到位，在施工单位资质已过期的情况下，企业仍委托其进行施工作业；对外来施工单位的管理、监督不到位，现场管理混乱，生产、施工交叉作业没有统一的指挥、协调，危险区域内的施工作业现场无任何安全措施，管理人员和操作人员对施工单位的违规违章行为熟视无睹，无及时制止、纠正；对外来施工单位的培训教育不到位，施工人员不清楚作业场所危害的基本安全知识。

(3) 地方安全生产监管部门的监管工作有待加强　虽然经过百日安全督查，安全生产监管部门对企业存在的管理混乱、严重违规违章等行为未能及时发现、处理。地方安监部门应加强监管，将各项监管措施落实到位。

二、课堂思考

1. 甲醇有哪些理化性质？工业上甲醇主要应用在哪些领域？

2. 本次事项的主要原因有哪些？液体贮罐在使用、贮存、运输过程中有何安全技术要求？

【教学讨论案例】

1997 年 9 月 21 日上午，当时天气晴朗，温度有 30℃，某肉联厂采购员周某随车到某化肥厂购买液氨。他用农用车装两只 400L 的空液氨钢瓶。周某想为单位节约点钱，想办法多装点，于是到化肥厂先找熟人打通关系，然后去办理充装手续，在有关环节的“关照”下，上午 10 时充装结束。周某离厂回家，司机罗某直到下午 2 点才离开县城返回。下午 3 时 10 分，车刚刚离城 8km 时，一只钢瓶突然爆炸，飞出 30m 多，落到路边的沟里，爆炸冲击波将汽车挡板冲坏，驾驶室冲扁，玻璃全部震碎，另一只钢瓶也冲滚下车，司机被冻灼伤并中毒。下午 5 点左右，当地派出所民警和附近群众在清理现场时，第 2 只钢瓶又突然爆炸，造成 2 人中毒受伤，从钢瓶喷出的大量液氨迅速挥发致使 100m 外下风头的 3 名过路群众中毒倒地，造成 1 人重伤，5 人轻伤，损失 2 万元。

一、分析点评

此案例涉及的容器是移动式压力容器。容器内压力随温度升高而升高。当时最高气温为 32℃，从充装完上午 10 点到下午 3 点 10 分，钢瓶已在车上曝晒 5 个多小时，加上运输中两只钢瓶仅靠几块砖头垫着，未采取任何紧固措施，路面凹凸不平，发生事故就不足为奇了。

二、课堂讨论

1. 本次事故发生的直接原因是什么？间接原因是什么？

2. 在化工生产中如何防止、控制过量充装？

【相关知识介绍】

一、压力容器基础知识（见情境五）

换热器与合成塔均是典型的压力容器，见图 6-1、图 6-2。

二、压力容器安全装置（见情境五）

三、压力容器的安全运行与管理

1. 压力容器的操作维护

① 应从工艺操作上制定措施保证压力容器的安全经济运行。如完善平稳操作规定，通

图 6-1 换热器

图 6-2 合成塔

过工艺改革适当降低工作温度和压力等。

② 应加强防腐蚀措施，如喷涂防腐层、加衬里、添加缓蚀剂、改进净化工艺、控制腐蚀介质含量等。

③ 根据存在缺陷的部位和性质，采用定期或状态监测手段，查明缺陷有无发展及发展程度，以便采取措施。

2. 异常情况处理

为了确保安全，压力容器在运行中，发现下列情况之一者，应停止运行。

① 容器工作压力、工作温度、有害物质浓度超过操作规程规定的允许值，经采取紧急措施仍不能恢复正常状态。

② 容器受压元件发生裂纹、鼓包、变形或严重泄漏等，危及安全运行。

③ 安全附件失灵，无法保证容器安全运行。

④ 紧固件损坏、接管断裂，难以保证安全运行。

⑤ 容器本身、相邻容器或管道发生火灾、爆炸或有毒有害介质外逸，直接威胁容器安全运行。

在压力容器异常情况处理时，必须克服侥幸心理和短期行为，应谨慎全面地考虑事故的潜在性和突发性。

3. 压力容器的安全管理（见情境五）

四、气瓶的安全使用

气瓶在化工行业应用广泛。气瓶属于移动式的、可重复充装的压力容器。由于经常装载易燃、易爆、有毒及腐蚀性等危险介质，压力范围遍及高压、中压、低压，因此气瓶除具有一般固定式压力容器的性质外，在充装、搬运和使用方面还有一些特殊问题，如气瓶在移动、搬运过程中，很容易发生碰撞而增加瓶体爆炸的危险；气瓶经常处于贮存物的罐装和使用的交替进行中，也就是说处于承受交变载荷状态；气瓶在使用时，一般与使用者之间无隔离或其他防护措施，所以要保证安全使用，除了要求它符合压力容器的一般要求外，还需要一些专门的规定和要求。气瓶结构示意如图 6-3 所示。

1. 气瓶的分类

气瓶是一种移动式压力容器。按照充装介质的性质，气瓶可以分为压缩气体气瓶、液化气体气瓶和溶解气体气瓶三类。

（1）压缩气体气瓶　该类气瓶充装的气体一般指临界温度低于－10℃、常温下呈气态的物质。如氢、氧、氮、煤气以及各种惰性气体。为了提高气瓶的利用率，一般压缩气体气瓶的充装压力为 15～30MPa。

（2）液化气体气瓶　液化气体气瓶充装时以低温液态罐装。有些液化气体的临界温度较低，装入瓶内后受环境温度的影响而全部汽化。有些液化气体的临界温度较高，装瓶后在瓶内始终保持气液平衡状态，因此可以分为高压液化气体和低压液化气体。

① 高压液化气体。临界温度大于或等于－10℃，且小于或等于70℃。常见的有乙烯、乙烷、二氧化碳、氯化氢。

② 低压液化气体。临界温度≥70℃，常见的有乙烯、乙烷、丙烷、异丁烯、环氧乙烷、液化石油气。《气瓶安全监察规定》（国家质检总局2003年4月24日第46号令）规定，液化气体气瓶的最高工作温度为60℃。低压液化气体在60℃时的饱和蒸汽压都在10MPa以下，所以这类气体的充装压力都不高于10MPa。

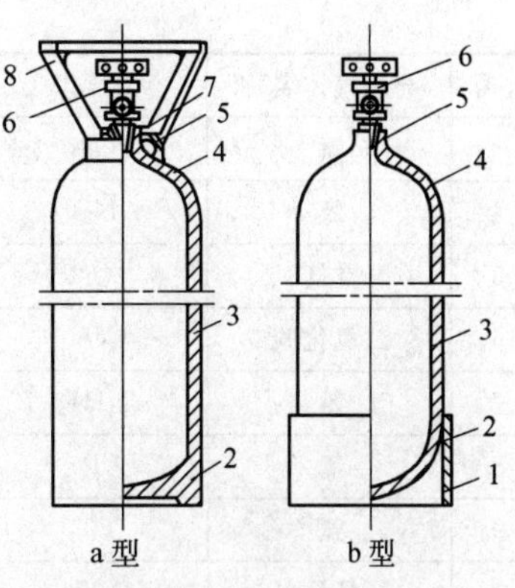

图6-3　气瓶结构示意图

1—瓶座；2—瓶底；3—筒体；4—瓶肩；5—瓶颈；6—瓶阀；7—螺母；8—保护帽

（3）溶解气体气瓶　是专门用于盛装乙炔的气瓶［参考劳动部《溶解乙炔气瓶安全监察规程》（劳国字［1993］4号）］。由于乙炔气体极不稳定，故必须把它溶解在溶剂（常见的为丙酮）中。气瓶内装满多孔性材料，用于吸收溶剂。乙炔瓶充装乙炔气，一般要求分为两次进行，第一次充气后静置8h以上，再第二次充气。

2. 气瓶的安全附件

气瓶安全附件主要有防震圈，有泄气孔的瓶帽，液氯等钢瓶的易熔塞，氧气瓶液化石油气的减压阀等。

（1）安全泄压装置　气瓶的安全泄压装置主要是防止气瓶在遇到火灾等特殊高温时，瓶内介质受热膨胀而导致气瓶超压爆炸。其类型有防爆片、易熔塞及防爆片-易熔塞复合装置。

防爆片一般用于高压气瓶，装配在瓶阀上。防爆片是一种断裂的安全泄压装置，具有密封性能好、反应动作快以及不易受介质中沾污物的影响的特点。易熔塞主要用于低压气体气瓶，它由钢制基体及其中心孔内浇铸的易熔合金塞构成。目前使用的易熔塞装置的动作温度有多种。防爆片-易熔塞复合装置主要用于对密封性能要求特别严格的气瓶。这种装置由防爆片与易熔塞串联而成，易熔塞装设在防爆片排放的一侧。

（2）瓶（保护）帽　瓶帽是为了防止瓶阀被破坏的一种保护装置。每个气瓶的顶部都应配以瓶帽，以便在气瓶运送过程中佩戴。瓶帽按照其结构可以分为拆卸式和固定式两种。为了防止瓶阀泄漏，或安全泄压装置动作，造成的瓶帽爆炸，在瓶帽上要开有排气孔。考虑到气体由一侧排出而产生的反动作会使气瓶倾倒或横向移动，排气孔应是对称的两个。

（3）防震圈　防震圈是防止气瓶瓶体受撞击的一种保护设施，它对气瓶表面漆膜也有很好的保护作用。中国采用的是两个紧套在瓶体上部和下部的、用橡胶或塑料制成的防震圈。

3. 气瓶的颜色区别

《气瓶颜色标记》（GB 7144—1999）对气瓶的颜色、字样和色环做了严格的规定。常见气瓶的颜色、字样和字色见表6-1。

表6-1　气瓶颜色标志一览表

序号	充装气体名称	化学式	瓶色	字样	字色	色环
1	乙炔	C_2H_2	白	乙炔不可近火	大红	
2	氢	H_2	淡绿	氢	大红	p=20MPa淡黄色单环 p=30MPa淡黄色双环

续表

序号	充装气体名称	化学式	瓶色	字样	字色	色环
3	氧	O_2	淡(酞)蓝	氧	黑	$p=20$MPa 白色单环 $p=30$MPa 白色双环
4	氮	N_2	黑	氮	淡黄	
5	空气		黑	空气	白	
6	二氧化碳	CO_2	铅白	液化二氧化碳	黑	$p=20$MPa 黑色单环
7	氨	NH_3	淡黄	液氨	黑	
8	氯	Cl_2	深绿	液氯	白	
9	氟	F_2	白	氟	黑	
10	一氧化氮	NO	白	一氧化氮	黑	
11	二氧化氮	NO_2	白	液化二氧化氮	黑	
12	碳酰氯	$COCl_2$	白	液化光气	黑	
13	砷化氢	AsH_3	白	液化砷化氢	大红	
14	乙硼烷	B_2H_6	白	液化乙硼烷	大红	
15	四氟甲烷	CF_4	铅白	氟氯烷 14	黑	
16	二氟二氯甲烷	CCl_2F_2	铅白	液化氟氯烷 12	黑	
17	二氟溴氯甲烷	$CBrClF_2$	铅白	液化氟氯烷 12B1	黑	
18	三氟氯甲烷	$CClF_3$	铅白	液化氟氯烷 13	黑	
19	三氟溴甲烷	$CBrF_3$	铅白	液化氟氯烷 13B1	黑	$p=12.5$MPa 深绿色单环
20	六氟乙烷	CF_3CF_3	铅白	液化氟氯烷 116	黑	

4. 气瓶的安全管理

（1）气瓶安全　为了保证气瓶在使用或充装过程中不因环境温度升高而处于超压状态，必须对气瓶的充装量严格控制。确定压缩气体及高压液体气瓶的充装量时，要求瓶内气体在最高使用温度（60℃）下的压力，不超过气瓶的最高许可压力。对低压液化气体气瓶，则要求瓶内液体在最高使用温度下，不会膨胀至瓶内满液，即要求瓶内始终保留有一定气相空间。

气瓶不准充装过量。气瓶充装过量是气瓶破裂爆炸的常见原因之一。因此必须加强管理，严格执行国家质检总局 2003 年发布的《气瓶安全监察规定》的安全要求，防止充装过量。充装压缩气体的气瓶，要按不同温度下的最高允许充装压力进行充装。充装液化气体的气瓶，必须按严格规定的充装系数充装，不得超量，如发现超装时，应设法将超装量卸出来。属于下列情况之一的，应先进行处理，否则严禁充装：

① 钢印标记、颜色标记不符合规定及无法判定瓶内气体的；

② 改装不符合规定或用户自行改装的；

③ 附件不全、损坏或不符合规定的；

④ 瓶内无剩余压力的；

⑤ 超过检验期的；

⑥ 外观检查存在明显损伤，需要进一步检查的；

⑦ 氧化或强氧化性气体沾有油脂的；易燃气体气瓶的首次充装，事先未经置换和抽空的。

（2）贮存安全

① 气瓶的贮存应有专人负责管理。管理人员、操作人员、消防人员应经过安全技术培训，了解气瓶、气体的安全知识。

② 空瓶和实瓶、充装不同介质的气瓶应分开（分室贮存）。

③ 气瓶库（贮存间）应符合《建筑设计防火规范》，应采用二级以上防火建筑。与明火或其他建筑物应有符合规定的安全距离。易燃、易爆、有毒、腐蚀性气体气瓶库间的安全距离不得小于15m。

④ 气瓶库应通风、干燥、防止雨（雪）淋、水浸，避免阳光直射，要有便于装卸、运输的设施。库内不得有暖气、水、煤气等管道通过，也不准有地下管道或暗沟。照明灯具及电气设备是防爆的。

⑤ 地下室或半地下室不能贮存气瓶。

⑥ 瓶库要有明显的“严禁烟火”、“当心爆炸”等各类必要的安全标志。

⑦ 贮气的气瓶应戴好瓶帽，最好带固定瓶帽。

⑧ 实瓶一般应立放贮存。卧放时，应防止滚动，瓶头（有阀端）应朝向一方。垛放不得超过五层，并妥善固定。气瓶排放应整齐，固定牢靠。数量、号位的标志要明显。要留有通道。

⑨ 瓶库要有运输和消防通道，设置消防栓和消防水池。在固定地点备有专用灭火器、灭火工具和防毒用具。

⑩ 实瓶的贮存数量要有限制，在满足当天使用量和周转量的情况下，应尽量减少贮存量。

⑪ 容易起聚合反应的气体的气瓶必须规定贮存期限。

⑫ 瓶库账目清楚，数量准确，按时盘点，账物相符。

⑬ 建立并执行气瓶进出库制度。

(3) 使用安全

① 使用气瓶者应学习气体与气瓶的安全知识，在技术熟练人员的指导监督下进行操作练习，合格后才能独立使用。

② 认真进行检查，确认气瓶和瓶内气质量完好方可使用。如发现气瓶颜色、钢印等辨别不清，检验超期，气瓶损坏（变形、划伤、腐蚀等），气体质量与标准规定不符合等现象，应拒绝使用并妥善处理。

③ 按照规定，正确、可靠地连接调压器、回火防止器、输气橡胶软管、缓冲器、汽化器、焊割炬等，检查、确认没有漏气现象。连接上述器具前，应该微开瓶阀，吹除瓶出口的灰尘、杂物。

④ 气瓶使用时，一般应立放（乙炔瓶严禁卧放使用），不得靠近热源。与明火、可燃助燃气体气瓶之间的距离不得小于10m。

⑤ 使用易起聚合反应的气体的气瓶，应远离射线、电磁波、振动源。

⑥ 防止日光曝晒、雨淋、水浸。

⑦ 移动气瓶应手搬瓶肩转动瓶底，移动距离较远时可用轻便的小车运送，严禁抛、滚、滑、翻、肩扛、脚踹。

⑧ 禁止敲击、碰撞气瓶。绝对禁止在气瓶上焊接、引弧。不准用气瓶做支架和铁砧。

⑨ 注意操作顺序。开启瓶阀应轻缓，操作者应站在阀出口的侧后；关闭瓶阀应轻而严，不能用力过大，避免关得太紧、太死。

⑩ 瓶阀冻结时，不准用火烤。可把瓶移入室内或温度较高的地方，或用40℃以下的温水浇淋解冻。

⑪ 注意保持气瓶及附件清洁、干燥，禁止沾染油脂、腐蚀性介质、灰尘等。

⑫ 瓶内气体不得用尽，应留有剩余压力（余压），余压不应低于0.05MPa。

⑬ 保护瓶外油漆保护层，避免瓶体腐蚀，保护好识别标志，这样可以防止误用和混装。瓶帽、防震圈、瓶阀等附件都要妥善维护，合理使用。

⑭ 气瓶使用完毕，要送回瓶库或妥善保管。气瓶要定期检查，应有取得检验资质的专门单位负责进行。未取得资质的单位和个人，不得从事气瓶的定期检验工作。

(4) 运输安全　运输气瓶时，应严格遵守公安和交通部门颁发的危险品运输规则、条例，具体见表 6-2。

表 6-2　气瓶运输安全要求

名称	安全要求
装车固定	横向放置，头朝一方，旋紧瓶帽。备齐防震圈，瓶下用三角形木块等卡牢，装车不超高
分类装运	氧气、强氧化剂气瓶不得与易燃品、油脂和带油污的物品同车混装。所装介质相互接触，能引起燃烧、爆炸的气瓶不得混装
轻装倾卸	不抛、不滑、不碰、不撞、不得用电磁起重机搬运
禁止烟火	禁止吸烟，不得接触明火
遮阳防晒	夏季要有遮阳防雨设施，以防暴晒和雨淋
灭火防毒	车上应备有灭火器材或防毒用具
安全标志	车前应悬挂黄底黑字"危险品"字样的三角旗

五、压力管道技术

压力管道是化工生产中必不可少的重要部件，化工设备之间的连接都是依靠工业管道，用来输送和控制流体介质。在很大程度上，管道与化工设备一同完成某些化工工艺过程，即所谓的"管道化生产"。

1. 压力管道的分类

管道可以按照输送介质种类、输送介质的压力和管道的材质进行分类。

① 按照管道输送的介质种类可以分为液化石油气管道、氢气管道和水蒸气管道等。

② 按照管道的设计压力可分为低压管道（$0.1\text{MPa} \leqslant p < 1.6\text{MPa}$）、中压管道（$1.6\text{MPa} \leqslant p < 10\text{MPa}$）和高压管道（$p \geqslant 10\text{MPa}$）。

③ 按照管道的材质可以分为铸铁管、碳钢管、合金钢管和有色金属管等。

2. 管道连接方式及主要连接件

(1) 管道的连接方式　管道的连接包括管子与管子、管子与阀门、管件和管子与设备的连接。常见的连接方式有 3 种：法兰连接、螺纹连接和焊接。无缝钢管一般采用法兰连接或管子间的焊接，水煤气管只用螺纹连接，玻璃管大多采用活套法兰连接。

(2) 连接管件　小口径管道和低压管道一般采用螺纹连接，其形式又可以分为固定螺纹连接和卡套连接两种。大口径管道、高压管道和需要经常拆卸的管道，常用法兰连接。用法兰连接管路时，必须加上垫片，以保证连接处的严密性。

(3) 阀门　阀门种类繁多，按其作用分为截止阀、调节阀、止逆阀、减压阀、稳压阀和转向阀等，按照阀门的形状和结构分为球心阀、闸阀、旋塞阀、蝶形阀和针形阀等。

截止阀又叫球心阀，用于调节流量。它启闭缓慢，无水击现象，是各种压力管道上最常用的阀门。闸阀又称为闸板阀，是利用闸板的起落来开启和关闭闸门，并通过闸板的高度来调节流量。闸阀广泛用于各种压力管道上，但由于其闭合面易磨损，故不宜用于腐蚀性介质的管道。

旋塞阀又叫考克（cock），是利用旋塞孔和阀体孔两者的重合程度来截止和调节流量的。它启闭迅速，经久耐用。但由于摩擦面大，受热后旋塞膨胀，难以转动，不能精确调节流量，故只适用于小于1.0MPa和温度不高的管道上。

针形阀的结构与球心阀相似，只是将阀盘做成锥形，阀盘与阀座接触面大，密封性能好，易于启闭，特别适用于高压操作和和精准调节流量的管道上。

止逆阀又叫单向阀，当工艺管道只允许流体向一个方向流动时，就需要用止逆阀。减压阀的作用是自动地将高压流体按工艺要求减为低压流体，一般经减压后的压力要低于阀前压力的50%。通常用于蒸汽和压缩空气管道上。

3. 压力管道的安全使用管理

压力管道的使用单位，应对本单位压力管道的安全管理工作负责，防止因其泄漏、破裂而引起中毒、火灾或爆炸事故。贯彻执行《压力管道安全管理与监察规定》（劳动部发[1996] 140号）及压力管道的技术规范、标准，建立健全本单位的压力管道安全管理制度。

应由专职或兼职专业技术人员负责压力管道安全管理工作；压力管道的操作人员和压力管道的检验人员必须经过安全技术培训。

压力管道及其安全设施必须符合国家的有关规定。

建立压力管道技术档案，并到单位所在地的地（市）级质量技术监督行政部门登记。

按照规定对压力管道进行定期检验，并对其附属的仪器仪表、安全保护装置、测量调控装置等定期检验和检修。

对事故隐患应及时采取措施进行整改，重大事故隐患应以书面形式报告省级以上主管部门和质量技术监督行政部门。

对输送可燃、易爆、或有毒介质的压力管道，应建立巡线检查制度，制定应急措施和救援预案，根据需要建立抢救队伍，并定期演练。

按有关规定及时向主管部门和当地质量技术监督行政部门报告压力管道事故，并协助做好事故调查和善后处理工作，认真总结经验教训，采取相应措施，防止事故发生。

4. 压力管道安全技术

压力管道特别是化工管道，内部介质多为有毒、易燃、具有腐蚀性的物料，且数量多、分布密集，腐蚀、磨损使管壁变薄，造成泄漏，火灾、爆炸事故屡有发生。因此，防止压力管道事故，应着重从防腐方面入手。

(1) 管道的腐蚀及预防　从腐蚀类型看，工业管道的腐蚀以全面腐蚀最多，其次是局部腐蚀和特殊腐蚀。从装置的类别看，以冷凝器、冷却器的冷却水配管，径流塔的汽油汽化管和加热炉出口的输送管等遭受腐蚀最为严重。工业管道的以下部位最容易出现腐蚀。

① 管道的弯曲、拐弯部位，流线型管段中有液体流入而流向又有变化的部位。

② 产生汽化现象时，与液体接触的部位较与蒸汽接触的部位更易遭受腐蚀。

③ 在排液管中，经常没有液体流动的管段易出现局部腐蚀。

④ 液体或蒸汽管道在有温差的状态下使用，易出现严重的局部腐蚀。

⑤ 埋设管道外部的下表面容易产生腐蚀。

为了防止由于腐蚀而使管壁变薄，导致管道承压能力降低，造成泄漏或破裂事故，在管道强度设计时，应根据管内介质的特性、流速、工作压力、管道材质、使用年限等，计算出介质对管材的腐蚀速率，在此基础上选取适当的腐蚀裕度。通常，壁厚的腐蚀裕度在1.5～6mm的范围内。

(2) 管道的绝热　工业生产中，由于工艺条件的需要，很多管道和设备都要加以保温、加热保护和保冷，这三种情况都属于管道和设备的绝热。

① 保温。管道、设备在控制或保持热量的情况下应予保温，为了减少介质由于日晒或外界温度过高而引起蒸发的管线、设备，需予以保温。对于温度高于65℃而工艺不要求保温的管道、设备，在操作人员可能触及的范围内应予以保温，以防烫伤。

② 加热保护。对于连续或间断输送具有下列特性的流体的管道，应采用加热保护。

a. 凝固点高于环境温度的流体管道。

b. 流体组分中能形成不利于操作的冰或结晶。

c. 含有硫化氢、氯化氢、氯气等气体，能出现冷凝或形成水合物的管道。

d. 在环境温度下黏度很大的介质。

加热保护的方式有蒸汽伴管、夹套管及电热带三种。无论是管道保温、保冷，还是热保护，都离不开绝热材料。工业管道常用的绝热材料有毛毡、石棉、玻璃棉、石棉水泥、岩棉及各种绝热泡沫塑料等。材料的导热系数越小，容量（单位体积的质量）越大、吸水性越低，其绝热性能就越好。此外，材质稳定，不可燃，耐腐蚀，有一定的强度等，都有助于材料的绝热。

(3) 管道防腐涂层　工业管道输送的各种流体中，很多具有腐蚀性，即使是蒸汽、空气、油品管道，也会出现腐蚀现象。防止管道腐蚀应从两个方面入手，首先是合理选择管材，即依据内部介质的性质，选择对该种介质具有耐腐蚀性能的管道材料，另外是采用合理的防腐措施，如采用涂层防腐、衬里防腐、电化学防腐及采用缓蚀剂等。其中用得最为广泛的是涂层防腐，而在涂层防腐中又以涂料防腐用得最多。

涂料产品的种类很多，常用的涂料有酚醛树脂、醇酸树脂、硝基树脂、过滤乙烯树脂、聚酯树脂等。在选择涂料时，应根据输送介质的性质和工作温度等条件综合考虑。

5. 管道的检验与验收

根据《管道阀门维护检修规程》（HG 25002—91）的规定，投入生产运行的管道，应按照要求进行管理、检查和维修。管道安装完毕后投入生产以前，应该进行系统压力试验，常简称为试压，它包括强度试验、严密性试验、真空度试验和泄漏试验，对于埋地压力管道，还应进行渗水量检查。通过压力试验，检查管道的强度、严密性、接口或接头的质量、管道焊接质量。在强度试验之后，严密性试验之前，尚需对管道进行吹扫或清洗，以清除管内杂物。对规模较大、较复杂的管网系统进行试压、吹洗，事先应制定专门的工作计划，并绘制试压及吹洗的线路图，明确规定如何分段、各段试验压力、吹洗介质和方向、先后次序等具体要求，以使这项工作能够顺利进行。

(1) 强度与严密性检验　管道系统安装完毕，其强度与严密性一般通过水压试验和气密性试验进行检验。若不宜用水作为试验介质的，可以用气压试验代替。水压试验合格后，以空气或惰性气体为介质进行气密性试验，气密性试验压力为设计压力。用刷肥皂水的方法，重点检查管道的连接处有无渗漏现象，若无渗漏，稳压 30min，压力保持不降即为试验合格。对于剧毒及甲、乙类火灾危险的管道系统，除做水压试验和气密性实验外，还应做泄漏量试验，即在设计压力下，测定 24h 内全系统平均每小时的泄漏量，不超过下列允许值即为合格：剧毒介质管道，室内及地沟中泄漏量为 0.15%，室外为 0.30%；甲、乙类火灾危险性介质，室内及地沟中泄漏量为 0.25%，室外为 0.5%。

(2) 管道吹洗　管道系统强度试验合格后，或气密性试验前，应分段进行吹扫与清洗（即吹洗）。吹洗前应将仪表、孔板、滤网、阀门拆除，对不宜吹洗的系统进行隔离和保护，待吹洗后再复位。

工作介质为液体的管道，一般用水吹洗，水质要清洁，流速不小于 1.5m/s。不宜用水冲洗的管道可用空气进行吹扫。吹扫用的空气或惰性气体应有足够的流量，压力不得超过设计压力，流速不得低于 20m/s。蒸汽管线应用蒸汽吹扫。一般蒸汽管道可用刨光木板置于排气口处检查，板上应无铁锈、污物等。忌油管道（如氧气管道）在吹扫合格后，应用有机溶剂（二氯乙烷、三氯乙烯、四氯化碳、工业酒精等）进行脱脂。

(3) 定期检验　正在使用的压力管道应该按照规定要求定期进行检验。定期检验的项目有外部检查、重点检查和耐压试验。检查周期应根据压力管道的技术状况和使用条件，由使用单位和检验单位确定。外部检查每季度至少一次，由使用单位进行检查；重点检查每两年至少进行一次，全面检查至少每五年进行一次，要由具有资质的检验单位进行检查。

【相关技术应用】

一、贮罐入液操作程序

1. 准备工作

① 检查入液贮罐的液位、压力和温度并填写巡回检查记录。

② 确定使用液化石油气泵或液化石油气压缩机运行入液。

2. 用液化石油气泵入液操作程序

① 开通入液贮罐气相出口至液化石油气汽车罐车气相管路的阀门。

② 开通液化石油气汽车罐车液相出口至液化石油气泵进口管路的阀门。开通液化石油气泵出口至入液贮罐液相进口管路的阀门。

③ 通知运行工启动液化石油气泵。

④ 待罐车的液位指示接近零位时，入液结束，通知运行工停泵。

⑤ 关闭本作业上述的气、液相阀门。

⑥ 按规定填好操作记录表。

3. 用液化石油气压缩机入液操作程序

① 开通入液贮罐气相出口至液化石油气压缩机进口管路的阀门，开通液化石油气压缩机出口至液化石油气汽车罐车气相管路的阀门。

② 开通入液贮罐液相进口至液化石油气汽车罐车液相管路的阀门。

③ 通知运行工启动压缩机，使罐车内的液化石油气输入入液贮罐。

④ 待罐车的液位指示接近零位时，入液结束，通知运行工停机。

⑤ 关闭本作业上述的气、液相阀门。

⑥ 按规定填好操作记录表。

4. 注意事项

① 充液严禁超装，液位计无变化显示时，停止充液作业，排除故障。

② 充装压力应小于或等于1.5MPa。液温应小于或等于50℃，当液温达40℃时，应喷淋冷却水降温。

③ 不许同时对两个贮罐进行充液。

二、贮罐出液操作程序

1. 准备工作

① 检查贮罐的液位、压力和温度并填写巡回检查记录。

② 确定使用液化石油气泵或液化石油气压缩机运行供液。

2. 用液化石油气泵出液操作程序

(1) 出液贮罐供液至充装气瓶

① 开通出液贮罐至另一贮罐的气相管路阀门。

② 开通出液贮罐液相出口至液化石油气泵进口管路阀门。开通液化石油气泵出口至灌瓶总管的阀门。

③ 通知运行工按规程启动液化石油气泵。

④ 充装气瓶结束，通知运行工停泵。

⑤ 关闭本作业上述的气、液相阀门。

⑥ 按规定填好操作记录表。

(2) 出液贮罐供液至液化石油气汽车罐车

① 开通出液贮罐气相出口至液化石油气汽车罐车气相管路的阀门。

② 开通出液贮罐液相出口至液化石油气泵进口管路的阀门。开通液化石油气泵出口至液化石油气汽车罐车液相管路的阀门。

③ 通知运行工启动液化石油气泵，将液化石油气供给液化石油气汽车罐车。

④ 当罐车液位达到最高允许充装液位时，装车结束，通知运行工停泵。

⑤ 关闭本作业上述的气、液相阀门。

⑥ 按规定填好操作记录表。

3. 用液化石油气压缩机出液操作程序

(1) 出液贮罐供液至充装气瓶

① 开通供气贮罐气相出口至液化石油气压缩机进口管路的阀门。开通液化石油气压缩机出口至出液贮罐气相进口管路的阀门。

② 开通出液贮罐液相出口至灌瓶总管的阀门。

③ 通知运行工启动压缩机。

④ 充装气瓶结束，通知运行工停机。

⑤ 关闭本作业有关的气、液相阀门。

⑥ 按规定填好操作记录表。

(2) 出液贮罐供液至液化石油气汽车罐车

① 开通液化石油气汽车罐车气相口至液化石油气压缩机进口管路的阀门，开通液化石油气压缩机出口至出液贮罐气相进口管路的阀门。

② 开通出液贮罐液相出口至液化石油气汽车罐车液相管路的阀门。

③ 通知运行工启动压缩机。

④ 当罐车液位达到最高允许充装液位时，出液贮罐出液结束，通知运行工停机。

⑤ 关闭本作业有关的气、液相阀门。

⑥ 按规定填好操作记录表。

4. 注意事项

① 检查液位的变化情况，发现出液贮罐液位不升降，应停车检查。

② 检查压力的变化，用压缩机作业时，出液贮罐压力应高于供气罐 0.2～0.5MPa，否则停机检查。

③ 使用液化石油气泵，应特别注意出液贮罐液位下降接近罐底高 5cm 处，可能无法供液，应及时停泵换出液贮罐。

三、贮罐之间互倒液体操作程序

1. 使用液化石油气泵操作

① 开通出液贮罐至进液贮罐之间的气相管路阀门。

② 开通出液贮罐液相出口至泵进口管路的阀门，开通泵出口至进液贮罐液相进口管路的阀门。

③ 通知运行工启动液化石油气泵。

④ 当出液贮罐达最低液位或进液贮罐达最高允许液位时，通知运行工立即停泵。

⑤ 关闭本作业有关的气、液相阀门。

⑥ 按规定填好操作记录表。

2. 用液化石油气压缩机操作

① 开通出液贮罐液相出口至进液贮罐液相进口管路的阀门。

② 开通进液贮罐气相出口至压缩机进口管路的阀门，开通压缩机出口至出液贮罐气相进口管路的阀门。

③ 通知运行工启动压缩机进行倒罐作业，当出液贮罐液位降至零位或进液贮罐达最高允许液位时，通知运行工立即停机。

④ 关闭本作业有关的气、液相阀门。

⑤ 按规定填好操作记录表。

3. 注意事项

① 操作人员注意控制出液贮罐和进液贮罐的液位变化情况。

② 出液贮罐剩余压力应在0.1MPa以上。

③ 进液贮罐的液位必须在限装红线以下，压力表指示在1.76MPa以下，液温在40℃以下。

四、异常情况紧急处理程序

① 运行操作人员发现异常情况立即停止作业。

② 关闭液化石油气泄漏点前、后阀门，切断液化石油气气源。

③ 一旦发生火灾或其他事故，应立即采取安全措施，报告领导，听从指挥。

【检查与评价】

1. 学到了什么？

2. 案例总结

① 对压力容器开展深入地安全大检查。对制造质量低劣的存有安全隐患的压力容器，要采取严格措施进行处理，缺陷严重的要坚决停用。对超期未检验的压力容器要进行检验，对自行改造的压力容器不符合要求的要进行更新。新压力容器必须有出厂合格证，必须由具有压力容器制造许可证的单位制造，以杜绝质量低劣的压力容器投入使用。

② 严格管理危险品的运输。运输危险品必须到当地公安部门办理手续，并应按指定的时间和行驶路线运输，以避免发生事故和扩大事故的危害程度。

③ 严格液化气体的充装管理。充装前必须对贮存容器进行检查，不合格的不能充装。充装时要认真计量，防止过量充装。

【课外作业】

1. 网络作业（见扬州工业职业技术学院精品课程网 http://skyclass.ypi.edu.cn/ec-webpage-show/checkCourseNumber.do? courseNumber=010814）。

2. 压力容器的安全附件有哪些？

3. 压力容器安全使用过程中需要注意哪些安全方面的问题？

4. 常见气瓶在使用贮存过程中需要注意哪些安全方面的问题？

5. 在管道安全吹扫过程中需要注意哪些安全环节？

情境七

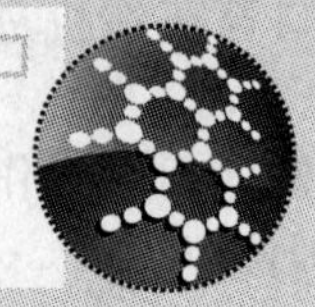

电气安全应用与管理

教学目的与要求

知识目标 掌握电气安全基本知识，熟练掌握触电急救的基本方法；

能力目标 学会防止人身触电的技术措施；

情感目标 学生具有安全意识，现场处置能力、应变能力和团结协作精神的培养。

【教学引导案例】

非防爆电气设备引发火灾事故

2000 年 2 月 11 日 15 时 40 分左右，江西樟树市一个个体加油站发生火灾，死亡 6 人，炸塌小楼一座。

加油站为砖混结构三层楼房，地下一层，地上二层。地下一层建筑面积 108m^2，有两个 10m^3 柴油罐，一个 6m^3 汽油罐，一个 3m^3 空罐及 10 余个油桶。地上一层建筑面积为 57.26m^2，有一个 5m^3 柴油罐，两台加油机；地上二层为两间住房，面积与地上一层相同。油罐设在密闭地下室内，室内灯管不防爆，卸油泵也是用不防爆的水泵，且采用敞口喷溅式卸油，卸油时罐室内油气浓度较大，遇电器打火，引发爆炸。

一、分析点评

1. 事故分析

本案油罐设在室内，爆炸危险区域使用非防爆电气设备，且采用危险的操作方式，是严重的违规建设，这导致了事故的发生。

2. 事故教训与防范措施

① 加大执法检查力度，杜绝违规建设，防止类似事故的发生。

② 加油站的爆炸危险区域严禁使用非防爆电气设备。

二、课堂思考

1. 化工常用电气设备主要有哪些？为什么要使用防爆电气设备？

2. 本次事故的主要原因有哪些？爆炸危险场所电气安全规程如何规定？

【教学讨论案例】

湖北某化工公司触电事故

2004 年 2 月 2 日，湖北某化工公司发生一起触电重伤事故。2 月 2 日上午，湖北某化工公司为避高峰停电后，按常规 3 台电炉都进入了正常生产状态。值班电工李某在巡岗检查时发现，距地面 2.5m 高处的 2 号电炉高压室 35kV A 相电流互感器上有异常声音，从高压室返回后便将此情况向班长王某作了汇报，班长王某没有做任何安排，便自己一人拿了手套去了 2 号炉，李某见班长王某前去 2 号炉，随即也跟了上去。王某经过变压器房顺便停了变压器排风扇，就径直走向高压室，爬上支撑互感器的铁架第二层（距地面 1.7m），左手抓在支架的顶层角铁上，就用右手试探互感器。因室内光线较暗，王某叫李某把灯拉开，李某转身开灯时，忽然听到王某的叫喊声，李某发现王某已被吸上了 35kV 的互感器铝排并产生了弧光。李某见状急喊该电炉配电工停电，配电工听到喊声后立即停了电，此时王某刚从支架上坠落下来，着地时头部撞在墙角一水泥盖板上，致伤。现场发现王某的右手背及双脚有被电击的伤痕。见伤势较重，该公司当即将王某送往县医疗中心。

一、分析点评

1. 事故分析

从调查事故发生经过和了解的有关现场情况分析，本起事故属一起典型的违章操作事故，其原因有以下两个方面。

① 个人安全意识差和专业技术素质低，是导致本次事故发生的主要原因。从事故发生的经过来看，操作者自始至终没有一点安全意识，整个操作过程实属一起严重的违章操作；操作者是一名经过了劳动部门专业电工培训并从事了 5 年工作的电工，竟然连 35kV 的高压都敢用手触摸，实在是太“大胆”了。

② 从本次事故的调查中发现，该公司在用电管理上自始至终未按用电安全操作规程办事，这是酿成本次违章操作事故发生的重要原因。

2. 事故教训与防范措施

① 该化工公司应认真吸取因管理不到位而酿成本次事故发生的惨痛教训，切实从管理入手，严格按章操作，杜绝违章现象。

② 强化职工专业技术培训和安全教育，提高职工操作知识水平和自我安全防护意识。

二、课堂讨论

1. 本次事故发生的直接原因是什么？间接原因是什么？
2. 在化工生产中，电气防火防爆的主要措施有哪些，如何进行电气设备灭火？

【相关知识介绍】

一、工业企业供配电

工业企业供配电是指工业企业所需电能的供应和分配。由于电能易于由其他形式的能量转换而来，又易于转换为其他形式的能量而被利用，并且，电能在传输和分配上简单经济，便于控制。因此，电能成为现代工业生产的重要能源和动力。实际上，电能的生产、输送、分配和使用是在同一瞬间完成的，实现这个全过程的各个环节构成了一个有机联系的整体，这个整体就称为电力系统。

1. 电力系统组成

电力系统由发电厂、送电线路、变电所、配电网和电力负荷组成。

2. 额定电压和电压等级

电气设备都是设计在额定电压下工作的。额定电压是保证设备正常运行并能够获得最佳经济效果的电压。

电压等级是国家根据国民经济发展的需要、电力工业的水平以及技术经济的合理性等因素综合确定的。

我国标准规定的三相交流电网和电力设备常用的额定电压如表 7-1 所列。

表 7-1 我国三相交流电网和电力设备的额定电压

分类	电网和用电设备额定电压/kV	发电机额定电压/kV	电力变压器额定电压/kV	
			一次绕组	二次绕组
低压	0.22 0.38 0.66	0.23 0.40 0.69	0.22 0.38 0.66	0.23 0.40 0.69
高压	3 6 10 — 35 63 110 220 330 500	3.15 6.3 10.5 13.8,15.75,18.20 — — — — — —	3 及 3.15 6 及 6.3 10 及 10.5 13.8,15.75,18.20 35 63 110 220 330 500	3 及 3.13 6.3 及 6.6 10.5 及 11 — 38.5 69 121 242 363 550

我国标准规定：额定电压 1000V 以上的属于高压装置，1000V 及以下的属于低压装置。对地电压而言，250V 以上为高压，250V 及其以下为低压。

一般又将高压分为中压（1～10kV）、高压（10～330kV）、超高压（330～1000kV）、特高压（＞1000kV）。电力网的电压随着大型电站和输电距离的增加，送电电压有提高的趋势。

二、电气事故特点

众所闻知，电能的开发和应用给人类的生产和生活带来了巨大的变革，大大促进了社会的进步和文明。在现代社会中，电能已被广泛应用于工农业生产和人民生活等各个领域。然而，在用电的同时，如果对电能可能产生的危害认识不足，控制和管理不当，防护措施不利，在电能的传递和转换的过程中，可能会发生异常情况，造成电气事故。电气事故具有以下特点。

1. 电气事故危害大

电气事故的发生伴随着危害和损失，严重的电气事故不仅带来重大的经济损失、甚至还可造成人员的伤亡。发生事故时，电能直接作用于人体，会造成电击；电能转换为热能作用于人体，会造成烧伤或烫伤；电能脱离正常的通道，会形成漏电、接地或短路，成为火灾、爆炸的起因。电气事故在工伤事故中占有不小的比例，据有关部门统计，我国触电死亡人数占全部事故死亡人数的 5%左右。

2. 电气事故危险直观识别难

由于电既看不见、听不见，又嗅不着，其本身不具备为人们直观识别的特征。由电所引发的危险不易为人们所察觉、识别和理解。因此，电气事故往往来得猝不及防、潜移默化。这一特点给电气事故的防护以及人员的教育和培训带来难度。

3. 电气事故涉及领域广

这个特点主要表现在两个方面。首先，电气事故并不仅仅局限在用电领域的触电、设备和线路故障等。在一些非用电场所，因电能的释放也会造成灾害或伤害，例如，雷电、静电和电磁场危害等，都属于电气事故的范畴，另一方面，电能的使用极为广泛，无论是生产还是生活，不论是工业还是农业、不论是科研还是教育文化部门，不论是政府机关还是娱乐休闲场所，都广泛使用电。哪里使用电，哪里就有可能发生电气事故，哪里就必须考虑电气故的防护问题。

电气事故是具有规律性的，且其规律是可以被人们认识和掌握的。在电气事故中，大量的事故都具有重复性和频发性。无法预料、不可抗拒的事故毕竟是极少数。人们在长期的生产和生活实践中，已经积累了同电气事故作斗争的丰富经验，各种技术措施、各种安全工作规程及有关电气安全规章制度，都是这些经验和成果的体现，只要依照客观规律办事，不断完善电气安全技术措施和管理措施，电气事故是可以避免的。

三、电气事故的类型

根据能量转移论的观点，电气事故是由于电能非正常地作用于人体或系统所造成的，根据电能的不同作用形式，可将电气事故分为触电事故，静电危害事故，雷电灾害事故，电磁场危害和电气系统故障危害事故等。

（一）触电事故

1. 电击

电击是电流通过人体，刺激机体组织，使肌肉非自主地发生痉挛性收缩而造成的伤害，严重时会破坏人的心脏、肺部、神经系统的正常工作，造成危及生命的伤害。电击对人体的效应是由通过的电流决定的，而电流对人体的伤害程度是与通过人体电流的强度、种类、持续时间、通过途径及人体状况等多种因素有关。在低压系统通电电流不大、通电时间不长的情况下，电流引起人体的心室颤动是电击致死的主要原因。在通电电流较小但通电时间较长的情况下，电流会造成人体窒息而导致死亡。

绝大部分触电死亡事故都是由电击造成的，通常所说的触电事故基本上是电击事故，电击后通常会留下较为明显的特征：电标、电纹、电流斑。电标是指电流出入口处所产生的炭化标记；电纹是指电流通过皮肤表面，在其出入口间产生的树枝状不规则发红线条；电流斑是指电流在皮肤出入口所产生的大小溃疡。

按照人体触及带电体的方式，电击可分为以下几种情况。

（1）单相触电　这是指人体接触到地面或其他接地导体的同时，人体另一部位触及某相带电体所引起的电击，发生电击时，所触及的带电体为正常运行的带电体时，称为直接接触电击。而当电气设备发生事故（例如绝缘损坏，造成设备外意外带电的情况下），人体触及意外带电体所发生的电击称为间接接触电击。

单相触电在电力系统的电网中，有中性点直接接地单相触电和中性点不接地单相触电两种情况，其中中性点直接接地电网中的单相触电是当人体接触到导线时，人体承受相电压。电流经过人体、大地和中性点接地装置形成闭合回路，如图 7-1 所示。触电电流的大小决定于相电压和回路电阻。

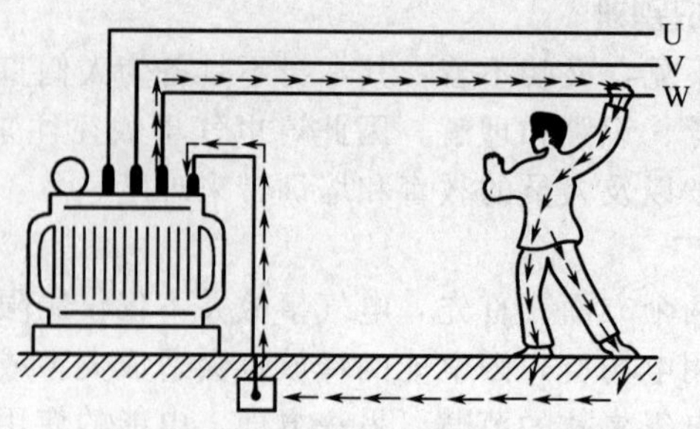

图 7-1 有中性点直接接地单相触电

中性点不接地单相触电因为中性点不接地，所以有两个回路电流通过人体，如图 7-2 所示，一个是从 W 相导线出发，经过人体、大地、线路对地阻抗 Z 到 U 相导线，另一个是同样路径到 V 相导线。触电电流的数值取决于线电压、人体电阻和线路的对地阻抗。

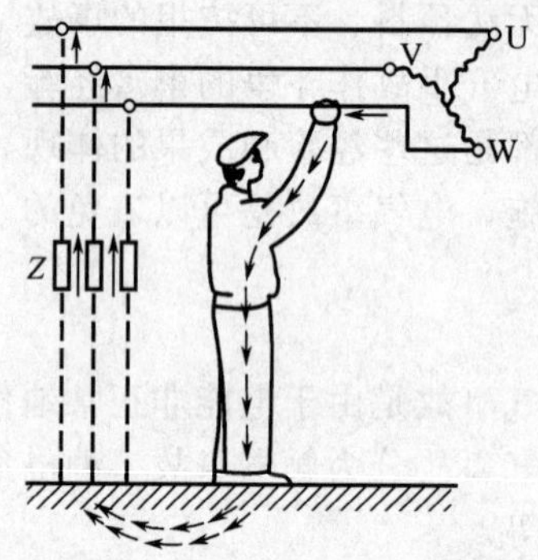

图 7-2 中性点不接地单相触电

根据国内外的统计资料，单相触电事故占全部触电事故的 70%以上。因此，防止触电事故的技术措施应将单相触电作为重点。

(2) 两相触电　这是指人体的两个部位同时触及两相带电体所引起的电击。在此情况下，人体所承受的电压为三相系统中的线电压、因电压相对较大，其危险性也较大，如图 7-3 所示，因为施加于人体的电压为全部工作电压，即线电压，且此时电流不经过大地，直接从 V 相经过人体到 W 相，而构成了闭合回路。所以不论中性点接地与否、人体对地是否绝缘，都会使人触电。

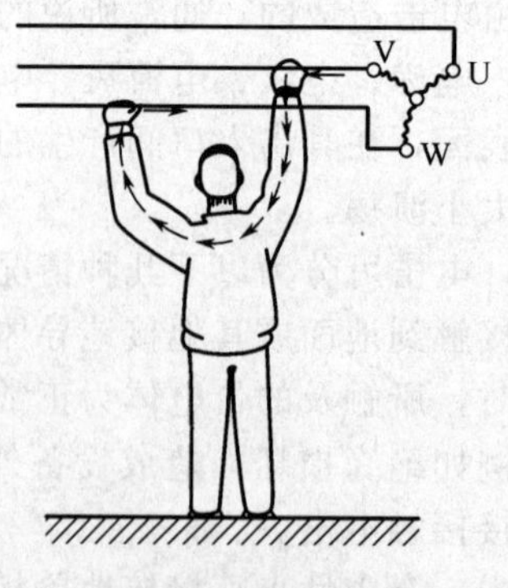

图 7-3 两相触电

(3) 跨步电压触电　这是指站立或行走的人体，受到出现人体两脚之间的电压，即跨步电压作用所引起的电击。跨步电压是当带电体接地，电流自接地的带电体流入地下时，在接地点周围的土壤中产生的电压降形成的。当一根带电导线落地时，落地点的电位就是导线所具有的电位，电流会从落地点直接流入大地，离落地点越远，电流越分散，地面电位也就越低。对地地位的分布曲线如图 7-4 所示。

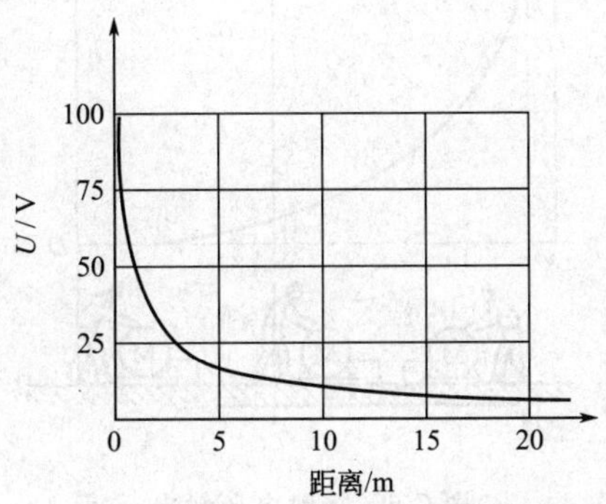

图 7-4　对地地位的分布曲线

以电线落地点为圆心可以划出若干同心圆，它们表示了落地点周围的电位分布，离落地点越近，地面电位越高。人的两脚若站在离落地点远近不同的位置上，两脚之间就存在电位差，这个电位就称为跨步电压。落地电线的电压越高，距离落地点同样距离处的跨步电压就越大，跨步电压触电如图 7-5 所示，此时由于电流通过人的两脚而较少通过心脏，所以危险性较小。如果两脚发生抽筋而跌倒时，触电的危险性就显著增大，此时应尽快将双脚并拢或用单脚着地跳出危险区。

图 7-5　跨步电压触电

导线落地后，不但会引起跨步电压触电，还容易产生接触电压触电，如图 7-6 所示，图中当一台电动机的绕组绝缘损坏并碰到外壳接地时，因三台电动机的接地线连在一起，所以它们的外壳都会带电且都为相电压，但地面电位分布却不同，左边人体承受的电压是电动机外壳和地面之间的电位差，即等于零。右边人体所承受的电压却大不相同，因为他站在离接地体较远的地方用手摸电动机的外壳，而此处地面电位几乎为零，所以他所承受的电压实际上就是电动机外壳的对地电压即是相电压，显然就会使人触电，这种触电称为接触电压触电。

2. 电伤

电伤是电流的热效应、化学效应、机械效应等对人体所造成的伤害，此伤害多见于机体的外部，往往在机体表面留下伤痕。能够形成电伤的电流通常比较大。电伤属于局部伤害，其危险程度决定于受伤面积、受伤深度、受伤部位等。电伤包括电烧伤、电烙印、皮肤金属化、机械损伤、电光眼等各种伤害。电烧伤是最为常见电伤、大部分触电事故都含有电烧伤成分。电烧伤可分为电流灼伤和电弧烧伤。

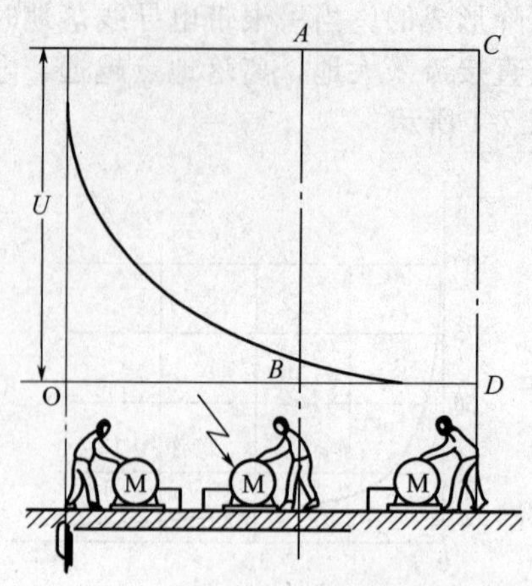

图 7-6 接触电压触电

电流灼伤是人体同带电体接触，电流通过人体时，因电能转换成的热能引起的伤害。由于人体与带电体的接触面积一般都不大，且皮肤电阻又比较高，因而产生在皮肤与带电体接触部位的热量就较多，因此，使皮肤受到比体内严重得多的灼伤。电流愈大、通电时间愈长、电流途径上的电阻越大，则电流灼伤越严重。由于接近高压带电体时会发生击穿放电，因此，电流灼伤一般发生在低压电气设备上。因电压较低，形成电流灼伤的电流不太大。但数百毫安的电流即可造成灼伤，数安的电流则会形成严重的灼伤。在高频电流下，因皮肤电容的旁路作用，有可能发生皮肤仅有轻度灼伤而内部组织却被严重灼伤的情况。

电弧烧伤是由弧光放电造成的烧伤。电弧发生在带电体与人体之间，有电流通过人体的烧伤称为直接电弧烧伤；电弧发生在人体附近，对人体形成的烧伤以及被熔化金后溅落的烫伤称为间接电弧烧伤。弧光放电时电流很大，能量也很大，电弧温度高达数千摄氏度，可造成大面积的深度烧伤，严重时能将机体组织烘干、烧焦，电弧烧伤既可以发生在高压系统，也可以发生在低压系统。在低压系统，带负荷（尤其是感性负荷）拉开裸露的闸刀开关时，产生的电弧会烧伤操作者的手部和面部；当线路发生短路，开启式熔断器熔断时，炽热的金属微粒飞溅出来会造成灼伤；因误操作引起短路也会导致电弧烧伤。在高压系统，由于误操作，会产生强烈的电弧，造成严重的烧伤，人体过分接近带电体，其间距小于放电距离时，直接产生强烈的电弧，造成电弧烧伤，严重时会出电弧烧伤而死亡。

在全部电烧伤的事故当中，大部分事故发生在电气维修人员身上。

电烙印是电流通过人体后，在皮肤表面接触部位留下与接触带电体形状相似的斑痕，斑痕处皮肤变硬，失去原来弹性和色泽，表层坏死，失去知觉。如同烙印。

皮肤金属化是由高温电弧使周围金属熔化、蒸发并飞溅渗透到皮肤表层内部造成的。受伤部位呈现粗糙、张紧现象，并呈特殊颜色（多为青黑色或褐红色）。需要解释的是，皮肤金属化多在弧光放电时发生，而且一般都伤在人体的裸露部位，与电弧烧伤相比，皮肤金属化并不是主要伤害。

电光眼的表现为角膜和结膜发炎。弧光放电时辐射的红外线、可见光、紫外线都会损伤眼睛。在短暂照射的情况下，引起电光眼的主要原因是紫外线。

机械损伤多数是由于电流作用于人体，使肌肉产生非自主的剧烈收缩造成的，其损伤包括肌腱、皮肤、血管、神经组织断裂以及关节脱位乃至骨折等。

（二）触电伤害程度的影响因素

触电所造成的各种伤害，都是由于电流对人体的作用而引起的，它是指电流通过人体内部时对人体造成的种种有害作用。如电流通过人体时，会引起针刺感、压迫感、打击感、痉挛、疼痛、血压升高、心律不齐、昏迷，甚至心室颤动等症状。

电流对人体的伤害程度，也就是影响触电后果的因素主要包括：通过人体电流的大小、电流通过人体的持续时间与具体途径、电流的种类与频率高低、人体的健康状况等。其中，以通过人体电流大小和触电时间的长短最为主要。

1. 电流大小的影响

电流的大小直接影响人体触电的伤害程度，不同的电流会引起人体不同的反应，通过人体电流越大，人体的生理反应越明显，感觉越强烈，引起心室颤动所需的时间越短，致命的危险性就越大。对于常用的工频交流电，按照通过人体的电流大小，将会呈现出不同的人体生理反应。根据人体对电流的反应，习惯上将触电电流分为感知电流、反应电流、摆脱电流和心室纤颤电流。

2. 电流持续时间的影响

人体触电时间越长，电流对人体产生的热伤害、化学伤害及生理伤害愈严重。一般情况下，工频电流 15～20mA 以下及直流电流 50mA 以下，对人体是安全的。但如果触电时间很长，即使工频电流小到 8～10mA，也可能使人致命。显然，通电时间越长，使越容易引起心室颤动，触电的危险性也就越大。电流对人体作用与通电时间关系可参考图 7-7。图中 a 以左的Ⅰ区是没有感觉的区域，a 是人体有感觉的起点；a 与 b 之间的Ⅱ区是开始有感觉但一般没有病理伤害的区域；b 和 c 之间的区域是有感觉但一般不引起心室颤动的区域；c 与 d 之间的区域是有心室颤动危险的区域；d 以右的区域是心室颤动危险很大的区域。

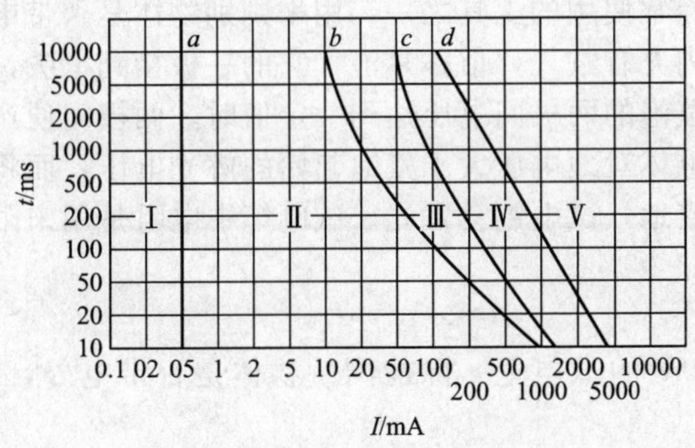

图 7-7　电流对人体作用区域划分图

3. 电流流经途径的影响

电流流过人体途径，也是影响人体触电严重程度的重要因素之一。电流通过大脑是最危险的，会立即引起死亡，但这种触电事故极为罕见。绝大多数场合是由于电流刺激人体心脏引起心室纤维性颤动致死。因此大多数情况下，触电的危险程度是取决于通过心脏的电流大小。由试验得知，电流在通过人体的各种途径中，流经心脏的电流占人体总电流的百分比如表 7-2 所示。

表 7-2　不同途径流经心脏电流的比例

电流通过人体的途径	通过心脏的电流占通过人体总电流的比例	电流通过人体的途径	通过心脏的电流占通过人体总电流的比例
从一只手到另一只手	3.8%	从右手到脚	6.7%
从左手到脚	3.7%	从一只脚到另一只脚	0.4%

可见，当电流从手到脚及从一只手到另一只手时，触电的伤害最为严重。电流纵向通过人体，比横向通过人体时更易发生心室颤动，故危险性更大；电流通过脊髓时，很可能使人截瘫；若通过中枢神经，会引起中枢神经系统强烈失调，造成窒息而导致死亡。

4. 电流频率的影响

经研究表明，人体触电的危害程度与触电电流频率有关。一般地来说，频率在 30～300Hz 的电流对人体触电的伤害程度最为严重。低于或高于此频率段的电流对人体触电的伤害程度明显减轻。如在高频情况下，人体能够承受更大的电流作用。但并不是说就没有危险性。

5. 人体电阻的影响

在一定电压作用下，流过人体的电流与人体电阻成反比。因此，人体电阻是影响人体触电后果的另一因素。人体电阻由表面电阻和体积电阻构成。表面电阻即人体皮肤电阻，对人体电阻起主要作用。有关研究结果表明，人体电阻一般在 1000～3000Ω 范围内。

人体皮肤电阻与皮肤状态有关，随条件不同在很大范围内变化。如皮肤在干燥、洁净、无破损的情况下，可高达几十千欧，而潮湿的皮肤，其电阻可能在 1000Ω 以下。同时，人体电阻还与皮肤的粗糙程度有关。

【相关技术应用】

一、试电笔的正确使用

1. 试电笔的原理

试电笔是广大电工经常使用的工具之一，用来判别物体是否带电。它的内部构造是一只有两个电极的灯泡，泡内充有氖气，俗称氖泡，它的一极接到笔尖，另一极串联一只高电阻后接到笔的另一端。当氖泡的两极间电压达到一定值时，两极间便产生辉光，辉光强弱与两极间电压成正比。当带电体对地电压大于氖泡起始的辉光电压，而将试电笔的笔尖端接触它时，另一端则通过人体接地，试电笔会发光。试电笔中电阻是用来限制流过人体的电流，以免发生危险。

2. 试电笔使用方法

低压试电笔（测 220V 的试电笔）除能测量物体是否带电外，还能做一些其他的辅助测量。

① 判断感应电。用一般试电笔测量较长的三相线路时，即使三相交流电源缺一相，也很难判断出是哪一根电源线缺相，原因是线路较长，并行的线与线之间有线间电容存在，使得缺相的某一根导线产生感应电，使电笔氖管发亮。此时可用试电笔的氖管并接一只 1500pF 的小电容（耐压应取大于 250V），这样在测带电线路时，电笔仍可照常发光；如果测得的是感应电，电笔就不亮或微亮，据此可判断出所测得电源是否为感应电。

② 判别交流电源同相或异相。两只手各持一支试电笔，站在绝缘物体上，把两支笔同时触及待测的两条导线，如果两支试电笔的氖管均不太亮，则表明两条导线是同相电，若两支试电笔氖管发出很亮的光，说明两条导线是异相。

③ 区别交流电和直流电。交流电通过试电笔时，氖管中两极会同时发亮；而直流电通过时，氖管里只有一个极发亮。

④ 判别直流电的正负极。把试电笔跨接在直流电的正、负极之间，氖管发亮的一头是负极，不发亮的一头是正极。

⑤ 用试电笔测知直流电是否接地并判断是正极还是负极接地。在要求对地绝缘的直流

装置中，人站在地上用试电笔接触直流电，如果氖管发亮，说明直流电存在接地现象；若氖管不发亮，则不存在直流电接地，当试电笔尖端的一极发亮，是说明正极接地，若手握笔端的一极发亮，则是负极接地。

⑥ 作为零线监视器。把试电笔一头与零线相连接，另一头与地线连接，如果零线断路，氖管即发亮。

⑦ 判别物体是否产生有静电。手持试电笔在某物体周围寻测如氖管发亮，证明该物体上已有静电。

⑧ 判断电气接触是否良好。若氖管光源闪烁，则表明为某线头松动，接触不良或电压不稳定。

3. 注意事项

① 使用试电笔之前，首先要检查试电笔里有无安全电阻，再直观检查试电笔是否有损坏，有无受潮或进水，检查合格后才能使用。

② 使用试电笔时，不能用手触及试电笔前端的金属探头，这样做会造成人身触电事故。

③ 使用试电笔时，一定要用手触及试电笔尾端的金属部分，否则，因带电体、试电笔、人体与大地没有形成回路，试电笔中的氖泡不会发光，造成误判，认为带电体不带电，这是十分危险的。

④ 在测量电气设备是否带电之前，先要找一个已知电源测一测试电笔的氖泡能否正常发光，能正常发光，才能使用。

⑤ 在明亮的光线下测试带电体时，应特别注意试电笔的氖泡是否真的发光（或不发光），必要时可用另一只手遮挡光线仔细判别。千万不要造成误判，将氖泡发光判断为不发光，而将有电判断为无电。

二、绝缘手套的正确使用

1. 绝缘手套的类型

绝缘手套是用绝缘性能良好的特种橡胶制成，且薄、柔软，有足够的绝缘强度和机械强度。绝缘手套可以使人的两手与带电体绝缘，防止人手同时触及同一电位带电体或同时触及不同电位带电体而触电，在现有的绝缘安全用具中，使用范围最广，用量最多。按所用的原料可分为橡胶和乳胶绝缘手套两大类。

绝缘手套的规格有12kV和5kV的两种，12kV的绝缘手套实验电压达12kV，在1kV以上的高压区作业时，只能用作辅助安全防护用具，不得接触带电设备；在1kV以下带电作业区作业时，可用作基本安全用具，即戴手套后，两手可以接触1kV以下的有电设备（人身其他部分除外）。5kV绝缘手套，适用于电力工业、工矿企业和农村中一般低压电气设备。在电压1kV以下的电压区作业时，用作辅助安全用具；在250V以下电压作业区，可作为基本安全用具；在1kV以上的电压区作业时，严禁使用此种绝缘手套。

① 耐5kV的橡胶绝缘手套是用绝缘橡胶片模压硫化成型的五指手套。

② 耐12kV的绝缘橡胶手套是用绝缘橡胶片模压硫化成型的五指手套，为米黄色、褐色，质地柔软、耐曲折。规格有380型，适合于电力工业以及工矿企业中操作高低压电力设备时戴用。这种手套在使用电压1kV以上的高压区作业，只能作辅助安全防护用品，不得接触有电设备。

2. 绝缘手套使用方法

在使用绝缘手套时，应按《电业安全工作规程》中的有关规定进行。绝缘手套的试验每6个月一次，试验电压（交流）高压绝缘手套是9kV，泄漏电流9mA；低压绝缘手套试验电压是2.5kV，泄漏电流5mA。不符要求时，应立即停止使用。绝缘手套的检验方法和其他注意事项如下。

① 使用经检验合格的绝缘手套（每半年检验一次）。

② 绝缘手套使用前应进行外观检查，如发现有发黏、裂纹、破口（漏气）、气泡、发脆等损坏时应禁止使用。对绝缘手套进行气密性检查，具体方法为将手套从口部向上卷，稍用力将空气压至手掌及指头部分检查上述部位有无漏气，如有则不能使用。

③ 使用绝缘手套时应将上衣袖口套入手套筒口内。

④ 使用时注意防止尖锐物体刺破手套。

⑤ 进行设备验电，倒闸操作，装拆接地线等工作应戴绝缘手套。

⑥ 使用后注意存放在干燥处，并不得接触油类及腐蚀性药品等。

三、绝缘靴的正确使用

绝缘靴是使用绝缘材制定的一种安全鞋。所谓绝缘，是指用绝缘材料把带电体封闭起来，借以隔离带电体或不同电位的导体，使电流不能按一定的通路流通。良好的绝缘是保证设备和线路正常运行的必要条件，也是防止触电事故的重要措施。

绝缘鞋使用方法如下。

① 应根据作业场所电压高低正确选用绝缘鞋，低压绝缘鞋禁止在高压电气设备上作为安全辅助用具使用，高压绝缘鞋（靴）可以作为高压和低压电气设备上辅助安全用具使用。但不论是穿低压或高压绝缘鞋（靴），均不得直接用手接触电气设备。

② 布面绝缘鞋只能在干燥环境下使用，避免布面潮湿。

③ 绝缘鞋（靴）不可有破损。

④ 穿用绝缘靴时，应将裤管套入靴筒内。穿用绝缘鞋时，裤管不宜长及鞋底外沿条高度，更不能长及地面，保持布帮干燥。

⑤ 非耐酸碱油的橡胶底，不可与酸碱油类物物质接触，并应防止尖锐物刺伤。低压绝缘鞋若底花纹磨光，露出内部颜色时则不能作为绝缘鞋使用。

四、触电的防护措施

（1）采用安全电压　安全电压值取决于人体允许电流和人体电阻的大小。中国规定工频安全电压的上限值，即在任何情况下，两导体之间或导体与地面之间均不得超过工频有效值为50V。这一限制是根据人体允许电流30mA和人体电阻1700Ω的条件下确定的。

国家标准规定，安全电压额定值的等级为42V、36V、24V、12V、6V。当电气设备采用了超过24V电压时，必须采取防止人直接接触带电体的保护措施。

凡手提照明灯、危险环境和特别危险环境的局部照明灯、高度不足2.5m的一般照明灯、危险环境和特别危险环境中使用的携带式电动工具，如果没有特殊安全结构或安全措施，应采用36V安全电压；凡工作地点狭窄，行动不便，以及周围有大面积接地导体的环境（如金属容器内、隧道或矿井内等），所使用的手提照明灯应采用12V安全电压。

（2）保证绝缘性能　绝缘是指利用绝缘材料相对带电体进行封闭相隔离，使之不能对人身安全产生威胁。一般使用的绝缘物有瓷、云母、橡胶、胶木、塑料、布、纸、矿物油等。绝缘电阻可用来衡量电气设备的绝缘性能，是一个最基本的指标。足够的绝缘电阻能把电气设备的泄漏电流限制在很小的范围内，可以防止漏电引起的事故。不同电压等级的电气设备，有不同的绝缘电阻要求，并要定期进行测定。此外，电工作业人员还应正确使用绝缘用具，穿着绝缘靴、鞋。绝缘台、绝缘夹钳和绝缘杆的示意图如图7-8所示。

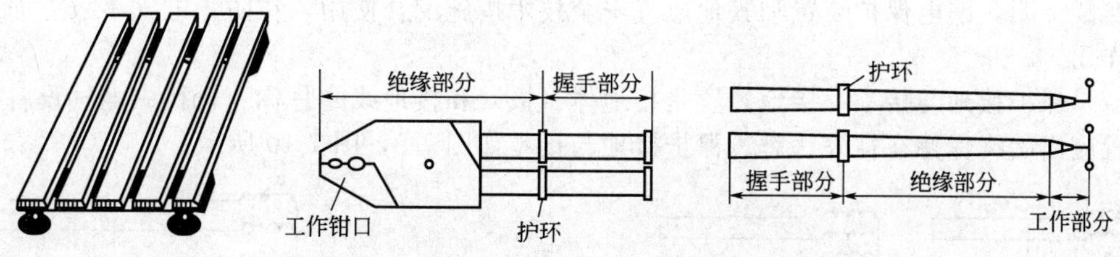

图 7-8　绝缘台、绝缘夹钳和绝缘杆示意图

另外，双重绝缘和加强绝缘是在基本绝缘的直接接触电击防护的基础上，通过结构上附加绝缘或加强绝缘，使操作具备了间接接触电击防护功能的安全措施。安全电压和漏电保护的保护原理，本质上都是将作用于人体的电流能量限制到没有危险的程度，不同之处是前者的着眼点在于对带电部分的电压值进行限制，后者的着眼点在于对作用于人体的电流强度和作用时间进行限制。双重绝缘、加强绝缘、安全电压和漏电保护均属兼有直接接触电击和间接接触电击防护的安全措施。

(3) 采用屏护　屏护是一种对电击危险因素进行隔离的手段，即采用遮拦、护罩、护盖、箱匣等把危险的带电体同外界隔离开来，以防止人体触及或接近带电体所引起的触电事故。屏护还起到防止电弧伤人，防止弧光短路及便利检修工作的作用。

屏护可分为屏蔽和障碍（或称阻挡物），两者的区别在于后者只能防止人体无意识触及或接近带电体，而不能防止有意识移开、绕过或翻越该障碍触及或接近带电体。从这点来说，前者属于一种完全的防护，而后者是一种不完全的防护。

屏护装置主要用于电气设备不便于绝缘或绝缘不足以保证安全的场合。如开关电气的可动部分一般不能包以绝缘，因此需要屏护。对于高压设备，由于全部绝缘往往有困难，因此，不论高压设备是否有绝缘，均要求加装屏护装置。室内、外安装的变压器和变配电装置应装有完善的屏护装置。当作业场所邻近带电体时，在作业人员与带电体之间、过道、入口等处均应装设可移动的临时性屏护装置，必须满足《防护屏安全要求》（GB 8197—87）的规定。

(4) 保持安全距离　安全距离是指带电体与地面之间，带电体与其他设备和设施之间，带电体与带电体之间必要的安全距离。安全距离的作用是防止人体触及或接近带电体造成触电事故；避免车辆或其他器具碰撞或过分接近带电体造成事故；防止火灾、过电通放电及各种短路事故，以及方便操作。在间距的设计选择时，既要考虑安全的要求，同时也要符合人—机工效学的要求。

不同电压等级、不同设备类型、不同安装方式、不同周围环境所要求的安全距离不同。

(5) 合理选用电气装置　合理选用电气装置是减少触电危险和火灾爆炸危害的重要措施。选择电气设备时主要根据周围的环境，如在干燥少尘的环境中，可以采用开启式或封闭式电气设备；在潮湿和多尘的环境中，应采用封闭式电气设备；在有腐蚀性气体的环境中，必须采用封闭式电气设备；在易燃易爆的环境中，必须采用防爆式电气设备。

(6) 装设漏电保护装置　漏电保护是利用漏电保护装置来防止电气事故的一种安全技术措施。漏电保护装置又称为剩余电流保护装置（RCD）。漏电保护装置是一种低压安全保护电器，主要用于单相电击保护，也用于防止由漏电引起的火灾，还可用于检测和切断各种一相接地故障。漏电保护装置的功能是提供间接接触电击保护，而额定漏电动作电流不大于30mA 的漏电保护装置，在其他保护措施失效时，也可作为直接接触电击的补充保护，但不能作为基本的保护措施。

实践证明，漏电保护装置和其他电气安全技术措施配合使用，在防止电气事故方面有显著的作用。

(7) 保护接地与接零　接地装置是接地体（极）和接地线的总称。运行中电气设备的接地装置应当始终保持在良好状态。保护接地与接零如图 7-9，图 7-10 所示。

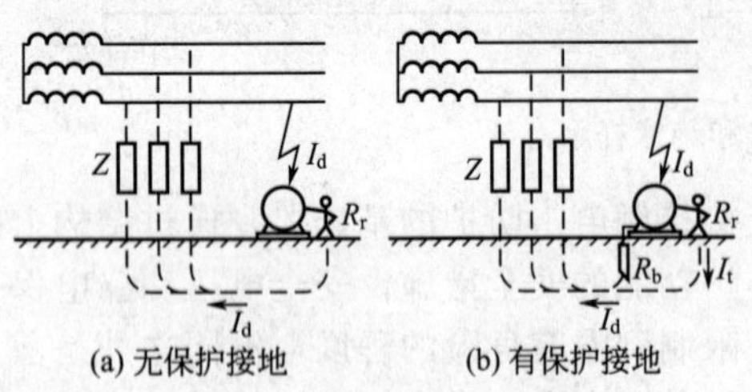

图 7-9　保护接地原理示意图

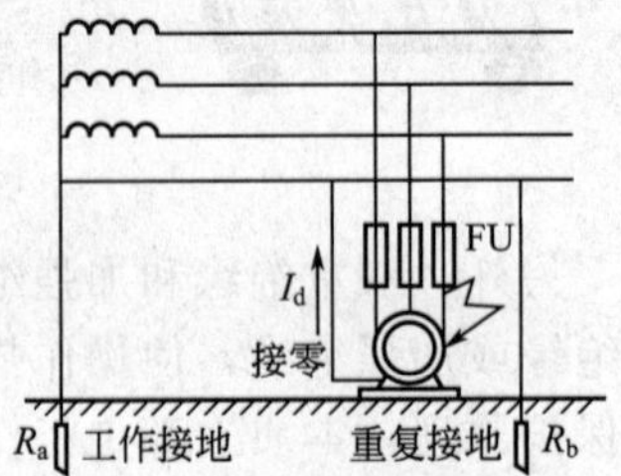

图 7-10　保护接零原理示意图

① 自然接地体和人工接地体。自然接地体是用于其他目的，且与土壤保持紧密接触的金属导体。例如，埋设在地下的金属管道（有可燃或爆炸建介质的管道除外）、金属井管，与大地有可靠连接的建筑物的金属结构、水工构筑物及类似构筑物的金属管、桩等自然导体均可用作自然接地体。利用自然接地体不仅可以节省钢材和施工费用，还可以降低电阻和等化地面及设备间的电位，如果有条件，应当优先利用自然接地体。当自然接地体的接地电阻符合要求时，可不敷设人工接地体（发电厂和变电所除外）。在利用自然接地体的情况下，应考虑到自然接地体拆装或检修时，接地体被断开，断口处出现的电位差及接地电阻发生变化的可能性。自然接地体至少应有两根导体在不同地点与接地网相连（线路杆塔除外）。利用自来水管及电缆的铅、铅包皮作接地体时，必须取得主管部门同意，以便互相配合施工和检修。

② 接地线。交流电气设备应优先利用自然导体作接地线，在非爆炸危险环境，如自然接地线有足够的截面积，可不再另行敷设人工接地线。

如果车间电气设备较多，宜敷设接地干线。各电气设备外壳分别与接地干线连接，而接地干线经两条连接线与接地体连接。各电气设备的接地支线应单独与接地干线或接地体相连，不应串联连接。接地线的最小尺寸亦不得小于规定的数值。

五、电气灭火

火灾发生后，电气设备和电气线路可能是带电的，如不注意，可能引起触电事故。根据现场条件，可以断电的应断电灭火；无法断电的则带电灭火。电力变压器、多油断路器等电气设备充有大量的油，着火后可能发生喷油甚至爆炸事故，造成火焰蔓延，扩大火灾范围，这是必须加以注意的。

1. 触电危险和断电

电气设备或电气线路发生火灾，如果没有及时切断电源，扑救人员身体或所持器械可能接触带电部分而造成触电事故。使用导电的灭火剂，如水枪射出的直流水柱、泡沫灭火器射出的泡沫等射至带电部分，也可能造成触电事故。火灾发生后，电气设备可能因绝缘损坏而碰壳短路；电气线路可能因电线断落而接地短路，使正常时不带电的金属构架、地面等部位带电，也可能导致接触电肤或跨步电压触电。

因此，发现起火后，首先要设法切断电源。切断电源应注意以下几点。

① 火灾发生后，由于受潮和烟熏，开关设备绝缘能力降低，因此，拉闸时最好用绝缘工具操作。

② 高压应先操作断路器而不应该先操作隔离开关闭断电源，低压应先操作电磁启动器

而不应该先操作刀开关切断电源，以免引起弧光短路。

③ 切断电源的地点要选择适当，防止切断电源后影响灭火工作。

④ 剪断电线时，不同相的电线应在不同的部位剪断，以免造成短路。剪断空中的电线时，剪断位置应选择在电源方向的支持物附近，以防止电线剪后断落下来、造成接地短路和触电事故。

2. 带电灭火安全要求

有时，为了争取灭火时间，防止火灾扩大、来不及断电；或因灭火、生产等需要，不能断电，则需要带电灭火。带电灭火须注意以下几点。

① 应按现场特点选择适当的灭火器。二氧化碳灭火器、干粉灭火器的灭火剂都是不导电的，可用于带电灭火。泡沫灭火器的灭火剂（水溶液）有一定的导电性，而且对电气设备的绝缘有影响，不宜用于带电灭火。

② 用水枪灭火时宜采用喷雾水枪，这种水枪流过水柱的泄漏电流小，带电灭火比较安全。用普通直流水枪灭火时，为防止通过水柱的泄漏电流通过人体，可以将水枪喷嘴接地（即将水枪接入埋入接地体，接向地面网络接地板，或接向粗铜线网络鞋套）；也可以让灭火人员穿戴绝缘手套、绝缘靴或穿戴均压服操作。

③ 人体与带电体之间保持必要的安全距离。用水灭火时，水枪喷嘴至带电体的距离如下。电压为10kV及其以下者不应小于3m，电压为220kV及其以上者不应小于5m；用二氧化碳等有不导电灭火剂的灭火器灭火时，机体、喷嘴至带电体的最小距离：电压为10kV者不应小于0.4m，电压为35kV者不应小于0.6m等。

④ 对架空线路等空中设备进行灭火时，人体位置与带电体之间的仰角不应超过45°。

3. 充油电气设备的灭火

充油电气设备的油，其闪点多在130～140℃之间，有较大的危险性。如果只在该设备外部起火，可用二氧化碳、干粉灭火器带电灭火。如火势较大，应切断电源，并可用水灭火。如油箱破坏，喷油燃烧，火势很大时，除切断电源外，有事故贮油坑的应设法将油放进贮油坑，坑内和地面上的油火可用泡沫扑灭，要防止燃烧着的油流入电缆沟而顺沟蔓延，电缆沟内的油火只能用泡沫覆盖扑灭。

发电机和电动机等旋转电机起火时，为防止轴和轴承变形，可令其慢慢转动，用喷雾水灭火，并使其均匀冷却；也可用二氧化碳或蒸气灭火，但不宜用干粉、沙子或泥土灭火，以免损伤电气设备的绝缘。

六、触电的急救

1. 触电后症状

局部表现有不同程度的烧伤、出血、焦黑等现象。烧伤区与正常组织界线清楚。或全身机能障碍，如休克、呼吸心跳停止。致死原因是由于电流引起脑（延髓的呼吸中枢）的高度抑制及心肌的抑制，心室纤维性颤动。触电后的损伤与电压、电流以及导体接触体表的情况有关。电压高、电流强、电阻小而体表潮湿，易致死。如果电流仅从一侧肢体或体表传导入地，或肢体干燥、电阻大，可能引起烧伤而未必死亡。

2. 触电急救的步骤

① 触电急救。首先要使触电者迅速脱离电源，切断电源，拉下电闸，或用不导电的竹、木棍将导电体与触电者分开。在未切断电源或触电者未脱离电源时，切不可触摸触电者；电流作用的时间越长，伤害越重。

② 对呼吸和心跳停止者，应立即进行拳击复苏或口对口的人工呼吸和心脏胸外挤压，直至呼吸和心跳恢复为止。如呼吸不恢复，人工呼吸至少应坚持4h或出现尸僵和尸斑时方

可放弃抢救。有条件时直接给予氧气吸入更佳。

③ 在就地抢救的同时，尽快呼叫医务人员或向有关医疗单位求援。用呼吸中枢兴奋药，针刺人中和十宣穴。在心跳停止前禁用强心剂。

3. 救护时的注意事项

① 救护人员切忌直接用手、其他金属或潮湿的物件作为救护工具，而必须使用干燥绝缘工具。

② 防止触电者脱离电源后摔倒，造成二次伤害。

③ 救护中要耐心坚持。

用电安全及施救如图 7-11。

(1) 电气设备要有必要的屏蔽和说明

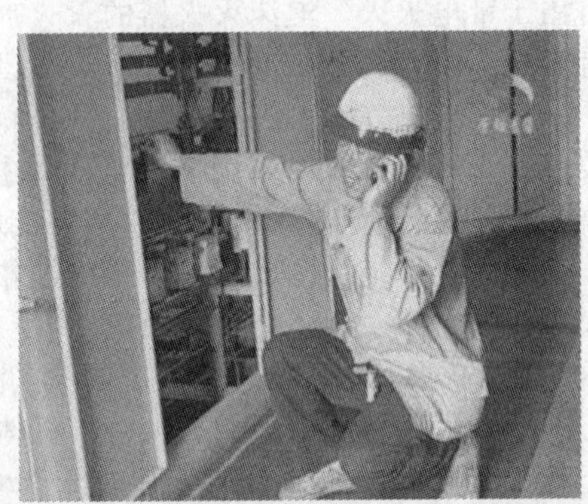

(2) 电气设备维修心不在焉定会酿成事故

(3) 救护人员要用绝缘工具救助触电人员

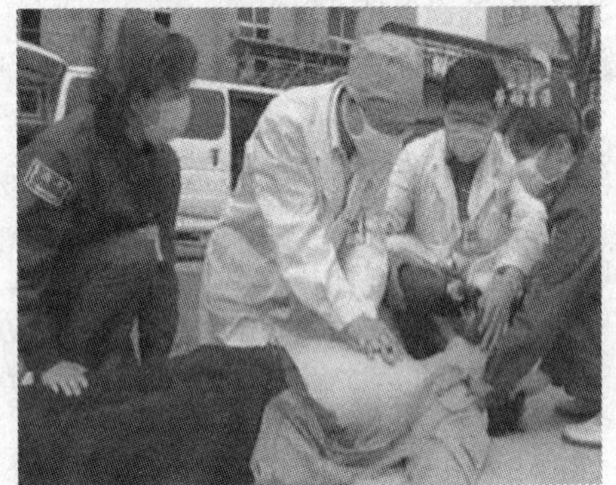

(4) 应该对触电人员及时进行现场急救

图 7-11 用电安全及施救示意图

【检查与评价】

1. 案例总结。
2. 学生对触电保护措施的理解。
3. 学生能在电气着火时进行灭火。
4. 学生的触电现场处置能力和应变能力。

【课外作业】

1. 网络作业（见扬州工业职业技术学院精品课程网 http://skyclass. ypi. edu. cn/ec-webpage-show/checkCourseNumber. do? courseNumber＝010814）。

2. 电气事故特点有哪些？电气事故的类型有哪几种？
3. 触电伤害程度与哪些因素有关？
4. 试电笔如何正确使用？
5. 触电的防护措施有哪些？
6. 触电后如何进行急救？

情境八

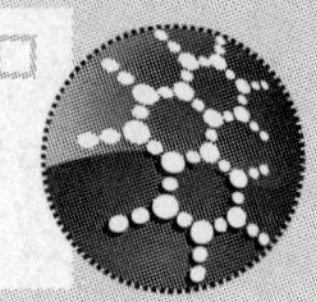

静电安全防护与管理

教学目的与要求

知识目标 掌握静电安全基本知识，熟练掌握静电消除的基本方法，了解静电危害及特性；

能力目标 学会静电触电引起的安全防护技术措施；

情感目标 学生具有安全意识，现场处置能力、应变能力和团结协作精神的培养。

【教学引导案例】

静电引发“2005.9.28”燃爆事故

2005年9月28日凌晨6时39分，开发区某公司的板材工厂，在做投产各项准备，对二楼的浆液贮槽进行了甲基丙烯酸甲酯（MMA）清洗，洗涤后发现槽底有块状固体异物，操作工王某在打开人孔盖后发现在槽内壁上部有一圈薄膜状固体聚合块付着，立刻向班长汇报，班长指令王某用MMA冲洗后发现无效果。刘某在木棒（3m长）前端缠上白布，斜着从人孔伸进去捅捣内壁上薄膜。王某在人孔的上方观察内部脱落状况。在捅捣下第一块薄膜后开始捅捣第二块的时候，槽内发生燃爆，在事故中有两位员工发生了烧伤。

一、分析点评

1. 事故分析

① 直接原因。设备清洗中，使用木棒捅捣薄膜状固化物时因摩擦产生了静电。当固化块被捅下掉落时，静电在膜与槽内壁之间产生空隙，发生了放电。此时槽内虽然没有MMA液体，但MMA气体浓度正好处于爆炸极限浓度内，于是造成了瞬间起火爆燃。

② 间接原因

a. 操作人员安全意识不强，明知浆液贮槽内存在MMA蒸气，且此种操作无操作标准书属于非正常操作行为，在未进行可燃气体测试、未向科长汇报的情况下擅自实施异物去除作业而发生事故。

b. 安全管理制度不健全。制造科对于可能存在的非正常作业未制定管理规定和联络途径，关键设备的人孔盖没有采取防止随意打开的措施。

c. 安全教育培训不够。虽然受伤人员在上岗前都接受过公司的三级安全教育、危险化学品知识教育及静电方面的安全教育，但是从该起事故看出，两受伤人员对 MMA 蒸气的危害性及有关静电方面的知识掌握不牢。

2. 事故教训与防范措施

① 规范设备清洗作业，在火灾爆炸空间作业严格按照规范使用防静电工具。

② 加强操作人员安全培训，增强安全意识，提高非正常操作行为防范事故的能力。

③ 健全安全管理制度。制造科对于可能存在的非正常作业制定管理规定和联络途径，关键设备的人孔盖采取防止随意打开的措施。

④ 严格开展三级安全教育及日常安全教育培训。切实提高人员对 MMA 蒸气的危害性及有关静电方面的知识认知和事故处理能力。

二、课堂思考

1. 在化工生产中，静电的危害主要有哪些？

2. 本次事故的主要原因有哪些？如何防止和消除静电？

【教学讨论案例】

菏泽海润化工有限公司小井乡黄庄贮备库 11.23 爆燃事故

2009 年 11 月 23 日 13 时 17 分，菏泽海润化工有限公司小井乡黄庄贮备库发生粗苯运输车辆燃烧事故，造成 1 人死亡，1 人受伤。2009 年 11 月 23 日 8 时左右，菏泽海润化工有限公司刘喜林给安全员郭凤田打电话说找到了运输粗苯的车辆，10 时 30 分左右刘喜林、郭凤田、穆勇敢三人在东明县石油公司油库集合后，由穆勇敢驾驶运输粗苯的车（鲁 R82660）一起去菏泽海润化工有限公司小井乡黄庄贮备库。11 时 30 分左右到达。他们到达 1 个多小时以后，运输车辆司机就把车停到了存贮罐前，连接好泵开始从贮存罐往罐车里充装粗苯，充装 15min 时，穆勇敢上到罐车上查看前面的罐口（罐的前后各有一个开启口），看装满没有。然后又走到后面的罐口查看了一下，又走回前面的罐口附近对刘喜林说装得太慢了，也就是在他们说话的同时，大概 13 时 17 分时左右发生了爆燃。然后罐车冒出浓烟。刘喜林从开始装车一直在罐车上（后罐口附近），郭凤田在控制电泵的闸刀前，看闸刀。郭凤田见此情况，就立即拉下闸刀，然后跑到贮罐前关掉贮罐的阀门。郭凤田立即拨打 119、120 急救电话，消防队来后把火扑灭。此次事故造成穆勇敢死亡，刘喜林受伤。

一、分析点评

1. 事故分析

① 据调查分析，驾驶员穆勇敢违反危险化学品运输车辆的相关规定，单独开车运输危险化学品未配戴必需的劳保用品及服装，而是穿戴不防静电的普通服装，在罐车上来回走动。衣服上的静电点燃了苯-空气混合气体，是造成事故的直接原因。

② 公司的安全员在装车现场自己没有按规定穿着劳保服装，发现穆勇敢和刘喜林未穿戴劳保服装未加制止；主要负责人没有担负起企业安全生产管理主要负责人的责任，在发生爆燃事故后没有及时采取有效措施组织抢救，未上报安全事故，且逃匿；现场工作人员普遍安全意识差，违章操作，安全生产管理较乱；东明县提供车量的公司对所挂靠车辆的从业人员培训教育不够，监管不力，是造成这次事故的间接原因。

2. 事故教训与防范措施

① 完善预案。根据本单位所涉及危险物品的性质和危险特性，对每一项危险物品都要制定专项应急救援预案。同时，根据有关法律、法规、标准的变动情况，应急预案演练情况以及企业作业条件、设备状况、人员、技术、外部环境等不断变化的实际情况，及时补充修订完善预案。

② 加强教育培训。加强对作业人员和救援人员安全生产和应急知识的培训，使其了解作业场所危险源分布情况和可能造成人身伤亡的危险因素，提高自救互救能力。

③ 组织应急演练。企业应结合自身特点，开展应急演练，使作业和施救人员掌握逃生、自救、互救方法，熟悉相关应急预案内容，提高企业和应急救援队伍的应急处置能力，做到有序、有力、有效、科学、安全施救。

④ 加强装备建设。为专兼职救援队伍配备必要、先进的救援装备，从而提高防护和施救能力及效果。

二、课堂讨论

1. 苯有哪些理化性质？工业上苯主要应用在哪些领域？

2. 本次事故的主要原因有哪些？易燃易爆化学物料在使用、贮存、运输过程中有何安全技术要求？

【相关知识介绍】

一、静电的产生

1. 静电的起电

静电通常是指静止电荷，它是由物体间的相互摩擦或感应产生的。静电现象是一种常见的带电现象。摩擦能够产生静电是人们早就知道的，在干燥的天气中用塑料梳子梳头，可以听到清晰的劈啪声；夜晚脱衣服时，还能够看见明亮的蓝色小火花；冬天、春天的北方或西北地区，有时会在客人握手寒暄之际，出现双方骤然缩手或几乎跳起的喜剧场面，这是由于客人在电毯或木质地板上走动，电荷积累又无法泄漏，握手时发生了轻微电击的缘故。这些生活中静电现象，一般由于电量有限，尚不致造成多大危害。但为什么摩擦能够产生静电呢？实验证明，不仅是摩擦时，只要两种物质紧密接触而后再分离时，就可能产生静电。静电产生是同接触电位差和接触面上的双电层直接相关的，有内因和外因两个方面，静电产生内因主要有以下几点。

① 物质的溢出功不同。任何两种固体物质，当两者作相距小于 25×10^{-8} cm 的紧密接触时，在接触界面上会产生电子转移现象，这是由于各种物质溢出功不同的缘故。两物质相接触时，逸出功较小的一方失去电子带正电，而另一方就获得电子带负电。

② 物质的电阻率不同。电阻率高的物体，其导电性能差，带电层中的电子移动较困难，为静电荷积聚创造了条件。

③ 介电常数（电容率）不同。在具体配置条件下，物体的电容与电阻结合起来决定了静电的消散规律。如果液体的介电常数大于 20，并以连续性存在及接地，一般说来，无论是运输还是贮存都不可能积累静电。

产生静电的外因有多种，如物体的紧密接触和迅速分离（摩擦、撞击、撕裂、挤压等），促使静电的产生；带电微粒附着到与地绝缘的固体上，使之带上静电；感应起电；固定的金属与流动的液体之间会出现电解起电；固体材料在机械力的作用下产生压电效应；流体、粉末喷出时，与喷口剧烈摩擦而产生喷出带电等。需要指出的是，静电产生的方式不是单一的，而是几种方式共同作用的结果。如摩擦起电的过程中，就包括了接触起电、热电效应起电、压电效应起电等几种方式。

在工业生产中，静电现象也是很常见的。特别是石油化工部门、塑料、化纤等合成材料生产部门，橡胶制品生产部门，印刷和造纸部门，纺织部门以及其他制造、加工、运输高电阻材料部门，都会经常遇到有害的静电。

2. 固体静电

固体静电可直接用双电层和接触电位差的理论来解释。双电层上的接触电位差是极为有限的，而固体静电电位高达数万伏以上，其原因不在于静电电量大（工艺过程中局部范围内的静电电量一般只是微库级的），而在于电容的变化，电容器上的电压 U、电量 Q、电容 C 三者之间保持 $U=Q/C$ 的关系。对于平板电容器，其电容为：

$$C=\varepsilon S/d$$

式中　ε——极间电介质的介电常数；

S——极板面积；

d——极间距离。

由上述关系可以导出：$U=Qd/\varepsilon S$。

这就是说，当 Q，ε，S 不变时，U 与 d 成正比。将两种相接近的两个带电面看成是电容器的极板。紧密接触时，其间距离只有 25×10^{-8}cm。若二者分开为 1cm，距离即增大为 400 万倍。因此，如接触电位差仅为 0.01V，则在不考虑分开时电荷逆流的情况下，二者之间的电压高达 40kV。应当指出，不仅平面接触产生的静电有这种情况，由其他方式产生的静电也有类似的情况。由此不难理解静电电压高的道理。

固体物质大面积的接触-分离或大面积的摩擦，以及固体物质的粉碎等过程中，都可能产生强烈的静电。橡胶、塑料、纤维等行业工艺过程中的静电高达数万伏，甚至数十万伏，如不采取有效措施，很容易引起火灾。

3. 人体静电

在从毛衣外面脱下合成纤维衣料的衣服时，或经头部脱下毛衣时，在衣服之间或衣服与人体之间，均可能发生放电。这说明人体及衣服在一定条件下是会产生静电的。人在活动过程中，人的衣服、鞋以及所携带的用具与其他材料摩擦或接触-分离时，均可能产生静电。例如，人穿混纺衣料的衣服坐在人造革的椅子上，如人和椅子的对地绝缘都很高，则当人起立时，由于衣服与椅面之间的摩擦和接触-分离，人体静电高达 10kV 以上。

液体或粉体从人拿着的容器中沥出或流出时，带走一种极性的电荷，而人体上将留下一种极性的电荷。人体是导体，在静电场中可能感应起电而成为带电体，也可能引起感应放电。

如果空间存在带电尘埃、带电水沫或其他带电粒子，并为人体所吸附，人体也能带电。人体静电与衣服料质、操作速度、地面相和鞋底电阻、相对湿度、人体对地电容等因素有关。因为人体活动范围较大，而人体静电又容易被人们忽视，所以往往是酿成静电灾害的重要原因之一。

4. 粉体静电

粉体只不过是处在特殊状态下的固体，其静电的产生符合双电层的基本原理。粉体物料的研磨、搅拌、筛分或高速运动时，粉体颗粒与颗粒之间及粉体颗粒与管道壁、容器壁或其他器具之间的碰撞、摩擦、以及由于破断都会产生有害的静电。塑料粉、药粉、面粉、麻粉、煤粉和金属粉等各种粉体部可能产生静电，粉体静电电压可高达数万伏。

与整块固体相比，粉体具有分散性和悬浮性的特点，由于分散性，使得粉体表面积比同样材料、同样质量的整块固体的表面积要大很多倍。例如，把直径 100mm 的球状材料分散成等效直径为0.1mm的粉体时，表面积增加1000倍以上。表面积的增加，使得静电更容易产生。表面积增加即材料与空气的接触面积的增加，这使得材料的稳定度降低，因此，虽然整块的聚乙烯是很稳定的，而粉体聚乙烯却可能发生强烈的爆炸。由于粉体处于悬浮状态，颗粒与大地之间总是通过空气绝缘的，而与组成粉体的材料是否是绝缘材料无关，因此，铝铂、镁粉等金属粉体也能产生和积累静电。

5. 液体静电

液体在流动、过滤、搅拌、喷雾、喷射、飞溅、冲刷、灌注和剧烈晃动等过程中，可能产生十分危险的静电。

在产电渗透、电解、电泳等物理过程，液体与固体前接触面上也会出现双电层。如图8-1所示，紧贴分界面的电荷层只有一个分子直径的厚度、是不随液体流动的固定电荷层。

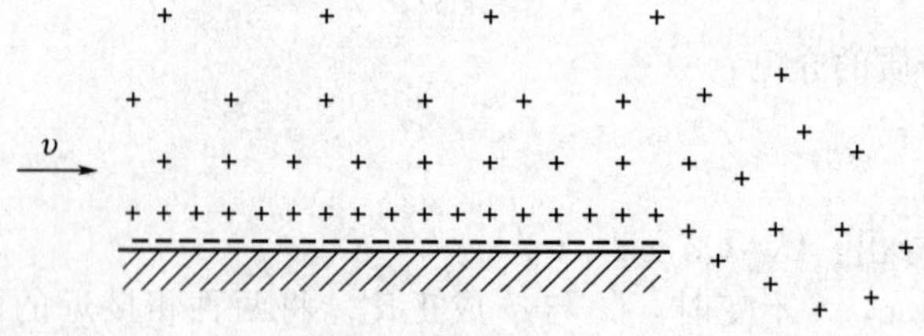

图 8-1 液体双电层

与其相邻的异性电荷层为数十至数百倍分子直径的随液体流动的滑移电荷层，如果液体在管道内呈紊流状态，则滑移的电荷被搅动，不局限在某一范围，而近似地沿管道断面均匀分布。显然，液体流动的一种极性的电荷随液体流动，形成所谓流动电流。由于流动电流的出现，管道的终端容器里将积累静电电荷。

6. 蒸气和气体静电

蒸气或气体在管道内高速流动或由阀门缝隙高速喷出时，会产生危险的静电。蒸汽产生静电类似流体产生静电。即其静电也是由于接触-分离和分裂等原因产生的。完全纯净的气体是不会产生静电的，但由于气体内往往含有灰尘、铁末、干冰、液滴、蒸汽等固体颗粒或液体颗粒，通过这些颗粒的碰撞、移擦、分裂等过程可产生静电，喷漆是含有大量杂质的气体高速喷出，会产生比较强的静电。蒸气和气体静电比固休和液体的静电要弱一些，但也能高达万伏以上。

二、静电的危害

在化工生产工艺过程中，静电的危害主要有三个方面，可能引起爆炸和火灾，也可能给人以电击，还可能妨碍生产，其中，爆炸或火灾是最大的危害和危险。

1. 爆炸和火灾

静电能量虽然不大，但因其电压很高而容易放电，如果所在场所有易燃物质，又有由易燃物质形成的爆炸性混合物（包括爆炸性气体和蒸汽）以及爆炸性粉尘等，即可能由静电火花引起爆炸或火灾。

静电放电可引起可燃液体蒸气、可燃气体以及可燃性粉尘的着火、爆炸。由静电火花引起的爆炸和火灾事故是静电最为严重的危害，从已发生的事故实例中看，由静电引起的火灾、爆炸事故常见于一些轻质油料及化学溶剂，如汽油、煤油、酒精、苯等容易挥发，可与空气形成爆炸性混合物的轻质油料。在这些液体的载运、搅拌、过滤、注入、喷出和流出等工艺过程中，容易由静电火花引起爆炸和火灾。与轻质油料相比，重油和渣油的危险性较小，但其静电的危险依然存在、而且也有爆炸和火灾的事例。

金属粉末、药品粉末、合成树脂和天然树脂粉末、燃料粉末和农作物粉末等都能与空气形成爆炸性混合物。在这些粉末的磨制、干燥、筛分、收集、输送、倒装及其他有摩擦、撞击、喷射、振动的工艺过程中，都比较容易由静电火花引起爆炸和火灾。

塑料、橡胶、造纸等行业经常用的一些化学溶剂，也能形成爆炸性混合物。在其原料搅拌、制品挤压和分离、摩擦等工艺过程中，容易由静电火花引起火灾，甚至引起爆炸。

氢气、乙炔等气体易形成爆炸性混合物，易燃液体的蒸汽或气体高速喷射时容易由静电引起爆炸。水蒸气高速喷射时也能引起乙炔的爆炸性混合物爆炸。

应当指出，带静电的人体接近接地导体或其他导体，以及接地的人体接近带电的物体时，均可能发生火花放电，导致爆炸或火灾。对于静电引起的爆炸和火灾，就行业性质而言，以炼油、化工、橡胶、造纸、印刷和粉末加工等行业事故最多。就工艺种类而言，以输送、装卸、搅拌、喷射、开卷和卷绕、涂层、研磨等工艺过程事故最多。导体放电时，其上电荷全部消失，其静电场贮存的能量一次集中释放，有较大的危险性。

在化工操作过程中，操作人员在活动时，穿的衣服、鞋以及携带的工具与其他物体摩擦时，就可能产生静电。当携带静电荷的人走近金属管道和其他金属物体时，人的手指或脚趾会释放出电火花，往往酿成静电灾害。

2. 静电电击

橡胶和塑料制品等高分子材料与金属摩擦时，产生的静电荷往往不易泄漏。当人体接近这些带电体时，就会受到意外的电击。这种电击是从带电体向人体发生放电，电流流向人体而产生的。同样，当人体带有较多静电荷时，电流流向接地体，也会发生电击现象。

静电电击不是电流持续通过人体的电击，而是静电放电造成的瞬间冲击性的电击。冲击电流引起心室颤动使人致命的界限为0.054A。

对于静电，人体相当于导体，放电时其有关部分的电荷一次性消失，即能量集中释放，危险性较大。但这种危险性主要是就引起爆炸和火灾而言的，对于电击来说，由于生产工艺过程中积累的静电能量总是有限的，一般不能达到使人致命的界限。

生产和工艺过程中产生的静电所引起的电击不致直接使人致命，但是，不能排除由静电电击导致严重后果的可能性。例如，人体可能因静电电击而坠落或摔倒，造成二次事故，静电电击还可能引起工作人员紧张而妨碍工作，屡次遭受电击后产生恐惧心理，从而降低工作效率等。

在上海某轮胎厂的卧式截断机上，测得橡胶布静电的电位是20kV到28kV，当操作人员接近橡胶布时，头发会竖立起来。当手靠近时，会受到强烈的电击。人体受到静电电击时反应见表8-1。

表8-1　静电电击时人体的反应

静电电压/kV	人体反应	备　注
1.0	无任何感觉	
2.0	手指外侧有感觉但不痛	发生微弱的放电响声
2.5	放电部分有针刺感，有些微颤样的感觉，但不痛	
3.0	有像针刺样的痛感	可看到放电时的发光
4.0	手指有微痛感，好像用针深深地刺一下的痛感	
5.0	手掌至前腕有电击痛感	由指尖延伸放电的发光
6.0	感到手指强烈疼痛，受电击后手腕有沉重感	
7.0	手指、手掌感到强烈疼痛，有麻木感	

续表

静电电压/kV	人体反应	备　注
8.0	手掌至前腕有麻木感	
9.0	手腕感到强烈疼痛，手麻木而沉重	
10.0	全手感到疼痛和电流流过感	
11.0	全手感到剧烈麻木，全手有强烈的触电感	
12.0	有较强的触电感，全手有被狠打的感觉	

3. 影响和妨碍生产

静电对化工生产的影响，主要在粉体加工、塑料、橡胶和感光胶片加工过程中，在某些生产过程中，如不消除静电，将会妨碍生产或降低产品质量。

在纺织行业及有纤维加工的行业，特别是随着涤纶，腈纶，锦纶等合成纤维材料的应用，静电问题变得十分突出。例如，在抽丝过程中，静电会使丝飘动，粘合，纠结等而妨碍工作。在纺纱，织布过程中，橡胶辊轴与丝，纱摩擦及其他原因产生静电，可能导致乱纱，挂条，缠花，断头等而妨碍工作。在印染过程中，由于静电电场力的作用，部件或布料可能吸附灰尘等而降低产品质量，甚至影响缠卷，使卷绕不紧。

在粉体加工行业，生产过程中产生的静电除带来火灾和爆炸危险外，还会降低生产效率，影响产品质量。例如，粉体筛分时，由于静电电场力的作用吸附细微的粉末，使筛目变小而降低生产效率；在气流输送时，管道的某些部位由于静电作用，积存一些被输送物料，减小了管道的流通面积，使输送效率降低；在球磨时，因为钢球带电而吸附了一层粉末，这不但会降低球磨的粉碎效果，而且这一层粉末脱落下来混进产品中，会影响产品细度，降低产品质量。在计量时，由于计量器具吸附粉体，还会造成误差，影响投料或包装重量的正确性；粉体装袋时，由于静电斥力的作用，使得粉体四散飞扬，既损失粉体，又污染了环境等。

在塑料和橡胶行业，由于制品与辊轴的摩擦或制品的挤压和拉伸，会产生较多静电。除火灾和爆炸危险外，由于静电不能迅速消散会吸附大量灰尘，而为了清扫灰尘要花费很多时间，浪费了工时，塑料薄膜还会因静电作用而缠绕不紧。在印花或绘画的情况下，静电力使油墨移动，会大大降低产品质量。

在印刷行业，纸张上的静电可能导致纸张不能分开，粘在传动带上，使套印不准，折收不齐；油墨受力移动会降低印刷质量等。

随着科学技术的现代化，化工生产普遍采用了电子计算机，由于静电的存在可能会影响到电子计算机的正常运行，致使系统发生误动作而影响生产。

但静电也有其可以被利用的一面。静电技术作为一项先进的技术，在工业生产中已经得到越来越广泛的应用。如静电除尘、静电喷漆、静电植绒、静电选矿、静电复印等都是利用静电的特点来进行工作的。它们是利用外加能源来生产高压静电场，与生产工艺过程产生的有害静电不尽相同。

三、静电的特性

① 化工生产过程中产生的静电电量都很小，但电压却很高，其放电火花的能量大大超过某些物质的最小着火点，所以易引起着火爆炸，是很危险的。

② 在绝缘体上静电泄漏很慢，这样就使带电体保留危险状态的时间也长，危险程度相应增加。

③ 绝缘的静电导体所带的电荷平时无法导走，一有放电机会，全部自由电荷将一次经

放电点放掉，因此带有相同数量静电荷和表观电压的绝缘的导体要比非导体危险性大。

④ 远端放电（静电于远处放电）。若厂房中一条管道或部件产生了静电，其周围与地绝缘的金属设备就会在感应下将静电扩散到远处，并可在预想不到的地方放电，或使人体受到电击。它的放电是发生在与地绝缘的导体上，自由电荷可一次全部放掉，因此危害性很大。

⑤ 尖端放电。静电电荷密度随着表面曲率增大而升高，因此在导体尖端部分电荷密度最大，电场最强，能够产生尖端放电。尖端放电可导致火灾、爆炸事故的发生，还可使得产品质量受损。

⑥ 静电屏蔽。静电场可以用导体的金属元件加以屏蔽。如可以用接地的金属网、容器将带静电的物体屏蔽起来，不使外界遭受静电危害。相反，被屏蔽的物体不受外电场感应起电，也是一直“静电屏蔽”。静电屏蔽在安全生产上广为利用。

【相关技术应用】

静电防治技术

静电最为严重的危险是引起爆炸和火灾，因此，静电安全防护主要是对爆炸和火灾的防护。当然，一些防护措施对于防护静电电击和消除影响生产的危害也是同样是有效的。

静电引起燃烧爆炸的基本条件有四个，一是有产生静电的来源；二是静电得以积累，并达到足以引起火花放电的静电电压；三是静电放电的火花能量达到爆炸性混合物的最小点燃能量；四是静电火花周围有可燃性气体、蒸汽和空气形成可燃性气体混合物。因此只要采取适当技术措施，消除以上四个条件中的任何一个，就能防止静电引起的火灾爆炸。

一、环境危险程度的控制

静电引起爆炸和火灾的条件之一是有爆炸性混合物存在。为了防止静电的危害，可采取以下控制所在环境爆炸和火灾危险性的措施。

(1) 取代易燃介质　在很多可能产生和积累静电的工艺过程中，要用到有机溶剂和易燃液体，并由此带来爆炸和火灾的危险。在不影响工艺过程的正常运转和产品质量且经济上合理的情况下，用不可燃介质代替易燃介质是防止静电引起的爆炸和火灾的重要措施之一。采用这种措施不但对于防止静电引起的爆炸和火灾是有效的，而且对于防止其他原因引起的爆炸和火灾也是有效的。例如，用三氯乙烯，四氯化碳，苛性钠代替汽油、煤油作洗涤剂有良好的防爆效果。

(2) 降低爆炸性混合物的浓度　在爆炸和火灾危险环境，采用通风装置或抽气装置及时排出爆炸性混合物，使混合物的浓度不超过爆炸下限，可防止静电引起爆炸的危险。

(3) 减少氧化剂含量　这种方法实质上是充填氮，二氧化碳或其他不活泼的气体，当气体、蒸气或粉尘爆炸性混合物中氧的含量不超过 8%时即不会燃烧。

比较常见的是充填氮或二氧化碳降低混合物的含氧量。但是，对于镁，铝，锆，钍等粉尘爆炸性混合物，充填氮或二氧化碳是无效的。

二、工艺控制

工艺控制是从工艺上采取适当的措施，限制和避免静电的产生和积累。工艺控制方法很多，应用很广，是消除静电危害的重要方法之一。

(1) 材料的选用　在存在摩擦而且容易产生静电的场合，生产设备宜选用与生产物料相同的材料。在某些情况下，还可以考虑采用位于静电序列中段的金属材料制成生产设备，以减轻静电的危害。选用导电性较好的材料可限制静电的产生和积累。例如，为了减少皮带上的静电，除皮带轮采用导电材料制作外，皮带也宜采用导电性较好的材料制作，或者在皮带上涂以导电性涂料。

根据现场条件，为了有利于静电的泄漏，减轻火花放电和感应带电的危险，可采用阻值为 $1\times10^{7}\sim1\times10^{9}\Omega$ 左右的导电性工具。

在有静电危险的场所，工作人员不应穿着丝绸，人造纤维或其他高绝缘衣料制作的衣服，以免产生静电危险。

(2) 限制摩擦速度或流速　降低摩擦速度或流速等工艺参数可限制静电的产生。例如，为了限制产生危险的静电，烃类燃油在管道内流动时，流速与管径应满足以下关系。

$$v^2D\leqslant0.64$$

式中　v——流速，m/s；

D——油管直径，m。

允许流速与液体电阻率有着十分密切的关系。当电阻率不超过 $1\times10^{5}\Omega\cdot m$ 时，允许流速不超过 10m/s；当电阻率在 $1\times10^{5}\sim1\times10^{9}\Omega\cdot m$ 之间时，允许流速不超过 5m/s；当电阻率超过 $1\times10^{9}\Omega\cdot m$ 时，允许流速决定于液体性质、管道直径、管道内壁光滑程度等条件，不可一概而论，但 1.2m/s 的流速一般是允许的。

(3) 增强静电消散过程　在产生静电的工艺过程中，总是包含着静电产生和静电消散两个区域。两个区域中电荷交换的规律是不一样的。在静电产生的区域主要是分离成电量相等而电性相反的电荷，即产生静电；在静电消散的区域，带静电物体上的电荷经泄漏或松弛而消散。基于这一规律，设法增强静电的消散过程，可消除静电的危害。

随着流速的降低，静电消散过程变得比较突出，在输送工艺过程中，在管道的末端加装一个直径较大的松弛容器，可大大降低液体在管道内流动时积累的静电。为了防止静电放电，在液体灌装，循环或搅拌过程中不得进行取样，检测或测温操作。进行上述操作前，应使液体静置一定的时间，使静电得到足够的消散或松弛。此外，为了消除感应静电的危险，料斗或其他容器内不得有不接地的孤立导体。

(4) 消除附加静电　在工艺过程中，产生静电的区域（如输送管道）总是不可缺少的环节，要想做到不产生静电是很困难的，甚至是不可能的。但是，对于工艺过程中产生的附加静电，往往是可以设法防止的。在贮存容器内，注入液流的喷射和分裂，液体或粉体的混合和搅动，气泡通过液体，以及粉体飞扬等均可能产生附加静电。

为了避免液体在容器内喷射或溅射，应将注油管延伸至容器底部，而且，其方向应有利于减轻容器底部积水或沉淀物搅动。

三、接地和屏蔽

(1) 导体接地　接地是消除静电危害最常见的方法，它主要是消除导体上的静电。金属导体应直接接地。

为了防止火花放电，应将可能发生火花放电的间隙跨接连通起来，并予以接地，使其各部位与大地等电位。不仅产生静电的金属部分应当接地，而且为了防止感应静电的危险，其他不相连接但邻近的金属部分也应接地。

(2) 导电性地面　采用导电性地面，实质上也是一种接地措施。采用导电性地面不但能泄漏设备上的静电，而且有利于泄漏聚集在人体上的静电。导电性地面是用电阻率为 $1\times10^{8}\Omega\cdot m$ 以下的材料制成的地面，如混凝土，导电橡胶，导电合成树脂，导电木板，导电水磨石和导电瓷砖等地面。在绝缘板上喷刷导电性涂料，也能起到与导电性地面同样的作用。采用导电性地面或导电性涂料喷刷地面时，地面与大地之间的电阻不应超过 1MΩ，地面与接地导体的接触面积不宜小于 $10cm^2$。

（3）绝缘体接地　接地现象如图 8-2 所示，对于产生和积累静电的高绝缘材料，即对于电阻率为 $1\times10^{9}\Omega\cdot m$ 以上的固体材料和电阻率为 $1\times10^{10}\Omega\cdot m$ 以上的液体材料，即使与接地导体接触，其上静电变化也不大。这说明一般接地对于消除高绝缘体上的静电效果是不大的。而且，对于产生和积累静电的高绝缘材料，如经导体直接接地，则相当于把大地电位引向带电的绝缘体，有可能反而增加火花放电的危险性。电阻率为 $1\times10^{7}\Omega\cdot m$ 以下的固体材料和电阻率为 $1\times10^{8}\Omega\cdot m$ 以下的液体材料不容易积累静电。因此，为了使绝缘体上的静电较快地泄漏，绝缘体宜通过为 $1\times10^{6}\Omega$ 或稍大一些的电阻接地。

图 8-2　接地符号及现象

（4）屏蔽　它是用接地导体（即屏蔽导体）靠近带静电体放置，以增大带静电体对地电容，降低带电体静电电位，从而减轻静电放电的危险。应当注意到，屏蔽不能消除静电电荷。此外，屏蔽还能减小可能的放电面积，限制放电能量，防止静电感应。

四、增湿

前面说过，随着湿度的增加，绝缘体表面上形成薄薄的水膜。该水膜的厚度只有 1×10^{-5}cm，其中含有杂质和溶解物质，有较好的导电性，因此，它能使绝缘体的表面电阻大大降低，能加速静电的泄漏。应当指出，增湿主要是增强静电沿绝缘体表面的泄漏，而不是增加通过空气的泄漏。因此，对于表面容易形成水膜，即对于表面容易被水润湿的绝缘体，如醋酸纤维，硝酸纤维素，纸张，橡胶等，增湿对消除静电是有效的；而对于表面不能形成水膜，即表面不能被水润湿的绝缘体，如纯涤纶，聚四氟乙烯，增湿对消除静电是无效的。对于表面水分蒸发极快的绝缘体，增湿也是无效的。对于孤立的带静电绝缘体，空气增湿以后，虽然其表面能形成水膜，但没有泄漏的途径，对消除静电也是无效的。而且在这种情况下，一旦发生放电，由于能量的释放比较集中，火花还比较强烈。

允许增湿与否以及允许增加湿度的范围，需根据生产要求确定。从消除静电危害的角度考虑，保持相对湿度在 70％以上较为适宜。当相对湿度低于 30％时，产生的静电是比较强烈的。为防止大量带电，相对湿度应在 50％以上；为了提高降低静电的效果，相对湿度应提高到 65％～70％；对于吸湿性很强的聚合材料，为了保证降低静电的效果，相对湿度应提高到 80％～90％。应当注意，空气的相对湿度在很大程度上受温度的影响。增湿的方法不宜用于消除高温环境里的绝缘体上的静电。

五、抗静电添加剂

抗静电添加剂是化学药剂，具有良好的导电性或较强的吸湿性。因此，在容易产生静电的高绝缘材料中，加入抗静电添加剂，能降低材料的体积电阻率或表面电阻率，加速静电的泄漏，消除静电的危险。对于固体，若能将其体积电阻率降低至 $1\times10^{7}\Omega\cdot m$ 以下，或将其表面电阻率降低至 $1\times10^{8}\Omega\cdot m$ 以下，即可消除静电的危险。对于液体，若能将其体积电阻率降低至 $1\times10^{8}\Omega\cdot m$ 以下，即可消除静电的危险。使用抗静电添加剂是从根本上消除静电危险的办法，但应注意防止某些抗静电添加剂的毒性和腐蚀性造成的危害。这应从工艺状况，生产成本和产品使用条件等方面考虑使用抗静电添加剂的合理性。

在橡胶行业，为了提高橡胶制品的抗静电性能，可采用炭黑、金属粉等添加剂。在石油行业，可采用油酸盐、环烷酸盐、铬盐、合成脂肪酸盐等作为抗静电添加剂，以提高石油制品的导电性，消除静电危险。例如，某种汽油加入少量以油酸和油酸盐为主的抗静电添加剂以后，石油制品的电阻率大大降低，消除了静电的危险。这种微量的抗静电添加剂并不影响石油制品的理化性能。在有粉体作业的行业，也可以采用不同类型的抗静电添加剂。应当指出，对于悬浮粉体和蒸气静电，因其每一微小的颗粒（或小珠）都是互相绝缘的，所以，任何抗静电添加剂都不起作用。

六、静电中和器

静电中和器又叫静电消除器，静电中和器是能产生电子和离子的装置。由于产生了电子和离子，物料上的静电电荷得到相反极性电荷的中和，从而消除静电的危险。静电中和器主要用来中和非导体上的静电。尽管不一定能把带电体上的静电完全中和掉，但可中和至安全范围以内。与抗静电添加剂相比，静电中和器具有不影响产品质量，使用方便等优点。静电中和器应用很广，种类很多，按照工作原理和结构的不同，大体上可以分为感应式中和器，高压式中和器，放射线式中和器和离子风式中和器。

(1) 感应式中和器　它的工作原理如图 8-3 所示，生产物料上的静电在放电针感应出极性相反的电荷，并在针尖附近形成很强的电场。当局部电场强度超过 30kV/cm 时，空气被电离，形成电晕放电，产生正离子和负离子。在电场的作用下，正、负离子分别向生产物料和放电针移动，静电电荷得到中和。液体管道用静电中和器的结构如图 8-4 所示，其全长 1m 左右，向内装放电针 5 环，每环 3 支。

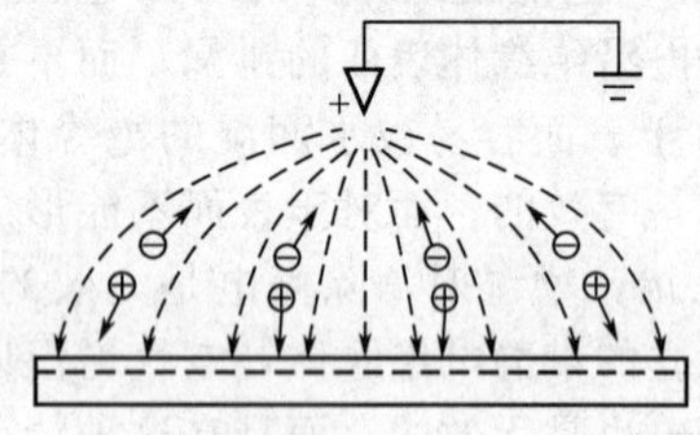

图 8-3　感应式中和器原理

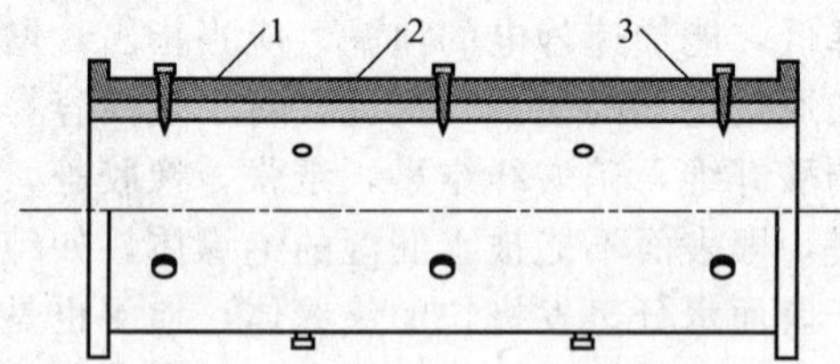

图 8-4　液体管道静电中和器

1—管道；2—绝缘套管；3—放电针

感应式静电中和器的优点是不需要外加电源，结构简单，容易制作，安装和维修也比较方便，引燃危险性很小。缺点是不能消除临界电压（一般在 2.2～5.8kV 之间）以下的静电，即消电不够彻底，而且作用范围小，范围半径一般只有 10～20mm。感应式中和器可用于橡胶，塑料，造纸，纺织，石油化工等行业。感应式静电中和器应装在静电电压较高的位置。

(2) 高压式中和器　高压中和器带有高压电源，即主要由高压电源和多支放电针的电晕放电器组成。高压中和器是利用高电压在放电针尖端附近，造成强电场使空气电离来进行工作的，如图 8-5 所示。

高压中和器种类很多，按电流种类可分为交流高压中和器和直流高压中和器。交流高压中和器又可分为工频高压中和器和高频高压中和器；交流高压中和器还可分为直接耦合（经电阻耦合或经电容耦合）型静电中和器和间接耦合（经分布电容耦合）型静电中和器。按照有无送风结构，可分为普通型静电中和器和离子风型静电中和器。按防爆性能可分为防爆型

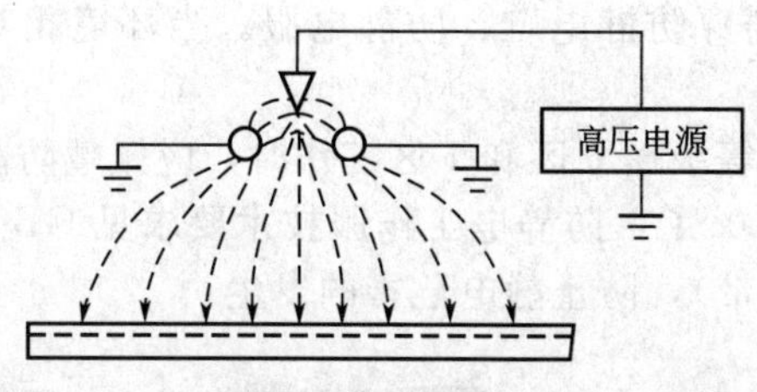

图 8-5　高压中和器原理

和非防爆型静电中和器。

高压中和器可用于化纤，橡胶，塑料，印刷，纺织等行业。直流高压中和器和放电针直接耦合的交流高压中和器，可能产生足以引燃爆炸性混合物爆炸的火花放电，不能用于有爆炸危险的环境。高压中和器的高压电源，高压配线以及电晕发生器应作为整体安装，各部分连接必须良好。为了可靠，一台高压电源不宜同时供给数台电晕放电器使用。高压电源和高压配线不应设在高温（60℃以上），高湿（相对湿度 80%以上）或有腐蚀性介质的环境；电源和配线应安装牢固；电源和配线所在位置应当不容易被人触及，不容易被他物损伤，但应当容易检查，观察和维修。为提高可靠性和减少损耗，高压配线应尽量短。为防止连接部位发生电晕放电，所有接头应采用专门连接器。

电晕发生器安装位置的选择与感应式中和器相同。电晕发生器应与带电体垂直安装，其间距在 2～10cm 范围内选择。电晕发生器不应装在有水或水蒸气喷出或容易受到污染的场所。除高压电极外其他金属部分均应接地。

与感应式中和器相比，高压中和器的结构和维修都比较复杂；除直流高压中和器外，其他高压中和器的作用范围也都很小。但是，由于高压中和器不是靠感应，而是靠外接高压电源来产生电晕的，其消除静电比较彻底。

(3) 放射线中和器　它是利用放射线同位素使空气电离，产生正离子和负离子，中和生产物料上的静电。放射线中和器由放射源，屏蔽框和保护网组成。放射源采用厚 0.3～0.5mm 的片状元件，用紧固件固定在屏蔽框底部。屏蔽框应有足够的厚度，以防止射线穿泄危害。中和器前面装有保护网，以防止工作人员意外地直接接触到放射源。

放射线中和器的放射性同位素元件应有铅制屏蔽装置或其他屏蔽装置，且中和器只能在特定方向上使空气电离，发挥中和作用。放射线中和器应有坚固外壳，以防止机械损伤。放射线中和器结构简单，不要求外加电源，而且工作时不产生火花，适用于有火灾和爆炸危险的环境。放射线中和器可用于化工，橡胶，纺织，造纸，印刷等行业。

静电消除器的选择，应根据工艺条件和现场环境等具体情况而定，操作人员要保证消除器的有效工作，不能借口生产操作不便而自行拆除或挪动其位置。

七、人体防静电措施

人体带电除了使人遭到电击和对安全生产构成威胁外，还能在生产中造成质量事故。因此，消除人体所带有的静电非常必要。

1. 防静电措施

(1) 人体接地　在人体必须接地的场所，工作人员应随时用手接触接地棒，以清除人体所带有的静电。在易燃防静电场所的入口处、外侧，应有裸露的硬铝或铜等导电金属接地物，如采用接地的金属门、扶手、支架等。操作人员从通道经过，可以导除人体静电。

在有静电危害的场所，工作人员应穿戴防静电的工作服、鞋和手套，不得穿用化纤衣物，如图 8-6 所示。当气体爆炸危险场所的等级属 0 区和 1 区，且可燃物的最小点燃能量在

0.25mJ 以下时，工作人员需穿防静电鞋、防静电服。当环境相对湿度保持在 50%以上时，可穿棉工作服。

在气体爆炸危险场所的等级属 0 区和 1 区工作时，应佩戴防静电手套。防静电衣物所用材料的表面电阻率小于 $5\times10^{10}\Omega$，防静电工作服技术要求见 GB 12014。可以采用安全有效的局部静电防护措施（如腕带），防止静电危害的发生。

图 8-6　一些常见防静电的工作服、鞋

（2）工作地面导电化　特殊危险场所的工作地面，应有导电性或具备导电条件。不但能导走设备上的静电，而且有利于导除积累在人体上的静电，这一要求可通过洒水或是铺设导电垫板来实现。工作地面泄漏电阻的阻值一般应在 $3\times10^4\Omega\leqslant R\leqslant10^5\Omega$。静电危险场所的工作人员，外露穿着物（包括鞋、衣物）应具防静电或导电功能，各部分穿着物应存在电气连续性，地面应配用导电地面。

（3）安全操作　工作中，应尽量不进行可使人体带电的活动，如接近或接触带电体；操作应有条不紊，避免急骤性动作。在有静电的场所，不得携带与工作无关的金属物品，如钥匙、硬币、手表等；合理使用规定的劳动保护用品和工具，不准使用化纤材料制作的拖布或抹布擦洗物体或地面，按照标准操作规程进行操作。禁止在静电危险场所穿脱衣物、帽子及类似物，并避免剧烈的身体运动。

2. 防爆人体静电释放器的正确使用

防爆人体静电释放器是一种适用于易燃、易爆和防静电场所的人体静电释放产品。主要目的是：在易燃、易爆危险区域和防静电场所，将人体本身所积累的静电电荷安全地泄放掉，避免因人体静电而引发的火灾爆炸事故和人体电击现象的发生。

安装注意事项有以下几点。

① 必须与连接地线的物质（物体）进行连接。

② 在安装过程中必须满足能够避免明火施工而消除引发事故的条件。

③ 在安装之前必须检查半导触摸体及连接部位是否有破损现象，出现破损点严禁安装使用。

④ 在人体正常进行过程中每行走 25m，人体产生静电将高于油品蒸汽的最小点火能 0.2mJ，建议每间隔 25m 安装一枚该装置。

⑤ 在正常使用过程中保持人体与半导触摸体接触 10～15s，达到人体静电完全安全释放的目的。

⑥ 在使用过程中保持防爆静电释放触摸体的清洁。

3. 防静电手腕带的正确使用

① 手腕带必须贴紧皮肤，不要戴在衣服或手套上。

② 皮肤干燥的员工，如果测试失败，可在再次测试前，在戴手腕带处抹一些专用皮肤霜，以增加皮肤的导电性。

③ 有手腕带接地点的工位，在不影响操作的前提下，必须使用手腕带。无法使用手腕带的员工要使用防静电工作手套。

④ 员工在防静电保护区内工作时，提倡尽可能使用手腕带。

【检查与评价】

1. 案例总结。
2. 学生对静电防护措施的理解。
3. 学生对人体静电防护措施的正确使用。
4. 学生的现场处置能力和应变能力。

【课外作业】

1. 网络作业（见扬州工业职业技术学院精品课程网 http://skyclass. ypi. edu. cn/ec-webpage-show/checkCourseNumber. do? courseNumber＝010814）。
2. 静电是如何产生的？在工业生产中静电有哪些危害？
3. 静电的防治技术有哪些？人体防静电的措施有哪些？

第三篇 化工人身安全

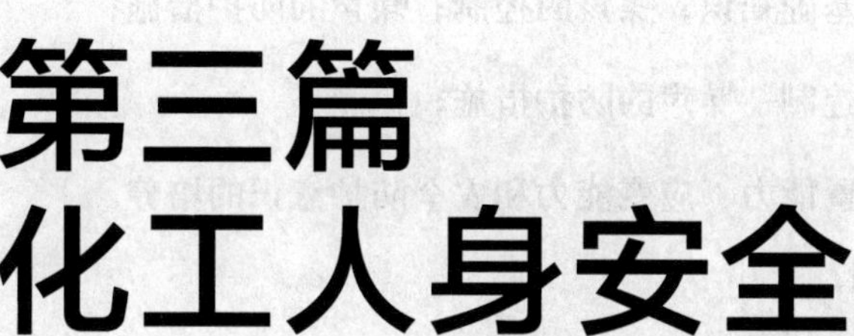

情境九

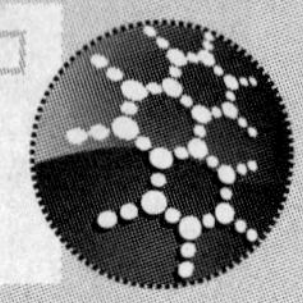

噪声安全防护与管理

教学目的与要求

知识目标 掌握噪声的基础知识；噪声的控制；噪声的防护措施；

能力目标 学会噪声的控制、噪声的防护措施；

情感目标 学生现场处置能力、应变能力和安全防护意识的培养。

【教学引导案例】

噪声环境恐怕大家都不会陌生，那么，长期在这样的环境下工作，会对身体造成什么样的伤害呢？今年67岁的腾瑞林师傅是北京化工搪瓷厂的一名铆工退休工人，他当年主要的工作就是铸造搪瓷罐，而他所在的车间也是他们厂噪声最大的一个车间。腾师傅就是一个深受噪声危害的老工人。他主要负责铸造铁，就是搪瓷。这一过程中焊口需要对接，就需要产生一个坡口，腾师傅工作的年代，没有设备，坡口都是人工打的，如果是车间里面，工人在一个大罐里面工作，在最少120dB的环境中，一天八个小时工作，滕师傅就是在这样充满噪声的环境里一干就是20多年。正是由于工作环境的影响，他的听力也日渐下降。这在他与人沟通的时候也带来了不少的麻烦。别人心平气和地说话他听不见，都需要"高八度"。年轻时充满噪声的工作环境对腾瑞林师傅听力的损伤，给他晚年生活带来了很多麻烦。腾瑞林爱人说："他要是在阳台，我没带钥匙，我敲门，门敲得跟抄家似的，他都听不见。"面对腾师傅听力的损害，腾大妈也只能透出一脸的无奈。腾师傅的症状在医学上被称为噪声聋。听力下降只是受到噪声伤害的一个方面，噪声对人身体的其他部位也同样有很大的伤害，如神经系统、心血管系统等等。比如说心血管系统，高强度的噪声，可能会引起血压的升高，另外对心脏可能也有影响。

一、分析点评

1. 事故分析

噪声是一种人们不希望听到的声音，它不仅影响着人们的情趣和健康，还干扰着人们正常的工作和学习。长期在噪声环境下的工作，如果没有采取任何有效的防护措施，将导致无可挽回的听力损失，严重的会导致职业性耳聋。职业性噪声聋是一种听觉障碍。其病因，与患者接触生产性噪声的时间、强度有极大的关系。由于生产性机械产生的噪声均连续，因而对听力的损伤是一种慢性渐进式的。其导致的职业病在症状较轻时，可通过脱离工作环境、对症治疗实现康复。对于在噪声中作业，并且工龄较长，听力损伤严重的患者，治愈的难度较大，极个别病例会留下终身残疾。

2. 事故教训与防范措施

目前我国已经把职业性耳聋列为重要的职业病之一。那么，长期在噪声的环境下工作的劳动者在工作时应该注意采取什么样的防护措施呢？噪声除了影响劳动者的听力以外对人体的其他部位是否还会有损伤呢？

日常工作中，要减少噪声职业病的发生关键还是预防。那么，现在在我们周围又有哪些行业能够产生噪声呢？比较多见就是一些机械行业，如机械的加工、车床、锻造、一些铆工、造船，另外就是纺织行业和部分化工企业。而且在众多的企业中，工人们并没有佩带耳塞。《中华人民共和国职业病防治法》二十条规定：用人单位必须采用有效的职业病防护设施，并为劳动者提供个人使用的职业病防护用品。

长期在噪声的环境下工作，工人们的听力已经受到了伤害，那么噪声会给他们带来什么样的影响呢？主要是听力的损伤。噪声聋是一种不可逆转的职业病，治疗噪声聋最乐观的结果就是不发展。那么噪声除了影响工人们的听力以外，对身体其他部分也会产生严重的影响。比如听力丧失以后，神经系统也会带来相应的改变。很多企业的工作环境会产生职业病危害，但却没有给职工提供相应的防护措施，而这样的企业并不在少数。对于这样的企业《中华人民共和国职业病防治法》第六十五条也作了相关的规定：由卫生行政部门给予警告，责令限期改正，逾期不改正的，处五万元以上二十万元以下的罚款；情节严重的，责令停止生产职业病危害的作业，或者提请有关人民政府按照国务院规定的权限责令关闭。其实对于企业来说，只要预防工作做到位，噪声对劳动者的伤害是完全可避免的，因此，为了更好的防止噪声聋职业病的发生，预防工作就显得尤为重要了。在作业环境中，要采取降低噪声的措施，要尽量使作业环境，能够达到国家的卫生标准。比如说把噪声隔离，或者是采取密闭的办法，即把产生噪声这些设备密封起来、密闭起来，另外也可以把操作的人，和这种噪声隔离起来，就形成人在一个密闭的环境中操作，这样就可以隔离一些噪声，减少噪声与人的直接接触。从个人方面，要戴一些防护用品，当然主要就是防护的耳罩了，它具有降低噪声的作用。控制职业噪声危害的技术途径主要有三条：一是控制噪声源；二是在传播途径上降低噪声；三是采取个人防护措施：如佩带护耳器。

二、课堂思考

1. 长期在噪声的直接环境下工作有什么危害？主要有哪些方面的危害？
2. 控制职业噪声危害的技术途径有哪些？

【教学讨论案例】

空压机噪声致病事件

某机械厂空压机房安装两台功率较大的空压机，厂房低矮狭窄，机房内空压机昼夜轰鸣，震耳欲聋。厂房强调经济效益差，资金缺乏，一直不安装消声装置，也不建造隔声休息室。苏某等三名工人就长期在这种强烈噪声环境中工作。经仲裁委员会约请技术部门鉴定，厂房内的噪声已经大大超过人们所能承受的最高限度。苏某等三人到空压机房工作之前均身强力壮，但连续工作两年多之后，均出现不同程度的心跳过速。其中苏某已经发展到心律不齐，经医院诊断已有明显心脏病症状，而苏某本人及其父母均无心脏病史。该厂规定，职工门诊治疗实行医药费包干，每人每月 10 元，超过不补。故苏某要求按职业病报销药费 100%。经仲裁委员会约请市职业病防治所、市劳动鉴定委员会共同鉴定后认为，苏某的疾病确因工作环境恶劣所致，应当为职业病。

一、分析点评

1. 事故分析

《中华人民共和国劳动合同法》（2007 年 6 月 29 日公布）第八条规定："用人单位招用劳动者时，应当如实告知劳动者工作内容、工作条件、工作地点、职业危害、安全生产状况、劳动报酬，以及劳动者要求了解的其他情况；用人单位有权了解劳动者与劳动合同直接相关的基本情况，劳动者应当如实说明。"第三十二条规定："劳动者拒绝用人单位管理人员违章指挥、强令冒险作业的，不视为违反劳动合同。劳动者对危害生命安全和身体健康的劳动条件，有权对用人单位提出批评、检举和控告。"国务院 1956 年颁布的《工人安全卫生规程》第七章第五十六条规定："发生强烈噪声的生产，应该尽可能在设有消音设备的单独工作房中进行。"该机械厂的做法违反了国家上述规定，对因此给职工健康所造成的危害应负有完全责任。

此案经仲裁庭调解，双方达成如下协议：该厂执行市职业安全监管部门下达的限期整改指令，空压机房停产一个月，在厂内安装好消声装置和建造隔音休息室后再恢复生产；苏某心脏病门诊医药费应报销 100%。

2. 事故教训与防范措施

《中华人民共和国劳动合同法》（2007 年 6 月 29 日公布）第八十八条规定：用人单位有下列情形之一的，依法给予行政处罚；构成犯罪的，依法追究刑事责任；给劳动者造成损害的，应当承担赔偿责任。

① 以暴力、威胁或者非法限制人身自由的手段强迫劳动的。

② 违章指挥或者强令冒险作业危及劳动者人身安全的。

③ 侮辱、体罚、殴打、非法搜查或者拘禁劳动者的。

④ 劳动条件恶劣、环境污染严重，给劳动者身心健康造成严重损害的。

加强劳动保护，健全职业安全卫生制度，切实保障劳动者在生产过程中的身体健康和生命安全是我国长期坚持的一项强制性措施。但时至今日，仍有少数生产经营单位以经济效益差为由忽视劳动保护和安全卫生，这是值得引起各级领导高度重视的。

二、课堂讨论

1. 本次事故发生的直接原因是什么？间接原因是什么？
2. 噪声有何危害？
3. 在化工生产中如何防止噪声危害？

【相关知识介绍】

一、概述

噪声是一类引起人烦躁或音量过强而危害人体健康的声音。

噪声是一种主观评价标准，即一切影响他人的声音均为噪声，无论是音乐或者机械声等等。

从环境保护的角度看，凡是影响人们正常学习，工作和休息的声音凡是人们在某些场合"不需要的声音"，都统称为噪声。如机器的轰鸣声，各种交通工具的马达声、鸣笛声，人的嘈杂声及各种突发的声响等。

从物理角度看，噪声是发声体做无规则振动时发出的声音。

噪声污染属于感觉公害，它与人们的主观意愿有关，与人们的生活状态有关，因而它具有与其他公害不同的特点。

噪声污染主要来源于交通运输、车辆鸣笛、工业噪声、建筑施工、社会噪声如音乐厅、高音喇叭、早市和人的大声说话等。

在我国，有关标准规定，住宅区噪声，白天不能超过55dB，夜间应低于45dB。世界上一些城市颁布了对交通运输所产生噪声的限制。为了防止噪声，我国著名声学家马大猷教授曾总结和研究了国内外现有各类噪声的危害和标准，提出了三条建议。

① 为了保护人们的听力和身体健康，噪声的允许值在75～90dB。

② 保障交谈和通信联络，环境噪声的允许值在45～60dB。

③ 对于睡眠时间建议在35～50dB。

还做了以下几点补充。

① 30～40dB是理想的安静环境。

② 70dB会影响谈话。

③ 长期生活在90dB以上的环境中，听力会受到严重影响并产生神经衰弱、头疼、高血压等疾病。

④ 如果突然暴露在高达150dB的噪声中，轻者鼓膜会破裂出血，双耳完全失去听力；重者则会引发心脏共振，导致死亡。

二、噪声分类与分级

噪声主要分为加性噪声和乘积性噪声。

① 加性噪声叠加在语音信号波形上，用下式表示。

$$x(i)=s(i)+n(i)$$

其中 $x(i)$ 表示含噪语音信号，$s(i)$ 表示语音信号，$n(i)$ 表示噪声信号。

② 乘积性噪声又称为卷积噪声，乘积性噪声可以通过同态变换成为加性噪声。

在对噪声进行讨论时，一般取加性噪声进行处理与研究。

$$I=(Lv-Ls)/6$$

式中　I——噪声危害指数；

Lv——噪声作业实测工作日等效连续A声级，dB；

Ls——接噪时间对应的卫生标准，dB；

6——分数常数。

依据《噪声作业分级》(LD 80—1995）规定，平均噪声作业指数 $I<1$ 级别为Ⅰ级，属轻度危害。个别机台噪声作业指数 $I>1$，级别为Ⅱ级，属中度危害。

三、噪声的来源

1. 城市环境噪声的来源

现代城市中环境噪声有四种主要来源。

(1) 交通噪声　主要指的是机动车辆、飞机、火车和轮船等交通工具在运行时发出的噪声。这些噪声的噪声源是流动的，干扰范围大。

(2) 工业噪声　主要指工业生产劳动中产生的噪声。主要来自机器和高速运转设备。

(3) 建筑施工噪声　主要指建筑施工现场产生的噪声。在施工中要大量使用各种动力机械，要进行挖掘、打洞、搅拌，要频繁地运输材料和构件，从而产生大量噪声。

等效声级施工阶段噪声不得超过下列限值。

① 推土机，挖掘机，装载机等，昼间不超过 75dB，夜间不超过 55dB。

② 种打桩机等，昼间不超过 85dB，否则禁止施工。

③ 混凝土搅拌机，振捣棒，电锯等，昼间不超过 70dB，夜间不超过 55dB。

④ 装修，吊车，升降机等昼间不超过 65dB，夜间不超过 55dB。

以上计权声级均为 A 级。

(4) 社会生活噪声 主要指人们在商业交易、体育比赛、游行集会、娱乐场所等各种社会活动中产生的喧闹声，以及收录机、电视机、洗衣机等各种家电的嘈杂声，这类噪声一般在 80dB 以下。如洗衣机、缝纫机噪声为 50～80dB，电风扇的噪声为 30～65dB，空调机、电视机为 70dB。

2. 化工企业噪声的来源

化工企业噪声来源非常广。有由于气体压力突变产生的气流噪声，如压缩空气、高压蒸汽放空、加热炉、催化“三机”室等；有由于机械的摩擦、振动、撞击或高速旋转产生的机械性噪声，如球磨机、空气锤、原油泵、粉碎机、机械性传送带等；有由于磁场交变，脉动引起电器件振动而产生的电磁噪声，如变压器等；具体说来分为以下几类。

(1) 压缩机 压缩机的噪声主要由主机的气体动力噪声及辅机的机械噪声组成。一般平时测得的噪声为 84～102dB。当压缩机开始发生喘振后，将会隔几秒钟定期地放出一个深沉而又类似吼哮的噪声。此时，压缩机已在不稳定状态下运转，转子在轴承间往复滑动，而且压迫止推轴承。转子这种水平方向的移动不可避免地要损坏压缩机轴封和轴承。每一次的喘振声表明了转子在轴承间又一次的滑动。这种喘振的声音越高，转子水平方向的作用就越强，危害性也越大，会由轻喘振到压缩机完全自行破坏。一般来说，一个机器在 3000r/min 转动要比 8000r/min 转动更加能抗喘振。

引起喘振的原因和补救办法：①排出压力太高。把压缩机后冷却器的接受器放空以降低背压，或者把进入后冷却器的冷水阀门打开。②抽气速率低。打开抗喘振阀，这就使得放出的气体可以循环回到后压缩机的进气端。③吸入气体温度高。多数的装置都备有在压缩机的吸气口的上游注入少量轻的液烃类设施，液体蒸发冷却了吸入压缩机的热气流。也可以要求上游工序降低进入压缩机的气体温度。

(2) 泵 机泵噪声主要来源于电机，电机噪声由电机本身的电磁振动所发生的电磁性噪声，尾部风扇引起的空气动力性噪声及机械噪声三部分组成。一般是 83～105dB。泵的异常噪声和振动主要是泵抽空、泵容量太大、泵的气蚀等造成的。

① 泵抽空。离心泵发出振颤的声音是因为抽空，这说明抽气的压力不足以阻止泵内液体汽化，气泡变形破碎时引起振颤，如果抽空继续下去，泵的轴封、轴瓦和叶轮均要受到损坏。阻止泵抽空最快的方法是将泵的出口节流以降低流速，然后提高泵抽出罐的液面。再就是直接停泵，最好的方法就是将泵与抽出罐的液位挂联锁。

② 泵的气蚀。气蚀发生时，泵产生噪声和振动，叶轮局部在巨大冲击力的反复作用下，材料表面疲劳从开始点蚀到形成严重的蜂窝状空洞，使叶片受到损坏。此外，气蚀严重时，由于产生大量气泡占据了液体流道的一部分空间，泵的流量压头与效率显著下降。因此，为了使泵正常运转，叶片入口处的最低压强必须维持在某一临界值以上，最低压强应大于输送温度下的液体的饱和蒸气压。在实际操作中发生气蚀后要立即对泵进行排气。

③ 泵容量太大。大容量的离心泵在降低容量情况下，运转过程中会经常发出低而暗的声音，这主要是由于在叶轮里面有内部循环。长期这样就会使转子部分损坏。唯一的方法就是增加出口流速。

对于任何振动过大的转动设备，在没有使机泵受到损坏之前，就应立即停止其工作。

(3) 阀门及管路 阀门及管路的噪声主要是带压气体摩擦管路，或突然降压排空引起周围气体扰动所产生的噪声。

阀门的异常噪声主要是由于以下几种原因：①阀座上落入异物；②高速液体使阀损坏；③切换阀用来作控制阀；④闸板阀泄漏；⑤蒸汽液体混合物流过阀体。

控制阀尖叫。处于良好状态的控制阀应当可以正常关闭。当控制阀全关闭时，如发出沉闷的叫声，说明液体通过控制阀座而有泄漏，如果阀的压力降比较大，噪声可以很高。小石子、螺丝、焊渣等杂物卡在阀上可以使关闭不严。有噪声就表明有高速流体通过阀门，如果长期下去就会磨蚀阀体。若不能将阀取出修理，最好的办法是降低上游管线的压力。

切换阀门尖叫。靠听出声音来判断切换阀门是否泄漏是处理事故的工作人员应掌握的一门技巧。用耳贴近阀底，有时会很清晰地听到这种漏出流体的声音，如果没有泄漏就听不见噪声。通常闸阀是不作控制用的，如果开阀时，多开了2～3圈，阀的内部就会被高速流体磨蚀。这样，当阀关闭时，阀体就要泄漏。2.1MPa的压差就足够使流体通过一个磨蚀的阀门。

(4) 蒸汽及冷凝液管路 蒸汽及管路的异常振动是由于蒸汽在冷金属上迅速冷凝，或是蒸汽和冷凝水混合而产生的剧烈冲击而形成的水击也叫水锤，其振动的声音非常大。投用蒸汽时，首先要对蒸汽管路进行暖管排净管线中的水，以防止产生水击。用蒸汽加热的再沸器、换热器等，当第一次蒸汽引入管线时，也会发生可怕的水击。

(5) 传热设备 对于转动的设备发出异常的噪声人们往往不足为怪，而平稳工作的静态传热设备发出的异常噪声和振动，往往令人迷惑不解。其原因有如下几种：①水击；②气体向液体泄漏；③换热器隔板破裂；④共振等等。

① 换热器的水击。流动流体的换热器在投用前里面积存有空气或其他气体，因此在投用前要对换热器进行排气，用液体置换出里面的气体。若不排出，气体与液体混合流动时就会湍动形成很多气泡，气泡破裂后，液体高速占据气泡破裂的空间，形成很大的冲击力，设备就会连续不断地剧烈振动，直到气体排出为止。对于被加热的液体，若加热温度达到液体的蒸发温度，也会造成气液混合流动继而形成水击。

② 泄漏。轻馏分的烃类液体漏入一个低压液体中就会迅速闪蒸出蒸汽，这种突然的膨胀会导致压力的波动而引起管线振动。高压气体向低压气体泄漏也会形成设备及管线的振动。因此，发现这种振动应马上打开换热器的放空阀和导淋，检查或采样分析液体组分，以判明泄漏。

③ 换热器隔板破裂。有一个例子足以说明这个问题。与原油换热器相连的一根管子开始振动，这样振动数天后，原油在管中的流动突然停止，把换热器的封头打开，发现通路隔板损坏，而且堵住了原油出口。设计允许的压力降为345kPa，而操作压力降为483kPa，部分堵塞的管子急剧地增加了原油的压力降，通路隔板随压力增大而必致最后破裂。当发现换热器管线在振动时，就该检查壳体和管程间的压力降。

总之，异常的噪声和振动产生的原因是多种多样的，经验丰富的操作人员和专业人员根据其声音可以立即判明某原因，并立即采取措施以防止事故的发生，有时也需要综合考虑和辨别。

四、噪声对人体的危害

随着工业生产、交通运输、城市建筑的发展，以及人口密度的增加，家庭设施（音响、空调、电视机等）的增多，环境噪声日益严重，它已成为污染人类社会环境的一大公害。噪声具有局部性、暂时性和多发性的特点。噪声不仅会影响听力，而且还对人的心血管系统、神经系统、内分泌系统产生不利影响，所以有人称噪声为“致人死命的慢性毒药”。噪声给人带来生理上和心理上的危害主要有以下几方面。

1. 干扰休息和睡眠、影响工作效率

① 干扰休息和睡眠。休息和睡眠是人们消除疲劳、恢复体力和维持健康的必要条件。但噪声使人不得安宁，难以休息和入睡。当人辗转不能入睡时，便会心态紧张，呼吸急促，脉搏跳动加剧，大脑兴奋不止，第二天就会感到疲倦，或四肢无力。从而影响到工作和学习，久而久之，就会得神经衰弱症，表现为失眠、耳鸣、疲劳。人进入睡眠之后，即使是40～50dB较轻的噪声干扰，也会从熟睡状态变成半熟睡状态。人在熟睡状态时，大脑活动是缓慢而有规律的，能够得到充分的休息；而半熟睡状态时，大脑仍处于紧张、活跃的阶段，这就会使人得不到充分的休息和体力的恢复。

② 使工作效率降低。研究发现，噪声超过85dB，会使人感到心烦意乱，人们会感觉到吵闹，因而无法专心地工作，结果会导致工作效率降低。

2. 对人体的生理影响

噪声是一种恶性刺激物，长期作用于人的中枢神经系统，可使大脑皮层的兴奋和抑制失调，条件反射异常，出现头晕、头痛、耳鸣、多梦、失眠、心慌、记忆力减退、注意力不集中等症状，严重者可产生精神错乱。这种症状，药物治疗疗效很差，但当脱离噪声环境时，症状就会明显好转。噪声可引起植物神经系统功能紊乱，表现在血压升高或降低，心率改变，心脏病加剧。噪声会使人唾液、胃液分泌减少，胃酸降低，胃蠕动减弱，食欲不振，引起胃溃疡。噪声对人的内分泌机能也会产生影响，如：导致女性性机能紊乱，月经失调，流产率增加等。噪声对儿童的智力发育也有不利影响，据调查，3岁前儿童生活在75dB的噪声环境里，他们的心脑功能发育都会受到不同程度的损害，在噪声环境下生活的儿童，智力发育水平要比安静条件下的儿童低20%。噪声对人的心理影响主要是使人烦恼、激动、易怒，甚至失去理智。此外，噪声还对动物、建筑物有损害，在噪声下的植物也生长不好，有的甚至死亡。

① 损害心血管。噪声是心血管疾病的危险因子，噪声会加速心脏衰老，增加心肌梗塞发病率。医学专家经人体和动物实验证明，长期接触噪声可使体内肾上腺分泌增加，从而使血压上升，在平均70dB的噪声中长期生活的人，其心肌梗塞发病率增加30%左右，特别是夜间噪声会使发病率更高。调查发现，生活在高速公路旁的居民，心肌梗塞率增加了30%左右。调查1101名纺织女工，高血压发病率为7.2%，其中接触强度达100dB噪声者，高血压发病率达15.2%。

② 损害听觉系统。强的噪声可以引起耳部的不适，如耳鸣、耳痛、听力损伤。据测定，超过115dB的噪声还会造成耳聋。据临床医学统计，80dB以上噪声环境中生活，造成耳聋者可达50%。噪声对儿童身心健康危害更大。因儿童发育尚未成熟，各组织器官十分娇嫩和脆弱。不论是体内的胎儿还是刚出世的孩子，噪声均可损伤其听觉器官，使听力减退或丧失。据统计，当今世界上有7000多万耳聋者，其中相当部分是由噪声所致。专家研究已经证明，家庭室内噪声是造成儿童聋哑的主要原因，若在85dB以上噪声中生活，耳聋者可达5%。

③ 损害视觉系统。人们只知道噪声影响听力，其实噪声还影响视力。试验表明，当噪声强度达到90dB时，人的视觉细胞敏感性下降，识别弱光反应时间延长；噪声达到95dB时，有40%的人瞳孔放大，视模糊；而噪声达到115dB时，多数人的眼球对光亮度的适应都有不同程度的减弱。所以长时间处于噪声环境中的人很容易发生眼疲劳、眼痛、眼花和视物流泪等眼损伤现象。同时，噪声还会使色觉、视野发生异常。调查发现噪声可使人对红、

蓝、白三色视野缩小 80%。

④ 损害女性生理机能。噪声可导致女性性机能紊乱，月经失调，流产率增加等。专家们曾在哈尔滨、北京和长春等 7 个地区经过为期 3 年的系统调查，结果发现噪声不仅能使女工患噪声聋，且对女工的月经和生育均有不良影响。可导致孕妇流产、早产，甚至可致畸胎。国外曾对某个地区的孕妇普遍发生流产和早产作了调查，结果发现她们居住在一个飞机场的周围，祸首正是那飞起降落的飞机所产生的巨大噪声。

⑤ 损害神经系统。噪声还可以引起神经系统功能紊乱、精神障碍、内分泌紊乱甚至事故率升高。高噪声的工作环境，可使人出现头晕、头痛、失眠、多梦、全身乏力、记忆力减退以及恐惧、易怒、自卑的反应甚至精神错乱。在日本，曾有过因为受不了火车噪声的刺激而精神错乱，最后自杀的例子。

五、著名噪声公害事件

1959 年，美国有 10 个人“自愿”做噪声实验。当实验用飞机从 10 名实验者头上 10～12m 的高度飞过后，有 6 人当场死亡，4 人数小时后死亡。验尸证明 10 人都死于噪声引起的脑出血。可见这个“声学武器”的威力之大。

1960 年 11 月，日本广岛市的一男子被附近工厂发出的噪声折磨得烦恼万分，以致最后刺杀了工厂主。无独有偶，1961 年 7 月，一名日本青年从新泻来到东京找工作，由于住在铁路附近，日夜被频繁过往的客货车的噪声折磨，患了失眠症。他不堪忍受痛苦，终于自杀身亡。

1981 年，在美国举行的一次现代派露天音乐会上，当震耳欲聋的音乐声响起后，有 300 多名听众突然失去知觉，昏迷不醒，100 辆救护车到达现场抢救。

【相关技术应用】

一、控制噪声的途径

我国心理学界认为，控制噪声环境，除了考虑人的因素之外，还须兼顾经济和技术上的可行性。充分的噪声控制，必须考虑噪声源、传音途径、受声者所组成的整个系统。控制噪声的措施可以针对上述三个部分或其中任何一个部分。噪声控制的内容包括以下几点。

(1) 控制噪声源　降低声源噪声。工业、交通运输业可以选用低噪声的生产设备和改进生产工艺，或者改变噪声源的运动方式（如用阻尼、隔振等措施降低固体发声体的振动）。

(2) 阻断噪声传播　在传音途径上降低噪声。控制噪声的传播，改变声源已经发出的噪声传播途径，如采用吸声、隔声、音屏障、隔振等措施，以及合理规划城市和建筑布局等。

(3) 在人耳处减弱噪声　受音者或受音器官的噪声防护。在声源和传播途径上无法采取措施，或采取的声学措施仍不能达到预期效果时，就需要对受音者或受音器官采取防护措施，如长期职业性噪声暴露的工人可以戴耳塞、耳罩或头盔等护耳器。

噪声控制在技术上虽然现在已经成熟，但由于现代工业、交通运输业规模很大，要采取噪声控制的企业和场所为数甚多，因此在防止噪声问题上，必须从技术、经济和效果等方面进行综合权衡。当然，具体问题应当具体分析。在控制室外、设计室、车间或职工长期工作的地方，噪声的强度要低；库房或少有人去车间或空旷地方，噪声稍高一些也是可以的。总之，对待不同时间、不同地点、不同性质与不同持续时间的噪声，处理措施应有一定的区别。

二、分贝仪的使用

分贝仪如图 9-1 所示。它可以外接滤波器和记录仪，对噪声做频谱分析。国产的 ND2 型精密分贝仪内装了一个倍频页程滤波器，便于携带到现场和做频谱分析。分贝仪按精度可分为精密分贝仪和普通分贝仪。精密分贝仪的测量误差约为±1dB，普通分贝仪约为±3dB。分贝仪按用途可分为两类：一类用于测量稳态噪声，一类则用于测量不稳态噪声和脉冲噪声。

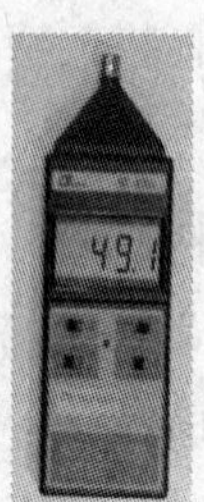

图 9-1 分贝仪

积分式分贝仪是用来测量一段时间内不稳态噪声的等效声级的。噪声剂量计也是一种积分式分贝仪，主要用来测量噪声暴露量。脉冲式分贝仪是用于测量脉冲噪声的，这种分贝仪符合人耳对脉冲声的响应及人耳对脉冲声反应的平均时间。

1. 使用方法

分贝仪使用正确与否，直接影响到测量结果的准确性。测量时，仪器应根据情况选择好正确档位，两手平握分贝仪。

测量噪声用的分贝仪，表头响应按灵敏度可分为四种。

①“慢”。表头时间常数为 1000ms，一般用于测量稳态噪声，测得的数值为有效值。

②“快”。表头时间常数为 125ms，一般用于测量波动较大的不稳态噪声和交通运输噪声等。快档接近人耳对声音的反应。

③“脉冲或脉冲保持”。表针上升时间为 35ms，用于测量持续时间较长的脉冲噪声，如冲床、按锤等，测得的数值为最大有效值。

④“峰值保持”。表针上升时间小于 20ms，用于测量持续时间很短的脉冲声，如枪、炮和爆炸声，测得的数值是峰值，即最大值。

2. 灵敏度校准

为保证测量的准确性，使用前及使用后要进行校准。

将声级校准器配合在传声器上，开启校准电源，读取数值，调节分贝仪灵敏度电位器，完成校准。

3. 注意事项

① 使用前应先阅读说明书，了解仪器的使用方法与注意事项。

② 安装电池或外接电源注意极性，切勿反接。长期不用应取下电池，以免漏液损坏仪器。

③ 传声器切勿拆卸，防止掷摔，不用时放置妥当。

④ 仪器应避免放置于高温、潮湿、有污水、灰尘及含酸、碱成分高的空气或化学气体的地方。

⑤ 勿擅自拆卸仪器。如仪器不正常，可送修理单位或厂方检修。

⑥ 噪声计注意防水，防止高空摔。

三、噪声控制

评价噪声的指标有频率、声压级、声压、声强、声强级、声功率、声功率级。噪声对人体的危害主要以声压级来衡量，但人耳对声音的敏感程度又与频率有关。

通常对噪声的评价是以噪声等级的分贝数为主要评价量。即使综合了频谱特性也是以人耳对不同频率声波敏感程度不同考虑的。由于这些噪声评价量主要反映的是对人耳听力的损伤，未能准确反映噪声对人的心理及其他生理功能产生何种程度的影响，因此，通常的噪声评价量难以客观反映噪声实际产生的危害。事实上，噪声对人心脏的危害远超过对人耳听力的危害，所以，噪声的频谱特性尤其重要。对于严重的特殊频谱的噪声不是限制降低，而是应该严格禁止。

在我国目前的经济条件下，要达到预防和控制Ⅱ级以上噪声性耳聋的目标，应采取两级预防措施。

一级预防主要是改进工艺，改造机械结构，提高精密度。对室内噪声，可采用多孔吸声材料（玻璃纤维、矿渣棉、毛毡、甘蔗纤维、木丝板、聚氨酯泡沫塑料、膨胀珍珠岩、微孔吸声砖）进行吸声，此项措施使用得当可降低噪声 5～10dB。装置中心控制室采用双层玻璃隔声，加大压缩机机座重量，对机泵、电机等设备设计消声罩。另外，用橡胶等软质材料制成垫片或利用弹簧部件垫在设备下面以减振，也能收到降低噪声效果。同时，也要研制、推广实用舒适的新型个人防护用品，如：耳塞、耳罩、防噪声头盔，实行噪声作业与非噪声作业轮换制度。

二级预防就是对接触噪声的作业工人定期进行听力检查，《职工安全卫生管理制度》规定：接触 90～100dB 噪声的工人每两年进行一次听力检查，接触大于 100dB 噪声的工人一年检查一次。

此外，职工还应加强自我保护意识。吸烟对心肺的危害众所周知，但在噪声中吸烟易致耳聋却鲜为人知。现代医学研究证明，人们接受声音是通过听觉神经将声感传经大脑的，这种传递必须消耗足够的氧，且耗氧量与音量成正比。烟雾中的有害物质使人体血液中含有 CO 成分，使血氧相对减少，而噪声强迫人们作出的超高音量的声感传导，必须耗损更多的氧。氧入不敷出，听觉神经细胞缺氧，引起部分细胞坏死，久而久之，会造成永久性听力损伤。

1. 车间噪声控制思路

① 对于噪声分布面广、层高又不太高的车间，采用满铺吸声平顶是最佳治理方案。既能做到吸声降噪较佳治理效果，又能达到车间装饰美观作用。

② 从化工车间作业区噪声频谱分析可知，噪声从低频到高频辐射较为均匀，频谱特性为宽频带曲线，噪声最高峰值在 500Hz 左右。

③ 现状噪声频谱特性曲线与 NR80 噪声评价曲线相比，需降噪范围在中、高频处。选用无需填充吸声材料双层微穿孔板，是对中、高频降噪的较佳吸声结构。既可达到降噪效果又不会因作业区粉尘而影响吸声结构性能。

④ 对于原吸声性能较差的车间，采用吸声降噪技术措施，能取得明显的效果。吸声是控制噪声在传播途径中有效技术措施。但降低机台本机的噪声，是根本控制声源最佳的方法。因此，直达声控制是化工车间目前面临最为棘手的声源问题。针对该问题，需采取的措施如下。

a. 应恢复设备中原防护装置中的吸声材料。

b. 建立安全防护装置的维护保养考核制度及设施性能定期监测制度。保持、完善其设施安全防护性能。

c. 对设备中原无吸声设施的防护罩、外壳等，尽可能考虑涂刷或粘贴吸声材料，以减少设备外壁辐射噪声。

d. 众所周知，由于空气振动而产生声音。振幅越大，声音越大，同种机型设备噪声分贝相差 4dB 以上。这是由于设备零部件装配精度差异而引起振幅不同，而产生声响不同。由此引出三个问题供探讨。如何对设备中零部件的装配精度进行验证；采用何种润滑剂，使零部件摩擦而产生的噪声降至最低点；选用何种最佳减振垫，减少设备振动而引起的噪声辐射。

2. 车间噪声控制途径

(1) 从声源处控制噪声　从声源上控制噪声是降低噪声最有效方法。通过声源控制，可直接降低设备本体直达声，从而可简化传播途径上的控制措施。主要采取以下几点控制措施。

① 对安全防护罩，尤其是对有隔声要求的防护设施，必须保持密闭，尽可能减少缝隙孔洞，以免影响隔声性能。

② 对原有防护罩内脱落的吸声材料，重新粘贴新的吸声材料，恢复其吸、隔声性能。

③ 对设备铁皮外壁内侧，涂刷阻尼材料，提高其隔声性能。

④ 对噪声异常的设备，进行重点整治。不但要对其隔声防护罩进行整改，对其传动等其他部位也应进行深入解析，以消除和减少声源的发声量。

(2) 从噪声传播途径上降低噪声

① 对各真空管、风送管，采取包扎隔声或安装消声器，以降低空气动力性噪声。

② 提高吸声系数，增加吸声量，减少混响声是噪声控制重要手段。常用技术措施：安装吸声吊平顶；墙面贴装吸声材料；悬挂吸声体等。

(3) 加强个人防护及健康监护

四、企业噪声防护措施

1. 做好前期预防

对厂区进行合理布局，保证配套的职业病防护设施与主体工程同时设计、同时施工、同时投入运行。从多方面做好针对噪声危害的前期预防工作。高噪声车间与低噪声车间、高噪声设备与低噪声设备隔开。噪声源与操作人员之间设置隔声、隔振防护措施。

2. 控制和消除噪声源

降低和消除声源是最根本、最彻底的降噪措施。生产噪声主要分为机械噪声和气流噪声两大类。

(1) 降低机械噪声

① 改进机械设计，选用高分子材料或高阻尼合金代替普通钢制造机件。

② 改进设备结构，如将化纤厂拉捻机的齿轮改成有弹性轴套的钢齿轮、聚脲铸造齿轮。旋转机械设备应尽量选用噪声小的传动方式，如将正齿轮传动装置改成斜齿轮或螺旋齿轮传动装置，或改用皮带传动。

③ 改进工艺与操作方法，如将铆接改成焊接，将锻打改成摩擦挤压或液压加工，建筑施工中用压力打桩机代替柴油打桩机等。

④ 机器运行中，由于机件撞击、摩擦或由于动平衡不好而产生的噪声，可以通过改进机器加工精度和机器装配质量的方法有效降低噪声。

(2) 控制、减弱气流噪声　气流噪声指各种风机、空压机排气口、高压高速管道、风动工具等产生的空气动力性噪声。鼓风机、电动机等与生产无直接关系的声源可隔离或移出室外；一般风机应改进结构形式，选择最佳叶型、转速，提高装配精度和质量以降低噪声；高压高速管道发生的噪声应采取降低压差流速、减少速度峰值的措施减轻，进气口通道尽量保持最大面积和最短长度，清除管道中的障碍物，减少弯头和面积突变，改变高压高速气流喷嘴的形状等。

3. 阻断噪声传播途径

厂区应合理规划布局，产生噪声的工厂与居民区之间应有一定距离，最好设置防护带，防护带内种植树木或歌声墙壁。噪声车间与非噪声车间、强噪声设备与一般设备应隔开。也可以利用地形地物阻隔降低噪声。如果以上方法仍不能达到要求，就需要在噪声传播途径上采取吸声、消声、隔声、隔振、阻尼等声学处理措施。

① 吸声：利用吸声材料如玻璃棉、泡沫塑料、矿渣棉、毛毡、石棉绒、加气混凝土、木板丝、甘蔗板等装饰墙面或天花板，这些多空材料能够吸收声波，达到降低噪声强度的目的。吸声材料主要吸收反射声，对从声源直接发出的直达声作用甚微，对高频噪声比对低频噪声有效。低频噪声可采用共振吸声的办法，用多孔板作吸声墙壁。这些措施能取得较好的吸声效果。

② 消声：使用消声器是控制空气动力性噪声的主要措施。消声器是一种组织声音传播而允许气流通过的装置，主要用于风道和排气管道。常用消声器分阻性消声器和抗性消声器两种，二者联合使用消声效果更好。好的消声器应当是消声量大，空气动力性能好，结构性能好，三者缺一不可。

③ 隔声：把发声设备或需要安静的场所封闭在一个小的空间中，使之与周围环境隔绝，以达到控制噪声传播的目的。如空压站的隔声室，窗户用双层玻璃，门窗用吸声材料饰面，周围用橡胶条密封。小型声源可用隔声罩。

④ 隔振：为了防止通过固体传播的振动性噪声，可在机器或振动体的基座与地板、墙壁联结处安装隔振或减振装置，这也可以起到降低噪声的效果。

⑤ 阻尼：阻尼材料就是内损耗较大的材料，如沥青、软橡胶以及其他高分子材料。涂在金属板上的阻尼材料，其厚度应当为金属板的 3 倍以上，并使其紧紧的黏附在金属板上，这样才能起到良好的阻尼效果。

4. 车间减振动减噪声的具体措施

① 采用振动小、噪声较低的工艺与设备。例如用造型机、刨砂机代替风锤；用射压、高压造型设备代替震击和微震压实造型机；用液压传动代替气压传动；用水力清砂、抛丸清理等工艺代替风铲清理铸件表面，以降低车间振动与噪声。

② 消除或减弱机器的噪声及切断传声途径。如射芯机和射压造型机在射砂后排气时，由于空气以冲击波形式冲出排气孔，产生很大噪声；高压气力输送装置在卸料时，也会因冲击波而产生噪声。要消除这种噪声可在排气通道上加消音器。震击造型机震击时，震动波可以沿地基传到远处，特别是大的震击造型机会产生很大的震动与噪声。这时可将震击造型机的地基与附近车间地面隔开，中间填以木屑填充物等，使震动波被地面的传递介质切断，防止震动波向四面传播，以减少震动与噪声。

③ 设置隔声层或者隔离室以隔离声源。清理滚筒时，会产生很大的噪声。可将清理滚筒布置在车间外的小屋中（工作时工人离开）；或在清理滚筒外面加隔声层；也可在滚筒装好料后，罩上隔声罩，待滚筒卸料时，再将隔声罩吊开，这样，不仅能降低噪声还能起到防尘作用。

冲天炉用鼓风机的噪声很大，一般可设置独立的鼓风机房，周围用隔声墙与车间隔开；也可用隔声物质（如软木等）做成隔声罩，以减少噪声对周围的影响。还可用消音器或改进鼓风机的结构等措施，降低和消除噪声。

有时由于工艺上的需要或因经济原因，车间内噪声不能大幅度降低，这时可在造型机或落砂机旁用隔声物质做成独立的隔声室，工人在隔声室中操纵各种手柄，控制设备的工作过程，以免除噪声的干扰。

④ 采用隔振装置以减轻与消除振动。如在落砂机上设置弹簧减振器及橡胶减振器。

⑤ 加强个人防护。如工作时用耳塞、耳罩，以降低噪声的干扰，但这使人的听觉不灵，容易出事故。

5. 加强个人防护及健康监护

中国职业病防治总方针：预防为主，防治结合；分类管理，综合治理。

企业应加强对工人使用劳动防护用品的监管，并进行培训教育，让工人养成自觉防护的习惯。在较强噪声环境工作的人员，都必须配戴舒适方便的耳塞、耳罩等个人防护用品。

用人单位应建立健全职业健康监护制度，做好上岗前、在岗期间、离岗时和应急的健康检查。接噪人员上岗前体检应进行纯音测听并存档，若出现永久性感音神经性听力损失大于25dB，或患有各种能引起内耳听觉神经系统功能障碍疾病的人，均不宜从事强噪声作业。在岗人员体检周期为1年，发现高频听力下降者，应注意观察并采取适当措施。

【检查与评价】

1. 案例总结。
2. 学生对噪声的理解。
3. 学生对噪声的控制和防护措施的掌握。
4. 学生的现场处置能力和安全意识的培养。

【课外作业】

1. 网络作业（见扬州工业职业技术学院精品课程网 http://skyclass.ypi.edu.cn/ec-webpage-show/checkCourseNumber.do? courseNumber=010814）。
2. 什么是噪声？噪声分类与分级是如何规定的？噪声的防控措施有哪些？
3. 长期在噪声的环境下工作有什么危害？在工作中所造成的职业噪声危害应该如何控制？
4. 化工企业噪声的来源主要有哪些？从技术上如何控制噪声？
5. 简述分贝仪的使用方法。
6. 运用本情境所学的知识，设计一个化工企业生产车间的减噪方案。

情境十

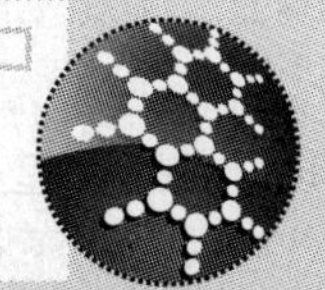

化工装置的安全检修与管理

教学目的与要求

知识目标 掌握化工装置系统开停车的准备、安全检修与管理的基础知识；

能力目标 学会盲板抽加、动火作业、动土作业、高处作业、限定空间内作业和起重作业等安全技术的应用；

情感目标 学生现场处置能力、应变能力和团结协作精神的培养。

【教学引导案例】

1985 年 8 月，荆门炼油厂维修车间一名技术人员在加氢裂化装置新压缩机厂房楼上清扫压缩机基础时，一脚踩空，从吊装孔掉到楼下，抢救无效死亡。

1978 年 2 月，河南省莱市电石厂醋酸车间发生一起浓乙醛贮槽爆炸事故，造成 2 人死亡，1 人重伤。

一、分析点评

事故 1 的主要原因是当事人在交叉作业、施工现场复杂的情况下，安全警惕性不高，吊装孔虽采取安全措施，但吊装孔仍留有 0.5m 的空隙，措施落实不得力。

事故 2 的主要原因是该车间检修一台氮气压缩机，停机后没有将此机氮气入口阀门切断，也不上盲板。停车检修时，空气被大量吸入氮气系统，另一台正在工作的氮气压缩机把混有大量的空气的氮气送入浓乙醛贮槽，引起强烈氧化反应，发生化学爆炸。

二、课堂思考

1. 高处作业现场的安全要求有哪些？
2. 装置检修前需要采取哪些安全技术措施？

【教学讨论案例】

1989 年 7 月，扬子石油化工公司检修公司运输队在聚乙烯车间安电机。工作时，班长用钢丝绳拴绑 4 只 5t 滑轮并一只 16t 液化千斤顶及两根钢丝绳，然后打手势给吊车司机起吊。当吊车作抬高吊臂的操作时，一只5t的滑轮突然滑落，砸在吊车下的班长头上，经抢救无效死亡。

一、分析点评

该起事故的主要原因是班长在指挥起吊工作前，未按起重安全规程要求对起吊工具进行安全可靠性检查，并且违反“起吊重物下严禁站人”的安全规定。

二、课堂讨论

1. 化工检修过程中哪些场合会用到起重作业？

2. 起重作业需要采取的安全技术措施有哪些？

【相关知识介绍】

一、概述

化工装置在长周期运行中，由于外部负荷、内部应力和相互磨损、腐蚀、疲劳以及自然侵蚀等因素影响，个别部件或整体可能改变原有尺寸、形状，机械性能下降、强度降低，造成隐患和缺陷，威胁着安全生产。为了实现安全生产，提高设备效率，降低能耗，保证产品质量，要对装置、设备定期进行计划检修，及时消除缺陷和隐患，使生产装置能够“安、稳、长、满、优”运行。

二、化工装置检修的分类与特点

1. 装置检修的分类

化工装置和设备检修可分为计划检修和非计划检修。

计划检修是指企业根据设备管理、使用的经验以及设备状况，制订设备检修计划，对设备进行有组织、有准备、有安排的检修。计划检修又可分为大修、中修、小修。由于装置为设备、机器、公用工程的综合体，因此装置检修比单台设备（或机器）检修要复杂得多。

非计划检修是指因突发性的故障或事故而造成设备或装置临时性停车进行的抢修。计划外检修事先无法预料，无法安排计划，而且要求检修时间短，检修质量高，检修的环境及工况复杂，故难度较大。

2. 装置检修的特点

化工生产装置检修与其他行业的检修相比，具有复杂、危险性大的特点。

由于化工生产装置中使用的设备如炉、塔、釜、器、机、泵及罐槽、池等大多是非定型设备，种类繁多，规格不一，要求从事检修作业的人员具有丰富的知识和技术，熟悉掌握不同设备的结构、性能和特点；装置检修因检修内容多、工期紧、工种多、上下作业、设备内外同时并进、多数设备处于露天或半露天，检修作业受到环境和气候等条件的制约，加之外来工、农民工等临时人员进入检修现场机会多，对作业现场环境又不熟悉，从而决定了化工装置检修的复杂性。

由于化工生产的危险性大，决定了生产装置检修的危险性亦大。加之化工生产装置和设备复杂，设备和管道中有可能有易燃、易爆、有毒物质，尽管在检修前做过充分的吹扫置换，但是易燃、易爆、有毒物质仍有可能存在。检修作业又离不开动火、动土、限定空间等作业，客观上具备了发生火灾、爆炸、中毒、化学灼伤、高处坠落、物体打击等事故的条件。实践证明，生产装置在停车、检修施工、复工过程中最容易发生事故。据统计，在中石化总公司发生的重大事故中，装置检修过程的事故占事故总起数的42.63%。由于化工装置检修作业复杂、安全教育难度较大，很难保证进入检修作业现场的人员都具备比较高的安全知识和技能，也很难使安全技术措施自觉到位，因此化工装置检修具有危险性大的特点，同时也决定了装置抢修的安全工作的重要地位。为此，我国原化学工业部专门制订了《厂区设备检修作业安全规程》（HG 23018—1999），以规范设备检修的安全工作。

三、装置停车检修前的准备工作

化工装置停车检修前的准备工作是保证装置停好、修好、开好的主要前提条件，必须做到集中领导、统筹规划、统一安排，并做好“四定”（定项目、定质量、定进度、定人员）和“八落实”（组织、思想、任务、物资包括材料与备品备件、劳动力、工器具、施工方案、安全措施落实）工作。除此以外，准备工作还应做到以下几点。

1. 设置检修指挥部

为了加强停车检修工作的集中领导和统一计划、统一指挥，形成一个信息灵、决策迅速的指挥核心，以确保停车检修的安全顺利进行。检修前要成立以厂长（经理）为总指挥，主管设备、生产技术、人事保卫、物资供应及后勤服务等的副厂长（副经理）为副总指挥，机动、生产、劳资、供应、安全、环保、后勤等部门参加的指挥部。检修指挥部下设施工检修组、质量验收组、停开车组、物资供应组、安全保卫组、政工宣传组、后勤服务组。针对装置检修项目及特点，明确分工，分片包干，各司其职，各负其责。

2. 制定安全检修方案

装置停车检修必须制定停车、检修、开车方案及其安全措施。安全检修方案由检修单位的机械员或施工技术员负责编制。

安全检修方案，按设备检修任务书中的规定格式认真填写齐全，其主要内容应包括：检修时间、设备名称、检修内容、质量标准、工作程序、施工方法、起重方案、采取的安全技术措施，并明确施工负责人、检修项目安全员、安全措施的落实人等。方案中还应包括设备的置换、吹洗、盲板流程示意图。尤其要制定合理工期，确保检修质量。

方案编制后，编制人经检查确认无误并签字，经检修单位的设备主任审查并签字，然后送机动、生产、调度、消防队和安技部门，逐级审批，补充修改使方案进一步完善。重大项目或危险性较大项目的检修方案、安全措施，由主管厂长或总工程师批准，书面公布，严格执行。

3. 制定检修安全措施

除了已制定的动火、动土、罐内空间作业、登高、电气、起重等安全措施外，应针对检修作业的内容、范围，制定相应的安全措施；安全部门还应制定教育、检查、奖罚的管理办法。

4. 进行技术交底，做好安全教育

检修前，安全检修方案的编制人负责向参加检修的全体人员进行检修方案技术交底，使其明确检修内容、步骤、方法、质量标准、人员分工、注意事项、存在的危险因素和由此而采取的安全技术措施等，达到分工明确、责任到人。同时还要组织检修人员到检修现场，了解和熟悉现场环境，进一步核实安全措施的可靠性。技术交底工作结束后，由检修单位的安全负责人或安全员，根据检修的难易程度、存在的危险因素、可能出现的问题和工作中容易疏忽的地方，结合典型事故案例，进行系统全面的安全技术和安全思想教育，以提高执行各种规章制度的自觉性和落实安全技术措施重要性的认识，使安全教育从思想上、劳动组织上、规章制度上、安全技术措施上进一步落实，从而为安全检修创造必要的条件。对参加关键部位或特殊技术要求的项目检修人员，还要进行专门的安全技术教育和考核，身体检查合格后方可参加装置检修工作。

5. 全面检查，消除隐患

装置停车检修前，应由检修指挥部统一组织，分组对停车前的准备工作进行一次全面细致的检查。检修工作中，使用的各种工具、器具、设备，特别是起重工具、脚手架、登高用具、通风设备、照明设备、气体防护器具和消防器材，要有专人进行准备和检查。检查人员要将检查结果认真登记，并签字存档。

四、装置停车的安全处理

1. 停车操作注意事项

停车方案一经确定，应严格按照停车方案确定的时间、停车步骤、工艺变化幅度，以及确认的停车操作顺序图表，有秩序地进行。停车操作应注意下列问题。

① 降温降压的速度应严格按工艺规定进行。高温部位要防止设备因温度变化梯度过大使设备产生泄漏。化工装置内的介质，多为易燃、易爆、有毒、腐蚀性介质，这些介质漏出会造成火灾、爆炸、中毒窒息、腐蚀、灼伤事故。

② 停车阶段执行的各种操作应准确无误，关键操作采取监护制度。必要时，应重复指令内容，克服麻痹思想。执行每一种操作时都要注意观察是否符合操作意图。例如：开关阀门动作要缓慢等。

③ 装置停车时，所有的机、泵、设备、管线中的物料要处理干净，各种油品、液化石油气、有毒和腐蚀性介质严禁就地排放，以免污染环境或发生事故。可燃、有毒物料应排至火炬烧掉，残留物料排放时，应采取相应的安全措施。停车操作期间，装置周围应杜绝一切火源。

主要设备停车操作如下。

① 制定停车和物料处理方案，并经车间主管领导批准认可，停车操作前，要向操作人员进行技术交底，告之注意事项和应采取的防范措施。

② 停车操作时，车间技术负责人要在现场监视指挥，保证操作有条不紊、忙而不乱，严防误操作。

③ 停车过程中，对发生的异常情况和处理方法，要随时作好记录。

④ 对关键性操作，要采取监护制度。

2. 装置环境安全标准

通过各种处理工作，生产车间在设备交付检修前，必须对装置环境进行分析，达到下列标准。

① 在设备内检修、动火时，氧含量应为19%～21%，燃烧爆炸物质浓度应低于安全值，有毒物质浓度应低于最高容许浓度。

② 设备外壁检修、动火时，设备内部的可燃气体含量应低于安全值。

③ 检修场地水井、沟。应清理干净，加盖砂封，设备管道内无余压、无灼烫物、无沉淀物。

④ 设备、管道物料排空后，加水冲洗、再用氮气、空气置换至设备内可燃物含量合格，氧含量在19%～21%。

五、化工装置的安全检修

1. 检修许可证制度

化工生产装置停车检修，尽管经过全面吹扫、蒸煮水洗、置换、抽堵盲板等工作，但检修前仍需对装置系统内部进行取样分析、测爆，进一步核实空气中可燃或有毒物质是否符合安全标准，认真执行安全检修票证制度。

2. 检修作业安全要求

为保证检修安全工作顺利进行，应做好以下几个方面的工作。

① 参加检修的一切人员都应严格遵守检修指挥部颁布的《检修安全规定》。

② 开好检修班前会，向参加检修的人员进行“五交”，即交施工任务、交安全措施、交安全检修方法、交安全注意事项、交遵守有关安全规定，认真检查施工现场，落实安全技术措施。

③ 严禁使用汽油等易挥发性物质擦洗设备或零部件。

④ 进入检修现场人员必须按要求着装。

⑤ 认真检查各种检修工器具，发现缺陷，立即消除，不能凑合使用，避免发生事故。

⑥ 消防井、栓周围 5m 以内禁止堆放废旧设备、管线、材料等物件，确保消防、救护车辆的通行。

⑦ 检修施工现场，不许存放可燃、易燃物品。

⑧ 严格贯彻谁主管谁负责的检修原则和安全监察制度。

六、装置检修后开车

1. 装置开车前安全检查

生产装置经过停工检修后，在开车运行前要进行一次全面的安全检查验收。目的是检查检修项目是否全部完工，质量全部合格，劳动保护安全卫生设施是否全部恢复完善，设备、容器、管道内部是否全部吹扫干净、封闭，盲板是否按要求抽加完毕，是否无遗漏，检修现场是否工完料尽场地清，检修人员、工具是否撤出现场，达到了安全开工条件。

检修质量检查和验收工作，必须组织责任心强、有丰富实践经验的设备、工艺管理人员和一线生产工人进行。这项工作，既是评价检修施工效果，又是为安全生产奠定基础，一定要消除各种隐患。未经验收的设备不许开车投产。

2. 焊接检验

凡化工装置使用易燃、易爆、剧毒介质以及特殊工艺条件的设备、管线及经过动火检修的部位，都应按相应的规程要求进行 X 射线拍片检验和消除残余应力处理。如发现焊缝有问题，必须重焊，直到验收合格，否则将导致严重后果。某厂气分装置脱丙烯塔与再沸器之间一条直径 80mm 丙烷抽出管线，因焊接质量问题，开车后断裂跑料，发生重大爆炸事故。事故的直接原因是焊接质量低劣，有严重的夹渣和未焊透现象，断裂处整个焊缝有三个气孔，其中一个气孔直径达 2mm，有的焊缝厚度仅为 1～2mm。

3. 试压和气密试验

任何设备、管线在检修复位后，为检验施工质量，应严格按有关规定进行试压和气密试验，防止生产时跑、冒、滴、漏，造成各种事故。

一般来说，压力容器和管线试压用水作介质，不得采用有危险的液体，也不准用工业风或氮气作耐压试验。气压试验危险性比水压试验大得多，曾有用气压代替水压试验而发生事故的教训。

安全检查要点如下。

① 检查设备、管线上的压力表、温度计、液面计、流量计、热电偶、安全阀是否调校安装完毕，灵敏好用。

② 试压前所有的安全阀、压力表应关闭，有关仪表应隔离或拆除，防止起跳或超程损坏。

③ 对被试压的设备、管线要反复检查，流程是否正确，防止系统与系统之间相互串通，必须采取可靠的隔离措施。

④ 试压时，试压介质、压力、稳定时间都要符合设计要求，并严格按有关规程执行。

⑤ 对于大型、重要设备和中、高压及超高压设备、管道，在试压前应编制试压方案，制定可靠的安全措施。

⑥ 情况特殊，采用气压试验时，试压现场应加设围栏或警告牌，管线的输入端应装安全阀。

⑦ 带压设备、管线，在试验过程中严禁强烈机械冲撞或外来气串入，升压和降压应缓慢进行。

⑧ 在检查受压设备和管线时，法兰、法兰盖的侧面和对面都不能站人。

⑨ 在试压过程中，受压设备、管线如有异常，如压力下降、有响声、表面油漆剥落、压力表指针不动或来回不停摆动，应立即停止试压，并卸压查明原因，视具体情况再决定是否继续试压。

⑩ 登高检查时应设平台围栏，系好安全带，试压过程中发现泄漏，不得带压紧固螺栓、补焊或修理。

4. 吹扫、清洗

在检修装置开工前，应对全部管线和设备彻底清洗，把施工过程中遗留在管线和设备内的焊渣、泥砂、锈皮等杂质清除掉，使所有管线都贯通。如吹扫、清洗不彻底，杂物易堵塞阀门、管线和设备，对泵体、叶轮产生磨损，严重时还会堵塞泵过滤网。如不及时检查，将使泵抽空，造成泵或电机损坏的设备事故。

一般处理液体管线用水冲洗，处理气体管线用空气或氮气吹扫，蒸汽等特殊管线除外。如仪表风管线应用净化风吹扫，蒸汽管线按压力等级不同使用相应的蒸汽吹扫等。吹扫、清洗中应拆除易堵卡物件（如孔板、调节阀、阻火器、过滤网等），安全阀加盲板隔离，关闭压力表手阀及液位计联通阀，严格按方案执行；吹扫、清洗要严格按系统、介质的种类、压力等级分别进行，并应符合现行规范要求；在吹扫过程中，要有防止噪声和静电产生的措施；冬季用水清洗应有防冻结措施，以防阀门、管线、设备冻坏；放空口要设置在安全的地方或有专人监视；操作人员应配齐个人防护用具，与吹扫无关的部位要关闭或加盲板隔绝；用蒸汽吹扫管线时，要先慢慢暖管，并将冷凝水引到安全位置排放干净，以防水击，并有防止检查人员烫伤的安全措施；对低点排凝、高点放空，要顺吹扫方向逐个打开和关闭；待吹扫达到规定时间要求时，先关阀后停气；吹扫后要用氮气或空气吹干，防止蒸汽冷凝液造成真空而损坏管线；输送气体管线用液体清洗时，核对支撑物强度能否满足要求；清洗过程要用最大安全体积和流量。

5. 烘炉

各种反应炉在检修后开车前，应按烘炉规程要求进行烘炉。

① 编制烘炉方案，并经有关部门审查批准。组织操作人员学习，掌握其操作程序和应注意的事项。

② 烘炉操作应在车间主管生产的负责人指导下进行。

③ 烘炉前，有关的报警信号、生产联锁应调校合格，并投入使用。

④ 点火前，要分析燃料气中的氧含量和炉膛可燃气体含量，符合要求后方能点火。点火时应遵守“先火后气”的原则。点火时要采取防止喷火烧伤的安全措施以及灭火的设施。炉子熄灭后重新点火前，必须再进行置换，合格后再点火。

6. 传动设备试车

化工生产装置中机、泵起着输送液体、气体、固体介质的作用，由于操作环境复杂，一旦单机发生故障，就会影响全局。因此要通过试车，对机、泵检修后能否保证安全投料一次开车成功进行考核。

① 编制试车方案，并经有关部门审查批准。

② 专人负责进行全面仔细地检查，使其符合要求，安全设施和装置要齐全完好。

③ 试车工作应由车间主管生产的负责人统一指挥。

④ 冷却水、润滑油、电机通风、温度计、压力表、安全阀、报警信号、联锁装置等，要灵敏可靠，运行正常。

⑤ 查明阀门的开关情况，使其处于规定的状态。

⑥ 试车现场要整洁干净，并有明显的警戒线。

7. 联动试车

装置检修后的联动试车，要注意做好以下几个方面的工作。

① 编制联动试车方案，并经有关领导审查批准。

② 指定专人对装置进行全面认真地检查，查出的缺陷要及时消除。检修资料要齐全，安全设施要完好。

③ 专人检查系统内盲板的抽加情况，登记建档，签字认可，严防遗漏。

④ 装置的自保系统和安全联锁装置，调校合格，正常运行灵敏可靠，专业负责人要签字认可。

⑤ 供水、供气、供电等辅助系统要运行正常，符合工艺要求。整个装置要具备开车条件。

⑥ 在厂部或车间领导统一指挥下进行联动试车工作。

8. 装置开车

装置开车要在开车指挥部的领导下，统一安排，并由装置所属的车间领导负责指挥开车。岗位操作工人要严格按工艺卡片的要求和操作规程操作。

（1）贯通流程　用蒸汽、氮气通入装置系统，一方面扫去装置检修时可能残留部分的焊渣、焊条头、铁屑、氧化皮、破布等，防止这些杂物堵塞管线，另一方面验证流程是否贯通。这时应按工艺流程逐个检查，确认无误，做到开车时不窜料、不憋压。按规定用蒸汽、氮气对装置系统置换，分析系统氧含量达到安全值以下的标准。

（2）装置进料　进料前，在升温、预冷等工艺调整操作中，检修工与操作工配合做好螺栓紧固部位的热把、冷把工作，防止物料泄漏。岗位应备有防毒面具。油系统要加强脱水操作，深冷系统要加强干燥操作，为投料奠定基础。

装置进料前，要关闭所有的放空、排污等阀门，然后按规定流程，经操作工、班长、车间值班领导检查无误，启动机泵进料。进料过程中，操作工沿管线进行检查，防止物料泄漏或物料走错流程；装置开车过程中，严禁乱排乱放各种物料。装置升温、升压、加量，按规定缓慢进行；操作调整阶段，应注意检查阀门开度是否合适，逐步提高处理量，使其达到正常生产为止。

【相关技术应用】

一、动火作业

在化工装置中，凡是动用明火或可能产生火种的作业都属于动火作业。见图 10-1。例如：电焊、气焊、切割、熬沥青、烘砂、喷灯等明火作业；凿水泥基础、打墙眼、电气设备的耐压试验、电烙铁、锡焊等易产生火花或高温的作业。因此凡检修动火部位和地区，必须按《厂区动火作业安全规程》（HG 23011—1999）的要求，采取措施，办理审批手续。表 10-1 为中石化系统动火作业许可证样表。

动火安全要点如下。

图 10-1 动火作业

（1）审证 在禁火区内动火应办理动火证的申请、审核和批准手续，明确动火地点、时间、动火方案、安全措施、现场监护人等。审批动火应考虑两个问题：一是动火设备本身，二是动火的周围环境。要做到“三不动火”，即没有动火证不动火，防火措施不落实不动火，监护人不在现场不动火。

（2）联系 动火前要和生产车间、工段联系，明确动火的设备、位置。事先由专人负责做好动火设备的置换、清洗、吹扫、隔离等解除危险因素的工作，并落实其他安全措施。

（3）隔离 动火设备应与其他生产系统可靠隔离，防止运行中设备、管道内的物料泄漏到动火设备中来；将动火地区与其他区域使用临时隔火墙等加以隔开，防止火星飞溅而引起事故。

（4）移去可燃物 将动火周围 10m 范围以内的一切可燃物，如溶剂、润滑油、未清洗的盛放过易燃液体的空桶、木筐等移到安全场所。

（5）灭火措施 动火期间动火地点附近的水源要保证充分，不能中断；动火场所准备好足够数量的灭火器具；在危险性大的重要地段动火，消防车和消防人员要到现场，做好充分准备。

（6）检查与监护上述工作准备就绪后，根据动火制度的规定，厂、车间或安全、保卫部门的负责人应到现场检查，对照动火方案中提出的安全措施检查是否落实，并再次明确和落实现场监护人和动火现场指挥，交代安全注意事项。

（7）动火分析 动火分析不宜过早，一般不要早于动火前的半小时。如果动火中断半小时以上，应重做动火分析。分析试样要保留到动火之后，分析数据应做记录，分析人员应在分析化验报告单上签字。

（8）动火 动火应由经安全考核合格的人员操作，压力容器的焊补工作应由锅炉压力容器考试合格的工人担任。无合格证者不得独自从事焊接工作。动火作业出现异常时，监护人员或动火指挥应果断命令停止动火，待恢复正常、重新分析合格并经批准部门同意后，方可重新动火。高处动火作业应戴安全帽、系安全带，遵守高处作业的安全规定。氧气瓶和移动式乙炔瓶发生器不得有泄漏，应距明火 10m 以上，氧气瓶和乙炔发生器的间距不得小于 5m，有五级以上大风时不宜高处动火。电焊机应放在指定的地方，火线和接地线应完整无损、牢靠，禁止用铁棒等物代替接地线和固定接地点。电焊机的接地线应接在被焊设备上，接地点应靠近焊接处，不准采用远距离接地回路。

（9）善后处理 动火结束后应清理现场，熄灭余火，做到不遗漏任何火种，切断动火作业所用电源。

表 10-1　中石化系统动火作业许可证

动火作业许可证

动火作业（　）级　　　　记录编号：　　　　共 2 联　第　联

<table>
<tr><td>申请单位</td><td colspan="2"></td><td>申请人</td><td></td></tr>
<tr><td>施工部位及内容</td><td colspan="2"></td><td>动火种类</td><td></td></tr>
<tr><td colspan="5">用火时间：　　年　月　日　时　分至　　年　月　日　时　分</td></tr>
<tr><td>用火人</td><td></td><td>工种、证书编号</td><td>监火人</td><td></td></tr>
<tr><td>氢气检测分段</td><td>氢气检测时间</td><td>氢气浓度</td><td>风速</td><td>检验员</td></tr>
<tr><td>动火前</td><td></td><td></td><td></td><td></td></tr>
<tr><td rowspan="2">动火中</td><td></td><td></td><td></td><td></td></tr>
<tr><td></td><td></td><td></td><td></td></tr>
<tr><td colspan="5">危害识别：
□火灾　□爆炸　□燃烧　□有毒有害气体　□触电　□坍塌　□高处坠落
用火主要安全措施检查：
□动火设备性能良好，管线路符合规范要求，达到用火条件。
□断开与用火设施、材料相连接的所有管线。
□用火点周围（最小半径 15m）清除易燃物、助燃物，不能移除的采取覆盖、铺沙等手段进行隔离。
□用火点周围不得进行其他施工作业，无关人员撤离至安全地点。
□高处作业应采取防火花飞溅措施。
□电焊回路线应接在焊件上，焊把线不得与其他设备搭接。
□乙炔气瓶（禁止卧放）氧气瓶，两瓶间距 7m，与火源间距不少于 10m；管路无漏气，连接牢固可靠。
□现场配备消防水带（　）根，灭火器（　）台，铁锹（　）把，石棉布（　）块。
□作业人员个体防护用品齐备，并正确使用；配备足够的自救器（　）个。
□用火点设置警示标识
确认人签字：</td></tr>
<tr><td>用火单位意见</td><td colspan="4">年　月　日　签名：</td></tr>
<tr><td>调度单位意见</td><td colspan="4">年　月　日　签名：</td></tr>
<tr><td>安全部门意见</td><td colspan="4">年　月　日　签名：</td></tr>
<tr><td>技术部门意见</td><td colspan="4">年　月　日　签名：</td></tr>
<tr><td>监测部门意见</td><td colspan="4">年　月　日　签名：</td></tr>
<tr><td>领导审批意见</td><td colspan="4">年　月　日　签名：</td></tr>
<tr><td>完工验收</td><td colspan="4">年　月　日　时　分　签名：</td></tr>
</table>

附：动火作业六大禁令

一、动火证未经批准，禁止动火。

二、不与生产系统可靠隔绝，禁止动火。

三、不清洗，置换不合格，禁止动火。

四、不消除周围易燃物，禁止动火。

五、不按时作动火分析，禁止动火。

六、没有消防措施，禁止动火。

二、高处作业

凡在坠落高度基准面 2m 以上（含 2m）有可能坠落的高处进行作业，均称为高处作业。

在化工企业，作业虽在2m以下，但属下列作业的，仍视为高处作业：虽有护栏的框架结构装置，但进行的是非经常性工作，有可能发生意外的工作；在无平台，无护栏的塔、釜、炉、罐等化工设备和架空管道上的作业；高大独自化工设备容器内进行的登高作业；作业地段的斜坡（坡度大于45°）下面或附近有坑、井和风雪袭击、机械震动以及有机械转动或堆放物易伤人的地方作业等。如图10-2。

图10-2 高处作业

一般情况下，高处作业按作业高度可分为四个等级。作业高度在2～5m时，称为一级高处作业；作业高度在5～15m时，称为二级高处作业；作业高度在15～30m时，称为三级高处作业；作业高度在30m以上时，称为特级高处作业。

化工装置多数为多层布局，高处作业的机会比较多。如设备、管线拆装，阀门检修更换，仪表校对，电缆架空敷设等。高处作业，事故发生率高，伤亡率也高。发生高处坠落事故的原因主要是：洞、坑无盖板或检修中移去盖板；平台、扶梯的栏杆不符合安全要求，临时拆除栏杆后没有防护措施，不设警告标志；高处作业不系安全带、不戴安全帽、不挂安全网；梯子使用不当或梯子不符合安全要求；不采取任何安全措施，在石棉瓦之类不坚固的结构上作业；脚手架有缺陷；高处作业用力不当、重心失稳；工器具失灵，配合不好，危险物料伤害坠落；作业附近对电网设防不妥触电坠落等。

一名体重为60kg的工人，从5m高处滑下坠落地面，经计算可产生300kg冲击力，会致人死亡。

1. 高处作业的一般安全要求

（1）作业人员 患有精神病等职业禁忌证的人员不准参加高处作业。检修人员饮酒、精神不振时禁止登高作业。作业人员必须持有作业证。

（2）作业条件 高处作业必须戴安全帽、系安全带。作业高度2m以上应设置安全网，并根据位置的升高随时调整。高度超15m时，应在作业位置垂直下方4m处架设一层安全网，且安全网数不得少于3层。

（3）现场管理 高处作业现场，藏设有围栏或其他明显的安全界标，除有关人员外，不准其他人在作业点的下面通行或逗留。

（4）防止工具材料坠落高处作业应一律使用工具袋。较粗、重工具用绳拴牢在坚固的构件上，不准随便乱放；在格栅式平台上工作，为防止物件坠落，应铺设木板；递送工具、材料不准上下投掷，应用绳系牢后上下吊送；上下层同时进行作业时，中间必须搭设严密牢固的防护隔板、罩棚或其他隔离设施；工作过程中除指定的、已采取防护围栏处或落料管槽可以倾倒废料外，任何作业人员人严禁向下抛掷物料。

（5）防止触电和中毒 脚手架搭设时应避开高压电线。无法避开时，作业人员在脚手架上活动范围及其所携带的工具、材料等与带电导线的最短距离要大于安全距离（电压等级≤

110kV，安全距离为2m；220kV，3m；330kV，4m）。高处作业地点靠近放空管时，事先与生产车间联系，保证高处作业期间生产装置不向外排放有毒有害物质，并事先向高处作业的全体人员交代明白，万一有毒有害物质排放时，应迅速采取撤离现场等安全措施。

（6）气象条件　六级以上大风、暴雨、打雷、大雾等恶劣天气，应停止露天高处作业。

（7）注意结构的牢固性和可靠性　在槽顶、罐顶、屋顶等设备或建筑物、构筑物上作业时，除了临空一面应装安全网或栏杆等防护措施外，事先应检查其牢固可靠程度，防止失稳或破裂等可能出现的危险；严禁直接站在油毛毡、石棉瓦等易碎裂材料的结构上作业。为防止误登，应在这类结构的醒目处挂上警告牌；登高作业人员不准穿塑料底等易滑的或硬性厚底的鞋子；冬季严寒作业应采取防冻防滑措施或轮流进行作业。

2. 脚手架的安全要求

高处作业使用的脚手架和吊架必须能够承受站在上面的人员、材料等的重量。禁止在脚手架和脚手板上放置超过计算荷重的材料。一般脚手架的荷重量不得超过270kg/m^2。脚手架使用前，应经有关人员检查验收，认可后方可使用。

（1）脚手架材料　脚手架的杆柱可采用竹、木或金属管，木杆应采用剥皮杉木或其他坚韧的硬木，禁止使用杨木、柳木、桦木、油松和其他腐朽、折裂、枯节等易折断的木料；竹竿应采用坚固无伤的毛竹；金属管应无腐蚀，各根管子的连接部分应完整无损，不得使用弯曲、压扁或者有裂缝的管子。木质脚手架踏脚板的厚度不应小于4cm。

（2）脚手架的连接与固定　脚手架要与建筑物连接牢固。禁止将脚手架直接搭靠在楼板的木楞上及未经计算荷重的构件上，也不得将脚手架和脚手架板固定在栏杆、管子等不十分牢固的结构上；立杆或支杆的底端宜埋入地下。遇松土或者无法挖坑时，必须绑设地杆子。

金属管脚手架的立竿应垂直地稳固放在垫板上，垫板安置前需把地面夯实、整平。立竿应套上由支柱底板及焊在底板上管子组成的柱座，连接各个构件间的铰链螺栓一定要拧紧。

（3）脚手板、斜道板和梯子　脚手板和脚手架应连接牢固；脚手板的两头都应放在横杆上，固定牢固，不准在跨度间有接头；脚手板与金属脚手架则应固定在其横梁上。

斜道板要满铺在架子的横杆上；斜道两边、斜道拐弯处和脚手架工作面的外侧应设1.2m高的栏杆，并在其下部加设18cm高的挡脚板；通行手推车的斜道坡度不应大于1.7，其宽度单方向通行应大于1m，双方向通行大于1.5m；斜道板厚度应大于5cm。

脚手架一般应装有牢固的梯子，以便作业人员上下和运送材料。使用起重装置吊重物时，不准将起重装置和脚手架的结构相连接。

（4）临时照明　脚手架上禁止乱拉电线。必须装设临时照明时，木、竹脚手架应加绝缘子，金属脚手架应另设横担。

（5）冬季、雨季防滑　冬季、雨季施工应及时清除脚手架上的冰雪、积水，并要撒上沙子、锯末、炉灰或铺上草垫。

（6）拆除　脚手架拆除前，应在其周围设围栏，通向拆除区域的路段挂警告牌；高层脚手架拆除时应有专人负责监护；敷设在脚手架上的电线和水管先切断电源、水源，然后拆除，电线拆除由电工承担；拆除工作应由上而下分层进行，拆下来的配件用绳索捆牢，用起重设备或绳子吊下，不准随手抛掷；不准用整个推倒的办法或先拆下层主柱的方法来拆除；栏杆和扶梯不应先拆掉，而要与脚手架的拆除工作同时配合进行；在电力线附近拆除应停电作业，若不能停电应采取防触电和防碰坏电路的措施。

（7）悬吊式脚手架和吊篮　悬吊式脚手架和吊篮应经过设计和验收，所用的钢丝绳及大绳的直径要由计算决定。计算时安全系数：吊物用不小于6、吊人用不小于14；钢丝绳和其他绳索事前应做1.5倍静荷重试验，吊篮还需做动荷重试验。动荷重试验的荷重为1.1倍工作荷重，做等速升降，记录试验结果；每天使用前应由作业负责人进行挂钩，并对所有绳索进行检查；悬吊式脚手架之间严禁用跳板跨接使用；拉吊篮的钢丝绳和大绳，应不与吊篮边沿、房檐等棱角相摩擦；升降吊篮的人力卷扬机应有安全制动装置，以防止因操作人员失误使吊篮落下；卷扬机应固定在牢固的地锚或建筑物上，固定处的耐拉力必须大于吊篮设计荷重的5倍；升降吊篮由专人负责指挥。使用吊篮作业时应系安全带，安全带拴在建筑物的可靠处。

根据《厂区高处作业安全规程》(HG 23014—1999)的规定，高处作业必须办理高处安全作业证，持证作业。

附：高处作业要"十防"

一防梯架乱晃荡； 二防平台无遮拦；
三防身后有空洞； 四防脚踩活动板；
五防撞击碰仪表； 六防毒气往外散；
七防高处有电线； 八防墙倒木板烂；
九防上方落杂物； 十防绳断仰天翻。

三、限定空间内作业或罐内作业

凡进入塔、釜、槽、罐、炉、器、机、筒仓、地坑或其他限定空间内进行检修、清理称为限定空间内作业（图10-3）。化工装置限定空间作业频繁，危险因素多，是容易发生事故的作业。人在氧含量为19%～21%空气中，表现正常；氧含量假如降到13%～16%人会突然晕倒；降到13%以下，会造成死亡。限定空间内不能用纯氧通风换气，因为氧是助燃物质，万一作业时有火星，会着火伤人。限定空间作业还会受到爆炸、中毒的威胁。可见限定空间作业，缺氧与富氧，毒害物质超过安全浓度，都会造成事故。因此，必须办理许可证。

图10-3 限定空间内作业

凡是用过惰性气体（氮气）置换的设备，进入限定空间前必须用空气置换，并对空气中的氧含量进行分析。如系限定空间内动火作业，除了空气中的可燃物含量符合规定外，氧含量应在19%～21%范围内。若限定空间内气体具有毒性，还应分析空气中有毒物质含量，保证在容许浓度以下。

值得注意的是动火分析合格，不等于不会发生中毒事故。例如限定空间内丙烯腈含量为0.2%，符合动火规定，当氧含量为21%时，虽为合格，但却不符合卫生规定。车间空气中丙烯腈最高容许浓度为2mg/m^3，经过换算，0.2%（容积百分比）为最高容许浓度的2167.5倍。进入丙烯腈含量为0.2%的限定空间内作业，虽不会发生火灾、爆炸，但会发生中毒事故。

进入酸、碱贮罐作业时，要在贮罐外准备大量清水。人体接触浓硫酸，须先用布、棉花擦净，然后迅速用大量清水冲洗，并送医院处理。如果先用清水冲洗，后用布类擦净，则浓硫酸将变成稀硫酸，而稀硫酸则会造成更严重的灼伤。

进入限定空间内作业，与电气设施接触频繁，照明灯具、电动工具漏电，都有可能导致人员触电伤亡，所以照明电源应为36V，潮湿部位应是12V。检修带有搅拌机械的设备，作业前应把传动皮带卸下，切除电源，如取下保险丝、拉下闸刀等，并上锁，使机械装置不能启动，再在电源处挂上“有人检修、禁止合闸”的警告牌。上述措施采取后，还应有人检查确认。

限定空间内作业时，一般应指派两人以上作罐外监护。监护人应了解介质的各种性质，应位于能经常看见罐内全部操作人员的位置，视线不能离开操作人员，更不准擅离岗位。发现罐内有异常时，应立即召集急救人员，设法将罐内受害人救出，监护人员应从事罐外的急救工作。如果没有其他急救人员在场，即使在非常时候，监护人也不得自己进入罐内。凡是进入罐内抢救的人员，必须根据现场情况穿戴防毒面具或氧气呼吸器、安全防带等防护用具，绝不允许不采取任何个人防护而冒险入罐救人。

为确保进入限定空间作业安全，必须严格按照《厂区设备内作业安全规程》办理设备内安全作业证，持证作业。

附：进入容器、设备的八个必须

一、必须申请、办证，并得到批准。

二、必须进行安全隔绝。

三、必须切断动力电，并使用安全灯具。

四、必须进行置换、通风。

五、必须按时间要求进行安全分析。

六、必须佩戴规定的防护用具。

七、必须有人在器外监护，并坚守岗位。

八、必须有抢救后备措施。

四、起重作业

重大起重吊装作业（图10-4），必须进行施工设计，施工单位技术负责人审批后送生产单位批准。对吊装人员进行技术交底，学习讨论吊装方案。

图10-4　起重作业

吊装作业前起重工应对所有起重机具进行检查，对设备性能、新旧程度、最大负荷要了解清楚。使用旧工具、设备，应按新旧程度折扣计算最大荷重。

起重设备应严格根据核定负荷使用，严禁超载，吊运重物时应先进行试吊，离地20～30cm，停下来检查设备、钢丝绳、滑轮等，经确认安全可靠后再继续起吊。二次起吊上升速度不超过8m/min，平移速度不超过5m/min。起吊中应保持平稳，禁止猛走猛停，避免引起冲击、碰撞、脱落等事故。起吊物在空中不应长时间滞留，并严格禁止在重物下方行人或停留。长、大物件起吊时，应设有“溜绳”，控制被吊物件平稳上升，以防物件在空中摇摆。起吊现场应设置警戒线，并有“禁止入内”等标志牌。

起重吊运不应随意使用厂房梁架、管线、设备基础，防止损坏基础和建筑物。

起重作业必须做到“五好”，“五好”是：思想集中好；上下联系好；机器检查好；扎紧提放好；统一指挥好。

各种起重机都离不开钢丝绳、链条、吊钩、吊环和滚筒等附件，这些机件必须安全可靠，若发生问题，都会给起重作业带来严重事故。

钢丝绳在启用时，必须了解其规格、结构（股数、钢丝直径、每股钢丝数、绳芯数等）、用途和性能、机械强度的试验结果等。起重机钢丝绳应符合 GB 5972—86《起重机械用钢丝绳检验和报废实用规范》标准。选用的钢丝绳应具有合格证，没有合格证，使用前可截取 1～1.5m 长的钢丝绳进行强度试验。未经过试验的钢丝绳禁止使用。

起重用钢丝绳安全系数，应根据机构的工作级别、作业环境及其他技术条件决定。

起重作业时，应严格按照《厂区吊装作业安全规程》（HG 23015—1999）的要求，规范此项工作。

附：起重吊运安全要求：“十不吊”

1. 超过额定负荷不吊； 2. 指挥信号不明或乱指挥不吊；
3. 工件紧固不牢不吊； 4. 吊物上面站人不吊；
5. 安全装置失灵不吊； 6. 光线阴暗看不清不吊；
7. 工件埋在地下不吊； 8. 斜扣工件不吊；
9. 棱刃物体没有衬垫不吊； 10. 钢（铁）水包过满不吊。

五、运输与检修

化工企业生产、生活物资运输任务繁重，运输机具与检修现场工作关系密切，检修中机运事故也时有发生。事故发生原因：机车违章进入检修现场，发动车辆时排烟管火星引燃装置泄漏物料，发生火灾事故；电瓶车运送检修材料，装载不合乎规范，司机视线不良，把行人轧死；检修时车身落架，人被压死等。为做好运输与检修安全工作，必须加强辅助部门人员的安全技术教育工作，以提高职工安全意识。机动车辆进入化工装置前，给排烟管装上火星扑灭器；装置出现跑料时，生产车间对装置周围马路实行封闭，熄灭一切火源。执行监护任务的消防、救护车应选择上风处停放。在正常情况下厂区行驶车速不得大于 15km/h，铁路机车过交叉口要鸣笛减速。液化石油气罐、站操作人员必须经过培训考试，取得合格证。罐车状况要符合设计标准，定期检验。

六、检修用电

检修使用的电气设施有两种：一是照明电源，二是检修施工机具电源（卷扬机、空压机、电焊机）。以上电气设施的接线工作须由电工操作，其他工种不得私自乱接。

电气设施要求线路绝缘良好，没有破皮漏电现象。线路敷设整齐不乱，埋地或架高敷设均不能影响施工作业、行人和车辆通过。线路不能与热源、火源接近。移动或局部式照明灯要有铁网罩保护。光线阴暗、设备内以及夜间作业要有足够的照明，临时照明灯具悬吊时，不能使导线承受张力，必须用附属的吊具来悬吊。行灯应用导线预先接地。检修装置现场禁用闸刀开关板。正确选用熔断丝，不准超载使用。

电气设备，如电钻、电焊机等手拿电动机具，在正常情况下，外壳没有电，当内部线圈年久失修，腐蚀或机械损伤，绝缘遭到破坏时，它的金属外壳就会带电，如果人站在地上、设备上、手接触到带电的电气工具外壳或人体接触到带电导体上，人体与脚之间产生了电位差，并超过 40V，就会发生触电事故。因此使用电气工具，其外壳应可靠接地，并安装触电保护器，避免触电事故发生。国外某工厂检修一台直径 1m 的溶解锅，检修人员在锅内作业使用 220V 电源，功率仅 0.37kW 的电动砂轮机打磨焊缝表面，因砂轮机绝缘层破损漏电，背脊碰到锅壁，触电死亡。

电气设备着火、触电，应首先切断电源。不能用水灭电气火灾，宜用干粉机扑救；如触电，用木棍将电线挑开，当触电人停止呼吸时，进行人工呼吸，送医院急救。

电气设备检修时，应先切断电源，并挂上“有人工作，严禁合闸”的警告牌。停电作业应履行停、复用电手续。停用电源时，应在开关箱上加锁或取下熔断器。

在生产装置运行过程中，临时抢修用电时，应办理用电审批手续。电源开关要采用防爆型，电线绝缘要良好，宜空中架设，远离传动设备、热源、酸碱等。抢修现场使用临时照明灯具宜为防爆型，严禁使用无防护罩的行灯，不得使用 220V 电源，手持电动工具应使用安全电压。

七、动土作业

化工厂区的地下生产设施复杂隐蔽，如地下敷设电缆，其中有动力电缆、信号、通讯电缆，另外还有敷设的生产管线。凡是影响到地下电缆、管道等设施安全的地上作业都包括在动土作业的范围内。如：挖土、打桩埋设接地极等入地超过一定深度的作业；用推土机、压路机等施工机械的作业。随意开挖厂区土方，有可能损坏电缆或管线，造成装置停工，甚至人员伤亡。因此，必须按《厂区动土作业安全规程》（HG 23017—1999）的要求加强动土作业的安全管理。

1. 审证

根据企业地下设施的具体情况，划定各区域动土作业级别，按分级审批的规定办理审批手续。申请动土作业时，需写明作业的时间、地点、内容、范围、施工方法、挖土堆放场所和参加作业人员、安全负责人及安全措施。一般由基建、设备动力、仪表和工厂资料室的有关人员根据地下设施布置总图对照申请书中的作业情况仔细核对，逐一提出意见，然后按动土作业规定交有关部门或厂领导批准，根据基建等部门的意见，提出补充安全要求。办妥上述手续的动土作业许可证才有效。

2. 安全注意事项

防止损坏地下设施和地面建筑，施工时必须小心。防止坍塌，挖掘时应自上而下进行，禁止采用挖空底角的方法挖掘；同时应根据挖掘深度装设支撑；在铁塔、电杆、地下埋设物及铁道附近挖土时，必须在周围加固后，方可进行施工“防止机器工具伤害”夜间作业必须有足够的照明；防止坠落；挖掘的沟、坑、池等应在周围设置围栏和警告标志，夜间设红灯警示。

此外，在可能出现煤气等有毒有害气体的地点工作时，应预先告知工作人员，并做防毒准备。在挖土作业时如突然发现煤气等有毒气体或可疑现象，应立即停止工作，撤离全部工作人员并报告有关部门处理，在有毒有害气体未彻底清除前不准恢复工作。在禁火区内进行动土作业还应遵守禁火的有关安全规定。动土作业完成后，现场的沟、坑应及时填平。

八、吹扫与置换

化工设备、管线的抽净、吹扫、排空作业的好坏，是关系到检修工作能否顺利进行和人身、设备安全的重要条件之一。当吹扫仍不能彻底清除物料时，则需进行蒸汽吹扫或用氮气等惰性气体置换。

1. 吹扫作业注意事项

① 吹扫时要注意选择吹扫介质。炼油装置的瓦斯线、高温管线以及闪点低于130℃的油管线和装置内物料爆炸下限低的设备、管线，不得用压缩空气吹扫。空气容易与这类物料混合形成爆炸性混合物，吹扫过程中易产生静电火花或其他明火，才能发生着火爆炸事故。

② 吹扫时阀门开度应小（一般为 2 扣)。稍停片刻，使吹扫介质少量通过，注意观察畅通情况。采用蒸汽作为吹扫介质时，有时需用胶皮软管。胶皮软管要绑牢，同时要检查胶皮软管承受压力情况，禁止将这类临时性吹扫作业使用的胶管用于中压蒸汽。

③ 设有流量计的管线。为防止吹扫蒸汽流速过大及管内带有铁渣、锈、垢，损坏计量仪表内部构件，一般经由副线吹扫。

④ 机泵出口管线上的压力表阀门要全部关闭，防止吹扫时发生水击把压力表震坏。遵循压缩机系统倒空置换原则，吹扫以低压到中压再到高压的次序进行。先倒净一段，如未达到目的而压力不足时，可由二、三段补压倒空，然后依次倒空，最后将高压气体排入火炬。

⑤ 管壳式换热器、冷凝器在用蒸汽吹扫时，必须分段处理，并要放空泄压，防止液体汽化，造成设备超压损坏。

⑥ 吹扫时，要按系统逐次进行，把所有管线（包括支路）都吹扫到，不能留有死角。吹扫完应先关闭吹扫管线阀门，后停汽，防止吹扫介质倒流。

⑦ 精馏塔系统倒空吹扫，应先从塔顶回流罐、回流泵倒液、关阀，然后倒塔釜、再沸器、中间再沸器液体，保持塔压一段时间，待盘板积存的液体全部流净后，由塔釜再次倒空放压。塔、容器及冷换设备吹扫之后，还要通过蒸汽在最低点排空，直到蒸汽中不带油为止，最后停汽，打开低点放空阀排空，要保证设备打开后无油、无瓦斯，确保检修动火安全。

⑧ 对低温生产装置，考虑到复工开车系统内对露点指标控制很严格，所以不采用蒸汽吹扫，而要用氮气分片集中吹扫，最好用干燥后的氮气进行吹扫置换。

⑨ 吹扫采用本装置自产蒸汽，应首先检查蒸汽中是否带油。装置内油、汽、水等有互窜的可能，一旦发现互窜，蒸汽就不能用来灭火或吹扫。

一般说来，较大的设备和容器在物料退出后，都应进行蒸煮水洗，如炼化厂塔、容器、油品贮罐等。乙烯装置、分离热区脱丙烷塔、脱丁烷塔由于物料中含有较高的双烯烃、炔烃，塔釜、再沸器提馏段物料极易聚合，并且有重烃类难挥发油，最好也采用蒸煮方法。蒸煮前必须采取防烫措施。处理时间视设备容积的大小、是否附着易燃、有毒介质残渣或油垢多少、清除难易、通风换气快慢而定，通常为8～24h。

2. 特殊置换

① 存放酸碱介质的设备、管线，应先予以中和或加水冲洗。如硫酸贮罐（铁质）用水冲洗，残留的浓硫酸变成强腐蚀性的稀硫酸。与铁作用，生成氢气与硫酸亚铁，氢气遇明火会发生着火爆炸。所以硫酸贮罐用水冲洗以后，还应用氮气吹扫，氮气保留在设备内，对着火爆炸起抑制作用。如果进人作业，则必须再用空气置换。

② 丁二烯生产系统，停车后不宜用氮气吹扫，因氮气中有氧的成分，容易生成丁二烯自聚物。丁二烯自聚物很不稳定，遇明火和氧，受热、受撞击可迅速自行分解爆炸。检修这类设备前，必须认真确认是否有丁二烯过氧化自聚物存在。如存在，要采取特殊措施破坏丁二烯过氧化自聚物。目前多采用氢氧化钠水溶液处理法直接破坏丁二烯过氧化自聚物。

九、抽堵盲板

化工生产装置之间、装置与贮罐之间、厂际之间，有许多管线相互连通输送物料，因此生产装置停车检修，在装置退料进行蒸、煮、水洗置换后，需要在检修的设备和运行系统管线相接的法兰接头之间插入盲板，以切断物料窜进检修装置的可能。我国原化学工业部在发生事故的经验教训的基础上，制定了《厂区盲板抽堵作业安全规程》以规范此项工作。

抽堵盲板应注意以下几点。

① 抽堵盲板工作应由专人负责，根据工艺技术部门审查批复的工艺流程盲板图，进行抽堵盲板作业，统一编号，做好抽堵记录。

② 负责盲板抽堵的人员要相对稳定，一般情况下，抽堵盲板的工作由专人负责。

③ 对抽堵盲板的作业人员，要进行安全教育及防护训练，落实安全技术措施。

④ 登高作业要考虑防坠落、防中毒、防火、防滑等措施。

⑤ 拆除法兰螺栓时要逐步缓慢松开，防止管道内余压或残余物料喷出，发生意外事故，堵盲板的位置应在来料阀的后部法兰处，盲板两侧均应加垫片，并用螺栓紧固，做到无泄漏。

⑥ 盲板应具有一定的强度，其材质、厚度要符合技术要求，原则上盲板厚度不得低于管壁厚度，且要留有把柄，并于明显处挂牌标记。

根据《厂区盲板抽堵作业安全规程》的要求，在盲板抽堵作业前，必须办理盲板捆堵安全作业证，没有盲板抽堵安全作业证不能进行盲板抽堵作业。

【检查与评价】

1. 案例总结。
2. 学生对停车检修前，检修过程和开车过程中安全注意事项的理解。
3. 学生对动火作业，高处作业，起重作业等安全技术应用的理解。
4. 学生的现场处置能力和应变能力。

【课外作业】

1. 网络作业（见扬州工业职业技术学院精品课程网 http://skyclass.ypi.edu.cn/ec-webpage-show/checkCourseNumber.do?courseNumber=010814）。
2. 装置停车检修前的准备工作有哪些？
3. 装置开车过程中的安全注意事项有哪些？
4. 动火作业、高处作业的安全技术内容有哪些？
5. 抽堵盲板过程中应注意哪些安全注意事项？

情境十一

职业病防治与管理

教学目的与要求

知识目标 掌握职业病的基础知识；职业病的防治与管理基本方法；

能力目标 学会职业病防治与管理的基本方法、正确使用劳动防护用品；

情感目标 学生现场处置能力、应变能力和职业病防治意识的培养。

【教学引导案例】

某鞋厂正己烷中毒事故案例

东莞市某鞋业有限公司是一家具有一定规模的运动鞋生产企业，年产各类运动鞋400～500万双，全厂员工2400多人，以外来青年女工为主（占70%）。今年6月26日，广东省卫生厅接到省妇联权益保障部的反映后，立即与省经贸委、省劳动与社会保障厅、省总工会联合组成调查组进行调查。现已查明，鞋厂使用的主要原料有：皮革、塑料、橡胶、油墨、黏胶剂、硬化剂、甲苯、快干水等。每年使用黏合剂8万公斤，主要是香港鸿力AD82粘剂及台湾AD103H力宝粘胶。黏合剂标签均未标明主要有毒成分。现场调查发现，鞋面刷胶工序作业场所与其他工序没有隔离，混合布局，且通风设备不足，气温较高；厂方未向职工提供相应的职业卫生用品；有毒有害作业岗位未设置警示标识。该厂还存在其他有害物质超标问题。监测结果表明：泡棉组岗位正己烷浓度超标。

对黏胶剂的测定结果表明，黏胶剂中含有14.2%的正己烷。长期接触正己烷会引起慢性中毒，主要表现为多发性周围神经疾患，轻者表现为四肢远端对称性感觉麻木和感觉异常，较重者出现运动神经疾患，出现下肢远端无力、肌肉痉挛样疼痛，肌肉萎缩甚至瘫痪。该鞋厂有12名女工确诊为慢性正己烷中毒，3名女工被列为观察对象。

一、分析点评

1. 事故分析

① 使用的胶水中正己烷含量高。

② 车间劳动卫生防护设施未与主体工程同时设计、同时施工、同时投入使用，无卫生

防护设施。

③ 生产车间布局不合理，将不同工序的作业安排在一起，通风不良，导致正己烷浓度严重超标。

2. 事故教训与防范措施

① 加强相关安全技术知识的培训，提高职工对职业病危害因素的认识。建立健全各项规章制度，认真贯彻执行《中华人民共和国职业病防治法》及《建设项目职业病危害分类管理办法》等。

② 使用正规厂家生产的合格黏胶剂，杜绝使用不合格的黏胶剂。

③ 使用有毒黏胶剂的工序与不适用黏胶剂的工序不得安排在同一车间内，避免有毒有害的因素影响面扩大。

④ 做好车间通风工作，使黏胶剂中易挥发性物质及时排出，防止车间内有毒物质浓度超标。

二、课堂思考

1. 正己烷有哪些理化性质？正己烷主要应用在哪些领域？
2. 本次事故的主要原因有哪些？

【教学讨论案例】

福建省仙游县石英粉（砂）加工作坊职工矽肺事件

2003 年数十名贵州等地到福建省仙游县务工的农民，被发现患有严重的职业病。国务院领导同志对此非常重视。

经调查，仙游县东湖村有 63 户石英粉（砂）加工作坊，加工设备简陋、工艺落后，除两户是手工湿式作业外，其他 61 户均为干式生产。加工作业场所不具备基本的通风防尘设施，出料、筛粉、包装过程中扬尘严重；个人粉尘防护用品质量不合格，无法起到有效的防护作用；除经业主进行简单口头交代外，务工人员没有经过任何职业卫生培训。调查组对其中 4 个作业场所的抽样测试结果表明，除 1 个湿式作业场所外，3 个干式作业场所的 9 个采样点中有 8 个粉尘浓度严重超标，最高超标 361 倍，且 60% 的粉尘为极易吸入的细微粉尘颗粒，10 个沉降尘标本游离二氧化硅含量均超过 70%。此类粉尘吸入对人体危害极大。对 18 个曾在东湖村务工的贵州籍农民工死亡案例进行调查，其中 9 人被确诊为矽肺病患者，1 人有典型矽肺并发症状。对从东湖村务工返乡的 89 名贵州籍农民工进行身体检查，其中 46 人确诊患矽肺病。对东湖村现有的 201 名外来农民工进行身体检查，发现 14 人患矽肺病。

调查中还发现，仙游县东湖村石英加工作坊属严重违法违规经营，63 户加工作坊都是无名称、无工商登记、无职工健康档案的非法生产经营实体。石英加工场所存在安全隐患，作业现场电源线头和闸刀裸露，电动传送皮带没有安装防护罩。劳动用工管理极不规范，所有加工作坊都没有用工记录，更没有与外来农民工签订劳动合同。

一、分析点评

（1）对生产场所产生的粉尘缺乏有效的综合治理措施　在工程设计时要真正做到“三同时”，对原有的设备应按要求进行改造，使生产场所的粉尘浓度降到国家规定的标准。我国探索总结出的防尘、降尘八字方针——“革、水、密、风、护、管、教、查”，是行之有效的综合治尘经验。加强卫生监督是做好防尘工作的保证。

（2）未开展必要的职业卫生教育　应该开展职业卫生教育，提高领导和工人对防尘工作重要性的认识，使防尘工作成为领导和工人的自觉行动。

(3) 缺乏就业前的体检　就业前的体检亦是预防的重要内容，不准有粉尘作业禁忌证的人从事粉尘作业。粉尘作业禁忌证：活动性肺结核；慢性呼吸系统疾病；明显影响肺功能的疾病。

(4) 缺乏定期体检　对粉尘作业的工人要做好定期健康监护，确保工人身体健康。

(5) 相关部门监管不到位　发生事故的单位都属严重违法违规经营，并且工厂管理混乱，隐患长期得不到整改。

二、课堂讨论

1. 本次事故发生的直接原因是什么？间接原因是什么？
2. 在化工生产中如何防止、控制尘肺事故的发生？
3. 粉尘防护用品有哪些？

【相关知识介绍】

1. 职业病的概念

职业病是指企业、事业单位和个体经济组织的劳动者在职业活动中，因接触粉尘、放射性物质和其他有毒、有害物质等因素而患的疾病。根据卫生部会同劳动和社会保障部发布的《职业病目录》，职业病主要有尘肺、职业性放射性疾病、职业中毒、物理因素所致职业病、生物因素所致职业病、职业性皮肤病、职业性眼病、职业性耳鼻喉口腔疾病、职业性肿瘤和其他职业病共 10 类 115 种疾病。

2. 职业病维权途径

劳动者如果怀疑自己所得的疾病为职业病，应当及时到当地卫生部门批准的职业病诊断机构进行职业病诊断。对诊断结论有异议的，可以在 30 日内到市级卫生行政部门申请职业病诊断鉴定，鉴定后仍有异议的，可以在 15 日内到省级卫生行政部门申请再鉴定。职业病诊断和鉴定按照《职业病诊断与鉴定管理办法》执行。诊断为职业病的，可到当地劳动保障部门申请伤残等级，并与所在单位联系，依法享有职业病治疗、康复以及赔偿等待遇。用人单位不履行赔偿义务的，劳动者可以到当地劳动保障部门投诉，也可以向人民法院起诉。

3. 职业病危害

职业病危害是指对从事职业活动的劳动者可能导致职业病的各种危害。职业病危害因素包括：职业活动中存在的各种有害的化学、物理、生物因素以及在作业过程中产生的其他有害因素。

卫生部发布了《职业病危害因素分类目录》，将主要的职业病危害因素分 10 类，并详细列举了有关行业和工种，是用人单位明确职业病危害控制内容，劳动者了解哪些工作可能造成职业病，以及卫生行政部门开展职业卫生检查的依据。

这 10 类职业病危害因素是：粉尘类，放射性物质类（电离辐射），化学物质类，物理因素，生物因素，导致职业性皮肤病的危害因素，导致职业性眼病的危害因素，导致职业性耳鼻喉口腔疾病的危害因素，职业性肿瘤的职业病危害因素，其他职业病危害因素。

4. 职业病的预防

(1) 劳动者获得职业卫生教育和培训的权利　有关专家指出，劳动者缺乏职业病预防知识是近几年职业安全事故多发的主要原因，因此对劳动者进行必要的职业病预防知识培训是减少和杜绝职业病的有效之举。职业病的预防具有专业性，为此，职业病防治法规定用人单位应当对劳动者进行上岗前的职业卫生培训和在岗期间的定期职业卫生培训，普及职业卫生知识，指导劳动者正确使用职业病防护设备和个人使用的职业病防护用品。劳动者不认真学习和接受培训，用人单位应当对其教育。

要求用人单位提供符合防治职业病要求的职业病防护设施和个人使用的职业病防护用品，改善工作条件。用人单位向劳动者提供的职业病防护用品不符合要求的，劳动者不得使用。

劳动者有拒绝违章指挥和强令进行没有职业病防护措施的作业的权利。违反规定，强令劳动者在没有职业病防护措施的条件下进行作业，将劳动者的健康置于危险的境地，不仅侵犯了职工的生命健康权，而且违反了国家的有关规定，属违法行为。劳动者对违法行为进行制止和拒绝执行用人单位的指挥行为，这是劳动者的法定权利。如果用人单位因劳动者依法行使正当权利而降低其工资、福利等待遇或者解除、终止劳动合同，其行为无效。

劳动者有对违反职业病防治法律、法规以及危及生命健康的行为提出批评、检举和控告的权利。对违法行为进行检举揭发是公民的法定权利，劳动者对用人单位的违法行为进行检控是宪法赋予公民权利在职业病防治方面的具体体现。如果用人单位对劳动者的检控进行报复或解除劳动合同以及进行变相惩罚，行政管理部门应对用人单位进行经济或行政处分。对因此解除劳动者劳动合同的行为，用人单位应支付经济赔偿。

(2) 用人单位进行项目建设应当履行的职业安全责任　用人单位进行建设的项目可能产生职业病危害的，应当进行职业病预评估，并且实行“三同时”。如果用人单位未按照规定履行自己的义务将承担行政责任和经济责任。

① 用人单位在生产过程中的职业安全责任。产生职业病危害的用人单位应当在醒目位置设置职业病防治公告栏，告知劳动者预防职业病的措施和方法。在生产场所设置报警装置，配备必要的防治设备，进行专门的职业危害检测。用人单位不得使用可能导致职业病危害的工艺、材料、技术，在生产过程中发现存在职业病危险因素应立即进行整改。如果用人单位未做到这些除将受到经济处罚外，严重的还可能被责令停产。

② 用人单位在管理过程中的职业安全责任。首先，用人单位应当建立职业病防治管理制度，从人员设置到职业病危害检测等都要有专门的制度；其次，在劳动合同中与劳动者进行职业病危害方面的专门约定，负责对劳动者进行职业病预防知识教育和提供专门的防护设备，经常进行职业病健康检查，发现劳动者存在健康损害的立即进行相关治疗和工作调动；再次，建立职业健康监护档案，如实记载劳动者的职业健康状况，用人单位必须依法参加工伤社会保险；第四，用人单位应当按照国家卫生行政部门的规定，定期对工作场所进行职业病危害因素检测、评价，检测、评价结果要存入用人单位职业卫生档案。如果用人单位违反上述规定，将受到警告或罚款处罚。

③ 用人单位在支付职业病待遇方面的责任。用人单位发现职业病病人或者疑似职业病病人时，应当及时向所在地卫生行政部门报告，并按规定进行职业病诊断。职业病诊断、鉴定需要用人单位提供有关职业卫生和健康监护等资料时，用人单位应当如实提供；用人单位应当安排对疑似职业病病人进行诊断，在疑似职业病病人诊断或者医学观察期间，用人单位不得解除或者终止劳动者的劳动合同。疑似职业病病人在诊断、医学观察期间的费用，由用人单位承担。用人单位应当按照国家有关规定，安排职业病病人进行治疗、康复和定期检查。用人单位对不适宜继续从事原工作的职业病病人，应当调离原岗位，并妥善安置；用人单位对从事接触职业病危害的作业的劳动者，应当给予适当岗位津贴。

(3) 工会在预防职业病中的作用　工会组织应当督促并协助用人单位开展职业卫生宣传教育和培训，对用人单位的职业病防治工作提出意见和建议，与用人单位就劳动者反映的有关职业病防治的问题进行协调并督促解决。

发现用人单位存在危及劳动者生命健康的情形，工会有权向用人单位建议组织劳动者撤离危险现场，用人单位应当立即作出处理。如果用人单位对此不作出处理，意味着用人单位拒绝履行职业病防治义务，有关管理部门应对其进行责任追究。

（4）法律保障　社会的不断进步是广大劳动者共同努力的结果，在各行各业上辛勤工作的人们在用自己的聪明才智，创造财富。而生命权和健康权是人们应该拥有的两项最基本权利，为保护劳动者的合法权益，国家制定了很多部法律。《职业病防治法》就是保护劳动者合法权益的法律。

《职业病防治法》是一部保护劳动者健康及其相关权益，促进经济发展的法律，它从根本上维护了劳动者的健康权益，从法律的高度规范了用人单位的用工行为。《职业病防治法》包括七章 79 条，规范了用人单位的用工行为。要求用人单位应当为劳动者创造符合国家职业卫生标准和卫生要求的工作环境和条件，用人单位必须采用有效的职业病防护设施，并为劳动者提供个人使用的职业病防护用品。用人单位与劳动者订立劳动合同时，应当如实告之劳动者可能产生的职业病危害及其后果。用人单位应当按照有关规定组织劳动者进行上岗前、在岗期间和离岗时的职业性健康检查，并将检查结果如实告知劳动者，健康体检费用由用人单位承担。企业法定代表人是企业安全生产的第一责任人，有责任将本企业的职业危害情况向广大职工讲明，并采取切实有效的预防措施。

用人单位的法定代表人要明确保护劳动者健康的权利义务关系，职业病防治义务人是用人单位，而不是政府部门，健康权益主体是劳动者。充分发挥全社会的作用，做到行业自律、工会监督、群众监督、舆论监督。

5. 用人单位发生职业病危害事故处理的一般办法

用人单位发生或者可能发生急性职业病危害事故时，用人单位首先应当采取应急救援和控制措施；及时报告所在地卫生行政部门和有关部门；对遭受或可能遭受急性职业病危害的劳动者，应当及时组织救治，进行健康检查和医学观察，并承担职业病事故处理所需一切费用；最后应对职业病危害事故原因进行总结分析，及时采取相应措施，防止职业病危害事故的再次发生。

6. 疑似职业病病人和职业病病人的保障及享有的权利

疑似职业病病人和职业病病人均可受法律保护。当劳动者遭受或可能遭受急性职业病危害时，用人单位应当及时组织救治，进行健康检查和医学观察，所需费用由用人单位承担；当劳动者申请作职业病诊断时，用人单位应如实地为劳动者提供有关职业卫生和健康监护等资料。

① 发现疑似职业病病人时，用人单位应当及时安排对其进行诊治；在诊断或医学观察期间用人单位应承担其费用；不得解除或终止与其订立的劳动合同。

② 诊断为职业病时，用人单位应安排治疗、康复和定期检查，对不宜继续从事原工作的职业病病人，应当调离原岗位并妥善安置。

③ 职业病病人的诊疗、康复费用，伤残以及丧失劳动能力的职业病病人的生活保障，按国家工伤社会保险有关规定执行；如用人单位没有依法参加工伤社会保险的，其诊疗和生活保障费用则由用人单位负担。

④ 职业病病人除依法享有工伤社会保险外，依照有关民事法律、尚有获得赔偿权利的，有权向用人单位提出赔偿要求。

⑤ 职业病病人变动工作单位，或用人单位发生分立、合并、解散、破产等情形的，其职业病待遇不变，用人单位应按照国家有关规定妥善安置好职业病病人。

7. 对职业病诊断结果有异议该采取的办法

职业病诊断是一项技术性、政策性非常强的工作。该工作需经省级以上人民政府卫生行政部门批准，取得职业病诊断资格的医疗卫生机构承担。如用人单位或劳动者对诊断结论有异议的，可以向作出诊断的医疗卫生机构所在地地方人民政府卫生行政部门申请鉴定。

职业病诊断争议由设区的市级以上地方人民政府卫生行政部门据当事人的申请，组织职业病诊断鉴定委员会进行鉴定。当事人对设区的市级职业病诊断鉴定委员会的鉴定结论不服的，可以向省、自治区、直辖市人民政府卫生行政部门申请再鉴定。

省、自治区、直辖市人民政府卫生行政部门应当设立相关专家库，需要对职业病争议作出诊断鉴定时，可由当事人或当事人委托卫生行政部门从专家库以随机抽取的方式确定参加诊断鉴定委员会的专家进行鉴定。

8. 销售、购买和使用可能产生职业病危害的化学品时应注意的事项

这是对提供可能产生职业病危害材料的危害告知义务的规定。凡向用人单位销售可能产生职业病危害的化学品，应当提供中文说明书。说明书应当阐明产品特性、主要成分、存在的有害因素，可能产生的危害后果，安全使用注意事项，职业病防护以及应急措施等内容。产品包装应当有醒目的警示标识和中文警示说明。使用单位在购买时应认真检查一下产品说明书、包装等是否符合上述要求。使用化学品时，应让管理人员和劳动者读懂，弄清其化学成分、特性和主要危害以及懂得如何对该种化学品存在的职业病危害进行预防并配戴必要的个人防护用品。

凡是没有标明产品特性、成分和使用说明书的，使用单位不得购买和使用，尤其是国家明令禁止使用的可能产生职业病危害的化学品，不得生产、销售、进口和使用，否则将依法由使用单位承担相应的法律责任。

9. 对劳动者进行岗前、在岗期间和离岗时的职业健康检查的必要性

岗前的职业健康检查，是指对从事某种职业病有害因素作业的劳动者进行上岗前健康检查，目的是断定劳动者从事某种作业前的健康状况，是否适合从事该项作业，是否有职业禁忌，是否有危及他人的疾患如传染病、精神病等。为用人单位是否安排劳动者从事有职业病危害的作业提供客观证据。

在岗期间的定期健康体检，这是按一定时间间隔对从事有害作业劳动者的健康状况进行常规的必要的检查。目的是及时发现职业病有害因素对劳动者健康的早期影响，从而能及时诊断和处理，对可疑患者可进行观察，对发现有职业禁忌的劳动者或有与职业相关的健康损害者及时调离，安排适当的工作。

离岗时的健康检查，是指劳动者在离岗前对其进行全面的健康检查。体检的内容与项目是依据劳动者所从事的岗位，工种中所存在的职业有害因素情况而有针对性地选择一些较为敏感的指标，目的是了解和判断该劳动者从事该有害作业一段时间后的健康状况和变化是否与职业病危害因素有关。

10. 劳动者进行职业健康检查时的注意事项及其费用问题

对劳动者开展上岗前、在岗期间和离岗时的职业健康检查应注意以下几个问题。

① 企业组织劳动者进行职业健康体检的结果，应如实告知劳动者本人。

② 劳动者没有进行岗前的职业健康检查，用人单位由于不了解该劳动者的身体状况，因而不得安排其从事接触有职业危害的作业。

③ 离岗前的职业健康检查，尽量能提早安排在劳动合同有效期内进行。如果从事职业病有害因素作业的劳动者，在离岗前没有安排职业健康检查，用人单位不得解除或终止与其订立的劳动合同。

④ 职业健康检查所需的费用，全部由用人单位承担，不得由劳动者个人承担。

11. 劳动者与用人单位签订劳动合同时应注意的事项

用人单位与劳动者在签订劳动合同时，将职业病危害告知劳动者，是劳动者享有的一项非常重要的权利。劳动者亦应充分地享有这一权利。告知的内容包括工作过程中可能产生的职业病危害及其后果，职业病防护措施和享有的待遇；用人单位应当将这些内容如实地告知劳动者，并在所签订的合同中写明，不得加以隐瞒或欺骗。当劳动者在劳动合同有效期间变动工作岗位或工作内容发生变化时，特别是所从事的工作是原劳动合同中没有告知的存在有职业病危害的作业时，劳动者可要求用人单位履行职业病危害告知的义务，并与用人单位进行协商、变更原劳动合同中相关的条款。

12. 用人单位解除或终止劳动合同注意事项

劳动者有下列情形之一的，用人单位不得解除或终止与其订立的劳动合同：

① 劳动者因用人单位未履行告知义务，而拒绝从事存在职业病危害作业时；

② 劳动者在离岗前没有进行职业健康检查时；

③ 劳动者疑似职业病时，在诊断或医疗观察期间；

④ 劳动者患有职业病或因工伤并被确认丧失或部分丧失劳动能力的；

⑤ 劳动者患病或负伤，在规定的医疗期间；

⑥ 女职工在孕期、产期、哺乳期内的。

以上情形或有国家法律行政法规规定其他情形的，用人单位不得解除或终止与其订立的劳动合同。

13. 用人单位应按规定向劳动者个人提供职业病防护用品

为保护劳动者的健康，用人单位应当为劳动者提供个人使用的防护用品。劳动者个人使用的防护用品，是指劳动者在劳动过程中使用的，可以防止职业病危害，有效地保护劳动者身体健康的个人防护用品，如隔热工作衣、眼镜、防毒防尘口罩、胶手套、耳塞等。

（1）劳动保护用品分类　《劳动保护用品分类代码》（LD/T 75—1995）规定，劳动保护用品分为 9 类 19 种：安全帽类；呼吸护具类；眼防护具；听力护具；防护鞋；防护手套；防护服；防坠落护具；护肤用品。

（2）用人单位在向劳动者发放个人防护用品时必须注意以下几点。

① 用人单位为劳动者提供的职业病防护用品：必须是符合有关标准，符合预防职业病要求的个人防护用品；这些个人防护用品能够真正起到预防职业病的作用。

② 用人单位应为劳动者免费提供必要的职业病防护用品。

③ 不得以货币或其他物品代替应当配备的职业病防护用品。

④ 用人单位应教育劳动者按照使用规则和防护要求，正确使用个人防护用品。

⑤ 用人单位应建立和健全防护用品的购买、验收、保管、发放、使用、更换、报废等管理制度，有专门机构、专人负责。

⑥ 用人单位应到定点经营单位或企业购买特种劳动保护用品，买回后应有专人负责验收，且在使用前应进行必要的检查，看其是否符合防护要求。

（3）个人防护用品的购置与合理使用　个人防护用品需具备的三证：生产许可证，产品合格证，安全鉴定证。且须经过本单位安全管理部门验收。

职工需对个人防护用品三会：会检查护品的可靠性；会正确使用护品；会正确维护保养护品。

14. 用人单位建立职业健康监护档案的必要性

职业健康监护档案是记载劳动者的职业史、职业病危害因素接触史、职业健康检查结果和职业病诊断等有关个人健康与职业史关系的档案资料。这些资料可为劳动者的健康追踪、职业病诊断、有关健康损害责任划分以及职业病危害评价提供依据。因此用人单位务必为每一个劳动者建立职业健康监护档案。档案保存期一般不应少于 10 年。当劳动者离开用人单位时，有权索取本人职业健康监护档案复印件，用人单位应当如实无偿提供并在所提供的复印件上签章认定。

15.《职业病防治法》的贯彻实施对企业的经济发展的影响

近十几年来，我国工业得到迅速发展，随着各种新材料、新工艺、新技术的大量引用，职业病隐患不断增大，危害日趋严重，在常见职业病发生不断增多的同时，又出现了不少新的严重的职业卫生事故。我国现有尘肺工人40多万人，每年直接经济损失高达100多亿，职业病成为严重的社会问题。每年因粉尘、化学毒物而导致劳动者患职业病死亡、致残或部分丧失劳动能力的人数不断增加。大量职业病人的出现，不仅给劳动者及其家庭带来灾难，也严重地影响了企业的正常生产，给企业和社会造成了重大经济损失，有的企业甚至因此而破产、倒闭。《职业病防治法》的颁布与实施，可以有效地预防、控制和消除职业病危害，防止职业病。贯彻实施《职业病防治法》不仅不会影响企业的发展，反而会使企业和国家经济得到快速健康的发展。

16. 用人单位实施《职业病防治法》的具体步骤

① 用人单位领导、管理人员和劳动者都要认真学好《职业病防治法》。通过学习、培训，使企业主明确企业所负的法律责任和义务，劳动者懂得运用法律保护自己的健康权益。

② 设置或者指定职业卫生管理机构或者组织，配备专职或者兼职的职业卫生专业人员，负责本单位的职业病防治工作。

③ 制定好本单位的职业病防治计划和实施方案。

④ 建立和健全各种职业卫生管理制度和操作规程，包括工作场所职业病危害因素检测、评价制度，职业健康检查制度，个人防护用品购买、使用制度，岗前培训制度等。

⑤ 对照《职业病防治法》所规定的用人单位的义务和职责逐项落实。

⑥ 积极配合职业卫生监督机构和职业卫生技术服务机构开展各项职业病防治工作。

17. 劳动者应保护自己的健康权益的措施

① 劳动者要通过学习《职业病防治法》，明确自己所履行的义务；了解相关的职业病防护知识；自觉遵守企业制定的各项职业卫生管理制度和操作规程；自觉并正确地使用和维护职业病防护设备和个人防护用品；发现职业病危害隐患及时报告。

② 劳动者可运用《职业病防治法》，争取劳动者所享有的职业卫生保护权利，包括享受教育培训权、健康服务权、知情权、卫生防护权、对用人单位提出批评和检举控告权、拒绝违章作业权、参与职业病防治工作决策权、工伤社会保险权、赔偿权及特殊保护权等。

应当明确的是：用人单位与劳动者一旦存在事实的雇佣关系，不论用人单位属于何种性质、属于什么经济类型，是否与劳动者签订劳动合同，均可受到该法的保护。

18. 用人单位给职工上工伤社会保险的意义

工伤社会保险是一种社会保障措施，目的是保护劳动者的合法权益，减少用人单位负担，保障用人单位正常生产秩序，增加社会效益。本法此项规定是强制性的规定，不管用人单位是否愿意，均应参加工伤社会保险。工业的发展，必然会伴随着职业伤害，职业伤害只能预防、尽量减少而不能完全消灭。因此，政府和用人单位就必须加强职业伤害的预防和做好职业伤害的善后工作。用人单位参加工伤社会保险为预防和有效地控制职业伤害，提供了可靠的经济保障，减少因职业病所造成的经济损失。

19. 用人单位维护劳动者健康权益的方法

① 依法参加工伤社会保险；

② 建立和健全职业卫生管理机构、相关的职业卫生管理制度和操作规程；

③ 采取有效的职业病危害防护措施，为劳动者提供符合国家职业卫生标准和卫生要求的工作场所、环境和条件；

④ 采用有利于防止职业病危害、保护劳动者健康的新工艺、新技术和新材料；

⑤ 为劳动者提供合格的职业病防护用品并注意维护；

⑥ 定期对工作场所进行职业病危害监测和评价、并将结果向劳动者公布；

⑦ 对劳动者进行岗前职业卫生知识的培训；

⑧ 与劳动者签订劳动合同时应将工作过程中可能产生职业病危害及其后果，职业病防护措施和待遇如实告知劳动者，存在职业病危害的岗位应设置警示标志；

⑨ 从事职业病危害作业的劳动者，应进行上岗前、在岗期间和离岗时的职业健康检查；

⑩ 不得安排未成年人从事职业危害作业，不得安排孕妇、哺乳期的女工从事对本人和胎儿、婴儿有害的作业；

⑪ 对接触职业病危害因素的劳动者给予适当的岗位津贴，妥善安置有职业禁忌或有与所从事的职业相关的健康损害的劳动者，对疑似职业病者及时安排诊断，对职业病病人及时安排诊断、治疗、康复，妥善安置并依法予以赔偿；

⑫ 发生或可能发生职业病伤害事故时，应及时采取应急救援措施，对遭受或可能遭受职业病危害的劳动者应及时组织救治、进行康复检查和医学观察；

⑬ 不得将产生职业病危害的作业转移给不具备职业病防护条件的单位和个人；

⑭ 劳动者申请做职业病鉴定时，用人单位应如实提供职业病诊断所需的有关职业卫生和健康监护等资料。

20. 用人单位有义务告知职业病危害

① 通过岗前职业卫生知识培训告知，告知劳动者本单位主要存在哪些职业病危害因素，应如何预防。

② 在签订劳动合同时告知，告知劳动者工作过程中可能产生的职业病危害及其后果，职业病防护措施和待遇等。

③ 设置公告栏告知，将本单位职业病卫生管理制度和工作场所职业病有害因素检测结果等向劳动者公布。

④ 使用可能产生职业病危害的设备，应在设备醒目的位置上设置警示标识，对可能发生急性职业损伤的有毒有害工作场所应设置报警装置。

21. 工作场所中存在的主要职业病危害因素

工作场所中的职业病危害因素按其来源可分为下列三类。

（1）生产工艺过程中产生的有害因素

① 化学因素。生产性毒物，如铅、苯系物、氯、汞等；生产性粉尘，如矽尘、石棉尘、煤尘、有机粉尘等。

② 物理因素。主要为异常气象条件如高温、高湿、低温等；异常气压如高气压、低气压等；噪声及振动；非电离辐射如可见光、紫外线、红外线、激光、射频辐射等；电离辐射如X射线等。

③ 生物因素。如动物皮毛上的炭疽杆菌、布氏杆菌；其他如森林脑炎病毒等传染性病原体。

（2）劳动过程中的有害因素

① 劳动组织和制度不合理，劳动作息制度不合理等；

② 精神（心理）性职业紧张；

③ 劳动强度过大或生产定额不当，不能合理地安排与劳动者身体状况相适应的作业；

④ 器官或系统过度紧张，如视力紧张等；

⑤ 长时间处于不良体位或姿势，或使用不合理的工具劳动。

（3）生产环境中的有害因素

① 自然环境因素的作用，如炎热季节高温辐射，寒冷季度因窗门紧闭而带通风不良等；

② 厂房建筑或布局不合理，如有毒工段与无毒工段安排在一个车间；

③ 由不合理生产过程所致环境污染。

22. 控制、消除职业病危害，用人单位需要注意的事项

控制、消除职业病危害，需要整个企业相互配合。只有把握住工作的重点，才能最大限度地控制、消除职业病危害，在日常职业卫生管理的工作中主要应把好以下5个关键点。

(1) 把住“三同时”关 确实执行建设项目“三同时”规定，将职业卫生防护设施经费纳入建设项目工程预算，有职业病危害的项目，必须向卫生行政部门提交职业病危害预评价报告，职业病危害严重的建设项目，其职业卫生防护设施设计必须经卫生部门审查，建设项目竣工验收前，必须进行职业病危害控制效果评价，其职业卫生防护设施须经卫生行政部门验收合格后方可投入运行和使用。

(2) 把住可能产生职业病危害设备和化学材料的使用关 优先采用有利于职业病防治和保护劳动者健康的新工艺、新技术和新材料，对确实需要使用存在有职业病危害设备和化学材料的，应该注明其成分、性能、安全操作规程、维护和使用方法，并应提供相应的防护和应急措施。

(3) 把住培训关 对用人单位管理人员和劳动者要进行经常性的职业卫生知识培训，让全体管理人员和劳动者都能了解该企业存在的职业病危害和采取的相应措施，使企业领导和管理人员重视职业病防治工作，使劳动者重视个人防护，提高自我保护意识。

(4) 把住职业卫生管理制度落实关 要使用人单位制定的职业卫生管理制度能得到全面的落实，使每一个管理者都能自觉地执行，将各项控制、消除职业病危害的措施落实到每一个车间，每一个岗位。

(5) 把住监督检查关 用人单位工会应加强对职业病防治工作的督促检查。

23. 可能产生职业病危害的建设项目，立项前应办理的手续

可能产生职业病危害的建设项目，建设单位在立项前进行可行性论证时，必须委托取得资质认证的职业卫生技术服务机构进行职业病危害预评价、然后向卫生行政部门提交职业病危害预评价报告。预评价报告包括建设项目概况；建设项目存在的主要危险、危害因素及其定性或定量分析；职业病危害的防护措施以及预评价结论和建议。职业病危害预评价报告应经卫生行政部门进行审查批准后，有关部门才得批准该建设项目。

24. 职业病危害项目的申报及申报步骤

职业病防治工作重点在于预防。凡产生职业病危害的项目都必须接受监督，不能失控，不能任其伤害劳动者。因此，确立职业病危害项目的申报制度是十分必要的。企业申报的项目范围是依法公布的职业病目录所列的职业病危害项目，即申报的项目是本法第二条规定的列入职业病的分类和目录中的职业病的项目。申报部门为卫生行政部门。卫生部已制定并公布了职业病危害项目申报的具体办法。申报时要遵循两项原则：一是及时，即用人单位必须按卫生部具体申报规定和要求及时主动申报；二是如实，即用人单位应将项目的全部情况实事求是地向卫生行政部门申报，接受卫生行政部门的监督。

25. 用人单位对劳动者进行岗前和在岗期间职业卫生培训和教育的必要性

总结近年来发生职业病的原因之一，就是劳动者对本工作岗位的职业病危害全然不知，不懂得如何去保护自己。因此，用人单位组织劳动者进行岗前和在岗期间的职业卫生知识培训和教育就显得相当重要。

① 通过职业卫生培训，使劳动者掌握职业卫生的知识，提高自我健康保护意识；

② 教育劳动者自觉遵守职业病防治法律、法规、规章和操作规程；

③ 教育劳动者正确使用职业病防护设备和个人防护用品，从而真正起到控制消除职业病危害的作用。

26. 对工作场所中的职业病有害因素进行定期检测的必要性

对工作场所的职业病危害因素进行经常和定期的检测，目的在于及时了解职业病有害因素的产生、扩散和变化规律；对劳动者健康影响的程度以及对职业病防护设施的效果进行鉴定评价。可为保护劳动者健康，采取相应的防护设施提供科学的依据。

27. 当工作场所职业病危害因素检测不符合职业卫生标准时，用人单位应采取的措施

通过检测，如发现工作场所的职业病危害因素不符合国家职业卫生标准和卫生要求时，用人单位应立即采取措施进行治理，经过治理仍达不到职业卫生标准和卫生要求的，则必须停止存在有职业病危害因素的作业。直到经检测证实符合国家职业卫生标准和卫生要求的方可重新开始作业。

28. 得到特殊保护的劳动者

本法规定未成年工和女工可依法享有特殊的保护。未成年工是指年龄十六周岁未满十八周岁的劳动者。由于未成年工的身体正处于发育阶段，身体的成长还未最后定型，对外界的抵抗力和适应能力较差，如果不对其在劳动方面进行特殊保护，势必直接影响其身体发育和健康。因此，用人单位不得安排未成年工从事接触职业病危害作业。

对女工实行特殊劳动保护是由于女职工的身体结构和生理机能所决定的。女性对于外界环境的适应能力要低于男性，而对职业病危害的生物效应则要比男性更敏感。职业病危害因素可对生殖系统和生育功能产生特殊影响。有报道，铅、汞、铝等金属毒物，苯系列等有机溶剂，氯乙烯等高分子化合物等工业毒物可导致女工月经不调，月经量过多、痛经等；铜、镉、镍、砷、二硫化碳、三氯乙烯等工业毒物，以及高频、微波、射线等作业均可导致胎儿畸形。铅、汞、砷和镉等还可随乳汁排出，直接影响婴儿健康。因此，企业不得安排孕期、哺乳期的女工从事对本人和胎儿、婴儿健康有危害的作业。经期的女工，亦不得安排从事食品冷冻库内及冷水等低温作业。企业领导要切实执行国家有关女工劳动保护规定，重视和关心女工劳动保护。女工多的企业还应设立相应的女工卫生室、哺乳室和孕妇休息室。此外，亦不得安排有职业禁忌的劳动者从事其所禁忌的作业。对在职业健康检查中发现与所从事的职业相关的健康损害的劳动者，也应当调离原工作岗位并妥善安置。

29. 职业病防治及其管理总原则

（1）严格执行职业卫生法规和卫生标准　截至目前，国家制订和颁布了一系列劳动保护法规和数百个职业卫生标准，这些法规和标准都是实践和科学实验的经验总结，是搞好职业病预防和控制工作的依据。必须认真贯彻执行，并对执行情况进行监督检查。

（2）对建设项目进行预防性卫生监督　对新建、扩建、改建、技术改造和引进的建设项目中有可能产生职业危害的，要根据《工业企业设计卫生标准》的要求，在其设计、施工、验收过程中进行卫生学监督审查，使其职业卫生防护措施与主体工程同时设计、同时施工、同时运行使用。保证在其运行使用后能有良好的工作环境和条件。

（3）对工作环境职业危害因素进行监测和评价　经常和定期监测工作环境中有害因素的浓（强）度、及时了解有害因素产生、扩散、变化规律，鉴定防护设施的效果，以及对接触化学物质劳动者的血、尿等生物材料中的有害物质或其他代谢产物及一些生化指标进行监测。发现工作环境中有害因素浓（强）度超过卫生标准或生物材料中化学物质的含量超过正常值范围时，要查明原因，为采取措施提供依据。

（4）对劳动者进行职业性健康检查　应当对劳动者进行就业前、定期和离岗时的职业性健康检查。在就业前的检查中如发现有不宜从事某一职业危害因素作业的职业禁忌证者，不得安排其从事所禁忌的作业。定期健康检查便于早期发现病人，及时处理，防止职业危害的发展、为制定预防对策提供依据。

（5）建立职业卫生档案和劳动者个人的健康监护档案　企业建立职业卫生和劳动者个人的健康监护档案，是加强职业病防治管理的要求。职业卫生档案主要包括工作单位的基本情况，职业卫生防护设施的设置、运转和效果，职业危害因素的浓（强）度监测结果与分析，职业性健康检查的组织和检查结果及评价。劳动者个人健康档案主要包括职业危害接触史，职业健康检查的结果，职业病的诊断、处理、治疗和疗养，职业危害事故的抢救情况等。

(6) 消除职业危害，改善劳动条件

① 禁止生产、进口和使用国际上禁止的严重危害人体健康的物质。如联苯胺、β萘胺等强致癌物和有机汞农药等。

② 改善作业方式，减少有害因素散发。

③ 加强设备的维护检修和管理，减少有毒物质的跑、冒、滴、漏。

④ 搞好工作场所的环境卫生，消除有害物质的二次污染。

(7) 合理使用有效的个人防护用品　在工作场所有害因素的浓（强）度高于国家卫生标准，或因进行设备检修而不得不接触高浓（强）度有害物质时，必须配备有效的个人防护用品。

(8) 注意个人卫生，合理安排劳动和休息，注意劳逸结合。

(9) 对青少年和女工要给予特殊保护　不得安排未成年人从事受到职业危害的工作。不得安排孕期、哺乳期的女工从事对其本人和胎儿有危害的工作。

(10) 开展健康教育，普及防护知识，制订职业卫生制度和操作规程　用人单位领导和劳动者要通过培训，学习有关职业病防治的政策和法规，职业危害及其防护知识。提高对改善劳动条件，控制职业危害重要性的认识，防止职业病的发生。

(11) 职业病的诊断

职业病的诊断应根据以下原则。

① 有明确的职业史、工作环境有害因素的监测资料和生物监测资料等。

② 症状、体征和常规实验室检查、物理学检查、生化检查、其他辅助检查等的结果与所接触的职业危害因素有明确的因果关系。

(12) 职业病患者的治疗　职业病确诊后，根据职业病诊断机构的诊断结果，按以下原则进行治疗。

① 防止危害因素继续侵入人体。

② 促使已被吸收的危害因素排出体外。

③ 消除病因。

④ 特效拮抗治疗。

【相关技术应用】

一、职业病防治

1. 防尘措施“八字经”

防尘措施“八字经”，即革、水、密、风、护、管、查、教8个字。

革：改革工艺或技术革新，如操作自动化，机械化。

水：湿式作业，防止粉尘飞扬，如水磨石英、水力清砂。

密：将粉尘密闭，如用管道化，除尘器，布袋除尘等。

风：通风除尘，如自然通风，使粉尘随风飘走。

护：除以上措施外，应注重个人防护，使用防尘口罩等。

管：防尘工作应有组织、制度、检查评比，防尘设备应加强检修、维护等管理的落实。

查：检查身体（就业前检查、定期检查），测定粉尘浓度、检查设备。

教：宣传教育，普及防治知识，做好自我保健工作。

2. 铅中毒的症状及预防

铅中毒多为慢性，其主要症状：常感乏力，口内有金属味，肌肉关节酸痛，发展下去出现隐隐腹痛，神经衰弱综合症，少数患者在牙龈边缘有蓝黑色的铅线；严重者则出现腹部绞痛、贫血、末梢神经炎或伸肌无力；甚至出现铅中毒性脑病或瘫痪。

预防铅中毒应注意以下几点：

① 用无毒或低毒材料代替铅，如用锌、钡白、铁白代替铅白制造漆等。

② 降低车间空气中的铅浓度，使其达到卫生标准。

③ 加强个人防护，戴过滤防尘、防烟口罩，穿工作制服，严禁在车间内吸烟，进食前要洗手，下班要淋浴，坚持车间内湿式清扫制度。

3. 怎样预防汞中毒

① 改革工艺及生产设备，如用电子仪表、气动仪表代替汞仪表。

② 从事汞的灌注、分装作业台应有一定的倾斜度，并设有吸风装置及贮水的汞收集槽。

③ 被汞蒸气污染的车间，用 $19g/m^3$ 碘加酒精点燃熏蒸，使之形成不易挥发的碘化汞，然后用清水冲洗。

④ 加强个人卫生和防护，车间内汞浓度较高时，应戴碘化活性碳口罩。

4. 急性氨中毒

发生急性氨中毒，轻者中毒人员有眼鼻烧灼感，流涕、咳嗽、声嘶、头痛、头晕、喉头水肿。重者中毒可引起中枢神经系统麻痹，造成反射性喉头痉挛或呼吸停止导致迅速死亡。另外也可发生中毒性心肌炎、中毒性肝炎。

防止意外事故的发生，要把装有液氨的钢瓶放在阴凉通风的库棚内，远离火种、热源，防止阳光直射；液氨钢瓶要与氟、氯、溴、碘及酸类物质分开存放；搬运时轻拿轻放，防止钢瓶及钢阀受损；在生产和使用氨的过程中，特别要注意阀门和管道的密封；加强设备的检修，防止液氨跑、冒、滴、漏。进入氨气场所和修理氨气管道时应穿戴工作服、防毒面具、手套和胶鞋进行防护。

5. 塑料加工如何防毒

在加工塑料时，必须控制适当的温度同时要做好个人防护。

上班时应戴防毒口罩，穿工作服，严禁在工作时吸烟、吃饭。要定期体检，有肺及肝病者，不宜从事有机氟作业。

6. 电光性眼炎的防治

① 止痛，滴 0.5%～1%地卡因，3min 1 次，连滴 3 次，并口服消炎痛 25mg，一日三次。冷敷也可止痛。

② 滴新鲜牛奶或人乳，怕光则戴太阳镜。

③ 滴抗菌素眼药水，涂金霉素眼药膏包扎，以防眼部感染。

④ 电焊、气焊工必须戴防护面罩，辅助工应戴防护镜，电焊场所周围放置防护屏，围挡操作区，以防照射他人。

7. 如何做好女工保健

① 要加强职工孕期系统管理工作。

② 要坚持女职工妇科病普查普治。

③ 要改善女职工劳动保护措施，合理安排女职工生产。

④ 贯彻《女职工保健工作规定》。

8. 职工为何要定期体检

目的是早期发现病情，早期治疗，以保护劳动力。

① 对高温、高气压工种每年体检 1 次。

② 对粉尘、苯、铅、汞、溶剂、汽油、噪声超标作业者每年体检1次。

③ 对达标环境内的作业者每两年体检1次。

9. 化学灼伤的现场处理

① 除去伤员污染的衣服、鞋袜。

② 尽快使伤员脱离现场，移至空气新鲜、无毒的环境中。

③ 及时冲洗创面，以及冲洗尚未出现创面的污染部位。用蒸馏水（生理盐水最好，自来水也可使用）。冲洗时间一般为15～30min（休克或危重伤员则要从速从简）。

④ 危重伤员要维持呼吸、循环系统功能，如发生呼吸、心跳停止，需立即进行人工呼吸和胸外心脏按压，并迅速送医院抢救。

常见化学灼伤的急救治疗方法如表11-1所示。

表11-1　常见化学灼伤的急救治疗

化学药品	急救或治疗方法
碱类：KOH、NaOH等	立即用大量的水冲洗，然后用醋酸溶液（2%）冲洗或撒硼酸粉；或者用2%～3%硼酸溶液冲洗和湿敷，最后用清水冲洗创面。CaO的灼烧伤可用植物油洗涤伤口
酸类：H_2SO_4、HCl、HNO_3等	先用大量水冲洗，再用2%～5%$NaHCO_3$的饱和溶液冲洗中和，然后用清水冲洗
铬酸	先用大量水冲洗，再用$(NH_4)_2S$的溶液洗涤
氢氟酸	立即用大量清水冲洗，直至伤口表面发红，用2%～5%$NaHCO_3$的饱和溶液冲洗中和，再涂以甘油与氧化镁（2∶1）悬浮剂，或调上如意金黄散，然后用消毒纱布包扎
苯酚	先用大量水冲洗，再用4体积70%乙醇和1体积氯化铁0.3mol/L）混合液冲洗，最后用2%～5%$NaHCO_3$的饱和溶液湿敷
溴	用水冲洗后，以10%$Na_2S_2O_3$溶液冲洗，然后涂$NaHCO_3$糊剂；或用1体积25%氨水和1体积松节油和10体积乙醇（95%）的混合液处理
磷	如有磷颗粒附着在皮肤上，应将其局部浸入水中，用刷子清除，不可将创面暴露在空气中或用油脂涂抹；再用1%～2%$CuSO_4$溶液冲洗数分钟，然后以5%$NaHCO_3$的饱和溶液冲洗残留的$CuSO_4$，最后用生理盐水湿敷，用绷带扎好
焦油、沥青（热烫伤）	以棉花蘸乙醚或二甲苯，消除粘在皮肤上的焦油或沥青，然后涂上羊毛脂

10. “香蕉水”有毒

“香蕉水”的主要成分是苯，约占50%～55%，其他有醇、丙酮、酯类等。

苯是有毒物质，是无色透明具有芳香味的高度挥发性液体，易燃易爆，比重大于空气。生产中主要以蒸气形态通过呼吸道进入人体。它主要对人的神经系统、造血系统有损害。在接触高浓度苯时，主要表现为麻醉作用，患者有头痛、头晕、恶心、呕吐等像喝醉酒似的症状，叫“苯醉”。如果继续吸入高浓度苯，可发生一过性意识丧失，甚至昏迷。长期接触一定量的苯，可发生神经衰弱，如头痛、头晕、睡眠障碍、疲乏无力、记忆力减退等。苯还对造血系统有一定危害，使白血球、血小板减少，甚至全血细胞减少，造成再生障碍性贫血。

11. 噪声的危害

① 对听力损害。国家规定车间环境内噪声不得超过90dB。

② 长期接触噪声会出现头痛、失眠、记忆力减退、脾气急躁等神经系统症状。

③ 噪音使心跳加快、血压不稳定、甚至导致月经不调、流产等。

12. 喷漆工人的防护

喷漆由各种漆、有机溶剂和稀薄剂配制而成。喷漆的有机溶剂多用“三苯”（苯、甲苯及二甲苯的混合物），在喷漆及干燥过程中，有机溶剂可随漆雾或自行挥发而逸入空气，污染环境。

苯对人体的危害最大，长期在超过最高浓度的环境下工作，可发生慢性中毒，主要损害造血系统。甲苯和二甲苯是苯的同系物，对中枢神经系统及上呼吸道有不良作用。此外，工业用甲苯及二甲苯常混杂有少量苯，故也难以完全排除对造血系统的损害。

加强对喷漆工作劳动保护，应严格执行操作规程，定期通风，有防尘除雾设备，喷漆工人工作时要戴防护口罩，并定期检查身体。

13. 农药中毒

① 在搬运时，农药包装不严密。

② 在配药、施药时不遵守操作规程。

③ 施药时间过长或施药人员选择风向不当。

④ 农药存放不当或盛农药的器械处理不当，造成食物污染，使人误服中毒。

⑤ 故意服毒自杀。

14. 工业生产中的“四害”

废气：在工业生产中，会产生各种各样的有毒、有害气体，如果这种废气在空气中含量超过国家规定的标准，就会影响人们的身体健康：以一氧化碳为例，这种气体被吸入人体后，会迅速与血液中的血红蛋白相结合，形成“碳氧血红蛋白”，使人体多个器官、组织丧失输送氧气的能力，造成人体组织缺氧而难以进行正常的生理活动，导致大脑、心脏等重要器官严重缺氧而麻痹、坏死直至生命终止。

废水：工业和医院废水都有大量的有毒物质和致病菌，不仅危害工、农、渔业生产，而且威胁着广大群众的身体健康。如用含镉的废水灌田，长出来的稻谷人们长期吃了会导致肾、肝、骨骼以及神经系统损害，而造成“骨痛病”。

废渣：主要含有可溶性的有害物质，经雨水冲洗，会给地面水和土壤带来污染。

噪声：声响在 50dB 以下环境是安静的；80dB 的噪声，就开始有损害听觉的危险；90dB 以上时，就对人体的健康造成损害。

二、职业病患者的处理和劳动能力鉴定

职业病患者在治疗或疗养后被确认不宜继续从事原有害工作的，应调离原工作岗位，另行安排工作。劳动能力受损程度应按照已颁布的《职工工伤与职业病致残程度鉴定》标准（GB/T 16180—1996）进行鉴定，并按劳动保险条例，给以工伤保险待遇或职业病待遇。

三、职业病的报告和统计

职业病的报告和统计为制订职业病防治规划和职业病防治工作的成效提供重要的信息和依据。如果某企业或单位发现职业病患者，企业或单位有责任和义务按照《职业病报告办法》的要求，向当地卫生行政主管部门报告。

《中华人民共和国安全生产法》和《中华人民共和国职业病防治法》两个重要的法律法规，对安全生产工作的方针、生产经营单位的安全生产保障、从业人员的权利义务、生产安全事故的应急救援和调查处理以及违法行为的法律责任等都作出了明确的规定，是加强安全管理、搞好生产工作的重要法律依据。

【检查与评价】

1. 案例总结。
2. 学生对职业病的理解。
3. 学生对相关器材的正确使用。
4. 学生的现场处置能力和应变能力。

【课外作业】

1. 网络作业（见扬州工业职业技术学院精品课程网 http：//skyclass. ypi. edu. cn/ec-webpage-show/checkCourseNumber. do? courseNumber=010814)。

2. 基础知识检查

(1) 根据生产性粉尘的性质可分为 3 类：无机性粉尘、有机性粉尘、(　　)。

A. 激性粉尘　　B. 剧毒性粉尘　　C. 高电离粉尘　　D. 混合型粉尘

(2) 下列因素中，可能引起白血病的因素是(　　)。

A. 激光　　B. 电离辐射　　C. 红外线　　D. 射频辐射

(3) 劳动防护用品按防护部位不同，分为 9 大类：安全帽、呼吸护具、眼防护具、听力护具、防护鞋、防护手套、防护服、防坠落护具和护肤用品。下列防护用品中，安全带和安全绳属于(　　)。

A. 呼吸护具　　B. 听力护具　　C. 眼防护具　　D. 防坠落护具

(4) 用人单位应当要求从业人员对于劳动防护用品(简称"护品")做到"三会"，下述不属于"三会"内容的是(　　)。

A. 会修理保护品　　B. 会检查保护品的可靠性

C. 会正确使用保护品　　D. 会正确维护保养护品

(5) 以下职业性危害因素：高温、辐射、噪声属于(　　)。

A. 物理因素　　B. 化学因素　　C. 生物因素　　D. 劳动心理因素

3. 职业病的定义是什么？职业病有哪些危害？

4. 职业病如何预防？疑似职业病病人和职业病病人享有哪些权利？

5. 控制、消除职业病危害，用人单位需要注意哪些事项？

6. 销售、购买和使用可能产生职业病危害的化学品时的注意事项有哪些？

(2 题答案：DBDAA)

情境十二

事故应急救援预案的编制与演练

教学目的与要求

知识目标 掌握应急救援预案的编制与演练的基础知识；

能力目标 学会急救援预案的编制；

情感目标 学生现场处置能力、应变能力和团结协作精神的培养。

【教学引导案例】

某化工厂位于8市北郊，西距厂生活区约500m，厂区东面为山坡地，北邻一村，西邻排洪沟，南面为农田。其主要产品为羧基丁苯胶乳。生产工艺流程为：从原料罐区来的丁二烯、苯乙烯、丙烯腈分别通过管道进入聚合釜，生产原料及添加剂在皂液槽内配置好后加入聚合釜；投料结束后，将胶乳从聚合釜转移到后反应釜：反应结束后，胶乳进入气提塔，然后再进入改性槽，经调和后经泵打入成品贮罐。生产过程中存在多种有毒、易燃易爆物质。

为避免重大事故发生，该厂决定编制应急救援预案。厂长将该任务指派给安全科，安全科成立了以科长为组长，科员甲、乙、丙、丁为成员的五人厂应急救援预案编制小组。

编制小组找来了一个相同类型企业C的应急救援预案，编制人员将企业C应急救援预案中的企业名称、企业介绍、科室名称、人员名称及有关联系方式全部按本厂的实际情况进行了更换，按期向厂长提交了应急救援预案初稿。此后，编制小组根据厂长的审阅意见，修改完善后形成了应急救援预案的最终版本，经厂长批准签字后下发至全厂有关部门。

课堂思考

根据以上场景，回答下列问题：

1. 指出该厂应急救援预案编制中存在的不足。
2. 该厂可采用哪些方法进行应急救援预案的演练?
3. 该厂应针对哪些重大事故风险编制应急救援预案?
4. 简要说明该厂在编制应急救援预案时，危险分析应提供的结果。

【课堂讨论案例】

总部位于A省的某集团公司在B省有甲、乙、丙三家下属企业。为加强和规范应急管理工作，该集团公司委托某咨询公司编制应急救援预案。咨询公司共同分析集团公司及下属企业的安全生产风险，完成了应急救援起草工作，提交到集团公司会议上进行评审。评审时，集团公司领导的意见是：①集团公司和甲、乙、丙三家企业的应急救援预案在应急组织指挥结构上应保持一致；②集团公司有自己的职工医院和消防队，应急救援时伤员救治要依靠职工医院，抢险力量队伍要依靠集团公司消防队；③周边居民安全疏散，应由集团公司通知地方政府有关部门由地方政府组织实施；④应急救援预案中因部分内容涉及集团公司商业秘密——应急救援预案不对企业全体员工和外界公开，只传达到各企业中层以上干部；⑤应急救援预案要报省安全生产监督管理部门备案。近期，该集团公司完成了一套应急救援预案的演练计划。该计划设计的演练内容为：①打开液氨贮罐阀门，将液氨排到贮罐的围堰内；②参演人员在规定的时间内关闭阀门，将围堰内的液氨进行安全处置；③救出模拟中毒人员。

2008 年 3 月 6 日，集团公司在甲企业进行了应急救援实战演练，演练地点设在甲企业的液氨贮罐区。为保障参演人员、控制人员和观摩人员的安全，集团公司事先调来乙企业全部空气呼吸器、防毒面具、防爆型无线对讲机和监测仪器，同时调来集团公司消防队所有的水罐车、泡沫车和职工医院的救护车辆。演练从 10 点钟开始，按照事先制订的演练计划进行。

10 点 20 分氨气扩散到厂区外，由于演练前未组织周边群众撤离，扩散的氨气导致两名群众中毒。10 点 30 分，抢救完中毒群众后，演练继续按计划进行。

课堂讨论

1. 指出应急救援预案评审时，集团公司领导意见中的不妥之处，说明正确的做法。
2. 指出本案的应急救援演练中存在的问题。
3. 结合本案，简述事故应急救援的基本任务。

在任何工业生活中都有可能发生事故，并且随着现代工业的发展，生产过程中存在的巨大能量和有害物质，一旦发生重大事故，往往造成惨重的生命、财产损失和环境破坏。由于自然或人为、技术等原因，当事故或灾害不可避免的时候，建立重大事故应急救援体系，组织及时有效的应急行动，已成为抵御事故风险或控制灾害蔓延、降低危害的关键甚至是唯一手段。

【相关知识介绍】

一、事故应急救援体系

1. 事故应急救援的基本任务及特点

(1) 事故应急救援的基本任务　事故应急救援的总目标是通过有效的应急救援行动，尽可能地降低事故的后果包括人员伤亡、财产损失和环境破坏等。事故应急救援的基本任务包括下述几个方面。

① 立即组织营救受害人员，组织撤离或者采取其他措施保护危害区域内的其他人员。抢救受害人员是应急救援的首要任务。在应急救援行动中，快速、有序、有效地实施现场急救与安全转送伤员，是降低伤亡率、减少事故损失的关键。由于重大事故发生突然、扩散迅速、涉及范围广、危害大，相关部门应及时指导和组织群众采取各种措施进行自身防护，必要时迅速撤离出危险区或可能受到危害的区域。在撤离过程当中，应积极组织群众开展自救和互救工作。

② 迅速控制事态，并对事故造成的危害进行检测、监测，测定事故的危害区域、危害性质及危害程度。及时控制住造成事故的危险源是应急救援工作的重要任务。只有及时地控

制住危险源，防止事故的继续扩展，才能及时有效地进行救援。特别对发生在城市或人口稠密地区的化学事故，应尽快组织工程抢险队与事故单位技术人员一起及时控制事故继续扩展。

③ 消除危害后果，做好现场恢复。针对事故造成的现实危害和可能的危害，迅速采取封闭、隔离洗消、监测等措施，防止其对人的继续危害和对环境的污染。应及时清理废墟和恢复基本设施，将事故现场恢复到相对稳定的状态。

④ 查清事故原因，评估危害程度。事故发生后应及时调查事故的发生原因和事故性质，评估出事故的危害范围和危险程度，查明人员伤亡情况，做好事故原因调查，并总结救援工作中的经验和教训。

(2) 事故应急救援的特点　应急工作涉及技术事故、自然灾害（引发）、城市生命线、重大工程、公共活动场所、公共交通、公共卫生和人为突发事件等多个公共安全领域，构成一个复杂巨大的系统，具有不确定性、突发性、复杂性和后果、影响猝变、激化、放大的特点。

① 不确定性和突发性。不确定性和突发性是各类公共安全事故、灾害与事件的共同特征，大部分事故都是突然爆发，爆发前基本没有明显征兆，而且一旦发生，发展蔓延迅速，甚至失控。因此，要求应急行动必须在极短的时间内在事故的第一现场展开，在事故产生重大灾难后果之前采取各种有效的防护、救助、疏散和控制事态等措施。

为迅速对事故作出有效的初始响应，并及时控制住事态，应急救援工作应坚持属地化为主的原则，强调地方的应急准备工作，包括建立全天候的昼夜值班制度，确保报警、指挥通信系统始终保持完好状态，明确各部门的职责，确保各种应急救援的装备、技术器材、有关物资随时处于完好可用状态，制定科学有效的突发事件应急预案等措施。

② 应急活动的复杂性。应急活动的复杂性主要表现在事故、灾害或事件影响因素演变规律的不确定性和不可预见的多变性；众多来自不同部门参与应急救援活动的单位，在信息沟通、行动协调与指挥、授权与职责、通信等方面的有效组织和管理的困难；以及应急响应过程中公众的反应、恐慌心理、公众过急等突发行为的复杂性。这些复杂因素的影响，给现场应急救援工作带来了严峻的挑战，有关部门应对应急救援工作中各种复杂的情况作出足够的估计，制定随时应对各种复杂变化的相应方案。

应急活动的复杂性另一个重要特点是现场处置措施的复杂性。重大事故的处置往往涉及较强的专业技术支持，包括易燃、有毒危险物质，复杂危险工艺以及矿山井下事故处置等，对每一行动方案、监测以及应急人员防护等都需要在专业人员的支持下进行决策。因此，针对生产安全事故应急救援的专业化要求，相关部门必须高度重视建立和完善重大事故的专业应急救援力量、专业检测力量和专业应急技术与信息支持等的建设。

③ 后果、影响易猝变、激化和放大。公共安全事故、灾害与事件虽然好似小概率事件，但后果一般比较严重，能造成广泛的公众影响，应急处理稍有不慎，就可能改变事故。灾害使平稳、有序、和平状态向动态、混乱和冲突方面发展，引起事故。灾害与事件波及范围扩展，卷入人员数量增加和人员伤亡与财产损失后果加大，猝变、激化与放大造成的失控状态，不但迫使应急呼应升级，甚至可导致社会性危机出现，使公众立即陷入巨大的动荡与恐慌之中。因此，重大事故（件）的处置必须坚决果断，而且越早越好，防止事态扩大。

因此，为尽可能减低重大事故的后果及影响，减少重大事故所导致的损失，要求应急救援行动必须做到迅速、准确和有效。所谓迅速，就是要求建立快速的应急响应机制，能迅速准确地传递事故信息，迅速地调集所需的大规模应急力量和设备、物资等资源，迅速地建立起统一指挥与协调系统，开展救援活动。所谓准确，要求有相应的应急决策机制，能基于事故的规模、性质、特点、现场环境等信息，正确地预测事故的发展趋势，准确地对应急救援行动和战术进行决策。所谓有效，主要指应急救援行动的有效性，很大程度上它取决于应急准备的充分性与否，包括应急队伍的建设与训练、应急设备（施）、物资的配备与维护、预案的制定与落实以及有效的外部增援机制等。

2. 事故应急救援的相关法律法规

近年来，我国政府相继颁布的一系列法律法规，如《安全生产法》、《危险化学品安全管理条例》、《关于特大安全事故行政责任追究的规定》、《特种设备安全监察条例》等，对危险化学品、特大安全事故、重大危险源等应急救援工作提出了相应的规定和要求。

①《安全生产法》第十七条规定，生产经营单位的主要负责人具有组织制定并实施本单位的生产安全事故应急救援预案的职责。第三十三条规定："生产经营单位对重大危险源应当制定应急救援预案，并告知从业人员和相关人员在紧急情况下应当采取的应急措施。"第六十八条规定："县级以上地方各级人民政府应当组织有关部门制定本行政区域内特大生产安全事故应急救援预案，建立应急救援体系。"

②《危险化学品安全管理条例》第四十九条规定："县级以上地方各级人民政府负责危险化学品安全监督管理综合工作的部门会同同级有关部门制定危险化学品事故应急救援预案，报本级人民政府批准后实施。"第五十条规定："危险化学品单位应当制定本单位事故应急救援预案，配备应急救援人员和必要的应急救援器材和设备，并定期组织演练。危险化学品事故应急救援预案应当报设区的市级人民政府负责化学品监督管理综合工作的部门备案。"

国务院《关于特大安全事故行政责任追究的规定》第七条规定："市（地、州）、县（市、区）人民政府必须制定本地区特大安全事故应急处理预案。"

国务院《特种设备安全监察条例》第三十一条规定："特种设备使用单位应当制定特种设备的事故应急措施和救援预案。"

国务院《使用有毒物品作业场所劳动保护条例》规定："从事使用高毒物品作业的用人单位，应当配备应急救援人员和必要的应急救援器材、设备，制定事故应急救援预案，并根据实际情况变化对应急救援预案适时进行修订，定期组织演练。事故应急救援预案和演练记录应当报当地卫生行政部门、安全生产监督管理部门和公安部门备案。"

《职业病防治法》规定："用人单位应当建立、健全职业病危害事故应急救援预案。"

《消防法》规定："消防安全重点单位应当制定灭火和应急疏散预案，定期组织消防演练。"

3. 事故应急管理的过程

尽管重大事故的发生具有突发性和偶然性，但重大事故的应急管理不只限于事故发生后的应急救援行动。应急管理是对重大事故的全过程管理，贯穿于事故发生前、中、后的各个过程，充分体现了"预防为主，常备不懈"的应急思想。应急管理是一个动态的过程，包括预防、准备、响应和恢复 4 个阶段。尽管在实际情况中这些阶段往往是交叉的，但每一阶段都有其明确的目标，而且每一阶段又是构筑在前一阶段的基础之上，因而预防、准备、响应和恢复相互关联，构成了重大事故应急管理的循环过程。

（1）预防　在应急管理中预防有两层含义。一、事故的预防工作，即通过安全管理和安全技术等手段，尽可能地防止事故的发生，实现本质安全；二、在假定事故必然发生的前提下，通过预先采取的预防措施，达到降低或减缓事故的影响或后果的严重程度，如加大建筑物的安全距离、工厂选址的安全规划、减少危险品的存量、设置防护墙以及开展公众教育等。从长远看，低成本、高效率的预防措施是减少事故损失的关键。

（2）准备　应急准备是应急管理过程中一个极其关键的过程。

它是针对可能发生的事故，为迅速有效地开展应急行动而预先做的各种准备，包括应急体系的建立、有关部门和人员职责的落实、预案的编制、应急队伍的建设、应急设备（施）

与物资的准备和维护、预案的演练、与外部应急力量的衔接等，其目标是保持重大事故应急救援所需的应急能力。

（3）响应　应急响应是在事故发生后立即采取的应急与救援行动，包括事故的报警与通报、人员的紧急疏散急救与医疗、消防和工程抢险措施、信息收集与应急决策和外部求援等，其目标是尽可能地抢救受害人员，保护可能受威胁的人群，尽可能控制并消除事故。

（4）恢复　恢复工作应在事故发生后立即进行。首先应使事故影响区域恢复到相对安全的基本状态，然后逐步恢复到正常状态。要求立即进行的恢复工作包括：①事故损失评估、②原因调查、③清理废墟等。在短期恢复工作中，应注意避免出现新的紧急情况。长期恢复包括厂区重建和受影响区域的重新规划和发展。在长期恢复工作中，应汲取事故和应急救援的经验教训，开展进一步的预防工作和减灾行动。

4. 事故应急救援体系的建立

（1）事故应急救援体系的基本构成　由于潜在的重大事故风险多种多样，所以每一类事故灾难的应急救援措施可能千差万别，但其基本应急模式是一致的。构建应急救援体系，应贯彻顶层设计和系统论的思想，以事件为中心，以功能为基础，分析和明确应急救援工作的各项需求，在应急能力评估和应急资源统筹安排的基础上，科学地建立规范化、标准化的应急救援体系，保障各级应急救援体系的统一和协调。

一个完整的应急体系应由：①组织体制、②运作机制、③法制基础和④应急保障体系 4 部分构成，如图 12-1 所示。

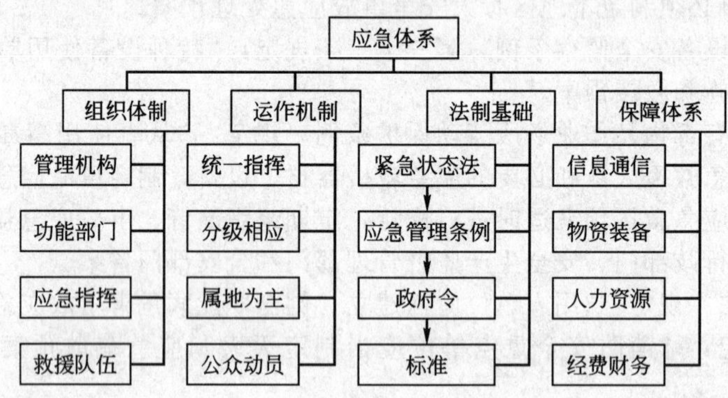

图 12-1　应急救援体系基本框架结构

① 组织体制。应急救援体系组织体制建设中的管理机构是指维持应急日常管理的负责部门；功能部门包括与应急活动有关的各类组织机构，如消防、医疗机构等；应急指挥室在应急预案启动后，负责应急救援活动场外与场内指挥系统；而救援队伍则由专业和志愿人员组成。

② 运作机制。应急救援活动一般划分为应急准备、初级反应、扩大应急和应急恢复 4 个阶段，应急机制与这 4 个阶段的应急活动密切相关。应急运作机制主要由统一指挥、分级响应、属地为主和公众动员这 4 个基本机制组成。

统一指挥是应急活动的基本原则。应急指挥一般可分为集中指挥与现场指挥，或场外指挥与场内指挥等。无论采用哪一种指挥系统，都必须实行统一指挥的模式，无论应急救援活动涉及单位的行政级别高低还是隶属关系不同，但都必须在应急指挥的统一组织协调下行动，有令则行，有禁则止，统一号令，步调一致。

分级响应是指在初级响应应用到扩大应急的过程中实行的分级响应的机制。扩大或提高应急级别的主要依据是事故灾难的危害程度，影响范围和控制事态能力。影响范围和控制事态能力是“升级”的最基本条件。扩大应急救援主要是提高指挥级别、扩大应急范围等。

属地为主强调“第一反应”的思想和以现场应急、现场指挥为主的原则。

公众动员机制是应急机制的基础，也是整个应急体系的基础。

③ 法制基础。法制建设是应急体系的基础和保障，也是开展各项应急活动的依据，与应急有关的法规可分为4个层次：由立法机关通过的法律，如紧急状态法、公民知情权和紧急动员法等；由政府颁布的规章，如应急救援管理条例等；包括预案在内的以政府令形式颁布的政府法令、规定等；与应急救援活动直接有关的标准或管理办法等。

④ 保障系统。列于应急保障系统第一位的是信息与通信系统，构筑集中管理的信息通信平台是应急体系最重要的基础建设。信息通信系统要保证所有预警、报警、警报、报告、指挥等活动的信息交流快速、流畅、准确，以及信息资源共享；物资与装备不但要保证有足够的资源，而且还要实现快速、及时供应到位；人力资源保障包括专业队伍的加强、志愿人员以及其他相关人员的培训教育；应急财务保障应建立专项应急项目，如应急基金等，以保障应急管理运行和应急反应中各项活动的开支。

（2）事故应急救援体系响应机制　重大事故应急救援体系应根据事故的性质、严重程度、事态发展趋势和控制能力实行建立分级响应机制，对不同的响应级别，相应地明确事故的通报范围、应急中心的启动程度、应急力量的出动和设备、物资的调集规模、疏散的范围、应急总指挥的职位等。典型的响应级别通常可分为3级。

① 一级紧急情况。必须利用所有有关部门及一切资源的紧急情况，或者需要各个部门同外部机构联合处理的各种紧急情况，通常要宣布进入紧急状态。在该级别中，做出主要决定的指挥通常是紧急事务管理部门。现场指挥部可在现场做出保护生命和财产以及控制事态所必需的各种决定。解决整个紧急事件的决定，应该有紧急事务管理部门负责。

② 二级紧急情况。需要两个或更多个部门响应的紧急情况。该事故的救援需要有关部门的协作，并且提供人员、设备或其他资源。该级响应需要成立现场指挥部来统一指挥现场的应急救援行动。

③ 三级紧急情况。能被一个部门正常可利用的资源处理的紧急情况。正常可利用的资源是指在该部门权力范围内通常可以利用的应急资源，包括人力和物力等。必要时，该部门可以建立一个现场指挥部，负责后勤支持、人员或其他资源增援。

（3）事故应急救援体系响应程序　事故应急救援系统的应急响应程序按过程可分为：①接警、响应级别确定，②应急启动，③救援行动，④应急恢复和⑤应急结束五个过程，如图12-2所示。

① 接警与响应级别确定。接到事故报警后，按照工作程序，对警情做出判断，初步确定相应的响应级别。如果事故不足启动应急救援体系的最低响应级别，响应关闭。

② 应急启动。应急响应级别确定后，按所确定的响应级别启动应急程序，如通知应急中心有关人员到位、开通信息与通信网络、通知调配救援所需的应急资源（包括应急队伍和物资、装备等）、成立现场指挥部等。

③ 救援行动。有关应急队伍进入事故现场后，迅速开展事故侦测、警戒、疏散、人员救助、工程抢险等有关应急救援工作，专家组为救援决策提供建议和技术支持。当事态超出响应级别无法得到有效控制时，向应急中心请求实施更高级别的应急响应。

④ 应急恢复。救援行动结束后，进入临时应急恢复阶段。该阶段主要包括现场清理、人员清点和撤离、警戒解除、善后处理和事故调查等。

⑤ 应急结束。执行应急关闭程序，由事故总指挥宣布应急结束。

（4）现场指挥系统的组织结构　重大事故的现场情况往往十分复杂，且汇集了各方面的应急力量与大量的资源，应急救援行动的组织、指挥和管理成为重大事故应急工作所面临的一个严峻挑战。应急过程中存在的主要问题有：①太多的人员向事故指挥官汇报；②应急响

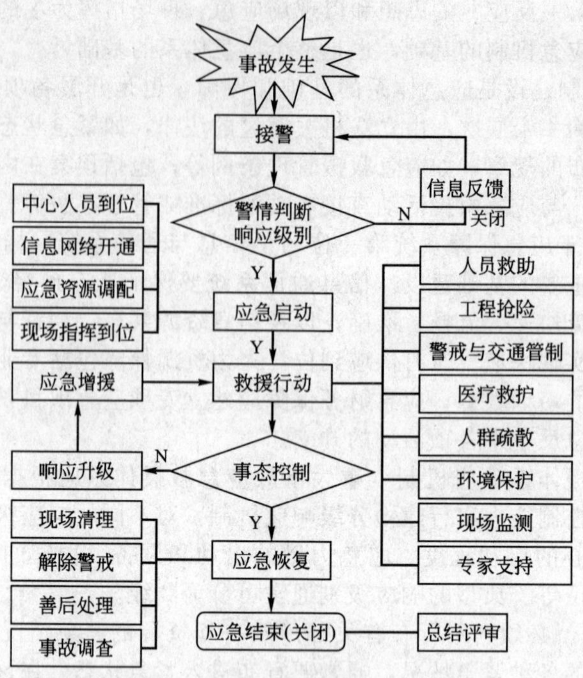

图 12-2 重大事故应急救援体系响应程序

应的组织结构各异，机构间缺乏协调机制，且术语不同；③缺乏可靠的事故相关信息和决策机制，应急救援的整体目标不清或不明；④通信不兼容或不畅；⑤授权不清或机构对自身现场的任务、目标不清。

对事故势态的管理方式决定了整个应急行动的效率。为保证现场应急救援工作的有效实施，必须对事故现场的所有应急救援工作实施统一的指挥和管理，即建立事故指挥系统(ICS)，形成清晰的指挥链，以便及时地获取事故信息、分析和评估势态，确定救援的优先目标，决定如何实施快速、有效的救援行动和保护生命的安全措施，指挥和协调各方应急力量的行动，高效地利用可获取的资源，确保应急决策的正确性和应急行动的整体性和有效性。

现场应急指挥系统的结构应当在紧急事件发生前就已建立，预先对指挥结构达成一致意见，将有助于保证应急各方明确各自的职责，并在应急救援过程中更好地履行职责。现场指挥系统模块化的结构由指挥、行动、策划、后勤以及资金/行政 5 个核心应急响应职能组成。如图 12-3 所示。

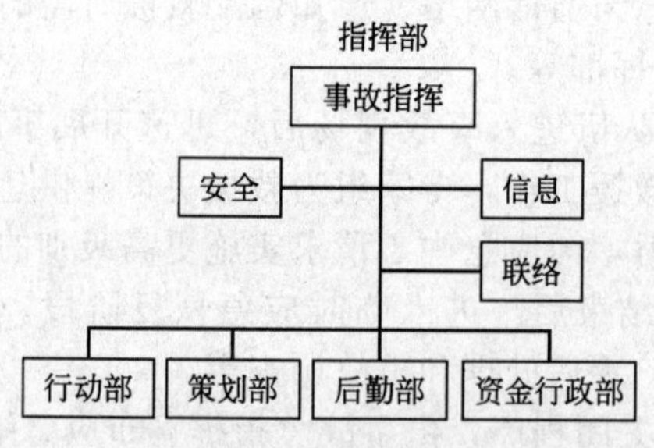

图 12-3 现场指挥系统结构

① 事故指挥官。事故指挥官负责现场应急响应所有方面的工作，包括确定事故目标及实现目标的策略，批准实施书面或口头的事故行动计划，高效地调配现场资源，落实保障人

员安全与健康的措施，管理现场所有的应急行动。事故指挥官可将应急过程中的安全问题、信息收集与发布以及与应急各方的通讯联络分别指定相应的负责人完成，如信息负责人、联络负责人和安全负责人。各负责人直接向事故指挥官汇报。其中，信息负责人负责及时收集、掌握准确完整的事故信息，包括事故原因、大小、当前的形势、使用的资源和其他综合事务，并向新闻媒体、应急人员指挥部及其他相关机构和组织发布事故的有关信息；联络负责人负责与有关支持和协作机构联络，包括到达现场的上级领导、地方政府领导等；安全负责人负责对可能遭受的危险或不安全情况提供及时、完善、详细、准确的危险预测和评估，制定并向事故指挥官建议确保人员安全和健康的措施，从安全方面审查事故行动计划，制定现场安全计划等。

② 行动部。行动部负责所有主要的应急行动，包括消防与抢险、人员搜救、医疗救治、疏散与安置等。所有的战术行动都依据事故行动计划来完成。

③ 策划部。策划部负责收集、评价、分析及发布事故相关的战术信息，准备和起草事故行动计划，并对有关的信息进行归档。

④ 后勤部。后勤部负责为事故的应急响应提供设备、设施、物资、人员、运输、服务等。

⑤ 资金/行政部。资金/行政部负责跟踪事故的所有费用并进行评估，承担其他职能未涉及的管理职责。事故现场指挥系统的模块化结构的一个最大优点是允许根据现场的行动规模，灵活启用指挥系统相应的部分结构，因为很多的事故可能并不需要启动策划、后勤或资金/行政模块。需要注意的是，对没有启用的模块，除非明确指定给某一负责人，其相应的职能由现场指挥官承担。当事故规模进一步扩大，响应行动涉及到跨部门、跨地区或上级救援机构加入时则可能需要开展联合指挥，即由各有关主要部门代表成立联合指挥部，该模块化的现场系统则可以很方便地扩展为联合指挥系统。

二、事故应急预案的策划与编制

1. 事故应急预案的作用

制定事故应急预案是贯彻落实“安全第一、预防为主、综合治理”方针，提高应对风险和防范事故的能力，保证职工安全健康和公众生命安全，最大限度地减少财产损失、环境损害和社会影响的重要措施。

事故应急预案在应急系统中起着关键作用，它明确了在突发事故发生之前、发生过程中以及刚刚结束之后，谁负责做什么、何时做，以及相应的策略和资源准备等。它是针对可能发生的重大事故及其影响和后果的严重程度，为应急准备和应急响应的各个方面所预先作出的详细安排，是开展及时、有序和有效事故应急救援工作的行动指南。

(1) 事故应急预案在应急救援中的重要作用

① 应急预案确定了应急救援的范围和体系，尤其是通过培训和演习工作的开展，使应急管理不再无据可依、无章可循。

② 制定应急预案有利于做出及时的应急响应，降低事故的危害程度。

③ 应急预案是各类突发重大事故的应急基础。通过编制应急预案．可保证应急预案足够灵活，对那些事先无法预料到的突发事件或事故，也可以起到基本的应急指导作用，成为展开应急救援的“底线”。在此基础上，可以针对特定危害编制专项应急预案，有针对性地制定应急措施，进行专项应急准备和演习。

④ 当发生超过应急能力的重大事故时，便于与上级应急部门的协商。

⑤ 应急预案有利于提高风险防范意识。

(2) 策划应急预案时应考虑的因素　2006 年 9 月 20 日国家安全生产监督管理总局颁布

了《生产经营单位安全生产事故应急预案编制导则》（AQ/T 9002—2006），并于2006年11月1日实施。该导则明确了应急预案应包括的内容和编制要求，为应急预案的规范化建设提供了依据。根据有关法规及该导则的要求，编制应急预案时应进行合理策划，做到重点突出，反应主要的重大事故风险，并避免预案相互孤立、交叉和矛盾。策划重大事故应急预案时应充分考虑下列因素。

① 重大危险普查的结果，包括重大危险源的数量、种类及分布情况，重大事故隐患情况等。

② 本地区的地质、气象、水文等不利的自然条件（如地震、洪水、台风等）及其影响。

③ 本地区及国家和上级机构已制定的应急预案的情况。

④ 本地区以往灾难事故的发生情况。

⑤ 功能区布置及相互影响情况。

⑥ 周边重大危险可能带来的影响。

⑦ 国家级地方相关法律法规的要求。

2. 重大事故应急预案的层次

基于可能面临多种类型的突发重大事故或灾难，为保证各种类型预案之间的整体协调性和层次，并实现共性与个性、通用性与特殊性的结合，对应急预案合理的划分层次，是将各种类型应急预案有机组合在一起的有效方法。应急预案可分为3个层次，如图12-4所示。

图12-4 事故应急预案的层次

(1) 综合预案 综合预案相当于总体预案，从总体上阐述预案的应急方针、政策、应急组织机构及相应的职责，应急行动的总体思路等。通过综合预案，可以很清晰地了解应急的组织体系、运行机制及预案的文件体系。更重要的是，综合预案可以作为应急救援工作的基础和“底线”，对那些没有预料的紧急情况也能起到一般的应急指导作用。

(2) 专项预案 专项预案是针对某种具体的、特定类型的紧急情况。如煤矿瓦斯爆炸、危险物质泄漏、火灾、某一自然灾害、危险源和应急保障而制定的计划或方案，是综合应急预案的组成部分，应按照综合应急预案的程序和要求组织制定，并作为综合应急预案的附件。

专项预案是在综合预案的基础上，充分考虑了某种特定危险的特点，对应急的形势、组织机构、应急活动等进行更具体的阐述，具有较强的针对性。专项应急预案应制定明确的救援程序和具体的应急救援措施。

(3) 现场处置方案 现场处置方案是在专项预案的基础上，根据具体情况而编制的。它是针对具体装置、场所、岗位所制定的应急处置措施。如危险化学品事故专项预案下编制的某重大危险源的应急预案等。现场处置方案的特点是针对某一具体场所的该类特殊危险及周边环境情况，在详细分析的基础上，对应急救援中的各个方面作出具体、周密而细致的安排，因而现场处置方案具有更强的针对性和对现场具体救援活动的指导性。

现场处置方案的另一特殊形式为单项预案。单项预案可以是针对大型公众聚集活动（如经济、文化、体育、民俗、娱乐、集会等活动）或高风险的建设施工或维修活动（如人口高密度区建筑物的定向爆破、生命线施工维护等活动）而制定的临时性应急行动方案。随着这些活动的结束，预案的有效性也随之终结。单项预案主要是针对临时活动中可能出现的紧急情况，预先对相关应急机构的职责、任务和预防性措施作出的安排。

3. 事故应急预案基本结构

不同的应急预案由于各自所处的层次和适用的范围不同，因而在内容的详略程度和侧重点上会有所不同，但都可以采用相似的基本结构。如图 12-5 所示的“1＋4”预案编制结构中，综合预案是由一个基本预案加上应急功能设置、特殊风险管理、标准操作程序和支持附件构成的。

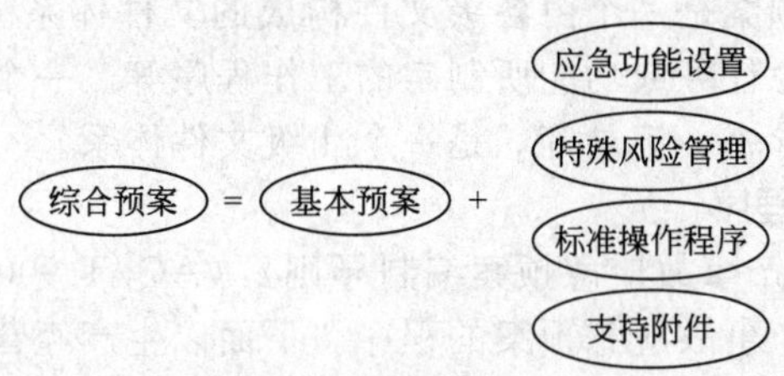

图 12-5　应急预案的基本结构

（1）基本预案　基本预案是应急预案的总体描述，主要阐述应急预案所要解决的紧急情况、应急的组织体系、方针、应急资源、应急的总体思路，并明确各应急组织在应急准备和应急行动中的职责以及应急预案的演练和管理等规定。

（2）应急功能设置　应急功能是指针对各类重大事故应急救援中通常采取的一系列的基本应急行动和任务，如指挥和控制、警报、通信、人群疏散与安置、医疗、现场管制等。因此，设置应急功能时，应针对潜在重大事故的特点综合分析将其分配给相关部门。对每一项应急功能都应明确其针对的形势、目标、负责机构和支持机构、任务要求、应急准备和操作程序等。应急预案中包含的应急功能的数量和类型，主要取决于所针对的潜在重大事故危险的类型，以及应急的组织方式和运行机制等具体情况。表 12-1 直观地描述了应急功能与相关应急机构的关系。

表 12-1　应急功能矩阵表

部门	应急功能							
	接警与通知	警报和紧急公告	事态监测与评估	警戒与管制	人群疏散	医疗与卫生	消防和抢险	……
应急中心	R	R	S		S			
生产		S	S		S		S	
消防	S	S	S	S	S	S	R	
保卫	S			R	R	S	S	
卫生			S			R		
安环	S	S	R		S	S	S	
技术			S				S	
……								

注：R—负责部门；S—支持部门。

（3）特殊风险管理　特殊风险指根据某类事故灾难、灾害的典型特征，需要对其作出针对性安排的风险。应说明处置此类风险应该设置的专有应急功能或有关应急功能所需的特殊要求，明确这些应急功能的责任部门、支持部门、有限介入部门及其职责和任务，为制定该类风险的专项预案提出特殊要求和指导。

(4) 标准操作程序　由于基本预案、应急功能设置并不说明各项应急功能的实施细节，因此各应急功能的主要责任部门必须组织制定相应的标准操作程序，为应急组织或个人提供履行应急预案中规定职责和任务的详细指导。标准操作程序应保证与应急预案的协调和一致性，其中重要的标准操作程序可作为应急预案附件或以适当方式引用。

(5) 支持附件　支持附件主要包括应急救援的有关支持保障系统的描述及有关的附图表，如危险分析附件，通信联络附件，法律法规附件，机构和应急资源附件，教育、培训、训练和演习附件，技术支持附件，协议附件，其他支持附件。

从广义上来说，应急预案是一个由各级文件构成的文件体系。它不仅是应急预案本身，也包括针对某个特定的应急任务或功能所制定的工作程序等。一个完整的应急预案的文件体系可包括预案、程序、指导书、记录等，是一个 4 级文件体系。

4. 事故应急预案编制程序

《生产经营单位安全生产事故应急预案编制导则》(AQ/T 9002—2006) 中第 32 条规定生产经营单位编制安全生产事故应急预案的程序。下面以生产经营单位安全生产事故应急预案编制为例，阐述应急预案的编制。

应急预案的编制包括下面 6 个步骤。

① 成立工作组。结合本单位部门职能分工，成立以单位主要负责人为领导的应急预案编制工作组，明确编制任务、职责分工、制定工作计划。

② 资料收集。收集应急预案编制所需的各种资料（相关法律法规、应急预案、技术标准、国内外同行业事故案例分析、本单位技术资料等）。

③ 危险源与风险分析。在危险因素分析及事故隐患排查、治理的基础上，确定本单位的危险源、可能发生事故的类型和后果，进行事故风险分析并指出事故可能产生的次生衍生事故，形成分析报告，分析结果作为应急预案的编制依据。

④ 应急能力评估。对本单位应急装备、应急队伍等应急能力进行评估，并结合本单位实际，加强应急能力建设。

⑤ 应急预案编制。针对可能发生的事故，按照有关规定和要求编制应急预案。应急预案编制过程中，应注重全体人员的参与和培训，使所有与事故有关人员均掌握危险源的危险性、应急处置方案和技能。应急预案应充分利用社会应急资源，与地方政府预案、上级主管单位以及相关部门的预案相衔接。

⑥ 应急预案的评审与发布。评审由本单位主要负责人组织有关部门和人员进行。外部评审由上级主管部门或地方政府负责安全管理的部门组织审查。评审后，按规定报有关部门备案，并经生产经营单位主要负责人。

5. 重大事故应急预案核心要素及编制要求

应急预案是针对可能发生的重大事故所需的应急准备和应急响应行动而制定的指导性文件，其核心内容如下。

① 对紧急情况或事故灾害及其后果的预测、辨识和评估。

② 规定应急救援各方组织的详细职责。

③ 应急救援行动的指挥与协调。

④ 应急救援中可用的人员、设备、设施、物资、经费保障和其他资源，包括社会和外部援助资源等。

⑤ 在紧急情况或事故灾害发生时保护生命、财产和环境安全的措施。

⑥ 现场恢复。

⑦ 其他，如应急培训和演练，法律法规的要求等。

一个完善的应急预案按相应的过程可分为6个一级关键要素，包括：①方针与原则；②应急策划；③应急准备；④应急响应；⑤现场恢复；⑥预案管理与评审改进。6个一级要素相互之间既相对独立，又紧密联系，从应急的方针、策划、准备、响应、恢复到预案的管理与评审改进，形成了一个有机联系并持续改进的体系结构。根据一级要素中所包括的任务和功能，其中应急策划、应急准备和应急响应3个一级关键要素可进一步划分成若干个二级小要素。所有这些要素即构成了城市重大事故应急预案的核心要素。这些要素是重大事故应急预案编制所应当涉及的基本方面，在实际编制时，可根据职能部门的设置和职责分配等具体情况，将要素进行合并或增加，以便于组织编写。见表12-2。

表12-2　事故应急预案的核心要素

级号	要素内容	级号	要素内容
1	方针与原则	4.3	警报和紧急公告
2	应急策划	4.4	通讯
2.1	危险分析	4.5	事态监测与评估
2.2	资源分析	4.6	警戒与治安
2.3	法律法规要求	4.7	人员疏散与安置
3	应急准备	4.8	医疗与卫生
3.1	机构与职责	4.9	公共关系
3.2	应急资源	4.10	应急人员安全
3.3	教育、训练与演习	4.11	消防与抢险
3.4	互助协议	4.12	泄漏物控制
4	应急响应	5	现场恢复
4.1	接警与通知	6	预案管理与评审改进
4.2	指挥与控制		

(1) 方针与原则　应急救援体系首先应有一个明确的方针和原则来作为指导应急救援工作的纲领。方针与原则反映了应急救援工作的优先方向、政策、范围和总体目标，如保护人员安全优先，防止和控制事故蔓延优先，保护环境优先。此外，方针与原则还应体现事故损失控制、预防为主、常备不懈、统一指挥、高效协调以及持续改进的思想。

(2) 应急策划　应急预案是有针对性的，具有明确的对象。其对象可能是某一类或多类可能的重大事故类型。应急预案的制定必须基于对所针对的潜在事故类型有一个全面系统的认识和评价，识别出重要的潜在事故类型、性质、区域、分布及事故后果，同时，根据危险分析的结果，分析应急救援的应急力量和可用资源情况，并提出建设性意见。在进行应急策划时，应当列出国家、地方相关的法律法规，以作为预案的制定、应急工作的依据和授权。应急策划包括危险分析、资源分析以及法律法规要求3个二级要素。

① 危险分析。危险分析的最终目的是要明确应急的对象（可能存在的重大事故）、事故的性质及其影响范围、后果严重程度等，为应急准备、应急响应和减灾措施提供决策和指导依据。

危险分析包括危险识别、脆弱性分析和风险分析。危险分析应依据国家和地方有关的法律法规要求，根据具体情况进行。

② 资源分析。针对危险分析所确定的主要危险，明确应急救援所需的资源，列出可用的应急力量和资源，包括：各类应急力量的组成及分布情况；各种重要应急设备、物资的准

备情况；上级救援机构或周边可用的应急资源。

通过资源分析，可为应急资源的规划与配备、与相邻地区签订互助协议和预案编制提供指导。

③ 法律法规要求。有关应急救援的法律法规是开展应急救援工作的重要前提保障。应急策划时，应列出国家、省、地方涉及应急各部门职责要求以及应急预案、应急准备和应急救援的法律法规文件，以作为预案编制和应急救援的依据和授权。

(3) 应急准备　应急预案能否在应急救援中成功地发挥作用，不仅仅取决于应急预案自身的完善程度，还取决于应急准备的充分与否。应急准备应当依据应急策划的结果开展，包括各应急组织及其职责权限的明确、应急资源的准备、公众教育、应急人员培训、预案演练和互助协议的签署等。

① 机构与职责。为保证应急救援工作的反应迅速、协调有序，必须建立完善的应急机构组织体系，包括城市应急管理的领导机构、应急响应中心以及各有关机构部门等。对应急救援中承担任务的所有应急组织，应明确相应的职责、负责人、候补人及联络方式。

② 应急资源。应急资源的准备是应急救援工作的重要保障，应根据潜在事故的性质和危险分析，合理组建专业和社会救援力量，配备应急救援中所需的各种救援机械和装备、监测仪器、堵漏和清消材料、交通工具、个体防护装备、医疗器械和药品、生活保障物资等，并定期检查、维护与更新，保证始终处于完好状态。另外，对应急资源信息应实施有效的管理与更新。

③ 教育、训练与演习。为全面提高应急能力，应急预案应对公众教育、应急训练和演习做出相应的规定，包括其内容、计划、组织与准备、效果评估等。

公众意识和自我保护能力是减少重大事故伤亡不可忽视的一个重要方面。作为应急准备的一项内容，应对公众的日常教育做出规定，尤其是位于重大危险源周边的人群。应使他们了解潜在危险的性质和对健康的危害，掌握必要的自救知识，了解预先指定的主要及备用疏散路线和集合地点，了解各种警报的含义和应急救援工作的有关要求。

应急训练的基本内容主要包括基础培训与训练、专业训练、战术训练及其他训练等。基础培训与训练的目的是保证应急人员具备良好的体能、战斗意志和作风，明确各自的职责，熟悉城市潜在的重大危险的性质、救援的基本程序和要领，熟悉掌握个人防护装备和通讯装备的使用等；专业训练关系到应急队伍的实战能力，训练内容主要包括专业知识、堵源技术、抢运和清消及现场急救等技术；战术训练是各项专业技术的综合运用，使各级指挥员和救援人员具备良好的组织指挥能力和应变能力；其他训练应根据实际情况，选择开展，如防化、气象、侦检技术、综合训练等项目的训练，以进一步提高救援队伍的救援水平。

预案演习是对应急能力的综合检验。应急演习包括桌面演习和实战模拟演习。组织由应急各方参加的预案训练和演习，使应急人员进入“实战”状态，熟悉各类应急处理和整个应急行动的程序，明确自身的职责，提高协同作战的能力。同时，应对演练的结果进行评估，分析应急预案存在的不足，并予以改进和完善。

④ 互助协议。当有关的应急力量与资源相对薄弱时，应事先寻求与邻近区域签订正式的互助协议，并做好相应的安排，以便在应急救援中及时得到外部救援力量和资源的援助。此外，也应与社会专业技术服务机构、物资供应企业等签署相应的互助协议。

(4) 应急响应　应急响应的核心功能和任务包括：接警与通知，指挥与控制，警报和紧急公告，通讯，事态监测与评估，警戒与治安，人群疏散与安置，医疗与卫生，公共关系，应急人员安全，消防和抢险，泄漏物控制。

① 接警与通知。准确了解事故的性质和规模等初始信息，是决定启动应急救援的关键。接警作为应急响应的第一步，必须对接警要求做出明确规定，保证迅速、准确地向报警人员

询问事故现场的重要信息。接警人员接受报警后，应按预先确定的通报程序，迅速向有关应急机构、政府及上级部门发出事故通知，以采取相应的行动。

② 指挥与控制。重大事故的应急救援往往涉及多个救援机构，因此，对应急行动的统一指挥和协调是应急救援有效开展的关键。因此应建立分级响应、统一指挥、协调和决策程序，以便对事故进行初始评估，确认紧急状态，迅速有效地进行应急响应决策，建立现场工作区域，确定重点保护区域和应急行动的优先原则，指挥和协调现场各救援队伍开展救援行动，合理高效地调配和使用应急资源。

③ 警报和紧急公告。当事故可能影响到周边地区，对周边地区的公众可能造成威胁时，应及时启动警报系统，向公众发出警报，同时通过各种途径向公众发出紧急公告，告知事故性质、对健康的影响、自我保护措施、注意事项等，以保证公众能够及时作出自我防护响应。决定实施疏散时，应通过紧急公告确保公众了解疏散的有关信息，如疏散时间、路线、随身携带物、交通工具及目的地等。

该部分应明确在发生重大事故时，如何向受影响的公众发出警报，包括什么时候，谁有权决定启动警报系统，各种警报信号的不同含义，警报系统的协调使用、可使用的警报装置的类型和位置，以及警报装置覆盖的地理区域。如果可能，应指定备用措施。

④ 通讯。通讯是应急指挥、协调和与外界联系的重要保障，在现场指挥部、应急中心、各应急救援组织、新闻媒体、医院、上级政府和外部救援机构等之间，必须建立畅通的应急通讯网络。该部分应说明主要通讯系统的来源、使用、维护以及应急组织通讯需要的详细情况等，并充分考虑紧急状态下的通讯能力和保障，并建立备用的通讯系统。

⑤ 事态监测与评估。事态监测与评估在应急救援和应急恢复决策中具有关键的支持作用。在应急救援过程中必须对事故的发展势态及影响及时进行动态的监测，建立对事故现场及场外进行监测和评估的程序。其中包括：由谁来负责监测与评估活动，监测仪器设备及监测方法，实验室化验及检验支持，监测点的设置，监测点的现场工作及报告程序等。

可能的监测活动包括：事故影响边界，气象条件，对食物、饮用水卫生以及水体、土壤、农作物等的污染，可能的二次反应有害物，爆炸危险性和受损建筑垮塌危险性，以及污染物质滞留区等。

⑥ 警戒与治安。为保障现场应急救援工作的顺利开展，在事故现场周围建立警戒区域，实施交通管制，维护现场治安秩序是十分必要的。其目的是防止与救援无关的人员进入事故现场，保障救援队伍、物资运输和人群疏散等的交通畅通，避免发生不必要的伤亡。此外，警戒与治安还应该协助发出警报、现场紧急疏散、人员清点、传达紧急信息、执行指挥机构的通告、协助事故调查等。对危险物质事故，必须列出警戒人员有关个体防护的准备。

⑦ 人群疏散与安置。人群疏散是减少人员伤亡扩大的关键，也是最彻底的应急响应。应当对疏散的紧急情况和决策、预防性疏散准备、疏散区域、疏散距离、疏散路线、疏散运输工具、安全庇护场所以及回迁等做出细致的规定和准备，应充分考虑疏散人群的数量、所需要的时间和可利用的时间、风向等环境变化，以及老弱病残等特殊人群的疏散等问题。对已实施临时疏散的人群，要做好临时生活安置，保障必要的水、电、卫生等基本条件。

⑧ 医疗与卫生。对受伤人员采取及时有效的现场急救以及合理地转送医院进行治疗，是减少事故现场人员伤亡的关键。在该部分应明确针对城市可能的重大事故，为现场急救、伤员运送、治疗及健康监测等所做的准备和安排，包括：可用的急救资源列表，如急救中心、救护车和现场急救人员的数量；医院、职业中毒治疗医院及烧伤等专科医院的列表，如数量、分布、可用病床、治疗能力等；抢救药品、医疗器械、消毒、解毒药品等的城市内、外来源和供给；医疗人员必须了解城市内主要危险对人群造成伤害的类型，并经过相应的培训，掌握对危险化学品受伤害人员进行正确消毒和治疗的方法。

⑨ 公共关系。重大事故发生后，不可避免地会引起新闻媒体和公众的关注。因此，应将有关事故的信息、影响、救援工作的进展等情况及时向媒体和公众进行统一发布，以消除公众的恐慌心理，控制谣言，避免公众的猜疑和不满。该部分应明确信息发布的审核和批准程序，保证发布信息的统一性；指定新闻发言人，适时举行新闻发布会，准确发布事故信息，澄清事故传言；为公众咨询、接待、安抚受害人员家属做出安排。

⑩ 应急人员安全。城市重大事故尤其是涉及危险物质的重大事故的应急救援工作危险性极大，必需对应急人员自身的安全问题进行周密的考虑，包括安全预防措施、个体防护等级、现场安全监测等，明确应急人员进出现场和紧急撤离的条件和程序，保证应急人员的安全。

⑪ 消防和抢险。消防和抢险是应急救援工作的核心内容之一，其目的是为尽快地控制事故的发展，防止事故的蔓延和进一步扩大，从而最终控制住事故，并积极营救事故现场的受害人员。尤其是涉及危险物质的泄漏、火灾事故，消防和抢险工作的难度和危险性巨大。该部分应对消防和抢险工作的组织、相关消防抢险设施、器材和物资、人员的培训、行动方案以及现场指挥等做好周密的安排和准备。

⑫ 泄漏物控制。危险物质的泄漏以及灭火用的水由于溶解了有毒蒸气都可能对环境造成重大影响，同时也会给现场救援工作带来更大的危险，因此必须对危险物质的泄漏物进行控制。该部分应明确可用的收容装备（泵、容器、吸附材料等）、洗消设备（包括喷雾洒水车辆）及洗消物资，并建立洗消物资供应企业的供应情况和通讯名录，保证对泄漏物的及时围堵、收容、清消和妥善处置。

(5) 现场恢复　现场恢复也可称为紧急恢复，是指事故被控制住后所进行的短期恢复，从应急过程来说意味着应急救援工作的结束，进入到另一个工作阶段，即将现场恢复到一个基本稳定的状态。大量的经验教训表明，在现场恢复的过程中仍存在潜在的危险，如余烬复燃、受损建筑倒塌等，所以应充分考虑现场恢复过程中可能的危险。该部分主要内容应包括：宣布应急结束的程序；撤离和交接程序；恢复正常状态的程序；现场清理和受影响区域的连续检测；事故调查与后果评价等。

(6) 预案管理与评审改进　应急预案是应急救援工作的指导文件，具有法规权威性，所以应当对预案的制定、修改、更新、批准和发布做出明确的管理规定，并保证定期或在应急演习、应急救援后对应急预案进行评审，针对实际情况以及预案中所暴露出的缺陷，不断地更新、完善和改进预案。

【相关技术应用】

应急演练是应急管理的重要环节，在应急管理工作中有着十分重要的作用。通过开展应急演练，可以实现评估应急准备状态，发现并及时修改应急预案、执行程序等相关工作的缺陷和不足；评估突发公共事件应急能力，识别资源需求，澄清相关机构、组织和人员的职责，改善不同机构、组织和人员之间的协调问题；检验应急响应人员对应急预案、执行程序的了解程度和实际操作技能，评估应急培训效果，分析培训需求。同时，作为一种培训手段，通过调整演练难度，可以进一步提高应急响应人员的业务素质和能力；促进公众、媒体对应急预案的理解，争取他们对应急工作的支持。

一、演练的类型

可采用不同规模的应急演练方法对应急预案的完整性和周密性进行评估，如桌面演练、功能演练和全面演练。

1. 桌面演练

桌面演练是指由应急组织的代表或关键岗位人员参加的，按照应急预案及其标准工作程序，讨论紧急情况时应采取行动的演练活动。桌面演练的特点是对演练情景进行口头演练，一般是在会议室内举行。其主要目的是锻炼参演人员解决问题的能力，以及解决应急组织相互协作和职责划分的问题。

桌面演练一般仅限于有限的应急响应和内部协调活动，应急人员主要来自本地应急组织，事后一般采取口头评论形式收集参演人员的建议，并提交一份简短的书面报告，总结演练活动和提出有关改进应急响应工作的建议。桌面演练方法成本较低，主要为功能演练和全面演练做准备。

2. 功能演练

功能演练是指针对某项应急响应功能或其中某些应急响应行动举行的演练活动，主要目的是针对应急响应功能，检验应急人员以及应急体系的策划和响应能力。例如，指挥和控制功能的演练，其目的是检测、评价多个政府部门在紧急状态下实现集权式的运行和响应能力，演练地点主要集中在若干个应急指挥中心或现场指挥部，并开展有限的现场活动，调用有限的外部资源。

功能演练比桌面演练规模要大，需动员更多的应急人员和机构，因而协调工作的难度也随着更多组织的参与而加大。演练完成后，除采取口头评论形式外，还应向地方提交有关演练活动的书面汇报，提出改进建议。

3. 全面演练

全面演练指针对应急预案中全部或大部分应急响应功能，检验、评价应急组织应急运行能力的演练活动。全面演练一般要求持续几个小时，采取交互式方式进行，演练过程要求尽量真实，调用更多的应急人员和资源，并开展人员、设备及其他资源的实战性演练，以检验相互协调的应急响应能力。与功能演练类似，演练完成后，除采取口头评论、书面汇报外，还应提交正式的书面报告。

应急演练的组织者或策划者在确定采取哪种类型的演练方法时，应考虑以下因素。

① 应急预案和响应程序制定工作的进展情况。

② 本辖区面临风险的性质和大小。

③ 本辖区现有应急响应能力。

④ 应急演练成本及资金筹措状况。

⑤ 有关政府部门对应急演练工作的态度。

⑥ 应急组织投入的资源状况。

⑦ 国家及地方政府部门颁布的有关应急演练的规定。

无论选择何种演练方法，应急演练方案必须与辖区重大事故应急管理的需求和资源条件相适应。

二、演练的参与人员

按照应急演练过程中扮演的角色和承担的任务，将应急演练参与人员分为演习人员、控制人员、模拟人员、评价人员和观摩人员。这 5 类人员在演练过程中都有着重要的作用，并且在演练过程中都应佩戴能表明其身份的识别符。

1. 参演人员

参演人员是指在应急组织中承接具体任务，并在演练过程中尽可能对演练情景或模拟事件做出真实情景下可能采取的响应行动的人员，相当于通常所说的演员。参演人员所承担的具体任务主要包括以下几点。

① 救助伤员或被困人员。

② 保护财产或公众健康。

③ 获取并管理各类应急资源。

④ 与其他应急人员协同处理重大事故或紧急事件。

2. 控制人员

控制人员是指根据演练情景，控制演练时间进度的人员。控制人员根据演练方案及演练计划的要求，引导参演人员按响应程序行动，并不断给出情况或消息，供参演的指挥人员进行判断、提出对策。其主要任务包括以下几点。

① 确保规定的演练项目得到充分的演练，以利于评价工作的开展。

② 确保演练活动的任务量和挑战性。

③ 确保演练的进度。

④ 解答参演人员的疑问，解决演练过程中出现的问题。

⑤ 保障演练过程的安全。

3. 模拟人员

模拟人员是指演练过程中扮演、代替某些应急组织和服务部门，或模拟紧急事件、事态发展的人员。其主要任务包括以下几点。

① 扮演、代替正常情况或响应实际紧急事件时应与应急指挥中心、现场应急指挥所相互作用的机构或服务部门。由于各方面的原因，这些机构或服务部门并不参与此次演练。

② 模拟事故的发生过程，如释放烟雾、模拟气象条件等。

③ 模拟受害或受影响人员。

4. 评价人员

评价人员是指负责观察演练进展情况并予以记录的人员。其主要任务包括以下两点。

① 观察参演人员的应急行动，并记录观察结果。

② 在不干扰参演人员工作的情况下，协助控制人员确保演练按计划进行。

5. 观摩人员

观摩人员是指来自有关部门、外部机构以及旁观演练过程的观众。

三、演练实施的基本过程

由于应急演练是由许多机构和组织共同参与的一系列行为和活动，因此，应急演练的组织与实施是一项非常复杂的任务，建立应急演练策划小组（或领导小组）是成功组织开展应急演练工作的关键。策划小组应由多种专业人员组成，包括来自消防、公安、医疗急救、应急管理、市政、学校、气象部门的人员，以及新闻媒体、企业、交通运输单位的代表等；必要时，军队、核事故应急组织或机构也可派出人员参加策划小组。为确保演练的成功，参演人员不得参加策划小组，更不能参与演练方案的设计。

综合性应急演练的过程可划分为演练准备、演练实施和演练总结 3 个阶段，各阶段的基本任务如图 12-6 所示。

四、演练结果的评价

应急演练结束后应对演练的效果做出评价，并提交演练报告，详细说明演练过程中发现的问题。按照对应急救援工作及时有效性的影响程度，将演练过程中发现的问题分为不足项、整改项和改进项。

1. 不足项

不足项指演练过程中观察或识别出的应急准备缺陷，可能导致在紧急事件发生时，不能

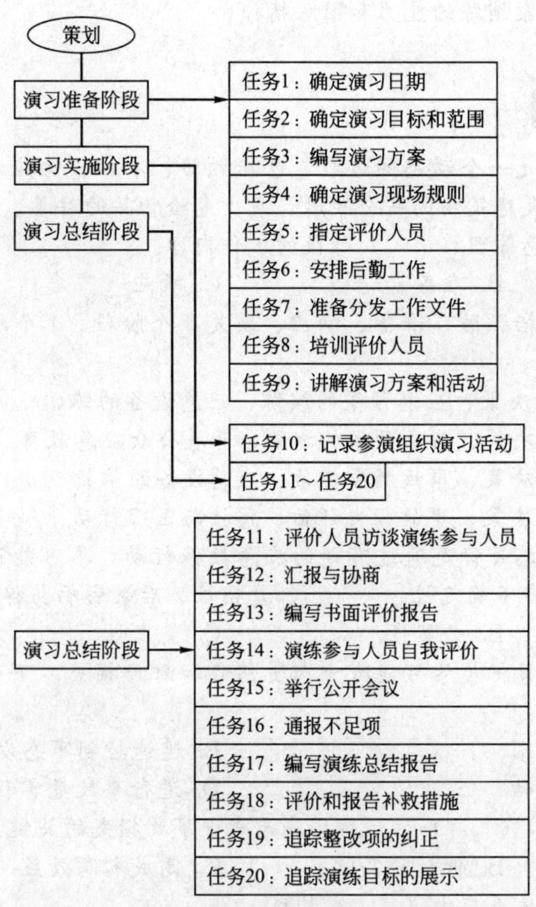

图 12-6　演习基本过程与任务

确保应急组织或应急救援体系有能力采取合理应对措施，保护公众的安全与健康。不足项应在规定的时间内予以纠正。演练过程中发现的问题确定为不足项时，策划小组负责人应对该不足项进行详细说明，并给出应采取的纠正措施和完成时限。最有可能导致不足项的应急预案编制要素包括：职责分配，应急资源，警报、通报方法与程序，通讯，事态评估，公众教育与公共信息，保护措施，应急人员安全和紧急医疗服务等。

2. 整改项

整改项指演练过程中观察或识别出的，单独不可能在应急救援中对公众的安全与健康造成不良影响的应急准备缺陷。整改项应在下次演练前予以纠正。在以下两种情况下，整改项可列为不足项：一是某个应急组织中存在 2 个以上整改项，共同作用可影响保护公众安全与健康能力的；二是某个应急组织在多次演练过程中，反复出现前次演练发现的整改项问题的。

3. 改进项

改进项指应急准备过程中应予改善的问题。改进项不同于不足项和整改项，它不会对人员安全与健康产生严重的影响，视情况予以改进，不必一定要求予以纠正。

【检查与评价】

1. 案例总结。
2. 学生是否掌握了应急预案的编写。

3. 学生具有应急预案演练的能力和团队精神。

4. 基础知识检查。

【课外作业】

1. 事故的应急管理是一个动态的过程，包括预防、准备、响应和恢复 4 个阶段。提高建筑物的抗震级别、加大建筑物的安全距离、减少危险物品的存量、设置防护墙以及开展公众教育等，属于事故应急管理（　　）阶段的工作内容。

A. 预防　　B. 准备　　C. 响应　　D. 恢复

2. 事故应急管理包括预防、准备、响应、恢复 4 个阶段。4 个阶段均涉及到的工作是（　　）。

A. 信息收集与应急决策、应急预案的演练、应急设备的维护

B. 信息收集与应急决策、应急预案的演练、开展公众应急教育

C. 信息收集与应急决策、事故损失评估、应急设备的维护

D. 信息收集与应急决策、事故损失评估、急救与医疗行动

3. 事故应急救援的总目标是通过有效的应急救援行动，尽可能地减少人员伤亡和财产损失。事故应急救援具有不确定性、（　　）、复杂性、后果影响易猝变等特点。

A. 长期性　　B. 必然性　　C. 突发性　　D. 整体性

4. 事故应急救援的目标是尽可能减少人员伤亡和财产损失。下列选项中，不属于事故应急救援基本任务的是（　　）。

A. 立即营救受害人员　　B. 迅速控制事态发展

C. 进行应急能力评估　　D. 进行事故危害程度评估

5. 从长远观点来看，（　　）的预防措施是减少事故损失的关键。

A. 低成本高效益　　B. 低风险高收益　　C. 高成本高效益　　D. 高风险高收益

6. 一个完整的应急体系应由（　　）构成。

A. 组织体制　　B. 动作机制　　C. 法制基础

D. 应急保障系统　　E. 后勤机制

7. 重大事故应急救援体系应实行分级响应机制，其中三级响应级别是指（　　）。

A. 需要多个政府部门协作解决的　　B. 需要国家的力量解决的

C. 只涉及一个政府部门权限所能解决的

D. 必须利用一个城市所有部门的力量解决的

8. 下列关于事故应急管理过程的说法，正确的有（　　）。

A. 重大事故的应急管理只限于事故发生后的应急救援行动

B. 事故的应急管理贯穿事故发生前、中、后的各个过程

C. 事故应急管理是一个动态的过程

D. 应急管理包括准备、响应、行动和恢复四个阶段

E. 应急管理包括预防、准备、响应和恢复四个阶段

9. 依据《生产经营单位安全生产事故应急预案编制导则》（AQ/T 9002—2006），针对具体的事故类别、危险源和应急保障而制定的计划或方案属于（　　）。

A. 综合应急预案　　B. 专项应急预案　　C. 现场处置方案　　D. 基本应急预案

10. 不同的应急预案由于各自所处的层次和适用范围不同，因而在内容的详略程度和侧重点上会有所不同，但都可采用相似的基本结构。一个完整的应急预案的文件体系包括（　　）。

A. 应急准备、初级反应、扩大应急和应急恢复

B. 预防、准备、响应和恢复

C. 组织体制、运作体制、法制基础和保障系统

D. 预案、程序、指导书和记录

11. 一个完善的应急预案按相应过程包括方针与原则、应急策划、应急准备、应急响应、现场恢复：预案管理与评审 6 个一级关键要素。机构与职责、应急资源、教育培训与演练互助协议等二级要素属于一级要素中的（　　）。

A. 方针与原则　　B. 应急策划　　C. 应急准备　　D. 应急响应

12. 重大事故的应急救援工作危险性极大，在编制应急预案时必须对应急人员自身的安全问题进行周密的考虑，制定（　　）程序的主要目的是保证应急人员的安全。

A. 危险物质泄漏控制　　B. 现场警戒和交通管制

C. 出入现场和紧急撤离　　D. 应急信息的审核和批准

13. 在应急预案编制过程中，应急策划是一级要素，危险分析是二级要素。下列不属于危险分析内容的是（　　）。

A. 危险识别　　B. 脆弱性分析　　C. 资源分析　　D. 风险分析

14. 应急预案的演练是检验、评价和保持应急能力的一个重要手段。在会议室内举行，以锻炼参演人员解决问题的能力、解决应急组织相互协作和职责划分的问题为目的的演练称为（　　）。

A. 桌面演练　　B. 功能演练　　C. 全面演练　　D. 协调性演练

15. 应急演练的参与人员分为 5 类；在演练中均起着重要作用。如果参与人员所承担的主要任务是救助伤员或被困人员、保护财产或公众健康获取并管理各类应急资源，这类人员属于（　　）。

A. 参演人员　　B. 控制人员　　C. 模拟人员　　D. 观摩人员

16. 以下哪一种应急预案演练的主要特点是口头训练，一般在会议室内举行（　　）。

A. 桌面演练　　B. 功能演练　　C. 全面演练　　D. 其他

17. 应急演练过程通常可划分为准备、实施和总结 3 个阶段，总结阶段的一项重要任务是（　　）。

A. 制定演练方案　　B. 培训演练评价人员

C. 演练人员自我评价　　D. 救援设备的维修

18. 某炼油厂原油泄漏应急预案演练中，发现泄漏的少量原油未能得到及时收集，直接排放到农田中。对此问题的处理，下列做法，正确的是（　　）。

A. 不纠正　　B. 改进　　C. 通报　　D. 上报

19. 应急演练参与人员在演习过程中有不同的分工。通常分为参演人员、（　　）、模拟人员、评价人员和观摩人员。

A. 联络人员　　B. 治安人员　　C. 控制人员　　D. 后勤人员

20. 网络作业（见扬州工业职业技术学院精品课程网 http://skyclass.ypi.edu.cn/ec-webpage-show/checkCourseNumber.do?courseNumber=010814）。

21. 事故应急救援的基本任务及特点有哪些？

22. 事故应急救援体系如何建立？事故应急预案的作用如何？

23. 事故应急预案的基本结构？如何进行事故应急预案的编制？

附录1

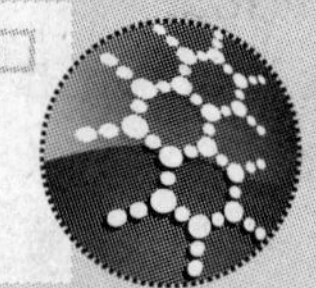

中华人民共和国安全生产法

（2002 年 6 月 29 日第九届全国人民代表大会常务委员会第二十八次会议通过）

第一章 总 则

第一条 为了加强安全生产监督管理，防止和减少生产安全事故，保障人民群众生命和财产安全，促进经济发展，制定本法。

第二条 在中华人民共和国领域内从事生产经营活动的单位（以下统称生产经营单位）的安全生产，适用本法；有关法律、行政法规对消防安全和道路交通安全、铁路交通安全、水上交通安全、民用航空安全另有规定的，适用其规定。

第三条 安全生产管理，坚持安全第一、预防为主的方针。

第四条 生产经营单位必须遵守本法和其他有关安全生产的法律、法规，加强安全生产管理，建立、健全安全生产责任制度，完善安全生产条件，确保安全生产。

第五条 生产经营单位的主要负责人对本单位的安全生产工作全面负责。

第六条 生产经营单位的从业人员有依法获得安全生产保障的权利，并应当依法履行安全生产方面的义务。

第七条 工会依法组织职工参加本单位安全生产工作的民主管理和民主监督，维护职工在安全生产方面的合法权益。

第八条 国务院和地方各级人民政府应当加强对安全生产工作的领导，支持、督促各有关部门依法履行安全生产监督管理职责。

县级以上人民政府对安全生产监督管理中存在的重大问题应当及时予以协调、解决。

第九条 国务院负责安全生产监督管理的部门依照本法，对全国安全生产工作实施综合监督管理；县级以上地方各级人民政府负责安全生产监督管理的部门依照本法，对本行政区域内安全生产工作实施综合监督管理。

国务院有关部门依照本法和其他有关法律、行政法规的规定，在各自的职责范围内对有关的安全生产工作实施监督管理；县级以上地方各级人民政府有关部门依照本法和其他有关法律、法规的规定，在各自的职责范围内对有关的安全生产工作实施监督管理。

第十条 国务院有关部门应当按照保障安全生产的要求，依法及时制定有关的国家标准或者行业标准，并根据科技进步和经济发展适时修订。

生产经营单位必须执行依法制定的保障安全生产的国家标准或者行业标准。

第十一条 各级人民政府及其有关部门应当采取多种形式，加强对有关安全生产的法律、法规和安全生产知识的宣传，提高职工的安全生产意识。

第十二条 依法设立的为安全生产提供技术服务的中介机构，依照法律、行政法规和执业准则，接受生产经营单位的委托为其安全生产工作提供技术服务。

第十三条 国家实行生产安全事故责任追究制度，依照本法和有关法律、法规的规定，追究生产安全事故责任人员的法律责任。

第十四条　国家鼓励和支持安全生产科学技术研究和安全生产先进技术的推广应用，提高安全生产水平。

第十五条　国家对在改善安全生产条件、防止生产安全事故、参加抢险救护等方面取得显著成绩的单位和个人，给予奖励。

第二章　生产经营单位的安全生产保障

第十六条　生产经营单位应当具备本法和有关法律、行政法规和国家标准或者行业标准规定的安全生产条件；不具备安全生产条件的，不得从事生产经营活动。

第十七条　生产经营单位的主要负责人对本单位安全生产工作负有下列职责：

（一）建立、健全本单位安全生产责任制；

（二）组织制定本单位安全生产规章制度和操作规程；

（三）保证本单位安全生产投入的有效实施；

（四）督促、检查本单位的安全生产工作，及时消除生产安全事故隐患；

（五）组织制定并实施本单位的生产安全事故应急救援预案；

（六）及时、如实报告生产安全事故。

第十八条　生产经营单位应当具备的安全生产条件所必需的资金投入，由生产经营单位的决策机构、主要负责人或者个人经营的投资人予以保证，并对由于安全生产所必需的资金投入不足导致的后果承担责任。

第十九条　矿山、建筑施工单位和危险物品的生产、经营、贮存单位，应当设置安全生产管理机构或者配备专职安全生产管理人员。

前款规定以外的其他生产经营单位，从业人员超过三百人的，应当设置安全生产管理机构或者配备专职安全生产管理人员；从业人员在三百人以下的，应当配备专职或者兼职的安全生产管理人员，或者委托具有国家规定的相关专业技术资格的工程技术人员提供安全生产管理服务。

生产经营单位依照前款规定委托工程技术人员提供安全生产管理服务的，保证安全生产的责任仍由本单位负责。

第二十条　生产经营单位的主要负责人和安全生产管理人员必须具备与本单位所从事的生产经营活动相应的安全生产知识和管理能力。

危险物品的生产、经营、贮存单位以及矿山、建筑施工单位的主要负责人和安全生产管理人员，应当由有关主管部门对其安全生产知识和管理能力考核合格后方可任职。考核不得收费。

第二十一条　生产经营单位应当对从业人员进行安全生产教育和培训，保证从业人员具备必要的安全生产知识，熟悉有关的安全生产规章制度和安全操作规程，掌握本岗位的安全操作技能。未经安全生产教育和培训合格的从业人员，不得上岗作业。

第二十二条　生产经营单位采用新工艺、新技术、新材料或者使用新设备，必须了解、掌握其安全技术特性，采取有效的安全防护措施，并对从业人员进行专门的安全生产教育和培训。

第二十三条　生产经营单位的特种作业人员必须按照国家有关规定经专门的安全作业培训，取得特种作业操作资格证书，方可上岗作业。

特种作业人员的范围由国务院负责安全生产监督管理的部门会同国务院有关部门确定。

第二十四条　生产经营单位新建、改建、扩建工程项目（以下统称建设项目）的安全设施，必须与主体工程同时设计、同时施工、同时投入生产和使用。安全设施投资应当纳入建设项目概算。

第二十五条　矿山建设项目和用于生产、贮存危险物品的建设项目，应当分别按照国家有关规定进行安全条件论证和安全评价。

第二十六条　建设项目安全设施的设计人、设计单位应当对安全设施设计负责。

矿山建设项目和用于生产、贮存危险物品的建设项目的安全设施设计应当按照国家有关规定报经有关部门审查，审查部门及其负责审查的人员对审查结果负责。

第二十七条　矿山建设项目和用于生产、贮存危险物品的建设项目的施工单位必须按照批准的安全设施设计施工，并对安全设施的工程质量负责。

矿山建设项目和用于生产、贮存危险物品的建设项目竣工投入生产或者使用前，必须依照有关法律、行政法规的规定对安全设施进行验收；验收合格后，方可投入生产和使用。验收部门及其验收人员对验收结果负责。

第二十八条 生产经营单位应当在有较大危险因素的生产经营场所和有关设施、设备上，设置明显的安全警示标志。

第二十九条 安全设备的设计、制造、安装、使用、检测、维修、改造和报废，应当符合国家标准或者行业标准。

生产经营单位必须对安全设备进行经常性维护、保养，并定期检测，保证正常运转。维护、保养、检测应当作好记录，并由有关人员签字。

第三十条 生产经营单位使用的涉及生命安全、危险性较大的特种设备，以及危险物品的容器、运输工具，必须按照国家有关规定，由专业生产单位生产，并经取得专业资质的检测、检验机构检测、检验合格，取得安全使用证或者安全标志，方可投入使用。检测、检验机构对检测、检验结果负责。

涉及生命安全、危险性较大的特种设备的目录由国务院负责特种设备安全监督管理的部门制定，报国务院批准后执行。

第三十一条 国家对严重危及生产安全的工艺、设备实行淘汰制度。

生产经营单位不得使用国家明令淘汰、禁止使用的危及生产安全的工艺、设备。

第三十二条 生产、经营、运输、贮存、使用危险物品或者处置废弃危险物品的，由有关主管部门依照有关法律、法规的规定和国家标准或者行业标准审批并实施监督管理。

生产经营单位生产、经营、运输、贮存、使用危险物品或者处置废弃危险物品，必须执行有关法律、法规和国家标准或者行业标准，建立专门的安全管理制度，采取可靠的安全措施，接受有关主管部门依法实施的监督管理。

第三十三条 生产经营单位对重大危险源应当登记建档，进行定期检测、评估、监控，并制定应急预案，告知从业人员和相关人员在紧急情况下应当采取的应急措施。

生产经营单位应当按照国家有关规定将本单位重大危险源及有关安全措施、应急措施报有关地方人民政府负责安全生产监督管理的部门和有关部门备案。

第三十四条 生产、经营、贮存、使用危险物品的车间、商店、仓库不得与员工宿舍在同一座建筑物内，并应当与员工宿舍保持安全距离。

生产经营场所和员工宿舍应当设有符合紧急疏散要求、标志明显、保持畅通的出口。禁止封闭、堵塞生产经营场所或者员工宿舍的出口。

第三十五条 生产经营单位进行爆破、吊装等危险作业，应当安排专门人员进行现场安全管理，确保操作规程的遵守和安全措施的落实。

第三十六条 生产经营单位应当教育和督促从业人员严格执行本单位的安全生产规章制度和安全操作规程；并向从业人员如实告知作业场所和工作岗位存在的危险因素、防范措施以及事故应急措施。

第三十七条 生产经营单位必须为从业人员提供符合国家标准或者行业标准的劳动防护用品，并监督、教育从业人员按照使用规则佩戴、使用。

第三十八条 生产经营单位的安全生产管理人员应当根据本单位的生产经营特点，对安全生产状况进行经常性检查；对检查中发现的安全问题，应当立即处理；不能处理的，应当及时报告本单位有关负责人。检查及处理情况应当记录在案。

第三十九条 生产经营单位应当安排用于配备劳动防护用品、进行安全生产培训的经费。

第四十条 两个以上生产经营单位在同一作业区域内进行生产经营活动，可能危及对方生产安全的，应当签订安全生产管理协议，明确各自的安全生产管理职责和应当采取的安全措施，并指定专职安全生产管理人员进行安全检查与协调。

第四十一条 生产经营单位不得将生产经营项目、场所、设备发包或者出租给不具备安全生产条件或者相应资质的单位或者个人。

生产经营项目、场所有多个承包单位、承租单位的，生产经营单位应当与承包单位、承租单位签订专门的安全生产管理协议，或者在承包合同、租赁合同中约定各自的安全生产管理职责；生产经营单位对承包单位、承租单位的安全生产工作统一协调、管理。

第四十二条　生产经营单位发生重大生产安全事故时，单位的主要负责人应当立即组织抢救，并不得在事故调查处理期间擅离职守。

第四十三条　生产经营单位必须依法参加工伤社会保险，为从业人员缴纳保险费。

第三章　从业人员的权利和义务

第四十四条　生产经营单位与从业人员订立的劳动合同，应当载明有关保障从业人员劳动安全、防止职业危害的事项，以及依法为从业人员办理工伤社会保险的事项。

生产经营单位不得以任何形式与从业人员订立协议，免除或者减轻其对从业人员因生产安全事故伤亡依法应承担的责任。

第四十五条　生产经营单位的从业人员有权了解其作业场所和工作岗位存在的危险因素、防范措施及事故应急措施，有权对本单位的安全生产工作提出建议。

第四十六条　从业人员有权对本单位安全生产工作中存在的问题提出批评、检举、控告；有权拒绝违章指挥和强令冒险作业。

生产经营单位不得因从业人员对本单位安全生产工作提出批评、检举、控告或者拒绝违章指挥、强令冒险作业而降低其工资、福利等待遇或者解除与其订立的劳动合同。

第四十七条　从业人员发现直接危及人身安全的紧急情况时，有权停止作业或者在采取可能的应急措施后撤离作业场所。

生产经营单位不得因从业人员在前款紧急情况下停止作业或者采取紧急撤离措施而降低其工资、福利等待遇或者解除与其订立的劳动合同。

第四十八条　因生产安全事故受到损害的从业人员，除依法享有工伤社会保险外，依照有关民事法律尚有获得赔偿的权利的，有权向本单位提出赔偿要求。

第四十九条　从业人员在作业过程中，应当严格遵守本单位的安全生产规章制度和操作规程，服从管理，正确佩戴和使用劳动防护用品。

第五十条　从业人员应当接受安全生产教育和培训，掌握本职工作所需的安全生产知识，提高安全生产技能，增强事故预防和应急处理能力。

第五十一条　从业人员发现事故隐患或者其他不安全因素，应当立即向现场安全生产管理人员或者本单位负责人报告；接到报告的人员应当及时予以处理。

第五十二条　工会有权对建设项目的安全设施与主体工程同时设计、同时施工、同时投入生产和使用进行监督，提出意见。

工会对生产经营单位违反安全生产法律、法规，侵犯从业人员合法权益的行为，有权要求纠正；发现生产经营单位违章指挥、强令冒险作业或者发现事故隐患时，有权提出解决的建议，生产经营单位应当及时研究答复；发现危及从业人员生命安全的情况时，有权向生产经营单位建议组织从业人员撤离危险场所，生产经营单位必须立即作出处理。

工会有权依法参加事故调查，向有关部门提出处理意见，并要求追究有关人员的责任。

第四章　安全生产的监督管理

第五十三条　县级以上地方各级人民政府应当根据本行政区域内的安全生产状况，组织有关部门按照职责分工，对本行政区域内容易发生重大生产安全事故的生产经营单位进行严格检查；发现事故隐患，应当及时处理。

第五十四条　依照本法第九条规定对安全生产负有监督管理职责的部门（以下统称负有安全生产监督管理职责的部门）依照有关法律、法规的规定，对涉及安全生产的事项需要审查批准（包括批准、核准、许可、注册、认证、颁发证照等，下同）或者验收的，必须严格依照有关法律、法规和国家标准或者行业标准规定的安全生产条件和程序进行审查；不符合有关法律、法规和国家标准或者行业标准规定的安全生产条件的，不得批准或者验收通过。对未依法取得批准或者验收合格的单位擅自从事有关活动的，负责行政审批的部门发现或者接到举报后应当立即予以取缔，并依法予以处理。对已经依法取得批准的单位，负责行政审批的部门发现其不再具备安全生产条件的，应当撤销原批准。

第五十五条　负有安全生产监督管理职责的部门对涉及安全生产的事项进行审查、验收，不得收取费用；不得要求接受审查、验收的单位购买其指定品牌或者指定生产、销售单位的安全设备、器材或者其他产品。

第五十六条 负有安全生产监督管理职责的部门依法对生产经营单位执行有关安全生产的法律、法规和国家标准或者行业标准的情况进行监督检查，行使以下职权：

（一）进入生产经营单位进行检查，调阅有关资料，向有关单位和人员了解情况。

（二）对检查中发现的安全生产违法行为，当场予以纠正或者要求限期改正；对依法应当给予行政处罚的行为，依照本法和其他有关法律、行政法规的规定作出行政处罚决定。

（三）对检查中发现的事故隐患，应当责令立即排除；重大事故隐患排除前或者排除过程中无法保证安全的，应当责令从危险区域内撤出作业人员，责令暂时停产停业或者停止使用；重大事故隐患排除后，经审查同意，方可恢复生产经营和使用。

（四）对有根据认为不符合保障安全生产的国家标准或者行业标准的设施、设备、器材予以查封或者扣押，并应当在十五日内依法作出处理决定。

监督检查不得影响被检查单位的正常生产经营活动。

第五十七条 生产经营单位对负有安全生产监督管理职责的部门的监督检查人员（以下统称安全生产监督检查人员）依法履行监督检查职责，应当予以配合，不得拒绝、阻挠。

第五十八条 安全生产监督检查人员应当忠于职守，坚持原则，秉公执法。

安全生产监督检查人员执行监督检查任务时，必须出示有效的监督执法证件；对涉及被检查单位的技术秘密和业务秘密，应当为其保密。

第五十九条 安全生产监督检查人员应当将检查的时间、地点、内容、发现的问题及其处理情况，作出书面记录，并由检查人员和被检查单位的负责人签字；被检查单位的负责人拒绝签字的，检查人员应当将情况记录在案，并向负有安全生产监督管理职责的部门报告。

第六十条 负有安全生产监督管理职责的部门在监督检查中，应当互相配合，实行联合检查；确需分别进行检查的，应当互通情况，发现存在的安全问题应当由其他有关部门进行处理的，应当及时移送其他有关部门并形成记录备查，接受移送的部门应当及时进行处理。

第六十一条 监察机关依照行政监察法的规定，对负有安全生产监督管理职责的部门及其工作人员履行安全生产监督管理职责实施监察。

第六十二条 承担安全评价、认证、检测、检验的机构应当具备国家规定的资质条件，并对其作出的安全评价、认证、检测、检验的结果负责。

第六十三条 负有安全生产监督管理职责的部门应当建立举报制度，公开举报电话、信箱或者电子邮件地址，受理有关安全生产的举报；受理的举报事项经调查核实后，应当形成书面材料；需要落实整改措施的，报经有关负责人签字并督促落实。

第六十四条 任何单位或者个人对事故隐患或者安全生产违法行为，均有权向负有安全生产监督管理职责的部门报告或者举报。

第六十五条 居民委员会、村民委员会发现其所在区域内的生产经营单位存在事故隐患或者安全生产违法行为时，应当向当地人民政府或者有关部门报告。

第六十六条 县级以上各级人民政府及其有关部门对报告重大事故隐患或者举报安全生产违法行为的有功人员，给予奖励。具体奖励办法由国务院负责安全生产监督管理的部门会同国务院财政部门制定。

第六十七条 新闻、出版、广播、电影、电视等单位有进行安全生产宣传教育的义务，有对违反安全生产法律、法规的行为进行舆论监督的权利。

第五章 生产安全事故的应急救援与调查处理

第六十八条 县级以上地方各级人民政府应当组织有关部门制定本行政区域内特大生产安全事故应急救援预案，建立应急救援体系。

第六十九条 危险物品的生产、经营、贮存单位以及矿山、建筑施工单位应当建立应急救援组织；生产经营规模较小，可以不建立应急救援组织的，应当指定兼职的应急救援人员。

危险物品的生产、经营、贮存单位以及矿山、建筑施工单位应当配备必要的应急救援器材、设备，并进行经常性维护、保养，保证正常运转。

第七十条　生产经营单位发生生产安全事故后，事故现场有关人员应当立即报告本单位负责人。

单位负责人接到事故报告后，应当迅速采取有效措施，组织抢救，防止事故扩大，减少人员伤亡和财产损失，并按照国家有关规定立即如实报告当地负有安全生产监督管理职责的部门，不得隐瞒不报、谎报或者拖延不报，不得故意破坏事故现场、毁灭有关证据。

第七十一条　负有安全生产监督管理职责的部门接到事故报告后，应当立即按照国家有关规定上报事故情况。负有安全生产监督管理职责的部门和有关地方人民政府对事故情况不得隐瞒不报、谎报或者拖延不报。

第七十二条　有关地方人民政府和负有安全生产监督管理职责的部门的负责人接到重大生产安全事故报告后，应当立即赶到事故现场，组织事故抢救。

任何单位和个人都应当支持、配合事故抢救，并提供一切便利条件。

第七十三条　事故调查处理应当按照实事求是、尊重科学的原则，及时、准确地查清事故原因，查明事故性质和责任，总结事故教训，提出整改措施，并对事故责任者提出处理意见。事故调查和处理的具体办法由国务院制定。

第七十四条　生产经营单位发生生产安全事故，经调查确定为责任事故的，除了应当查明事故单位的责任并依法予以追究外，还应当查明对安全生产的有关事项负有审查批准和监督职责的行政部门的责任，对有失职、渎职行为的，依照本法第七十七条的规定追究法律责任。

第七十五条　任何单位和个人不得阻挠和干涉对事故的依法调查处理。

第七十六条　县级以上地方各级人民政府负责安全生产监督管理的部门应当定期统计分析本行政区域内发生生产安全事故的情况，并定期向社会公布。

第六章　法律责任

第七十七条　负有安全生产监督管理职责的部门的工作人员，有下列行为之一的，给予降级或者撤职的行政处分；构成犯罪的，依照刑法有关规定追究刑事责任：

（一）对不符合法定安全生产条件的涉及安全生产的事项予以批准或者验收通过的；

（二）发现未依法取得批准、验收的单位擅自从事有关活动或者接到举报后不予取缔或者不依法予以处理的；

（三）对已经依法取得批准的单位不履行监督管理职责，发现其不再具备安全生产条件而不撤销原批准或者发现安全生产违法行为不予查处的。

第七十八条　负有安全生产监督管理职责的部门，要求被审查、验收的单位购买其指定的安全设备、器材或者其他产品的，在对安全生产事项的审查、验收中收取费用的，由其上级机关或者监察机关责令改正，责令退还收取的费用；情节严重的，对直接负责的主管人员和其他直接责任人员依法给予行政处分。

第七十九条　承担安全评价、认证、检测、检验工作的机构，出具虚假证明，构成犯罪的，依照刑法有关规定追究刑事责任；尚不够刑事处罚的，没收违法所得，违法所得在五千元以上的，并处违法所得二倍以上五倍以下的罚款，没有违法所得或者违法所得不足五千元的，单处或者并处五千元以上二万元以下的罚款，对其直接负责的主管人员和其他直接责任人员处五千元以上五万元以下的罚款；给他人造成损害的，与生产经营单位承担连带赔偿责任。

对有前款违法行为的机构，撤销其相应资格。

第八十条　生产经营单位的决策机构、主要负责人、个人经营的投资人不依照本法规定保证安全生产所必需的资金投入，致使生产经营单位不具备安全生产条件的，责令限期改正，提供必需的资金；逾期未改正的，责令生产经营单位停产停业整顿。

有前款违法行为，导致发生生产安全事故，构成犯罪的，依照刑法有关规定追究刑事责任；尚不够刑事处罚的，对生产经营单位的主要负责人给予撤职处分，对个人经营的投资人处二万元以上二十万元以下的罚款。

第八十一条　生产经营单位的主要负责人未履行本法规定的安全生产管理职责的，责令限期改正；逾期未改正的，责令生产经营单位停产停业整顿。

生产经营单位的主要负责人有前款违法行为，导致发生生产安全事故，构成犯罪的，依照刑法有关规定追究刑事责任；尚不够刑事处罚的，给予撤职处分或者处二万元以上二十万元以下的罚款。

生产经营单位的主要负责人依照前款规定受刑事处罚或者撤职处分的，自刑罚执行完毕或者受处分之日起，五年内不得担任任何生产经营单位的主要负责人。

第八十二条 生产经营单位有下列行为之一的，责令限期改正；逾期未改正的，责令停产停业整顿，可以并处二万元以下的罚款：

（一）未按照规定设立安全生产管理机构或者配备安全生产管理人员的；

（二）危险物品的生产、经营、贮存单位以及矿山、建筑施工单位的主要负责人和安全生产管理人员未按照规定经考核合格的；

（三）未按照本法第二十一条、第二十二条的规定对从业人员进行安全生产教育和培训，或者未按照本法第三十六条的规定如实告知从业人员有关的安全生产事项的；

（四）特种作业人员未按照规定经专门的安全作业培训并取得特种作业操作资格证书，上岗作业的。

第八十三条 生产经营单位有下列行为之一的，责令限期改正；逾期未改正的，责令停止建设或者停产停业整顿，可以并处五万元以下的罚款；造成严重后果，构成犯罪的，依照刑法有关规定追究刑事责任：

（一）矿山建设项目或者用于生产、贮存危险物品的建设项目没有安全设施设计或者安全设施设计未按照规定报经有关部门审查同意的；

（二）矿山建设项目或者用于生产、贮存危险物品的建设项目的施工单位未按照批准的安全设施设计施工的；

（三）矿山建设项目或者用于生产、贮存危险物品的建设项目竣工投入生产或者使用前，安全设施未经验收合格的；

（四）未在有较大危险因素的生产经营场所和有关设施、设备上设置明显的安全警示标志的；

（五）安全设备的安装、使用、检测、改造和报废不符合国家标准或者行业标准的；

（六）未对安全设备进行经常性维护、保养和定期检测的；

（七）未为从业人员提供符合国家标准或者行业标准的劳动防护用品的；

（八）特种设备以及危险物品的容器、运输工具未经取得专业资质的机构检测、检验合格，取得安全使用证或者安全标志，投入使用的；

（九）使用国家明令淘汰、禁止使用的危及生产安全的工艺、设备的。

第八十四条 未经依法批准，擅自生产、经营、贮存危险物品的，责令停止违法行为或者予以关闭，没收违法所得，违法所得十万元以上的，并处违法所得一倍以上五倍以下的罚款，没有违法所得或者违法所得不足十万元的，单处或者并处二万元以上十万元以下的罚款；造成严重后果，构成犯罪的，依照刑法有关规定追究刑事责任。

第八十五条 生产经营单位有下列行为之一的，责令限期改正；逾期未改正的，责令停产停业整顿，可以并处二万元以上十万元以下的罚款；造成严重后果，构成犯罪的，依照刑法有关规定追究刑事责任：

（一）生产、经营、贮存、使用危险物品，未建立专门安全管理制度、未采取可靠的安全措施或者不接受有关主管部门依法实施的监督管理的；

（二）对重大危险源未登记建档，或者未进行评估、监控，或者未制定应急预案的；

（三）进行爆破、吊装等危险作业，未安排专门管理人员进行现场安全管理的。

第八十六条 生产经营单位将生产经营项目、场所、设备发包或者出租给不具备安全生产条件或者相应资质的单位或者个人的，责令限期改正，没收违法所得；违法所得五万元以上的，并处违法所得一倍以上五倍以下的罚款；没有违法所得或者违法所得不足五万元的，单处或者并处一万元以上五万元以下的罚款；导致发生生产安全事故给他人造成损害的，与承包方、承租方承担连带赔偿责任。

生产经营单位未与承包单位、承租单位签订专门的安全生产管理协议或者未在承包合同、租赁合同中明确各自的安全生产管理职责，或者未对承包单位、承租单位的安全生产统一协调、管理的，责令限期改正；逾期未改正的，责令停产停业整顿。

第八十七条 两个以上生产经营单位在同一作业区域内进行可能危及对方安全生产的生产经营活动，未签订安全生产管理协议或者未指定专职安全生产管理人员进行安全检查与协调的，责令限期改正；逾期未改正的，责令停产停业。

第八十八条 生产经营单位有下列行为之一的，责令限期改正；逾期未改正的，责令停产停业整顿；造成严重后果，构成犯罪的，依照刑法有关规定追究刑事责任：

（一）生产、经营、贮存、使用危险物品的车间、商店、仓库与员工宿舍在同一座建筑内，或者与员工宿舍的距离不符合安全要求的；

（二）生产经营场所和员工宿舍未设有符合紧急疏散需要、标志明显、保持畅通的出口，或者封闭、堵塞生产经营场所或者员工宿舍出口的。

第八十九条 生产经营单位与从业人员订立协议，免除或者减轻其对从业人员因生产安全事故伤亡依法应承担的责任的，该协议无效；对生产经营单位的主要负责人、个人经营的投资人处二万元以上十万元以下的罚款。

第九十条 生产经营单位的从业人员不服从管理，违反安全生产规章制度或者操作规程的，由生产经营单位给予批评教育，依照有关规章制度给予处分；造成重大事故，构成犯罪的，依照刑法有关规定追究刑事责任。

第九十一条 生产经营单位主要负责人在本单位发生重大生产安全事故时，不立即组织抢救或者在事故调查处理期间擅离职守或者逃匿的，给予降职、撤职的处分，对逃匿的处十五日以下拘留；构成犯罪的，依照刑法有关规定追究刑事责任。

生产经营单位主要负责人对生产安全事故隐瞒不报、谎报或者拖延不报的，依照前款规定处罚。

第九十二条 有关地方人民政府、负有安全生产监督管理职责的部门，对生产安全事故隐瞒不报、谎报或者拖延不报的，对直接负责的主管人员和其他直接责任人员依法给予行政处分；构成犯罪的，依照刑法有关规定追究刑事责任。

第九十三条 生产经营单位不具备本法和其他有关法律、行政法规和国家标准或者行业标准规定的安全生产条件，经停产停业整顿仍不具备安全生产条件的，予以关闭；有关部门应当依法吊销其有关证照。

第九十四条 本法规定的行政处罚，由负责安全生产监督管理的部门决定；予以关闭的行政处罚由负责安全生产监督管理的部门报请县级以上人民政府按照国务院规定的权限决定；给予拘留的行政处罚由公安机关依照治安管理处罚条例的规定决定。有关法律、行政法规对行政处罚的决定机关另有规定的，依照其规定。

第九十五条 生产经营单位发生生产安全事故造成人员伤亡、他人财产损失的，应当依法承担赔偿责任；拒不承担或者其负责人逃匿的，由人民法院依法强制执行。

生产安全事故的责任人未依法承担赔偿责任，经人民法院依法采取执行措施后，仍不能对受害人给予足额赔偿的，应当继续履行赔偿义务；受害人发现责任人有其他财产的，可以随时请求人民法院执行。

第七章　附　　则

第九十六条 本法下列用语的含义：

危险物品，是指易燃易爆物品、危险化学品、放射性物品等能够危及人身安全和财产安全的物品。

重大危险源，是指长期地或者临时地生产、搬运、使用或者贮存危险物品，且危险物品的数量等于或者超过临界量的单元（包括场所和设施）。

第九十七条 本法自 2002 年 11 月 1 日起施行。

附录2

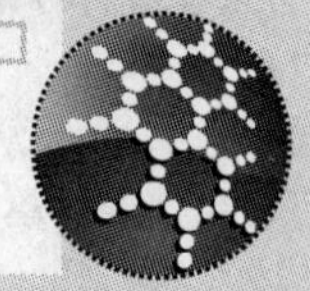

金陵石化公司安全生产禁令

一、严禁在禁烟区域内吸烟、在岗饮酒，违者予以开除并解除劳动合同。

二、严禁高处作业不系安全带，违者予以开除并解除劳动合同。

三、严禁在码头趸船作业不按规定穿戴救生衣，违者予以开除并解除劳动合同。

四、严禁无操作证从事电气、起重、电气焊作业，违者予以开除并解除劳动合同。

五、严禁工作中无证或酒后驾驶机动车，违者予以开除并解除劳动合同。

六、严禁侵占公司油品、产品、化工（工业）原材料、重要设备等各种物资，违者予以开除并解除劳动合同。

七、严禁负责放射源的监护人员擅离岗位，违者给予行政处分并离岗培训；造成后果的，予以开除并解除劳动合同。

八、严禁危险化学品装卸人员擅离岗位，违者给予行政处分并离岗培训；造成后果的，予以开除并解除劳动合同。

九、严禁违反操作规程进行用火、进入受限空间、临时用电作业，违者给予行政处分并离岗培训；造成后果的，予以开除并解除劳动合同。

十、严禁违反劳动纪律和公司规章制度，违者给予行政处分并离岗培训；造成重大事故或重大财产损失的，予以开除并解除劳动合同。

附录3

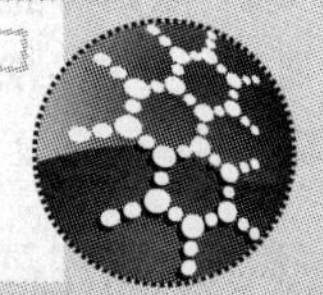

实验室常见安全事故的处理方法

一、实验室常见安全事故

1. 火灾

① 处理易燃试剂时，应远离火源。当处理大量的可燃性液体时，应在通风橱内或指定地点进行，室内应无明火。

② 对易挥发的易燃物，切勿乱倒，应专门回收处理。

③ 蒸馏、回流时尽量用热水浴或热油浴。加热过程中不得加入沸石或活性炭。如要补加，必须移去热源，待液体冷却后才能加入。

④ 火柴梗应放在指定的瓶内，不能乱丢，以免引起危险事故。

一旦发生着火事故，不必惊慌失措。首先，关闭煤气灯，熄灭其他火源，切断总电源，搬开易燃物。接着立即采取灭火措施。锥形瓶、蒸馏瓶内溶剂着火可用石棉网或湿布盖熄，不能口吹，更不能泼水。油类着火或较小范围内的火灾，可用消防布或消防砂覆盖火源。千万不要扑打，扑打时产生的风反而会使火势更旺。另外，消防砂、干燥的碳酸钠或碳酸氢钠粉末可扑灭金属钾、钠或氢化锂铝等金属氢化物引起的火灾。火势较大时，应根据具体情况采用下列灭火器材。

二氧化碳灭火器：它的钢筒内装有干冰。使用时，拔出销子，按动把柄开关，二氧化碳气体即会喷出。用以扑灭有机物及电器设备的着火，是有机实验室最常用的灭火器。其优点是灭火剂无毒性，使用后不留痕迹。但使用时应注意，手只能握在把手上，不能握在喇叭筒上，否则喷出的二氧化碳因气化吸热，温度骤降，把手冻伤。

1211灭火器：灭火剂为一氟一溴二氯甲烷。液体，易挥发，不导电，运用于高电压火灾、油类等有机物品着火。灭火能力比二氧化碳高四倍，空气中体积分数达6.75%就能抑制燃烧。

泡沫灭火器：内部分别装有含发泡剂的碳酸氢钠溶液和硫酸铝溶液，使用时将筒身颠倒，两种溶液即反应生成硫酸氢钠、氢氧化铝及大量二氧化碳。灭火器内压力突然增大，大量二氧化碳泡沫喷出。非大火通常不用泡沫灭火器，因后处理较麻烦，且不能用于扑灭电器设备和金属钠的着火。

注意，无论何种灭火器，皆应从火的四周开始向中心扑灭。

2. 爆炸

① 易燃有机溶剂（如乙醚等）在室温时具有较大蒸气压。空气中混杂易燃有机溶剂的蒸气达到某一极限时，遇有明火或一个电火花即发生燃烧爆炸。而且，有机溶剂的蒸气都较空气为重，会沿着桌面飘移至较远处，或沉积在低洼处。因此，不能将易燃溶剂倒人废物桶内，更不能用开口容器盛放易燃溶剂。操作时应在通风较好的场所或在通风橱内进行，并严禁明火。

② 使用易燃易爆气体如氢气、乙炔等时要保持室内空气畅通，严禁明火，并应防止一切火星的发生，如由于敲击、鞋钉摩擦、电动机炭刷或电器开关等所产生的火花。

③ 煤气管道应经常检查，并保持完好。煤气灯及橡皮管在使用时应注意检查，发现漏气立即熄灭火

源、打开窗户，用肥皂水检查漏气的地方，若不能自行解决，应急告有关单位马上抢修。

④ 常压操作时，应使实验装置有一定的地方通向大气，切勿造成密闭体系。减压蒸馏时，要用圆底烧瓶或吸滤瓶作接受器，不可用锥形瓶，否则可能会承受不起外压而发生炸裂。

⑤ 对于易爆的固体，如重金属乙炔化物、苦味酸金属盐、三硝基甲苯等，不能重压或撞击以免引起爆炸。对于危险残渣，必须小心销毁。例如，重金属乙炔化物可用浓盐酸或浓硝酸使它分解，重氮化合物可加水煮沸使它分解等等。

⑥ 卤代烷切勿与金属钠接触，否则会因反应剧烈发生爆炸。

⑦ 开启贮有挥发性液体的瓶塞和安瓿时，必须先充分冷却后再开启（开启安瓿时需用布包裹），开启时瓶口必须指向无人处，以免由于液体喷溅而导致伤害。瓶塞不易开启时，必须注意瓶内贮物的性质，切不可贸然用火加热或乱敲瓶塞等。

⑧ 实验进行过程中，必须戴好防护眼镜，防止腐蚀性药品或灼热溶剂及药物溅入眼睛。在量取化学药品时应将量筒置于实验台上，慢慢加入液体，眼睛不要靠近。不要在反应瓶口或烧杯的上方观察反应现象。

3. 防毒

① 在使用有毒药品时应认真操作，妥为保管。实验中所用的剧毒物质应有专人负责收发，并向使用毒物者提出必须遵守的操作规程，实验后的有毒残渣必须作妥善而有效的处理，不准乱丢。

② 有些有毒物质会渗入皮肤，因此，接触这些物质时必须戴上橡皮手套，操作后立即洗手，切勿让毒品沾染五官及伤口，例如氰化钠沾及伤口后就会随血液循环全身，严重者会造成中毒死亡事故。

③ 在反应过程中可能生成有毒或有腐蚀性气体的实验应在通风橱内进行。使用后的器皿应及时清洗。在使用通风橱时，实验开始后不要把头伸入橱内。

4. 触电

使用电器时，应防止人体与电器导电部分直接接触，不能用湿的手或湿的物体接触电插头。为了防止触电，装置和设备的金属外壳等都应连接地线。实验桌应保持干燥，以免电器漏电。实验后应切断电源，再将电源插头拔下。

二、急救常识

1. 烫伤

轻伤涂以玉树油、万花油或揉酸软膏，重伤涂以烫伤软膏后送医院治疗。

2. 割伤

玻璃割伤后要仔细观察伤口有没有玻璃碎粒，若伤势不重则涂上红药水，用绷带扎住或敷上创可贴药膏；若伤口很深，血流不止时，可在伤口上下10cm处用纱布扎紧，减慢流血或按紧主血管止血，急送医院诊治。

3. 灼伤

浓酸：用大量水洗，再以质量分数3%～5%碳酸氢钠溶液洗，最后用水洗，轻拭干后涂烫伤油膏。

浓碱：用大量水洗，再以质量分数2%醋酸液洗，最后用水洗，轻拭干后涂上烫伤油膏。

溴：用大量水洗，再用酒精轻擦至无溴液存在为止，然后涂上甘油或鱼肝油软膏。

钠：可见的小块用镊子移去，其余与浓碱灼伤处理相同。

4. 异物入眼

如试剂溅入眼内，应立刻用洗眼杯或洗眼龙头冲洗并及时送医院治疗。

如碎玻璃飞入眼内，则用镊子移去碎玻璃，或在盆中用水洗，切勿用手揉，并及时送医院治。

5. 中毒

溅入口中尚未吞下者应立即吐出，用大量水冲洗口腔。如已吞下，应根据毒物性质给以解毒剂，并立即送医院。

腐蚀性毒物：对于强酸先饮大量水。然后服用氢氧化铝膏、鸡蛋白；对于强碱，也应先饮大量水，然后服用醋、酸果汁、鸡蛋白。不论酸或碱中毒皆再给以牛奶灌注，不要吃呕吐剂。

刺激性毒物及神经性毒物：先给牛奶或鸡蛋白使之冲淡并缓和，再用一大匙硫酸镁（约30g）溶于一杯水中催吐。有时也可用手指伸入喉部促使呕吐，然后立即送医院。

吸入气体中毒者，将中毒者移至室外，解开衣领及纽扣。吸入少量氯气或溴者，可用碳酸氢钠溶液漱口。

6. 急救药箱

备急救箱，里面应有以下物品。

① 绷带，纱布，棉花，橡皮膏，创可贴，医用镊子，剪刀等。

② 凡士林，玉树油或鞣酸油膏，烫伤油膏及消毒剂等。

③ 醋酸溶液（2%），硼酸溶液（1%），碳酸氢钠溶液（1%），酒精，甘油等。

参 考 文 献

[1] 余经海．化工安全技术基础．北京：化学工业出版社，1999.

[2] 田兰，曲和鼎，蒋永明，王树藩，崔克清．化工安全技术．北京：化学工业出，1984.

[3] 中国石油化工总公司．石油化工安全技术．北京：石油工业出版社，1988.

[4] 魏少征．安全卫生管理基础．北京：化学工业出版社，1998.

[5] 陈宝智，王金波．安全管理．天津：天津大学出版社，1999.

[6] 林泽炎．事故预防实用技术．北京：科学技术文献出版社，1999.

[7] 刘景良．化工安全技术．北京：化学工业出版社，2008.

[8] 魏振枢．化工安全技术概论．北京：化学工业出版社，2008.

[9] 白瑞．二甲苯危害及防护对策．现代职业安全，2011 (12)：98-99.

[10] 王凯全等．危险化学品安全经营、储运与使用．第 2 版．北京：中国石化出版社，2010.

[11] 刘秀玉，蒋军成．连续搅拌釜式反应器放热反应失控事故预防，中国安全科学学报，2006，16 (11)：140-144.

[12] 高维民主编，石油化工安全技术（高级本），北京：中国石化出版社，2005.